Public Cloud Potenzial in einem Unternehmensumfeld

Niklas Feil · André Bögelsack · Ramón Schulz ·
Gabriel Abrantes

Public Cloud Potenzial in einem Unternehmensumfeld

Public Cloud als neue IT-Plattform zur
Steigerung des Geschäftswerts

Niklas Feil
Accenture GmbH
Berlin, Deutschland

André Bögelsack
Accenture AG
Bern, Schweiz

Ramón Schulz
Deloitte
Düsseldorf, Deutschland

Gabriel Abrantes
Deloitte
Frankfurt, Deutschland

ISBN 978-3-658-42664-4   ISBN 978-3-658-42665-1   (eBook)
https://doi.org/10.1007/978-3-658-42665-1

Die Deutsche Nationalbibliothek verzeichnet diese Publikation in der Deutschen Nationalbibliografie; detaillierte bibliografische Daten sind im Internet über http://dnb.d-nb.de abrufbar.

Planung/Lektorat: Petra Steinmueller
Springer Vieweg ist ein Imprint der eingetragenen Gesellschaft Springer Fachmedien Wiesbaden GmbH und ist ein Teil von Springer Nature.
Die Anschrift der Gesellschaft ist: Abraham-Lincoln-Str. 46, 65189 Wiesbaden, Germany

Das Papier dieses Produkts ist recyclebar.

Geleitwort

Die Public Cloud existiert seit mehr als 20 Jahren und hat sich seit ihrer Markteinführung ständig und stetig weiterentwickelt – von einer Plattform zur Bereitstellung von Infrastruktur-Rechenkapazitäten hin zu einem grundlegenden Treiber für Innovation und Markt-Differenzierung. Cloud-Technologien sind heute längst in der Unternehmenswelt angekommen. Ein Großteil der Unternehmen und Institutionen nutzt Cloud-Dienste in der einen oder anderen Form, und der Adoptionsgrad dieser Technologie in Wirtschaft und Verwaltung erhöht sich ständig weiter.

Daten und Informationstechnologien durchdringen jede Branche und jede Unternehmensfunktion, und die erfolgreiche Differenzierung in Produkt und Service wird mehr und mehr zu einer Frage von Software, User Experience und Data Management. Hier bietet die Public Cloud einen mächtigen „Werkzeugkasten", um die Digitalisierung von Unternehmen zu beschleunigen. Dieser Public-Cloud-Werkzeugkasten ermöglicht es, Software-Dienste völlig anders bereitzustellen, zu entwickeln und zu betreiben. Der Werkzeugkasten entwickelt sich ständig weiter, stellt immer neue Funktionen und Features bereit: von kompletten Datenplattformen über IoT-Dienste bis hin zu maschinellem Lernen und generativer KI.

Unternehmen, die auf Cloud-Technologien gesetzt hatten, zeigten sich bereits in der Corona-Pandemie als deutlich resilienter und reaktionsfähiger. Sie konnten Mitarbeitenden einfacher einen digitalen Arbeitsplatz im Home-Office bereitstellen, Online-Kanäle hochskalieren und Kundenkontakte digitalisieren. Die anderen Unternehmen kämpfen monatelang mit Herausforderungen der Basis-Infrastruktur und verloren wichtige Zeit und Geld.

Die Einführung, Beherrschung und wertstiftende Nutzung von Cloud-Technologien stellen die Unternehmen aber auch vor neue, substanzielle Herausforderungen. Zentrale Aspekte wie die der IT-Architektur, der Informationssicherheit sowie der Zusammenarbeitsmodelle zwischen IT und Business sind neu zu definieren.

Der Trend der Flexibilisierung der IT kombiniert mit agilen Arbeitsweisen beschleunigt sich weiter. Unternehmen verlagern sukzessive Kernfunktionen und Daten in die Cloud, oder bauen sich dort neu auf. „Cloud-First", „SW-First" und jetzt „AI-First" sind Imperative, die nicht nur die Chief Information Officer (CIOs), sondern die gesamte

Unternehmensführung und die Aufsichtsräte beschäftigen. Es geht um die Realisierung von Wettbewerbsvorteilen durch IT-Technologien, die mehr und mehr zentraler Teil der Unternehmensstrategie werden müssen. Hier kommt der CIO-Funktion eine zentrale Rolle in der Gestaltung der Unternehmenszukunft zu – und Cloud-Technologien und -Plattformen sind wesentliche Elemente jeder zukunftsorientierten IT-Strategie.

Dieses Buch beleuchtet kompetent und ganzheitlich das Spannungsfeld der Unternehmenstransformation durch Cloud-Technologien. Um einen Überblick und ein technisches Verständnis zu den verschiedenen Nutzungsszenarien und dem Potenzial zur Weiterentwicklung zu erhalten, hat dieses Buch die Idee der Maturitätslevel aufgegriffen. Anhand dieses Frameworks werden die wichtigsten Eckpunkte zur Einordnung der IT eines Unternehmens und der möglichen Weiterentwicklungen aufgezeigt. Hierbei geht es nicht nur um die wichtigen betriebswirtschaftlichen Systeme, sondern um ein vollumfängliches Bild der IT mit allen primären und sekundären Systemen, welche für die gesamte Wertschöpfung des Unternehmens stehen.

Lassen Sie sich durch viele relevante Einblicke, technische Beispiele und praxisorientierte Anleitungen dazu inspirieren, Ihre IT-Strategie auf die wertschöpfende Nutzung von Public Cloud-Technologien weiter auszurichten.

Ich wünsche Ihnen viel Freude damit!

Tobias Regenfuß
Accenture Technology
Senior Managing Director
Accenture GmbH

Danksagung

Neben der alltäglichen Arbeit haben alle Autoren dieses Buches ein gemeinsames Ziel eines neuen Buches verfolgt. Solch ein Projekt ist immer eine immense Herausforderung und benötigt sehr viel Zeit und Energie. Ohne die Unterstützung unserer Familien und Partner hätten wir dieses Buch nicht zustande gebracht. Daher möchten wir uns an dieser Stelle hierfür bedanken.

Individuelle Danksagungen

Niklas Feil
Ich danke insbesondere meinen Eltern und meiner Schwester, die mich in jeder Lebensphase unterstützen und mir jederzeit mit Rat und Tat zur Seite stehen. Außerdem danke ich vor allem meiner Freundin Alena, die viel Verständnis dafür gezeigt hat, wenn ich mehrere Stunden am Laptop verbracht habe, anstatt mit ihr Zeit zu verbringen. Ein besonderer Dank geht an Moritz Weissmann, der wertvollen Inhalt für das Buch beigetragen hat. Ein weiterer Dank geht an alle, die mich beim Schreiben des Buchs unterstützt und Inhalte geliefert haben. Danke!

Außerdem möchte ich mich bei den Koautoren André, Gabriel und Ramón bedanken, die am Buch mitgearbeitet haben und ohne die das Buch nicht zustande gekommen wäre. Durch die gute Zusammenarbeit haben wir das gemeinsam geschafft.

Dr. André Bögelsack
Ich danke meiner Frau Kathrin und meinen beiden Kindern für ihr Verständnis, wenn ich an den Wochenenden oder an den Abenden eher am Laptop saß, anstatt mit ihnen Zeit zu verbringen. Ein besonderer und spezieller Dank geht an alle diejenigen, welche mir sehr tatkräftig zur Seite standen und viel Inhalt zum Buch geliefert hat. Vielen Dank hierfür! Ein spezieller Dank geht an Samiksha Munjal für die Idee zum nächsten Buch ("My life with...").

Mein Dank geht auch an alle Koautoren, ohne deren Expertenwissen und deren Zeiteinsatz wir das Buch niemals geschrieben hätten. Ich bin sehr glücklich, dass wir das gemeinsam geschafft haben.

Gabriel Abrantes
Ich danke meinen Töchtern Madalena, Joana und Leonor und meiner Frau Ana Luzia für ihre Unterstützung, Geduld und Verständnis, wenn ich am Rechner saß, anstatt mit ihnen Zeit zu verbringen, das hole ich auf. Danke an meinen Vater und meiner Mutter, die immer bedingungslos an meiner Seite standen. Ein großer Dank auch geht an meine Co-Autoren Niklas, Ramón und André, die mich stetig motiviert haben mit ihrem großartigen Spirit und nutzbare Vorschläge, so macht es Spaß.

Ramón Schulz
Mein Dank geht maßgeblich an meine Frau Lisa und an meine beiden Kinder für die Geduld und die Unterstützung in den letzten Monaten. Ein besonderer und spezieller Dank geht meine Kunden/- Mitarbeiter/innen und an alle diejenigen, welche mir sehr tatkräftig zur Seite standen. Abschließend geht mein Dank auch an mein Autoren Kollegen André, Niklas, Gabriel und Co-Autoren Julia Tuppek (Cloud Operating Model), Christoph Schuhwerk (Cyber Security) und Angela Schmitz-Axe (Innovation), ohne die ich dieses Projekt nicht gestartet hätte und deren Spirit, Expertenwissen und den Team Spirit die Grundlage zur Verwirklichung dieser Idee sind. Vielen Dank hierfür!

Gemeinsame Danksagung

Accenture & Deloitte
Das Autorenteam dankt allen, welche zu dem Erfolg dieses Buchs beigetragen haben und die das Buch bei der Entstehung begleitet haben. Dazu gehören bei Accenture insbesondere Tobias Regenfuß, Sanna Takanen, Hans Kavasch, Veronica Wolters, Bernhard Schulzki und das gesamte Führungsteam von **Accenture Technology.**

Bei Deloitte danken wir im speziellen Jochen Fauser, Thomas Schlaak und Christopher Nuerk, die uns den notwendigen Freiraum eingeräumt haben und das gesamte Führungsteam von Deloitte Consulting – Technology Strategy & Transformation. Ohne eure Unterstützung wäre dieses Buch nicht entstanden.

Partner und Kunden
Ein Buch über Public Cloud zu schreiben, bedarf der Unterstützung von vielen Partnern. Zwar kann das Buch nicht alle verfügbaren Technologien abdecken, aber der technologische Rahmen ist auch sehr groß und würde somit mindestens zehn Bücher füllen. Dennoch haben sich die Autoren auf die wichtigsten Kerntechnologien und die wichtigsten Anbieter im Umfeld von Public Clouds konzentriert und diese Technologien näher beschrieben. Dies war und ist nur durch die Hilfe und Unterstützung der Partner möglich. Hierfür bedanken wir uns bei Microsoft, Google, Amazon und allen weiteren Teams der Alliances der Hersteller.

Um das Buch mit den vielen Beispiele der Kunden spannender zu machen, bedarf es auch der Unterstützung der jeweiligen Unternehmen. Gerne bedanken wir uns bei LANXESS und insbesondere Tobias Greskamp für seine Unterstützung und die Schilderung eines spannenden Beispiels zur Nutzung von Public Cloud für eine Konsolidierung und Zusammenführung mehrerer Rechenzentren in die Microsoft Azure Cloud.

Springer Verlag

Nicht zuletzt bedanken wir uns bei unseren Lektorinnen und Lektoren, welche uns während der gesamten Zeit mit Rat und Tat zur Seite standen. Petra Steinmüller, Gabi Fischer und Karthika Veeramani hatten immer die passenden Lösungen und Ratschläge für uns parat.

Niklas Feil
Dr. André Bögelsack
Ramón Schulz
Gabriel Abrantes

Inhaltsverzeichnis

Über die Autoren

Niklas Feil arbeitet als Consultant für die Accenture GmbH in Deutschland und berät Kunden aus verschiedenen Branchen bei der Planung und Durchführung ihrer Cloud-Transformation über alle Phasen hinweg. In seiner täglichen Arbeit fokussiert er sich auf die Entwicklung einer individuellen, langfristigen und nachhaltigen Cloud-Strategie und deren Umsetzung in einem Unternehmensumfeld. Sein Schwerpunkt sind vor allem Migrationen von SAP-Systemen in die Public Cloud und die Integration von SAP Cloud Services. Darüber hinaus begleitet Niklas seine Kunden bei der Etablierung eines FinOps-Modells, um Cloud-Kosten zu verwalten und zu optimieren.

Nebenberuflich ist Niklas seit mehr als fünf Jahren als Einzelunternehmer selbstständig und unterstützt kleine und mittelständische Unternehmen bei der Planung, der Umsetzung und der Optimierung ihrer Online-Präsenz. Seine Kunden sind überwiegend in der Sportbranche angesiedelt und haben das Ziel, eine erfolgreiche Online-Plattform in Form einer Website oder eines Online-Shops zu betreiben.

In seiner Freizeit läuft Niklas Halbmarathon-Distanzen und fährt Rennrad. Die freie Zeit im Urlaub nutzt er, um zu verreisen und neue Orte weltweit zu entdecken.

Dr. André Bögelsack arbeitet als Managing Director bei der Firma Accenture AG in der Schweiz und berät Kunden aller Industrien bei der Nutzung von Hyperscaler Services für den Betrieb der unternehmensweiten IT. Er unterstützt weltweit agierende Konzerne bei der Implementierung und dem Betrieb von neuen IT-Landschaften und hat einen speziellen Fokus auf SAP, Carve-Outs und der Applikationsmodernisierung. In seiner Laufbahn hat er mit seinem Team schon mehr als 1000 SAP-Systeme erfolgreich migriert, Carve-Outs begleitet und kennt damit die typischen Herausforderungen bei diesen Projekten.

Vor seiner Zeit bei Accenture war André als SAP-Basisadministrator und Unix-Administrator auf Sun Solaris 9 & 10 am SAP University Competence Center an der Technischen Universität München tätig. Er promovierte in Informatik über das Thema SAP und ist weithin in der SAP-Community durch seine Buchpublikationen und bei den Hyperscalern durch die Vielzahl der Projekte bekannt.

In seiner Freizeit läuft André Ultramarathons oder fährt Radmarathons. Wenn er nicht läuft oder fährt, verbringt er seine Zeit mit der Familie beim Wandern und dem Genießen der Schweiz – insbesondere Käse, Schokolade und Wein.

Gabriel Abrantes arbeitet als Direktor bei Deloitte Consulting GmbH in Deutschland innerhalb des Bereiches Technology Strategy & Transformation mit Schwerpunkt auf Cloud Strategy & Advisory. Er verfügt über mehr als 25 Jahre Erfahrung im Informations- und Kommunikationstechnologie Markt und über umfassende Kenntnisse der Markttrends und Technologien im Zusammenhang mit der Unternehmensdigitalisierung und ihren Herausforderungen. Gabriel ist zielorientiert, hat umfassende Beratungserfahrung mit Cloud Computing und in der Leitung großer, komplexer Cloud-Migrations- und Transformationsprogramme und -projekte. Sein Fokus liegt in der Schaffung von sichtbarem Mehrwert für seine Kunden und die Sicherung des Wohlbefindens der Teams und den einzelnen Teammitglieder.

Vor seiner Zeit bei Deloitte war Gabriel bei der Accenture GmbH in Deutschland angestellt und begleitete Kunden bei der Planung und Durchführung ihrer Cloud-Transformationen mit Fokus auf Cloud-Migrationen und Aufbau von komplexen

Systemen in der Public Cloud, Cloud-Strategie und Cloud-Organisationsmodellen.

Er hat einen M.Sc. Abschluss in Elektrotechnik und Informationstechnik von der Technischen Universität Lissabon und einen MBA von der AESE/IESE Business School.

In seiner Freizeit liebt es Gabriel mit seiner Familie zu reisen, um zusammen neue Welten und Kulturen zu erkunden, Ski zu fahren (und versuchen, irgendwie Surfen zu lernen) und wenn immer möglich, die Zeit mit einem großartigen (portugiesischen) Wein mit Familie, Freunden und allen, die das Leben genießen möchten, zu verbringen.

Ramón Schulz arbeitet als Direktor bei Deloitte Consulting GmbH in Deutschland innerhalb des Bereiches Technology Strategy & Transformation. Er berät seit mehr als 17 Jahren Kunden in der Grundstoffindustrie/Energie, Versorgungswirtschaft. Dabei ist er spezialisiert auf groß angelegte Projekte zur Transformation der IT-Landschaft mit Fokus auf SAP/Non-SAP und Cloud Technologie, mit all den Facetten von Strategie bis zum Betrieb. Ziel ist es die Erarbeitung neuer Geschäftslösungen unter der Nutzung der Public Cloud Service voranzutreiben.

Vor seiner Zeit bei Deloitte war Ramón bei der Accenture GmbH in Deutschland angestellt und begleitete Kunden in der Resources-Industrie bei der Planung und Durchführung ihrer Cloud-Transformation mit Fokus Cloud-Strategie, Organisationsmodellen und Migrationen von Systemen in die Public Cloud.

Darüber hinaus ist Ramón Gründer und Gesellschafter bei der Seclous GmbH. In 5-jähriger akribischer Arbeit wurde eine revolutionäre Basistechnologie (NVD) realisiert und patentiert, welche vollkommen neue Maßstäbe im Datenschutz, im Umgang, der Verteilung, der Eigenbestimmtheit und der Lagerung von Daten setzt. Damit ist dies der notwendige Quantensprung in der Datensicherheit, um Cyberangriffe zu verhindern.

In seiner Freizeit betreibt Ramón Kitesurfen und erkundet das Bergische Land mit dem Fahrrad. Die Zeit außerhalb vom beruflichen Alltag verbringt er mit Freunden und der Familie im Wohnmobil, irgendwo in Europa.

Einleitung

1

1.1 Einleitung und Übersicht

Nahezu alle Unternehmen nutzen bereits die Public Cloud, welche sich als allumfänglicher Trend und Leistungserbringer in der IT-Landschaft der Unternehmen etabliert hat. Hierzu ist wichtig zu erwähnen, dass die Public Cloud nicht nur für die Kernsysteme des Unternehmens, sondern auch für die angrenzenden Systemen, wie zum Beispiel OT, genutzt werden kann und sich somit ein völlig anderer Nutzen, als bei einem traditionellen Rechenzentrum ergibt. Eine Vielzahl von Privatkunden, als auch Unternehmen, nutzen die Services der Public Cloud bereits und tun es bewusst oder unbewusst schon seit langer Zeit. Als eine letzte Instanz bei der Nichtnutzung von Services aus der Public Cloud galten die öffentlichen Institutionen. Jedoch gibt es auch hier bereits Bewegung und so sind schon einige Behörden mit den Anwendungen und Daten in der Public Cloud. Jüngst hat sogar die Schweizer Regierung den Sprung in die Cloud gewagt und lässt nun dort die Daten des Schweizer Wetterdienstes lagern.

Kein Kunde, kein Unternehmen und keine Behörde geht aber den Weg in die Public Cloud, nur um in der Public Cloud zu sein. Es ist eine Vielzahl von erhofften Vorteilen, welche die Parteien zu einer Nutzung der Public Cloud veranlassen. Hierzu zählen primär:

- **Einsparung von Kosten und Senkung der IT-Kostenbasis:** Hierbei zielen die Unternehmen auf eine starke Reduktion der IT-Kosten durch eine primäre Reduktion der laufenden Kosten für Hardware, Software, Personalkosten
- **Erhöhung der Flexibilität:** Eine starre Infrastruktur und eine starre Applikationslandschaft können die Prozesse der Unternehmen stark einschränken. Hierbei werden entweder die Möglichkeiten des Unternehmens/Kunden oder aber die Wachstumsfähigkeit eingeschränkt. Zur Behebung bedarf es eines Umdenkens zur Erbringung der IT-Services.

N. Feil et al., *Public Cloud Potenzial in einem Unternehmensumfeld*, https://doi.org/10.1007/978-3-658-42665-1_1

- **Forcierung von Innovation:** Alle Unternehmen müssen heutzutage die Innovation als Kern des alltäglichen Geschäftes verinnerlichen. Selbst in sehr traditionellen Branchen (wie z. B. Stahlherstellung) kommen die Unternehmen nicht mehr ohne Innovation bei der Herstellung, beim Vertrieb oder aber bei den internen Prozessen aus.
- **Engpässe in Kapazitäten überwinden:** Viele Endkunden und Unternehmen stoßen bei der Nutzung von IT-Services immer wieder an die Grenzen der verfügbaren Kapazitäten – entweder weil der Serviceprovider Ressourcen nur verzögert bereitstellen kann oder aber weil das eigene Rechenzentrum keine Kapazitäten mehr bietet.

Alle obigen Herausforderungen werden durch die Public Cloud adressiert. Jedoch ist es nicht einfach damit getan, wenn Services aus der Public Cloud konsumiert werden, sondern es muss ein fundamentales Umdenken innerhalb des Unternehmens stattfinden. Um die Chancen, die Vorteile und die wichtigsten Punkte bei der Einführung und Nutzung der Public Cloud kennenzulernen, wird dieses Buch die Thematiken sukzessive adressieren.

Zielsetzung des Buchs

Das Ziel des Buches ist neben der Vermittlung der Grundlagen von Public Cloud und dem Überblick zu den Public Cloud-Services, eine Einschätzung zur Maturität der Adoption eines Unternehmens vorzunehmen. Nach dem Abschluss des Buches sind die Grundlagen von Public Cloud bekannt und die unterschiedlichen Stufen einer Nutzung on Public Cloud Services transparent. Es soll auch eine Einordnung Ihres Unternehmens anhand der Maturität mithilfe eines Fragenkatalogs erfolgen.

Public Cloud ist nicht als Mittel zum Zweck gedacht und kann auch so nicht verstanden werden. Die Nutzung von Public Cloud-Services muss immer ein übergeordnetes Ziel verfolgen. Viele Unternehmen sind das Thema Public Cloud bereits angegangen und konsumieren bereits Services aus der Cloud. Jedoch sind die Services aus der Public Cloud mittlerweile so vielfältig geworden, dass hier eine Unterscheidung zwischen den Services, dem Maturitätslevel der Services und dem Maturitätslevel der Adoption der Public Cloud stattfinden muss. Nur unter diesen Gesichtspunkten kann auch eine Einordnung der Unternehmen stattfinden, um zu klären, wie weit die Unternehmen schon bei der Nutzung der Public Cloud sind.

Dieses Buch wird Ihnen mehrere Punkte der Public Clouds näherbringen. Hierbei werden neben den theoretischen Konstrukten, auch die praktischen Umsetzungen gezeigt. Ziel ist es, dass die folgenden Themen- und Fragestellungen geklärt sind:

- Was sind die Grundlagen von Public Cloud? Worin bestehen die Herausforderungen und die Vorteile bei der Nutzung von Public Cloud Services?
- Welche Services aus der Public Cloud existieren und wo liegen die Unterscheidungen?
- Welche großen Anbieter von Public Cloud Services existieren und wo liegen die Unterschiede?
- Auf welcher Stufe der Adoption und Maturität befindet sich Ihr Unternehmen derzeit?

- Welche nächsten Schritte müssen eingeleitet werden, um Ihr Unternehmen auf die nächste Maturitätsstufe zu bringen?

Das Buch soll die Leser dazu befähigen, dass die aktuelle Positionierung eines Unternehmens und die nächsten Schritte zur Erhöhung der Maturität des Unternehmens eingeleitet werden können. In allen Kapiteln werden die Autorinnen und Autoren Beispiele aus der Praxis beschreiben, um die Inhalte besser verständlich und die Anwendbarkeit in der Praxis zu unterstreichen.

Nach dem Abschluss aller Kapitel werden Sie wissen, worauf bei einem Einsatz der Public Clouds zu achten ist und wie die Unternehmens-IT durch die Nutzung von Public Clouds effizient betrieben werden kann, ohne dass die Aufwände für den Betrieb oder aber die Kosten für die Public Clouds aus dem Rahmen laufen.

Aufbau und Struktur

Das Buch leitet Sie durch die typischen Phasen der Nutzung von Cloud Services und der Bestimmung der Maturität des Unternehmens. Hierbei wird zunächst eine Übersicht zu den aktuell verfügbaren Public Clouds und den Services aus der Public Cloud der verschiedenen Anbieter gegeben, um danach auf die Branchenspezifika einzugehen und anschließend die Bestimmung des Maturitätslevels vorzunehmen.

- Das Kap. 1 gibt einen Überblick zu den wichtigsten Begrifflichkeiten im Umfeld von Public Clouds und erläutert die Unterschiede zwischen einer Private, Public und Hybrid Cloud. Es werden die wichtigsten Anbieter von Public Cloud Services vorgestellt, um einen guten Überblick zu den Marktteilnehmern zu geben.
- Das Kap. 2 umreißt den Markt der Public Cloud Services noch genauer und zeigt insbesondere die wichtigsten Gemeinsamkeiten und Unterschiede zwischen den großen Anbietern von Public Cloud. Dabei liegt der Fokus auf die Vielfältigkeit der Services und die damit einhergehende Qual der Wahl bei den Services.
- Das Kap. 3 ist das erste Kapitel zum Maturitätsmodell und beleuchtet die drei Phasen der Cloudadoption. Hierbei zeigt das Kapitel allgemein die Inhalte der drei Stufen einer Transformation in die Public Cloud auf. Das Kapitel umfasst eine Einführung in die Themengebiete jeder Phase der Cloudadaption.
- Das Kap. 4 zeigt den Prozess zur Bewertung Ihres Unternehmens auf Basis des Reifegradmodells aus dem vorherigen Kapitel. Das Kapitel enthält die notwendigen Fragestellungen für ein Unternehmen und zeigt, nach welchen Kriterien die Einordnung in eine der Stufen erfolgen kann. Hierbei werden die wichtigsten Faktoren aus dem Maturitätsmodell abgeprüft und sukzessive eingeordnet. Die Einordnung des Reifegrades ist wichtig, um die Maßnahmen zur Erhöhung des Reifegrades ableiten zu können und um in die drei Phasen der Cloudnutzung einsteigen zu können.
- Das Kap. 5 beschreibt die erste Stufe der Cloudnutzung und zeigt die Wichtigkeit zur Detaillierung einer ordentlichen Cloudstrategie auf. Das Kapitel zeigt hierzu, wie

eine Cloudstrategie aussehen kann und welche wichtigsten Punkte hierin berücksichtigt werden müssen, um eine solide Grundlage für die Cloudadaption zu bilden.

- Das Kap. 6 beschreibt die zweite Stufe der Cloudnutzung und fokussiert den Kostenaspekt, sowie die Cloud-Nutzung. Hierzu zeigt das Kapitel, welche Kosten bei der Nutzung von Public Cloud entstehen und beachtet werden müssen. Des Weiteren zeigt das Kapitel auch auf, wie die laufenden Kosten für die Nutzung im Rahmen gehalten werden können. Hierzu geht das Kapitel nicht nur auf die Kosten der Public Cloud ein, sondern zeigt weitere Punkte in Bezug auf Cloud-Nutzung, wie Automatisierung und Serviceorientierung.
- Das Kap. 7 widmet sich der Erweiterung der Nutzung von Public Cloud und zeigt den Weg auf, der zur Nutzung von höherwertigen Services und der Nutzung der Innovationskraft des Unternehmens führt. Kunden von Public Cloud müssen von der Nutzung der elementaren Infrastructure-as-a-Service wegkommen und höherwertige Services nutzen, sowie diese mit den erforderlichen Sicherheitsaspekten ergänzen. Das Kapitel zeigt die wichtigsten Schritte hierfür.
- Im abschließenden Kap. 8 werden alle relevanten Punkte der vergangenen Kapitel nochmals zusammengefasst und ein Ausblick zu der Thematik Public Cloud gegeben.

Nach dem Lesen aller Kapitel haben Sie, liebe Leser, einen umfassenden Überblick zu der Public Cloud im Kontext von Unternehmen erhalten. Als Privatperson nutzen bereits viele Personen die Cloud, aber für Unternehmen werden Sie die wichtigsten Punkte und Maßnahmen kennengelernt haben, welche zur erfolgreichen und innovativen Nutzung erforderlich sind.

1.2   Eigenschaften der Cloud

Cloud Computing ist keine neue Erfindung und so existieren mehrere Sichtweisen darauf, wann diese neue Art und Weise zur Bereitstellung von Services zum ersten Mal den Markt betrat. Hierzu sollte man den Begriff Cloud Computing in die beiden Bestandteile aufteilen: Cloud und Computing. Hierbei wird bereits deutlich, dass die **Rechenkapazität (Computing)** aus einem **entfernten Standort (Cloud)** bezogen werden sollte.

Das Beziehen von Rechenleistung ist sicherlich nicht neu im Umfeld von IT und bestand schon seit der Erfindung von Mainframes und Hochleistungsrechnern, als sich viele Benutzer die Recheninfrastruktur aufteilten. Allerdings war die Kapazität der Rechner immer stark beschränkt und der Konsum der Leistungen sehr teuer. Erst in der Mitte der 2000'er Jahre hat sich das grundlegend durch den starken Preisverfall und die enorme Erhöhung der Rechenkapazitäten geändert. Nun gab es plötzlich sehr viel Rechenkapazität, welche nur in einer sehr kurzen Zeit wirklich zu 100 % gebraucht wurde. Für den Rest der Zeit verblieb die Kapazität ungenutzt. Aus ökonomischen Gesichtspunkten sollte diese Situation entsprechend geändert werden und eine stetig hohe Auslastung erzielt werden. Insofern hat sich an dem grundlegenden Paradigma der Bereitstellung von Rechenkapazität (Computing) nichts geändert. Jedoch ist der Bereich der zur Verfügung gestellten Services signifikant grösser geworden. Wenn es früher nur der Zugriff auf die reine Rechenleistung und die Speicherung von Daten war, ist es heute der Zugriff auf ganze IT-Systeme.

Als weiterer Aspekt der Erbringung der Leistung ist der Standort zu nennen. Waren die Rechner früher in Rechenzentren positioniert (oder zumindest Serverräumen), so hat sich das mit der Cloud zwar nicht geändert, aber der Zugriff auf die Computing Ressourcen hat sich grundlegend geändert. Vor der Einführung von Public Cloud mussten Kunden zunächst langwierige Verträge verhandeln und abschließen, bevor die neue Kapazität genutzt werden konnte. Verhandlungen über neue Rechenzentren (Co-Locations), über neue Recheninfrastruktur oder über komplett neue Services konnten sich schon sehr lange mit Verhandlungen bis zu einem Jahr hinziehen. Bei dem Cloud Computing verhält sich das anders. Hier können Unternehmen die Services ohne lange Vertragsverhandlungen sofort nutzen. Der Grundgedanke des Cloud Computing ist die lose Kopplung des Kunden an den Anbieter ohne langjährige Verträge und Konditionen. Wie realistisch dies im Umfeld von Unternehmen ist, werden die späteren Kapitel aufzeigen.

Als ein weiteres Kriterium für die Nutzung von Cloud-Diensten gilt die vertragliche Grundlage. In den Anfangsjahren von Cloud Computing war es mühelos möglich, mit nur einer Kreditkarte, die ersten Cloud-Dienste zu konsumieren. Das war möglich, da sich die Anbieter von Cloud Computing als Ziel gesetzt hatten, den Einsatz so einfach und mühelos, wie möglich zu machen. Somit konnten die Services, ohne einen signifikanten Einsatz in die Verhandlung von Verträgen, genutzt werden. Damit ging in der Anfangszeit der Cloud auch eine Nutzung ohne jedwede Garantie bezüglich der Verfügbarkeit der Cloud Services oder der Performance der Dienste einher. Jedoch waren diese Nachteile schnell durch die Vorteile aufgewogen.

Nachdem die etablierten Anbieter von Private Clouds den Marktdruck der Public Clouds zu spüren bekamen, setzte man dort auf eine Differenzierung der Leistungen. So werden die **Dienste** aus dem Rechenzentrum mit Diensten für den Betrieb und die Weiterentwicklung der Anwendungslandschaft **zusammengefügt**. Damit soll eine Koppelung der Kunden an die Dienste erfolgen. Hier haben die Anbieter von Public Cloud noch einen gewissen Nachteil, wenn Kunden lediglich die grundlegenden Services nutzen (wie z. B. IaaS).

AWS, Google als Microsoft zeichnen sich als die größten Public Cloud Provider aus und versuchen durch stetige **Innovationen**, den Kunden einen zusätzlichen Mehrwert durch die Nutzung der Cloud Services zu bieten. So werden die Service immer wieder weiterentwickelt und so erhalten die Kunden den einfachen Zugriff auf neue Services, ohne hierbei größere Investments vorzunehmen.

Ecosystem, Premiumhersteller und Lock-In

In den ersten Jahren des Mobilfunks gab es ein eingeschränktes Angebot von Mobilfunkbetreibern sowie auch von Herstellern der Mobilfunktelefone. Nur sehr langsam hat sich das Angebot geändert und der Markt kam durch einige neue Anbieter in Bewegung. Den Kunden entstanden dadurch Vorteile, da sie hierdurch einfacher zwischen den Anbietern wechseln konnten und neue Verträge mit geringeren Kosten nutzen konnten.

Dies änderte sich nach einigen Jahren. Nach dem Eintritt von Apple in die Welt des Mobilfunks und der Vorstellung des ersten iPhones, wechselte die Strategie der Anbieter und so setzte man nun vermehrt auf die Bindung der Kunden durch ein geschicktes Ecosystem. Hierbei ist das Ecosystem nicht ausschließlich durch das Angebot von weiteren Applikationen beschrieben, sondern vielmehr durch die Integration der unterschiedlichen Apple Geräte untereinander, als auch die einfache Nutzung von Apple Diensten auf verschiedenen Geräten plus der einfachen Weiternutzung bei einem Wechsel auf ein neues iPhone. Dies hat sehr viele Vorteile, jedoch auch Nachteile. Ein Nachteil ist der Lock-In. Liegen einmal alle Daten/Services bei Apple, wird es für die Endkunden schwierig, sich aus dem Ecosystem zu befreien und zu einem anderen alternativen Anbieter zu wechseln.

Dieser Lock-In zeigt sich auch bei den Anbietern von Lösungen aus der Public Cloud. Hierbei kann es Kunden schnell treffen und sie befinden sich in einer Lock-In-Situation. Jegliche Extraktionen von Daten o.ä. bei einem etwaigen Wechsel der Anbieter kann sich als sehr schwierig zeigen. Es ist daher also strategisch wichtig, den richtigen Anbieter einer Cloud zu wählen.

Für viele Unternehmen gilt es, durch einen geschickten Einsatz der Cloud, zunächst **Kosten für den Betrieb oder die Investition in ein Rechenzentrum einzusparen.** Das dies nicht der einzige Grund sein darf und kann, werden wir im späteren Verlauf des Buches aufzeigen. Die Einsparung von Kosten ist sicherlich ein wichtiger Grund, jedoch gab es in der Vergangenheit, immer wieder Zeitpunkte, als die Kosten für die Services nach unten, als auch nach oben gingen. Eine Reduktion der Preise ist sicherlich immer attraktiv für die Kunden, aber eine Erhöhung der Preise lässt jeglichen Business Case in die Gegenrichtung umschlagen. Als Google mit einem Public Cloud-Angebot in den Markt eintrat, mussten die bis dahin etablierten Hersteller AWS und Microsoft die Preise deutlich reduzieren. Diese Reduktion war für die Kunden der beiden Anbieter sehr vorteilhaft. Jedoch gibt es auf der anderen Seite ebenfalls die Situation der Preiserhöhungen. Dies geschah im Jahr 2023 durch die erhöhten Energiekosten und die Inflation. Die Steigerung der Preise war signifikant und daher für viele Kunden eine Herausforderung.

Die Cloud zeichnet sich durch **Flexibilität, Innovation, geringen Kosten, einfacher Nutzung** und **unendliche Kapazitäten** aus. Diese Eigenschaften sind nur auf Cloud Computing anwendbar und machen die Attraktivität der Public Cloud aus.

1.3   Begrifflichkeiten Cloud Computing

Im Bereich des Cloud Computing gibt es viele Begriffe, welche unterschiedlich, als auch fälschlicherweise synonym verwendet werden. Daher werden in diesem Kapitel die grundlegenden Begriffe erläutert. Hierbei gruppieren wir die Begriffe, sodass etwas mehr Struktur in die Menge der Begriffe kommt. Die folgende Abbildung zeigt die Gruppierung, als auch die einzelnen Begriffe an (Abb. 1.1).

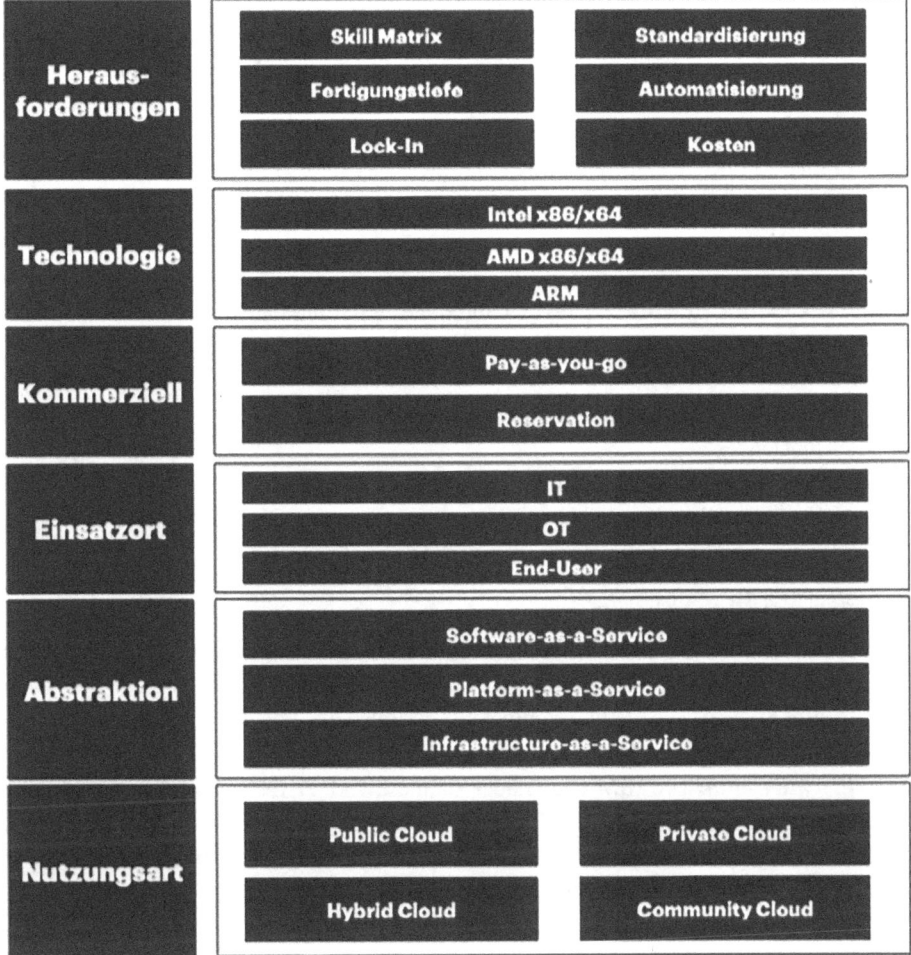

Abb. 1.1 Begrifflichkeiten Cloud Computing

Eine Cloud ist zunächst ein Angebot von Services und ist in einem entfernten Rechenzentrum verfügbar. Wir gruppieren die Begriffe zur näheren Beschreibung einer Cloud
in die folgenden Cluster: Nutzungsart, Abstraktion, Einsatzort, Kommerziell, Technologie und Herausforderungen. Die Gruppen lassen sich wie folgt unterscheiden und den
jeweiligen Begriff wie folgt beschreiben:

Kategorie Nutzungsart Hierbei handelt es sich um die Art der Nutzung der zur Verfügung
stehenden Cloud. Cloud-Umgebungen können hierbei entweder für alle Nutzer in allen
Gebieten der Erde zugänglich sein und keinen weiteren Restriktionen unterliegen (**Public Cloud**) oder aber in den Zugriffen nur für eine Auswahl von Nutzern zugänglich sein

(**Private Cloud**). Der Unterschied zwischen einer öffentlichen und privaten Cloud ist leicht verständlich. Eine **hybride Cloud** ist ein Zusammenschluss von einer Public Cloud und einer Private Cloud, respektive der Zusammenschluss von einer Legacy IT mit einer Cloud. Schließen sich mehrere Kunden/Unternehmen zu einer Interessensgemeinschaft (Community) zusammen und vereinbaren die Nutzung einer Cloud, so spricht man hierbei von einer **Community Cloud**. Dies ist insbesondere im wissenschaftlichen oder öffentlichen, rechtlichen Sektor anzutreffen. Die folgenden Eigenschaften beschreiben die Nutzungsarten der Cloud:

- **Public Cloud:** Öffentlich zugänglich und ohne Beschränkungen
- **Private Cloud:** Nur bestimmten Nutzergruppen zugänglich und eingeschränktes Service Portfolio
- **Hybrid Cloud:** Ein Zusammenschluss von alten und neuen Services unter Mitführung von Altlasten
- **Community Cloud:** Einer bestimmten Interessengemeinschaft vorbehalten mit restriktivem Zugang und geringem Nutzungspotenzial für andere Nutzer

Beispiele für Nutzungsart

Neben den Begrifflichkeiten und abstrakten Beschreibungen, sind die folgenden Beispiele von Clouds einfacher zu erfassen und sollen daher hier als Ideen fungieren.

Public Cloud: Die wohl prominentesten Beispiele von einer Public Cloud sind Amazon Web Services, Microsoft Azure oder die Google Cloud.

Private Cloud: Die IBM Cloud oder auch die SAP HANA Enterprise Cloud gelten als private Clouds im engeren Sinne. Im weiteren Sinne können auch die Cloud-ähnlichen Installationen in den Rechenzentren der Unternehmen als private Clouds kategorisiert werden. Cisco war bekannt dafür, private Clouds mit einem großen Portfolio von Softwareprodukten aufzubauen.

Hybrid Cloud: Jeglicher Zusammenschluss von IT, welche noch im Rechenzentrum eines Anbieters einer Public Cloud mit einer Private Cloud oder vom Unternehmen selbst, gilt als hybride Cloud.

Community Cloud: Ein Beispiel für eine Community Cloud im Bereich des Automobilsektors ist das ENX Netzwerk, welche eine gemeinsame Plattform für die Automobilwirtschaft zum sicheren Austausch von Daten bietet. Daneben existieren einige öffentliche Cloud, wie die beispielsweise die BayernCloud.◄

Kategorie Abstraktion Die Clouds bieten Services auf unterschiedlichen Abstraktionsebenen an. Hierbei unterscheidet sich die Abstraktion in die Dimension der Nutzung der Services durch den Kunden und der Dimension der zu erbringenden Eigenleistung des Kunden. Die höchste Abstraktion der Services findet man bei **Software-as-a-Service** (SaaS).

Hierbei handelt es sich um einsatzbereite Software, welche nach den Bedürfnissen der Kunden noch in einem gewissen Rahmen angepasst werden kann, jedoch generell nicht durch den Kunden weiterentwickelt werden kann. Die Wartung der Services erfolgt vollumfänglich durch den Anbieter der Services. Existiert beim Kunden der Bedarf, die Services noch weiterzuentwickeln, so kann der Kunde auf die Ebene der **Platform-as-a-Service** umzusteigen, um mehr Kontrolle über die Services zu erhalten. Möchte der Kunde die größtmögliche Kontrolle über einen Service haben, so kann das über die **Infrastructure-as-a-Service** erreicht werden. Hierbei erhalten Kunden lediglich die einfache Infrastruktur (also zum Beispiel ein Betriebssystem) und können darauf weitere Services aufbauen. Somit lassen sich die Abstraktionen wie folgt unterteilen:

- **Software-as-a-Service:** Geringe Eigenleistung des Kunden für den Betrieb mit hoher Standardisierung der Services
- **Platform-as-a-Service:** Mittlere Eigenleistung des Kunden, aber mit höherer Flexibilität beim Einsatz der Services
- **Infrastructure-as-a-Service:** Hohe Eigenleistung vom Kunden mit maximaler Flexibilität beim Einsatz der Services

Alle Abstraktionen der Services können mit jeder Nutzungsart der Cloud kombiniert werden. So können also Angebote von Software-as-a-Service auf einer Public Cloud, auf einer Private Cloud, als auch auf einer Community Cloud genutzt werden.

In der folgenden Tabelle sind die unterschiedlichen Abstraktionslevel und die Verantwortlichkeiten des Kunden aufgeführt. Je höher das Abstraktionslevel, desto weniger müssen Kunden verantworten, desto weniger Kontrolle haben sie jedoch auch (Tab. 1.1).

Die Begrifflichkeiten rund um Public Cloud haben auch zu einer Abstraktion und dem Begriff von **Everything-as-a-Service** geführt. Hierbei nutzt man die Grundidee eines Services, also Angebots, welches der Kunde einfach konsumieren kann und keinen größeren Eigenbeitrag zu leisten hat. Darunter lassen sich jegliche Services bündeln, welche vorstellbar sind. Dies kann von der einfachen Wartung und Pflege von Druckern im Büroumfeld (Printer-as-a-Service) bis hin zu komplexen Integrationsszenarien (Merger-as-a-Service) alles beinhalten. Diese Services sind jedoch kaum noch standardisiert, sondern unterscheiden sich primär durch die unterschiedlichen Leistungen. So lassen sich Printer-as-a-Service-Angebote verschiedener Hersteller nur noch schwer miteinander vergleichen

Tab. 1.1 Abstraktion und Kundenverantwortung

Abstraktion	Infrastruktur	Programmlogik	Customizing
Infrastructure-as-a-Service	Kunde	Kunde	Kunde
Platform-as-a-Service	Cloud Anbieter	Kunde	Kunde
Software-as-a-Service	Cloud Anbieter	Cloud Anbieter	Kunde

(außer sie werden spezifisch ausgeschrieben). Dies ist bei den Cloud Service anders, da diese standardisiert sind.

Beispiele für Abstraktion

Neben den Begrifflichkeiten und abstrakten Beschreibungen, sind die folgenden Beispiele der Abstraktion einfacher zu erfassen und sollen daher hier als Ideen fungieren.

Software-as-a-Service: Es gibt einige sehr prominente Beispiele im Umfeld der Unternehmenssoftware, wie Salesforce oder auch SAP Ariba. Im Umfeld von IT Service Management existiert ServiceNow als eine der größten Plattformen für das standardisierte Management von Service Management Prozessen.

Platform-as-a-Service: Im Umfeld von Unternehmenssoftware kann das Angebot der SAP mit der HANA Cloud als PaaS-Angebot genannt werden. Daneben existieren weitere Services im Umfeld von Datenbanken oder auch die Google App Engine, welche eine Plattform zur Weiterentwicklung von Applikationen bietet.

Infrastructure-as-a-Service: Die prominentesten Beispiele für IaaS-Lösungen sind die Amazon Web Services oder Microsoft Azure oder Google Cloud Platform.◄

Kategorie Einsatzort Der Ort der Nutzung von Cloud Services spielt eine große Rolle, denn nicht an allen Orten können die Services aus der Cloud eingesetzt werden. Services aus der Cloud sind durch das Internet oder aber über das Unternehmensnetzwerk zugreifbar. Je weiter der Einsatzort von der Cloud entfernt ist, desto schwieriger wird der Einsatz von Cloud Services. Grund hierfür ist die Netzwerklatenz, das heißt der Verlust der Geschwindigkeit im Netzwerk je weiter ein Service von der Cloud entfernt steht. Generell unterscheidet man zwischen dem Einsatz der Cloud Services in der **IT (Information Technology)** und der **OT (Operational Technology)**. Die IT stellt hierbei die zentralen Services bereit, während sich die OT sehr nahe an der Produktion befindet und die dortigen Services bereitstellt. Als weiterer Einsatzort von Cloud Services kann der Bereich der **End-User** genannt werden. Hierbei werden Remote Desktops oder aber End-User-Geräte eingesetzt, welche ohne eine Verbindung zur Cloud nicht funktionsfähig sind (zum Beispiel Chromebook). Ein Einsatz von Cloud Services in der IT ist ratsam und bereits seit vielen Jahren etabliert. Die Verwendung von Cloud Services in der OT ist jedoch noch rudimentär und muss gut geplant und umgesetzt werden. Dies ist auf die höhere Kritikalität der OT zurückzuführen (da sehr nahe an der Produktion), als auch die größere Netzwerklatenz. Ein Einsatz bei den Endbenutzern ist ratsam, aber noch nicht so weit verbreitet, wie in der IT. Grund hierfür sind die stetige und ständige Abhängigkeit der Endbenutzergeräte zum Internet. Dessen Verfügbarkeit ist noch eingeschränkt. Die Einsatzorte lassen sich wie folgt unterscheiden:

- **Information Technology**: Sehr gute Verbindung zur Cloud und geringe bis hohe Kritikalität für das Unternehmen/die Anwender

- **Operational Technology:** Eingeschränkte Verbindung zur Cloud und maximale Kritikalität für das Unternehmen
- **End-User:** Gute Verbindung zur Cloud und geringe Kritikalität für das Unternehmen

Kategorie Kommerziell Die Public Cloud unterscheidet sich von den traditionellen Rechenzentrumsbetreibern durch eine flexible Nutzung und einer uneingeschränkten Kapazität sowie einem einfachen Bezug der Leistungen – im einfachsten Falle würde eine Kreditkarte ausreichen. Dennoch müssen auch die Betreiber der Public Cloud unter normalen Bedingungen kostendeckend agieren. Kunden können von einer Nutzung profitieren und können sogar noch bessere Preise erhalten, wenn sie eine **Reservierung** von Ressourcen vornehmen. Diese Reservierungen sind eine Mindestabnahmen der Ressourcen und garantieren dem Cloud Anbieter eine kontinuierliche Nutzung der Ressourcen. Im Gegenzug zu der Reservierung (oder dem Commitment) geben die Cloud Anbieter in diesem Bereich einen hohen Rabatt. Als Gegenmodell hierzu gilt das **Pay-as-you-go-Modell,** kurz PAYG, welches den Kunden die volle Flexibilität und Kontrolle lässt. Hierbei können die Kunden die Cloud Ressourcen nur partiell nutzen, also für einige wenige Stunden im Jahr oder aber auch nur wenige Stunden im Monat. Beide Modelle haben ihr Vor- und Nachteile und generell muss bei der Nutzung der Ressourcen vorher entschieden werden, welchem Modell man folgen möchte. In Abschn. 6.2.1.7 werden diese Modelle mit detaillierten Beispielen vertieft. Die beiden Modelle können wie folgt unterteilt werden:

- **Pay-as-you-go:** Maximale Flexibilität mit höheren Kosten
- **Reservierungen:** Geringe Flexibilität mit geringeren Kosten im Vergleich zu PAYG

Beispiele für Kommerziell

Nehmen wir das Szenario an, dass ein Unternehmen die Auswahl zwischen einem Pay-as-you-go Modell und einer Reservierung bei einem Cloud Anbieter hat. Die entscheidende Frage nach den Gesamtkosten (Total Cost of Ownership) kann nur durch eine Betrachtung der potenziellen Nutzungsdauer beantwortet werden. Für alle Services kann der Break-Even-Punkt berechnet werden. Dieser Punkt gibt Auskunft, wann es günstiger für ein Unternehmen/Kunden ist, eine Reservierung anstatt des Pay-as-you-go Modells zu nutzen.

Es sei angenommen, dass ein Service 10 EUR je Stunde Betrieb im Pay-as-you-go Modell kostet. Der Einfachheit halber soll eine Normzeit von 672 h im Monat angenommen werden (24 h × 7 Tage × 4 Wochen). Somit käme ein Unternehmen im Dauerbetrieb bei einem Pay-as-you-go Modell auf 6720 EUR je Monat. Es wird angenommen, dass der Cloud Provider auch ein Modell der Reservierung zur Verfügung stellt. Hierbei beträgt der Preis 3500 EUR je Monat. Der Break-Even-Punkt liegt bei dem Beispiel bei 350 h im Monat. Bleibt der Kunde unter dieser Grenze, ist es kostengünstiger das Pay-as-you-go-Modell zu nutzen. Veranschlagt der Kunde jedoch mehr als 350 h, sollte die Reservierung genutzt werden.

Generell sollte das Pay-as-you-go-Modell für temporäre Nutzung gewählt werden. Für alle produktiven Services, welche eine kritische Rolle im Unternehmen darstellen (z. B. Unternehmenssoftware), sollte eine Reservierung vorgenommen werden.◄

Kategorie Technologie Die Anbieter von Public Cloud versuchen nicht nur die allgemeinen, sondern auch die industrie-spezifischen Anwendungsfälle zu bedienen. Dazu gehört auch, dass nicht nur die etablierten Hardwareplattformen bedient werden, sondern auch die neuen Architekturen, welche bislang noch keinen großen Anteil im Markt erringen konnten, unterstützt werden. Die Anbieter von Public Cloud unterstützen insbesondere die marktgängigen Plattformen, welche basierend auf ×86 oder ×64 sind. Hierzu kann der Kunde die Plattformen von **INTEL** oder auch von **AMD** nutzen. Auf den ersten Blick ist es nicht ersichtlich, dass es verschiedene Plattformen gibt. Nur durch die Unterscheidung in den Namen der jeweiligen Infrastrukturkomponenten kann ein Kunde erkennen, ob es sich um eine INTEL oder AMD-Plattform handelt. Üblicherweise gilt, dass die Anwendungsszenarien durch beide Plattformen unterstützt werden. Allerdings gibt es immer wieder Berichte, dass neue Softwarekomponenten auf der einen oder der anderen Plattform mit Fehlern aufwarten, da die Prozessoren eben doch unterschiedlich sind. Die Prozessoren von INTEL und AMD gehören zu der Familie der Prozessoren, bei denen es um eine sehr hohe Leistung mit hohem Verbrauch von Strom und teils sehr hohen Kosten für die Hardware geht. Dagegen bieten die Public Clouds mittlerweile auch die Familie der **ARM**-Prozessoren an, welche durch eine geringe Leistungsaufnahme, einer mittleren Leistung und einer geringen Investition von Kosten beschrieben werden können. Diese finden sich üblicherweise in Geräten verbaut. Somit können die Plattformen wie folgt attribuiert werden:

- **INTEL ×86–64:** Hohe Leistung, maximale Kompatibilität, hohe Kosten
- **AMD ×64:** Hohe Leistung, sehr hohe Kompatibilität, hohe Kosten
- **ARM:** Geringe Leistung, mittlere Kompatibilität, geringe Kosten

▶ **SPARC oder Power in der Cloud?**
In den traditionellen Rechenzentren von IT-Service Providern und den Rechenzentren vieler Unternehmen existieren noch einige weniger verbreitete Hardwareplattformen, wie beispielsweise IBM Power Platform oder auch die Oracle SPARC Server. Diese erfreuten sich vor einigen Jahren größerer Beliebtheit, da sie sehr viele Vorteile mitbrachten (z. B. eingebaute Virtualisierung), welche auf den ×86-Plattformen erst später realisiert werden konnten. Darüber hinaus handelt es sich bei den Plattformen um proprietäre Plattformen, da die meiste Software spezifisch für diese Plattformen portiert worden sind.

Bei einem Wechsel von solchen Plattformen auf eine Public Cloud geht auch eine Transformation/Umwandlung der Plattform einher, da zum Beispiel die Power

Platform nicht in der Public Cloud verfügbar ist. Ist es einem Kunden oder einem Unternehmen wichtig, weiterhin die Power oder aber auch die SPARC Platform nutzen zu können, so müssen die Kunden auf eine spezifische Private Cloud der jeweiligen Hersteller ausweichen. Dies ist möglich, jedoch befinden sich die Kunden dann nicht mehr in einer Public Cloud eines Hyperscalers und können damit nicht die Vorteile der Public Cloud genießen.

Kategorie Herausforderung Beim Einsatz von Services aus einer Public Cloud gibt es zahlreiche Herausforderungen, welche hier nur teilweise beschrieben werden können. Dennoch gibt es einige wichtige Punkte, welche es vor und während der Nutzung einer Public Cloud zu beachten gilt. In den vorangegangenen Kategorien sind die Punkte der Abstraktion gefallen. Je höher die Abstraktion (SaaS), desto weniger Leistung muss der Kunde beim Betrieb der Services übernehmen. Bei SaaS-Angeboten können diese einfach nur konsumiert werden, während bei IaaS noch weitere Services (wie z. B. Software) auf der jeweiligen IaaS-Instanz installiert und betrieben werden müssen. Damit unterscheidet sich die **Fertigungstiefe** des Cloud Providers und des Kunden je nach Abstraktion. Ein Kunde oder ein Unternehmen sollte vorher entscheiden, welche Fertigungstiefe durch den Kunden oder das Unternehmen erreicht werden soll. Mit dem Entscheid der Fertigungstiefe geht auch der Bedarf der wichtigsten Skills/Fähigkeiten einher. Je tiefer die Fertigung aufseiten des Unternehmens erfolgen soll, desto mehr Skills werden auf Unternehmensseite benötigt. So benötigt es beim Einsatz von IaaS ein grundlegendes Verständnis von Netzwerken, Computing und auch Speichertechnologie, welche bei der Nutzung von SaaS nicht notwendig sind. Die benötigte **Skill-Matrix** der Mitarbeiter orientiert sich demnach stark an der Fertigungstiefe des Unternehmens. Betrachtet man es aber andersherum, so kann die Skill-Matrix auch die Fertigungstiefe des Unternehmens beeinflussen und bestimmen. Es gilt hier also die Balance zwischen den verfügbaren Fähigkeiten und der notwendigen Eigenleistung zu finden.

Je mehr Services in einer Public Cloud durch ein Unternehmen genutzt werden, desto höher wird die Abhängigkeit zu der Public Cloud. Unternehmen speichern ihre vitalen Daten und wichtigsten Workloads in der Public Cloud und somit erhöht sich die Abhängigkeit mit jedem neuen Workload. Allerdings ist dies kein großer Unterschied zu den Szenarien mit traditionellen Hosting-Providern oder anderen Anbietern von Services. In den frühen Phasen der Nutzung von Public Cloud gab es immer wieder die Befürchtung eines sogenannten **Lock-In.** Dies ist die hohe Abhängigkeit vom Public Cloud Provider und eines möglichen „Eingesperrt seins" in der Cloud. Die Befürchtung war, dass bei einem Wechsel aus der einen Cloud in eine andere Cloud, die Daten nicht transferierbar wären und/oder sogar verloren wären. Dies hat sich jedoch mit der Zeit als unzutreffend erwiesen, da alle Anbieter von Public Cloud über den einen oder anderen Weg den Austausch von Daten ermöglichen. Über standardisierte Schnittstellen können die Daten ausgetauscht werden.

Als weitere Herausforderung gilt die **Standardisierung** von IT-Services. Dies gilt nicht nur im klassischen Umfeld der IT/OT, sondern insbesondere auch beim Bezug von Cloud Services. Je höher eine Standardisierung ist, desto einfacher können die Services aus der Cloud bezogen werden. Unternehmen sollten vor dem Einsatz von Cloud Services einen unternehmensweiten Standard ansetzen, da es sonst zu einem chaotischen Einsatz von neuen Services kommt. Solche ungesteuerten Nutzungen von Cloud Services können für das Unternehmen sehr kostspielig werden. Die **Kosten** sind als generelle Herausforderung beim Einsatz von Public Cloud zu sehen. Vor dem Einsatz der Cloud sollte eine Berechnung der Total Cost of Ownership, kurz TCO, erfolgen. Ein simpler Vergleich der Hardwarekosten zwischen einem traditionellen IT-Serviceprovider und der Public Cloud ist sicherlich nicht ausreichend und eher irreführend.

Unkoordinierter Einsatz von Public Cloud

Insbesondere zu Beginn der Public Cloud Ära gab es einige Unternehmen, welche sich unbewusst und ungesteuert in die Nutzung der Public Cloud manövriert haben. Zu Beginn waren noch keine Verträge mit den Public Cloud Providern notwendig und eine simple Kreditarte plus eine Internetverbindung waren ausreichend. Die Bereitstellung von Services in der Public Cloud dauert nicht lange und erfolgt teils hochautomatisiert.

Aufgrund dieser Vorteile (Geschwindigkeit und sofortige Verfügbarkeit) wandten sich viele IT-Mitarbeiter oder aber auch die Mitarbeiter aus den Sales-Abteilungen der Public Cloud zu und nutzen die ersten Services. Damit wollte man die etwas träge IT-Abteilung und Bereitstellung von IT umgehen und schneller Kundenanfragen bedienen können. Der Einsatz der Services geschah jedoch ohne weitere Governance und ohne jegliche Steuerung durch die zentrale IT. Dies stellte sich im Nachhinein als signifikantes Risiko für die Unternehmen dar.

Obwohl der flexible und schnelle Einsatz der Cloud für die jeweiligen Mitarbeiter ein großer Vorteil war, so entpuppte sich der Einsatz als enorme Herausforderung aufgrund der folgenden Gründe:

- **Sehr hohe Kosten,** welche überraschend durch das Unternehmen aufgedeckt worden: Da viele Mitarbeiter sich der Public Cloud Services bedienten, kam es zu sehr hohen Gesamtkosten für das Unternehmen, welche nur durch eine zufällige, interne Revision aufgedeckt worden sind.
- Die **Sicherheit des Unternehmens** war gefährdet: Durch die simple Provisionierung von neuen Workloads in der Public Cloud, ohne Nutzung von Security Features, war das Unternehmen einem hohen Sicherheitsrisiko ausgesetzt. Die Workloads in der Public Cloud waren nicht isoliert, sondern tauschten auch Daten mit den im eigenen Rechenzentrum befindlichen Systemen aus. Somit hätte eine Attacke mit

Ransomware ein sehr leichtes Spiel gehabt. Darüber hinaus setzte man die Kundendaten ebenso dieser Gefahr eines Hackerangriffs aus. Hacker hätten auf diesem Wege sehr einfach sensible Daten abgreifen können.

- Die IT-Landschaft des Unternehmens ähnelt eher einem **Wildwuchs** und konnte damit nicht mehr orchestriert und kontrolliert werden. Diese fehlenden Grundfunktionen in einer IT zeigen den Kontrollverlust durch die IT-Governance und mussten somit wieder hergestellt werden

Das Unternehmen ergriff nach der Aufdeckung dieses Wildwuchses sofortige Maßnahmen zur Abschaltung der Workloads, welche in der Public Cloud bereitgestellt worden waren. Darüber hinaus erkannte das Unternehmen auch die Notwendigkeit einer Transformation der eignen IT und avisierte ein Projekt, um exakt diese Punkte in der internen Leistungserbringung der IT zu adressieren.◄

1.4 Herausforderungen beim Einsatz der Cloud

1.4.1 Lebenszyklus und 3S

Der Einsatz von Public Cloud, unabhängig von den Services, sollte immer sehr gut geplant sein. Generell unterscheidet sich der Einsatz von Public Cloud nicht erheblich von dem Einsatz einer Private oder Hybrid Cloud, aber auch dort wird der Einsatz strukturiert geplant.

Im vorangegangenen Kapitel wurden die Herausforderungen bereits kurz angedeutet, aber noch nicht in der Tiefe beschrieben und erläutert. Generell lassen sich die Herausforderungen anhand des Lebenszyklus der Cloud Service einteilen und ableiten.

- **Einführung**: Vor der Einführung gilt es den richtigen Partner auszuwählen. Dies sollte nicht nur auf Basis von Kosten erfolgen, aber auch basierend auf dem Funktionsumfang als auch den zusätzlichen Services und Vorteilen des Anbieters.
- **Nutzung**: Die Nutzung der Services geht auch mit Herausforderungen einher. Hierzu gehört die Orchestrierung der Services, als auch die korrekte Nutzung der Services unter Einbeziehung der Vorteile weiterer Services.
- **Beendigung**: Nach dem Entschluss die Nutzung der Public Cloud Services einzustellen oder aber zu verlagern, müssen Unternehmen sich über die neue Lösung im Klaren sein und wie eine Transition von der alten Lösung zur neuen Lösung erfolgen soll. Hierzu bedarf es im Allgemeinen einer Unterstützung für die Verlagerung der Daten und der Verlagerung der Systeme aus der alten in die neue Lösung.

Neben einer Einteilung in den Lebenszyklus können die Herausforderungen auch anhand der folgenden Gruppen eingeteilt werden: System, Strategie und Skills (3S).

- **System:** Unter dem Begriff System werden die Services, Prozesse und die Integration verstanden. Die Services beschreiben die genutzten oder erbrachten Dienstleistungen der Cloud Provider. Die Prozesse bezeichnen die Abläufe bei der Nutzung der Services und die Integration zeigt, wie die Ein- und Anbindung der Services in die Wertschöpfungskette des Unternehmens erfolgt.
- **Strategie:** Die Strategie definiert die wichtigsten Handlungsempfehlungen und beschreibt die Ausrichtung der Nutzung der Cloud Services.
- **Skills:** Die Fähigkeiten und Kenntnisse der Mitarbeiter des Unternehmens zur Einführung und Nutzung von neuen Cloud-Diensten stellt ein wichtiger Faktor für den Erfolg dar und wird damit unter dem Begriff Skills zusammengefasst.

Im Folgenden werden die Herausforderungen anhand der Lebenszyklusphasen und der 3S tabellarisch aufgeführt. Es zeigt sich, dass einige Herausforderungen nicht ausschließlich einer Phase und auch nicht nur einem der 3S zugeordnet werden können (Tab. 1.2).

Es ist wichtig, alle Herausforderungen zu kennen, um diese vorher schon wissend zu adressieren und nicht während der Nutzung der neuen Cloud Services mehr Zeit mit der Problemlösung, als mit der guten Planung zu verbringen.

Tab. 1.2 Einordnung der Herausforderungen anhand des Lebenszyklus und 3S

Lebenszyklus/3S	System	Strategie	Skills
Einführung	Anforderungserfüllung Datenhoheit Integration	Zielplattform Vertrag Dauer der Nutzung Preisgestaltung Datenhoheit Compliance Sustainability	Zielplattform Scope
Nutzung	Security Datenhoheit Datenzugriff Kostenkontrolle Compliance Standardisierung Orchestrierung Automatisierung APIs Prozesse	Datenzugriff	Kostenkontrolle Governance
Beendigung		Exit Vertrag Datenextraktion	Transformation

1.4.2 Phase der Einführung

Vor und während der Einführung von neuen Cloud Services sollten Unternehmen insbesondere auf folgende Herausforderungen blicken:

Zielplattform: Die Auswahl der Zielplattform ist eine strategische Entscheidung und hängt von mehreren Faktoren ab. Dazu zählen die vorhandenen Partnerschaften mit den Anbietern der Public Cloud, die vorhandenen Skills und die bereits genutzten Services in anderen Bereichen des Unternehmens. Darüber hinaus spielen die Kosten der Zielplattform eine bedeutende Rolle. Hierbei geht es immer um eine Betrachtung der Total Cost of Ownership, kurz TCO, da hiermit nicht nur die anfallenden Betriebskosten, sondern auch die initialen Investitionskosten sowie die von den Anbietern zur Verfügung gestellten Unterstützungen (Fundings) zum Tragen kommen. Welche Kriterien zur Entscheidung einer Public Cloud betrachtet werden sollten, wird in Abschn. 5.4.3 erläutert.

Erfüllung der Anforderungen: Vor der Entscheidung für oder gegen eine Plattform, sollten die Anforderungen an eine neue Plattform und/oder an den Anbieter der Public Cloud vollständig und umfassend bekannt sein. Neben den technischen und funktionalen Anforderungen, ist ein Hauptaugenmerk auf die rechtlichen und vertraglichen Punkte zu legen.

Vertrag und Dauer der Nutzung: Die Public Cloud zeichnet sich durch eine einfache Nutzung aus, jedoch müssen auch bei den renommierten Anbietern der Cloud die Verträge zunächst unterzeichnet werden. Dazu sollte die avisierte Dauer der Nutzung der Cloud Services bekannt sein, um bessere preisliche Konditionen zu erhalten. Darüber hinaus sollte sich das Unternehmen auch im Klaren sein, für wie viele Jahre die Services kontrahiert werden sollen. Eine avisierte Dauer von unter drei Jahren ist hier nicht anzuraten.

Scope für die Nutzung: Dies ist eine zentrale Fragestellung, welche so gut wie möglich beantwortet werden sollte. Wird ein Vertrag mit den Anbietern von Public Cloud geschlossen, wird dieser generell nicht auf bestimmte Services beschränkt. Jedoch gibt es insbesondere bei den Anbietern von Software-as-a-Service verschiedene Abstufungen, je nach Grad der Nutzung. So kann es kleine Abstufungen bezüglich des Nutzungsumfangs geben (Basic, Advanced, Professional). Änderungen bedürfen teilweise Vertragsänderungen, welche langwierig sein können. Ein Cloud Readiness Assessment kann, wie in Abschn. 5.4.1 beschrieben, Anhaltspunkte für die Definition des Nutzungsumfangs bieten.

Preisgestaltung: Die Preisgestaltung der Public Cloud-Anbieter ist überwiegend transparent, sofern die Services als Privatperson konsumiert werden. Werden die Services jedoch als Unternehmen genutzt, so gelten auch hier Rabatte und Mindestabnahmemengen. Dieser Faktor ist bei der Entscheidung für oder gegen einen Anbieter entscheidend und geht primär mit den wichtigsten Funktionalitäten einher. Die Anbieter erlauben höhere Rabatte, wenn Kunden sich auf eine Mindestabnahmemenge verpflichten, welche auch vertraglich festgelegt wird. Dann können auf die Services nochmals Rabatte gegeben werden. Vor der Entscheidung für einen Anbieter sollte die Mindestabnahmemenge genau betrachtet und festgelegt werden.

Datenhoheit: Die Hoheit über die Daten verbleibt bei der Nutzung der Services aus der Public Cloud natürlich beim Kunden. Es ist jedoch wichtig, dass vor der Nutzung der Services aus der Public Cloud diese Punkte genau geklärt werden. Hierzu gehört auch, wo die Daten gespeichert werden, wer auf die Daten zugreifen kann (an der Lokation der Daten als auch im Falle eines Supports) und von wo auf die Daten zugegriffen werden kann. Insbesondere der letzte Punkt kann etwas kompliziert sein. Im Falle eines Support Tickets an einen Public Cloud Provider, werden die Provider die jeweiligen Supportorganisationen rund um den Globus (24 × 7 follow the sun) einsetzen. Das bedeutet, dass Mitarbeiter aus verschiedenen Ländern einen theoretischen Zugriff auf die Daten des Unternehmens bekommen können. Solche Fälle müssen vorgängig abgeklärt werden.

Integration in die derzeitige Umgebung: Oftmals wird die Entscheidung für oder gegen eine neue Lösung oder einen neuen Public Cloud Provider auch durch bereits bestehende Verbindung zu dem Provider abhängig gemacht. Eine bestehende Verbindung und bereits erfolgte Integration zu einem Cloud Provider kann sich als ein großer Vorteil herausstellen. Dennoch sollte der Punkt der Integration bereits vorher zumindest ansatzweise geklärt sein, um die Kosten für eine Anbindung, respektive die Integration, bereits abschätzen zu können.

Compliance (GxP): Das Thema Compliance stellt ein umfangreiches Gebiet dar, welches für die Anbieter von GxP-relevanten Produkten, Fertigungen und Prozessen absolut essenziell ist. Es existieren verschiedenste Zertifizierungen zur Erlangung der GxP Compliance und die Cloud Provider unterstützen hierbei auch tatkräftig. Allerdings bleiben die Unternehmen und Kunden in der Verantwortung für die umfassende und vollumfängliche Validierung der neuen Cloudumgebungen. Hierzu ist auch wichtig zu verstehen, dass eventuelle Service Provider für die Public Cloud Services notwendig sind, um die Validierung und den Erhalt der GxP Compliance zu gewährleisten.

Nachhaltigkeit: Das Thema Nachhaltigkeit (Sustainability) wird immer wichtiger im Umfeld der Unternehmen und sollte daher auch in die Wahl eines Providers von Public Cloud Services einbezogen werden. Hierbei spielen die Provider sicherlich auch nur eine untergeordnete Rolle für den gesamten CO_2-Fußabdruck, aber sind dennoch entscheidend bei einer Wahl für oder gegen einen Provider.

Die Herausforderungen gehen mit unterschiedlichen Risikobetrachtungen einher. Hierzu zeigt die untenstehende Tabelle die Eintrittswahrscheinlichkeiten der Herausforderungen, als

Tab. 1.3 Risiken der Herausforderungen vor der Einführung

Herausforderungen	Risiko	Eintritts-wahrscheinlichkeit	Auswirkung
Zielplattform	Falsche Wahl	Gering	Hoch
Erfüllung der Anforderungen	Anforderungen nicht vollumfänglich erfüllt	Mittel	Mittel
Vertrag und Dauer der Nutzung	Zu lange vertragliche Bindung mit zu geringer Flexibilität	Mittel	Hoch
Scope für die Nutzung	Notwendige Features nicht inkludiert	Gering	Mittel
Preisgestaltung	Zu hohe Kosten durch die Cloud	Mittel	Hoch
Datenhoheit	Unternehmen nicht compliant	Mittel	Hoch
Integration in die derzeitige Umgebung	Bruch zwischen derzeitiger Umgebung und der Cloud	Gering	Hoch
Compliance (GxP)	Unternehmen nicht compliant	Mittel	Hoch
Nachhaltigkeit	Negative Auswirkung auf die Nachhaltigkeit	Mittel	Gering

auch die Auswirkungen beim Eintritt der Risiken auf. Es wird zwischen geringen bis hohen Auswirkungen und Wahrscheinlichkeiten unterschieden (gering, mittel, hoch) (Tab. 1.3).

1.4.3 Phase der Nutzung

Während der Phase der Nutzung von Cloud Services, sind insbesondere die folgenden Herausforderungen wichtig:

Security (virtuelle und physische Sicherheit der Ressourcen): Die Sicherheit der neuen Services aus der Cloud muss in mehreren Schichten gewährleistet werden. Dies gilt für die Sicherheit der Rechenzentren, in denen die Cloud Service betrieben werden, sowie die Verbindung dorthin. Sobald die Services in der Cloud bereitgestellt worden sind, muss auch die virtuelle Sicherheit der Services entweder durch einen Provider oder das Unternehmen sichergestellt werden. Die möglichen Sicherheitskonzepte in der Cloud werden in Abschn. 7.2.3 detailliert erläutert.

Datenhoheit: Die Hoheit über die Daten verbleibt natürlich immer bei dem Nutzer, Kunden oder Unternehmen der Services. Es muss jedoch transparent für die Nutzer sein, wo die Daten durch wen gehostet und von wo aus auf die Daten der Nutzer beziehungsweise Unternehmen zugegriffen wird. Dies kann ein Ausschlusskriterium für die Nutzung von Public Cloud Services sein. Auch während der Nutzung der Services kann sich das Supportmodell des Anbieters verändern, sodass Kunden oder Unternehmen regelmäßig prüfen sollten, von welchen Lokationen der Zugriff auf die Daten erfolgt.

Kostenkontrolle: Die Kontrolle der Kosten durch die Nutzung der Cloud Services wird allgemein als FinOps verstanden. Faktisch dreht es sich dabei um die stetige Reduzierung der laufenden Kosten durch die Nutzung der Services, sowie um die Verwaltung und Überwachung der anfallenden Cloud-Kosten. Hierbei ist wichtig, den Unterschied zwischen der Abrechnung von traditionellen Services und den Services in einer Cloud zu kennen und die Vorteile auszunutzen. Der Ansatz nach FinOps wird in Abschn. 6.2.1 aufgegriffen.

Governance Die Regulierung der Nutzung und des Einsatzes von Public Cloud Services ist eine weitere Herausforderung. Oftmals verlangen Projekte, welche durch die Geschäftseinheiten getrieben werden, nach neuen Services und neuen Einsatzmöglichkeiten. Solch ein Einsatz kann und darf aber nur in einem geregelten Umfeld erfolgen, um mögliche negative Konsequenzen für das Unternehmen zu reduzieren. Dies können beispielsweise unzureichende Sicherheitseinstellungen sein, welche die Public Cloud Service angreifbar für Hacker machen und somit ein großes Risiko für das Unternehmen darstellen. Dabei spielt insbesondere die Cloud-Strategie eine wichtige Rolle, die in Abschn. 5.3 erläutert wird.

Compliance (GxP): Die Compliance mit den Vorgaben zu GxP muss stetig während der Nutzung von Public Cloud Services eingehalten werden. Dies bedingt eine enge Integration der Nutzung mit dem Compliance-Team des Unternehmens und klare Vorgaben zur Nutzung der Services. Eventuelle Versäumnisse während der Dokumentation von Änderungen stellen ein Risiko während der Nutzung dar. Die Anbieter der Public Cloud unterstützen die Unternehmen bei der Nutzung und stellen die notwendigen Dokumentationen zur Verfügung.

Skill Matrix vs Skill Gap: Die Nutzung der Public Cloud Services leitet sich aus den Anforderungen der Unternehmen ab. Es hat sich gezeigt, dass viele Unternehmen sehr schnell mit neuen Bedarfen aus den unterschiedlichen Geschäftsbereichen konfrontiert werden. Vor und während der Nutzung neuer Services müssen die Rahmenbedingungen abgesteckt sein und die notwendigen Anforderungen hinsichtlich Sicherheit, Funktionsumfang, etc. geklärt sein. Um diese Punkte jedoch adressieren zu können, bedarf es der notwendigen Kenntnis zu dem neuen Service, was unmittelbar von den Skills der Mitarbeiter des Unternehmens abhängt. Daher ist die Skill Matrix – also die Menge aller verfügbaren Skills – ausschlaggebend für den erfolgreichen Einsatz neuer Services. Oftmals kann es jedoch vorkommen, dass die notwendigen Skills nicht existieren (Skill Gap) und damit die Unternehmen vor dem

Risiko eines falsch eingesetzten Services stehen. Das Skill Gap muss stetig durch die Unternehmen adressiert werden, da es sich dabei um einen Schlüsselfaktor für eine erfolgreiche Cloud-Transformation handelt.

▶ **Skill Matrix und das Skill Gap**
   Anbieter von Public Cloud Services erweitern das Angebot zu den Services kontinuierlich. Dies betrifft die Einführung von komplett neuen Services, aber auch die Veränderung von bestehenden Services und den Abhängigkeiten und Feature Sets der Services.
   Betreiber von Public Cloud-Lösungen (wie AWS, Microsoft oder auch Google) bieten derzeit mehr als **200 Services** in den Public Clouds an. Diese Services reichen von einfachen virtuellen Maschinen bis hin zu hochkomplexen Machine Learning-Services. Während in den ersten Jahren der Public Cloud nur ein geringer Zuwachs an der Anzahl der Services zu sehen war, ist die Anzahl von Services in den letzten Jahren enorm gewachsen. Insbesondere in den Jahren des Public Cloud-Boom (2018–2020) haben die Anbieter **jährlich bis zu 50 % mehr Services** neu zur Verfügung gestellt.
   Somit ergeben sich für die Unternehmen immer wieder neue Herausforderungen. Ältere Services werden bei den Cloud-Providern stetig erneuert. So finden neue Hardwareplattformen Einzug in die Rechenzentren und bieten einen erweiterten Funktionsumfang an. Diese neuen Funktionen stehen den Kunden frei zur Verfügung. Es bedarf aber des Wissens darüber, dass diese neuen Funktionen zur Verfügung stehen und wie diese neuen Funktionen eingesetzt werden können.
   Die stetige Ausbildung und Weiterbildung der Mitarbeiter ist essenziell für einen effizienten Einsatz der Public Cloud Services. Ein entstehendes Skill Gap durch die verpasste und späte Weiterbildung der Mitarbeiter ist nachteilig für die Unternehmen. Hier können beispielsweise kostenlose Trainingskurse und die Angebote der Public Cloud Anbieter genutzt werden.

Standardisierung: Der ungeplante Einsatz von Public Cloud-Services stellt ein großes Risiko für die Unternehmen dar. Mögliche negative Folgen daraus sind Sicherheitsrisiken, höhere Kosten und eine unstrukturierte (chaotische) IT-Landschaft. Daher ist vor und während der Nutzung von Public Cloud-Services, eine starke und umfassende Standardisierung zu befolgen. Somit lassen sich die Kostenfallen der Public Cloud Anbieter (zu viele Ressourcen, zu wenig Nutzung, zu viele Lizenzen) adressieren. Der Aufbau eines standardisierten Serviceangebots für die Geschäftseinheiten wird in Abschn. 6.2.3 aufgegriffen.

Orchestrierung: Die Einbindung neuer Public Cloud Services in die Umgebung des Unternehmens oder des Kunden ist die Aufgabe der Integration. Es muss daneben jedoch auch die Steuerung der jeweiligen Services berücksichtigt werden. Unter der Orchestrierung wird der koordinierte und gesteuerte Einsatz der verschiedenen Services einer Public Cloud verstanden. Hierunter fällt insbesondere die Verknüpfung der verschiedenen Services zu einem neuen großen Service zur Erfüllung von Aufgaben (Workflows). Es ist die Aufgabe der IT-Abteilung, die Services miteinander zu verbinden, zu kontrollieren, zu überwachen als auch die Sicherheit der Daten zwischen den Service sicherzustellen. Dies gilt insbesondere bei Cloud-übergreifenden Architekturen, welche sehr viele Angriffspunkte bieten. Durch eine Kollaboration zwischen IT und den Geschäftseinheiten können dadurch wertorientierte Cloud-Workloads entwickelt werden. In Abschn. 7.2.1 werden verschiedene Arten eines Operating Modells beschrieben.

Automatisierung: Cloud-Services zeichnen sich durch einen sehr hohen Grad an Automatisierung aus. Jegliche in der Cloud bereit gestellten Services werden durch die Cloud Provider vollautomatisiert zur Verfügung gestellt. Es gibt hierbei keine manuellen menschlichen Interventionen mehr. Somit können komplexe Umgebungen innerhalb von Minuten bereitgestellt werden. Die Cloud-Provider zeigen somit, wie Automatisierung umgesetzt werden kann. Die Nutzer der Services sollten auf einen ähnlich hohen Grad an Automatisierung zielen und möglichst die manuellen Interventionen vermeiden. Hierbei helfen die Ansätze zur Nutzung von Skripten (wie z. B. Terraform oder Ansible), um die manuellen Aktivitäten der IT-Mitarbeiter zu reduzieren. Wie eine Automatisierung von Cloud-Services mithilfe von Infrastructure-as-Code etabliert werden kann, wird in Abschn. 6.2.2 erläutert.

Advanced Programming Interfaces: Zur vollständigen Nutzung von Public Cloud Services bieten alle Provider Schnittstellen zur Programmierung (API) an. Diese APIs können durch die Kunden und Unternehmen genutzt werden, um entweder eigenständig Softwareprodukte mit Anbindung an die Public Cloud zu erstellen, auf Daten zuzugreifen oder komplexe Operationen in der Cloud auszuführen. Hierbei ist neben der Sicherheit der Schnittstellen auch die ordnungsgemäße Nutzung der Schnittstellen sicherzustellen. Insbesondere bei kritischen Applikationen und Daten müssen die Schnittstellen nicht nur durch einen System-Integrationstest, aber auch durch User Acceptance Tests, Smoke Tests und Stress Tests getestet werden, um verlässliche und performante Anbindungen zu haben. Diese erfordert ein hohes Maß an Kenntnissen zu den Schnittstellen und der Anbindung und stellt Unternehmen und Kunden oftmals vor Herausforderungen aufgrund von fehlender Erfahrung in dem Umfeld, als auch den fehlenden notwendigen Skills.

Prozesse: Bei der Nutzung der Cloud Services wird mithilfe der Governance der Einsatz der Services geregelt. Die Prozesse stellen bei der Governance eine zentrale Komponente dar und müssen auf die Gegebenheiten der Public Cloud angepasst werden. Da die Public Cloud hochflexible und schnelle Services zur Verfügung stellt, sollte sich dies mit den Prozessen der Unternehmen ähnlich verhalten. Wenn die alten Prozesse, welche noch für eine ältere IT-Umgebung galten, für die Services der Public Cloud ebenso eingesetzt werden, kann dies eine Entschleunigung und ein Bremsen der Services zur Folge haben. Somit müssen

Unternehmen die Prozesse so flexibel gestalten, dass sie nicht durch administrative Aufgaben wieder verlangsamt werden und der Public Cloud voll Rechnung tragen. Als Bestandteil der Cloud-Strategie empfiehlt sich daher bereits in einem frühen Stadium der Cloud-Adaption eine nähere Betrachtung des Operating Modells, das in Abschn. 5.5 aufgegriffen wird.

Die Herausforderungen gehen mit unterschiedlichen Risikobetrachtungen einher. Hierzu zeigt die untenstehende Tabelle die Eintrittswahrscheinlichkeiten der Herausforderungen, als auch die Auswirkungen beim Eintritt der Risiken auf. Es wird zwischen geringen bis hohen Auswirkungen und Wahrscheinlichkeiten unterschieden (gering, mittel, hoch) (Tab. 1.4).

Tab. 1.4 Risiken der Herausforderungen während der Nutzung

Herausforderungen	Risiko	Eintritts-wahrscheinlichkeit	Auswirkung
Security	Kompromittierte Daten und Angriffe	Hoch	Hoch
Datenhoheit	Unternehmen nicht compliant	Mittel	Hoch
Kostenkontrolle	Zu hohe Kosten	Mittel	Hoch
Governance	Unkontrollierter Einsatz mit Folgerisiken	Mittel	Gering
Compliance	Unternehmen nicht compliant	Mittel	Hoch
Skill Matrix	Falscher Einsatz der Services	Mittel	Mittel
Orchestrierung	Datensicherheit und Effizienz reduziert	Gering	Mittel
Standardisierung	Heterogene IT-Landschaft	Mittel	Gering
Automatisierung	Langsame IT-Operationen	Mittel	Gering
API	Keine Interaktion und Datensicherheit	Mittel	Mittel
Prozesse	Langsame IT-Operationen	Mittel	Mittel

Potenzial nicht genutzt

Zur effizienten Nutzung von Public Cloud gehört ein hoher Grad an Automatisierung, eine gesamtheitliche Orchestrierung und eine Governance mit schlanken und schnellen Prozessen. Am Beispiel eines Unternehmens, welches die Public Cloud einführte, aber die Vorteile nicht nutzen konnte, soll dies verdeutlicht werden.

Public Cloud wurde basierend auf einer Entscheidung des CIO eingeführt, um die vermeintlichen Vorteile der Cloud nutzen zu können. Das Unternehmen hatte bereits erste Erfahrungen mit der Cloud, war aber stark abhängig von externen Service-dienstleistern, um die IT-Services des Unternehmens betreiben zu lassen. Das interne IT-Team hat sich primär um die Steuerung der Services gekümmert.

Durch die Einführung der Public Cloud stand die interne IT-Abteilung nun vor einer großen Herausforderung. Es mussten alle Phasen des Lebenszyklus der IT-Services eigenständig gehandhabt werden – von der Provisionierung über die Nutzung bis zur Dekommissionierung. Das interne IT-Team wandte hierfür die etablierten Prozesse an, welche sich primär von der Steuerung der IT-Services ableiteten und weniger von der eigentlichen Wertschöpfung der Services. Somit existierten viele Prozesse, welche eher als administrativer Überhang zu beschreiben wären und sehr starr waren.

Die Änderung der Prozesse dauerte sehr lange. Die Interaktion der einzelnen Teams der IT-Abteilung war eher formal aufgesetzt, um eine starke Governance zu etablieren. Darüber hinaus gab es keinerlei Team-übergreifenden Prozesse, welche automatisiert waren und die Services der jeweiligen Teams orchestriert hat.

Das Unternehmen war mehrere Jahre damit beschäftigt, diese Transformation voran-zubringen. Hierbei mussten neue Skills aufgebaut, neue Denkansätze, Prozesse und Tools eingeführt werden. Dies war eine große Herausforderung für das Unternehmen, um die Public Cloud und die damit einhergehenden Vorteile zu nutzen.◄

1.4.4 Phase der Beendigung

Während der Phase der Beendigung von Cloud Services, sind insbesondere die folgenden Herausforderungen zu beachten:

Funktionsersatz: Jegliche Dienste aus der Public Cloud werden mit einem bestimmten Ziel eingesetzt oder um eine gewisse Funktionalität bereitzustellen. Fällt der Bedarf nach der Funktionalität weg oder werden die Services nicht mehr gebraucht, können diese deko-missioniert werden. Wenn jedoch aus strategischer Entscheidung heraus ein Service nicht mehr genutzt werden soll, muss sichergestellt werden, dass es einen adäquaten Ersatz für den Service in einer anderen Form gibt oder dass der bis dahin erbrachte, geschäftliche Mehrwert nun von einem anderen Service abgedeckt wird.

Notwendige Unterstützungsleistungen: Bei der Beendigung der Nutzung von Public Cloud Services sollte ein Augenmerk auf die notwendigen Leistungen zu einem erfolgrei-chen Verlassen der Cloud-Dienste gelegt werden. Hierbei unterscheiden sich die Provider von Public Cloud-Diensten stark. Bei allen Infrastructure-as-a-Service-Anbietern obliegt es dem Kunden, alle Daten, Applikationen oder Services aus der Public Cloud zu extra-hieren. Bei den Platform-as-a-Service-Anbietern werden geeignete Dienste zur Verfügung gestellt, welche durch den Kunden genutzt werden können. Bei allen Software-as-a-Service-Diensten werden Schnittstellen und Dienste zur Verfügung gestellt, um die Daten aus den jeweiligen Diensten zu extrahieren und/oder zu transferieren. Wichtig ist hierbei jedoch, dass die Anbieter meist keine eigenen Dienstleistungen zum Exit anbieten, sondern dies durch den Kunden erfolgen muss. Daher sollten Kunden vor einem Exit entscheiden, wie viel sie eigenständig übernehmen können und wie viel ggf. durch einen Partner abgedeckt werden sollte.

Datenextraktion: Ein wichtiger Faktor bei der Beendigung ist die Extraktion aller Kundendaten und die nachgewiesene Löschung der Daten der Kunden beim Anbieter. Dies ist aus datenschutzrechtlicher Sicht relevant und für die Unternehmen wichtig. Es muss sichergestellt sein, dass die Daten unverändert transferiert worden sind und abschließend beim Public Cloud-Anbieter sicher gelöscht worden sind. Hierbei sind nicht nur etwaige Anwendungsdaten zu berücksichtigen, sondern auch die Metainformationen dazu, personenbezogene Daten aus Supporttickets der Anbieter als auch Kommunikationsdaten (Telefon, E-Mail, usw.). Die Public Cloud-Anbieter geben hierzu standardisierte Auskünfte, welche Daten wie nach welchen Vorgaben gelöscht und vernichtet werden. Es obliegt den Kunden und Unternehmen, diese Auskünfte den eigenen Vorgaben und rechtlichen Anforderungen gegenüberzustellen.

Übertragung der Services/Transformation: Bei einem Exit aus der Public Cloud müssen die Services entweder durch einen äquivalenten Service ersetzt und abgelöst werden oder aber die Kunden und Unternehmen entscheiden sich zu einem Ersatz durch neue Services. So kann es beispielsweise sein, dass ein IaaS durch einen PaaS gänzlich ersetzt wird. Diese Transformation muss durch den Kunden beziehungsweise das Unternehmen vorgenommen werden. Die Public Cloud-Anbieter werden dies nicht weiter betreuen können, da sie mit den Gegebenheiten des Unternehmens nicht vertraut sind. Somit braucht es bei einem Exit eine Eigenleistung des Kunden oder des Unternehmens.

Die Herausforderungen gehen mit unterschiedlichen Risikobetrachtungen einher. Hierzu zeigt die untenstehende Tabelle die Eintrittswahrscheinlichkeiten der Herausforderungen, als auch die Auswirkungen beim Eintritt der Risiken auf. Es wird zwischen geringen bis hohen Auswirkungen und Wahrscheinlichkeiten unterschieden (gering, mittel, hoch) (Tab. 1.5).

Tab. 1.5 Risiken der Herausforderungen in der Phase der Beendigung

Herausforderungen	Risiko	Eintritts-wahrscheinlichkeit	Auswirkung
Funktionsersatz	Fehlende zukünftige Funktionalität	Gering	Mittel
Unterstützungsleistungen	Exit zu teuer oder fehlende Punkte des Exits	Mittel	Hoch
Datenextraktion	Fehlende Daten	Mittel	Hoch
Transformation	Fehlende zukünftige Funktionalität	Gering	Gering

▶   **Die Public Cloud ist wie ein Apple iPhone**
Das Apple iPhone hat in den 2000er Jahren den Mobilfunk revolutioniert, in dem es die Aspekte von Computing und Mobilfunk in einem Gerät unterbrachte. War es vor der Einführung des ersten Smartphones nur bedingt möglich, wirkliche Aufgaben an einem Mobiltelefon durchzuführen, so hatte man nach der Einführung des iPhones die Möglichkeit, im Internet zu browsen, an Dokumenten zu arbeiten, Spiele zu spielen und das Mobilgerät ganz nach den Wünschen zu personalisieren. Insbesondere der Apple AppStore hat den Funktionsumfang des iPhones signifikant erweitert. Andere Mobiltelefone hatten bis dato nur einen eingeschränkten Funktionsumfang. Nun existieren auch bei den Benutzern von Mobiltelefonen unterschiedliche Nutzergruppen. Es gibt diejenigen, welche nur dann und wann mal telefonieren und eine SMS schreiben und es gibt diejenigen, welche ein Smartphone/iPhone für jegliche Arbeiten verwenden, welche es im Alltag auszuführen gilt. Für die erste Nutzergruppe wäre ein iPhone nicht geeignet, da die Gruppe solch ein Gerät überhaupt nicht nutzen würde.
Ähnlich wie bei einem iPhone verhält es sich mit der Public Cloud. Die Unternehmen, welche die Public Cloud nur eingeschränkt nutzen wollen, können auch eine traditionelle Lösung nutzen. Die traditionellen Lösungen (eigenes Rechenzentrum) bieten gegebenenfalls die gleiche Leistung zu geringeren Kosten.
Vergleicht man die Leistung einer Public Cloud mit der Leistung von z. B. traditionellen Hosting-Anbietern, dann erscheinen die Services der Public Cloud als teuer. Nutzen die Unternehmen jedoch die inhärenten Vorteile der Public Cloud nicht aus, so wird faktisch Geld für ein Services ausgegeben, welcher überdimensioniert ist.

1.5 Zusammenfassung

Public Cloud hat viel Potenzial, birgt aber auch noch viele Herausforderungen

Die Public Cloud birgt sehr viel Potenzial, welche die Kunden und Unternehmen jedoch zuerst wirklich heben und nutzen müssen. Das erfordert eine klare Planung, eine saubere Umsetzung und stringente und umfassende Nutzung der Cloud Services. Mit jeder Nutzung der Cloud geht auch eine Transformation einher, welche durch den Kunden und das Unternehmen zu lancieren ist.

Public Cloud zeichnet sich durch eine **Senkung der Kosten der IT,** eine Erhöhung der **Flexibilität,** der Forcierung von **Innovationen** und dem Überwinden von Engpässen in der **Kapazität** aus. Public Cloud wurde früher eingesetzt, um kurzfristige Kapazitätsengpässe zu überbrücken und wird mittlerweile aber als strategischer Innovationstreiber eingesetzt.

Auf dem Markt haben sich die Abstraktionen von **Infrastructure-as-a-Service, Platform-as-a-Service und Software-as-a-Service** herausgebildet, wobei die Services in aufsteigender Abstraktion genannt sind. Für Infrastructure-as-a-Service müssen Kunden viel mehr Eigenleistung als für Software-as-a-Service erbringen.

Die Angebote der Cloudanbieter erstrecken sich von Public Cloud (zugänglich für alle) über die Private Clouds (zugänglich nur für einen Kunden/Unternehmen) hin zu den Hybrid Clouds (Public und Private Cloud kombiniert) bis zu den Community Clouds (nur für eine bestimmte Nutzergruppe). Die Kunden haben hierbei eine hohe Flexibilität, genau die Cloud-Lösungen auszuwählen, welche den Bedürfnissen und Anforderung am besten entspricht.

Eine Nutzung von Public Cloud geht mit einigen Herausforderungen vor, während und nach der Nutzung einher. Diese **Herausforderungen** sollten die Unternehmen adressieren, um eine erfolgreiche und wertorientierte Nutzung der Cloud Services im Unternehmensumfeld zu ermöglichen.

Marktübersicht und Cloud Canvas

2

2.1 Infrastructure as a Service

Der Markt ist von drei Hyperscalern dominiert. Dazu gehören Amazon Web Services, Microsoft Azure und Google Cloud. Es existieren aber auch weitere Anbieter von Services, welche nicht als Hyperscaler bezeichnet werden, aber dennoch ein umfangreiches Portfolio von Cloud Services haben. Dazu zählen unter anderem IBM und Oracle. In diesem Kapitel werden die wichtigsten Anbieter vorgestellt.

2.1.1 Amazon Web Services

Historie
Amazon Web Services gilt als der erste wirkliche Cloud Anbieter auf dem Markt und hat seine Stellung stetig ausgebaut. Auch heute gilt Amazon als einer der führenden Anbieter von Cloud Computing Services. Zu den Gründen der Entstehung gibt es verschiedene Varianten: Überkapazität und eine bewusste Positionierung im Markt.

In der Version der **Überkapazität** entstand das Geschäft mit der Public Cloud eher als ein Zufallsprodukt und Amazon besetzte eine Lücke in einem sich neu ergebenden Markt: „In den frühen 2000er Jahren entwickelte sich das Geschäft von Amazon stetig weiter und durch die starken Verkaufsaktivitäten auf der Plattform von Amazon, wurden die Bedarfe nach Rechenleistung für die Bereitstellung der Plattform und deren Dienste enorm. Insbesondere durch die saisonalen Effekte, wie zum Beispiel der Black Friday in den USA, stieg der Bedarf dramatisch an und fiel danach wieder rapide ab auf ein Normalniveau. Amazon reagierte darauf und baute die Plattform entsprechend so auf, dass die Lastspitzen durch die saisonalen Ereignisse abgefedert worden und die Plattform sowohl performant als auch stabil lief. Diese Ausrichtung auf die Maximalleistung führte zu einer stetigen Überkapazität in den Amazon Rechenzentren während des Rests des Jahres – also außerhalb der saisonalen

N. Feil et al., *Public Cloud Potenzial in einem Unternehmensumfeld*, https://doi.org/10.1007/978-3-658-42665-1_2

Effekte. Diese Überkapazitäten wurden als Ressourcen für Kunden zugänglich gemacht. Im Jahre 2006 startete Amazon dann die Tochterfirma Amazon Web Services, welche über ein offen zugängliches Portal die Kapazitäten aus dem Rechenzentrum von Amazon extern verfügbar macht.

Eine andere Version zur Entstehung des Cloud Computing bei AWS ist basierend auf den internen Prozessen und Abläufen innerhalb von Amazon. Hierbei sah sich Amazon durch das **stetige Wachstum** seiner Plattform mit wiederkehrenden Problemen konfrontiert, bei denen die Web-Entwickler mit den Teams aus den Rechenzentren immer wieder Abstimmungen zu Netzwerk, Kapazitäten und Verfügbarkeiten vornehmen mussten. Um diese Abhängigkeit zu beseitigen, wurde eine Art von Commodity IT eingeführt (AWS), mit der die Web-Entwickler sich die notwendigen Ressourcen eigenständig zusammenstellen konnten. Sie wurden also unabhängig von den Teams der Rechenzentren. Amazon realisierte, dass jeder Web-Entwickler solche Möglichkeiten schätzen würde und entschied sich, diese neuen Services als Amazon Web Services zur Verfügung zu stellen." [1]

Unabhängig davon, welche Version der Geschichte tatsächlich zutrifft, kann AWS die Marktführerschaft verteidigen. Innerhalb von einigen wenigen Jahren konnte AWS das Geschäft massiv ausbauen und zeigt immer wieder auch die Technologieführerschaft durch neue Technologien, hohe Effizienz und niedrige Kosten. Das Geschäft von AWS wächst und somit kann AWS seit einigen Jahren einen Vorsprung beim Marktanteil sichern und behalten.

Aktuelle Marktposition

AWS gilt weiterhin als Marktführer und kann circa ein Drittel des Public Cloud-Umsatzes auf sich verbuchen. Insbesondere im Segment der multinationalen Konzerne und Großunternehmen punktet AWS. Den Bereich der KMU und der Privatanwender adressiert AWS ebenfalls, aber ein Großteil der Umsätze werden bei den Unternehmen erzielt. Das diverse Kundenportfolio erklärt sich insbesondere durch das vielfältige Angebot von Services aus der Public Cloud. Hierzu wird später in Abschn. 2.5 eingegangen.

AWS kann bei vielen Kunden durch die folgenden Vorteile punkten:

- Die AWS-Rechenzentren sind in vielen Ländern verfügbar, was es für Unternehmen einfacher macht, mit den lokalen Regulatorien konform zu sein.
- Die AWS-Rechenzentren sind alle in Gebieten angesiedelt, welche eine exzellente Anbindung an die WAN-Provider haben (Beispiel Frankfurt).
- Eine sehr gute und hohe Verfügbarkeit der Services ohne größere Auswirkungen auf eine größere Anzahl von Kunden.
- Etliche Drittanbieter bieten neue Services in AWS auf den Plattformen an und können als Teil der AWS-Plattform einfach genutzt werden.

Viele Kunden sehen aber auch Verbesserungspotenzial für AWS:

- Einige Service könnten unentgeltlich angeboten werden. Kunden haben das Gefühl, dass alles in der AWS-Cloud entgeltlich ist.
- Die Rechnungen für die AWS-Services können eklatant hoch ausfallen.
- Die Verträge zwischen AWS und den Unternehmen sind teils sehr strikt und ohne jegliche Flexibilität.
- Die Teams in den Unternehmen, welche sich mit AWS beschäftigen und diese Services verwalten müssen, brauchen ein sehr breites Wissen und viele tiefergehende Kenntnisse in der Plattform.

AWS ist und bleibt der Marktführer durch die sehr hohe Innovationskraft und die starke Kundenbindung. Des Weiteren ist AWS erfolgreich, wenn es um die Gewinnung neuer Kunden geht. Dennoch ist anzuraten, dass Neukunden einen detaillierten Vergleich der zukünftigen Kosten von AWS einzufordern.

2.1.2 Microsoft Azure

Historie
Microsoft gilt als der zweitgrößte Anbieter von Public Cloud-Services und belegt hinter AWS den zweiten Platz, kann sich jedoch vor Google behaupten. „Microsoft erkannte den enormen Nutzen und das enorme Potenzial von Cloud Computing sehr früh und startete eine erste Version von Microsoft Azure bereits im Jahre 2008 – also nur zwei Jahre später als AWS. Ab dem Jahre 2010 gilt die Cloud Computing Plattform von Microsoft als verfügbar, da sie vorher eingeschränkt nur für Entwickler verfügbar war. Microsoft änderte den Namen der Plattform einige Male: von der Einführung der Azure Plattform als „Windows Cloud" über „Windows Azure" hin zu „Microsoft Azure". Seit 2014 ist der Name konstant und hat sich als eine wichtige Marke in dem Cloud Computing-Markt etabliert.

Microsoft baute Azure kontinuierlich weiter aus und erweiterte das Portfolio der angebotenen Services in Azure. Parallel zur Erweiterung des Portfolios, erschloss Microsoft stetig neue Regionen. So startete Azure zunächst in den USA und Europa und erweiterte jedoch sehr zügig sein Angebot. Derzeit umfasst Azure 54 Regionen auf allen Kontinenten. Nicht jede Region bietet dieselben Services an, jedoch können die wichtigsten Infrastrukturservices in allen Regionen abgerufen werden. Auf der Webseite von Microsoft können die verfügbaren Regionen eingesehen werden:

https://azure.microsoft.com/en-us/global-infrastructure/geographies/#geographies

Microsoft orientiert sich beim Ausbau der Azure Regionen sehr stark an den wichtigsten Märkten und Ländern, welche spezifische Vorgaben und Regulatorien haben. So wurden beispielsweise in Asien die Regionen in Indien aufgebaut, um den stark wachsenden Markt zu adressieren und die rechtlichen Vorschriften nach der Datenhaltung gerecht zu werden. Mit demselben Gedanken hat Microsoft die Regionen in der Schweiz und Deutschland aufgebaut, um den Industrienormen der Schweizer Bankenindustrie und den EU-Richtlinien nach

DSVGO gerecht zu werden. Die Regionen in den USA sind die am weitesten entwickelten Regionen und hier werden auch neue Services zuerst zur Verfügung gestellt." [1]

Aktuelle Marktposition

Microsoft kann den zweiten Platz im Markt behaupten. Während AWS bis zu einem Drittel Marktanteil zugesprochen wird, wird bei Microsoft von circa einem Viertel ausgegangen. Aus Sicht der Kunden kann Microsoft insbesondere durch die hohe Integration der Microsoft Azure-Cloud in die Office-365-Services punkten. Microsoft forciert diese starke Integration immer weiter und führt die Strategie der integrativen Cloud-Services stetig weiter aus.

Microsoft kann durch die starke Dominanz im Office-365-Bereich die bestehenden Kundenbeziehungen als Sprungbrett der Unternehmen in die Nutzung der Public Cloud mit Microsoft Azure nutzen. Viele Unternehmen haben früher auf die Produkte des Microsoft Office-Pakets gesetzt und die Nutzung auch in der Cloud durch Office 365 weiter fortgesetzt. Damit hat Microsoft bereits einen bestehenden Vertrag mit vielen Kunden. Frühzeitig hatte Microsoft begonnen, auch MS Azure Cloud-Services in die Verträge mit einzuspinnen. Somit war die Nutzung für die Unternehmen sehr einfach und die Einstiegsschwelle sehr niedrig.

Microsoft Azure kann bei den Kunden insbesondere durch folgende Aspekte punkten:

- Sehr einfache Integration von bereits existierender Infrastruktur in die MS Azure-Umgebung
- Etablierte Produkte (wie MSSQL Server) sind in der Cloud verfügbar
- MS Azure bietet eine hohe Kompatibilität mit Linux und Anbieter von Linux unterstützen die Workloads in MS Azure voll
- Sehr leichter Umstieg aus der traditionellen Welt in die MS Azure Welt
- Einfachheit des Serviceportfolios in MS Azure

Eher kritisch stehen die Kunden den folgenden Punkten gegenüber:

- Die Unterstützung für die Kunden ist verbesserungsfähig – insbesondere bei speziellen Problemen mit Drittanbietersoftware gibt es nur sehr eingeschränkten Support von Microsoft
- Die Bepreisung der Services ist teils verwirrend und unübersichtlich, selbst über einen Kalkulator sind manche Kosten teils nicht ersichtlich

Es bleibt abzuwarten, wie lange Microsoft auf dem zweiten Platz verweilen wird und ab wann es ein Kopf-an-Kopf-Rennen bei den großen Hyperscalern geben wird.

2.1.3 Google Cloud

Historie

„Die Google Cloud Platform (GCP) ist Teil der größeren Google Cloud, welche Google zur Erbringung der eigenen Dienste nutzt (wie z. B. YouTube oder Google Maps) und für seine Kunden zur Verfügung stellt. Im Jahr 2008 wurde die Google Cloud Platform angekündigt, welche eine Nutzung von Cloud Computing, wie im Sinne von AWS und Azure, ermöglichen sollte. Damals wurde zunächst die „App Engine" vorgestellt, welche primär Entwickler von Webapplikationen ansprach.

Einige Jahre später hat Google etliche neue Services hinzugefügt und so auch im Jahre 2013 die Compute Engine für die breite Öffentlichkeit zur Verfügung gestellt. Dies war der Startpunkt für die Infrastructure-as-a-Service Services in der Google Cloud, auch wenn der Cloud Storage schon im Jahre 2010 verfügbar gemacht worden ist.

Im Vergleich zu AWS und Azure gilt Google in den Bereichen von Big Data und den neueren Technologien wie Machine Learning und Artificial Intelligence als Vorreiter. Hier kommen die Ursprünge des Unternehmens voll zum Tragen, welche nicht wie bei AWS und Azure in den Bereichen der Infrastructure-as-a-Service, sondern vielmehr bei der Entwicklung von Cloud-nativen und hochkomplexen Applikationen zu finden ist.

Manche Kunden und Unternehmen waren vor der Einführung der Google Produkte noch unsicher, ob es sich um eine verlässliche Plattform handeln würde. Hintergrund hierzu sind oftmals Erfahrungen aus dem Privatkundenbereich, in dem sich Kunden mit abgekündigten, nicht mehr unterstützten Produkten beschäftigen müssten. Dies sollte im Umfeld von Unternehmen nicht passieren und vermieden werden. Google hat durch die personelle Stärkung des Cloudbereichs hier jedoch für eine starke Kontinuität gesorgt und den Kunden die Angst vor einer Abkündigung der Google Cloud genommen." [1]

Aktuelle Marktposition

Google kann sich im Rennen der großen Hyperscaler auf dem dritten Platz behaupten. Man geht davon aus, dass sich der Marktanteil von Google im niedrigen zweistelligen Bereich bewegt und circa die Hälfte von Microsoft Azure erreicht. Jedoch kann diese Betrachtung etwas irreführend sein, betrachtet man die starke Positionierung von Google im privatwirtschaftlichen Bereich. Über die Angebote von YouTube werden Millionen von Nutzern erreicht. Diese Nutzung fließt in der Betrachtung der Größe von Hyperscalern nicht ein.

Google schaffte es in der Vergangenheit, sich einen etablierten Platz in manchen Branchen zu erarbeiten. Hierzu zählt zum Beispiel die Retail-Industrie, welche sich, verständlicherweise, von Amazon als Konkurrenten abwendet. Google kann über einige wichtige Unternehmen, die wirklichen Vorteile der Google Cloud darstellen.

Bei der Dichte der Rechenzentren kann Google mit den anderen beiden Hyperscalern mithalten. Auch wenn AWS und Microsoft einen Vorteil durch die existierenden Rechenzentren hatten, nutzt Google die für Eigenzwecke erstellten Rechenzentren und besitzt aktuell 24 Regionen mit mehr als 77 Rechenzentren. Die Google Cloud ist auf allen Kontinenten der Welt vertreten und kann damit auch spezifische Märkte abdecken, wie die Schweiz, Deutschland oder Indien.

Google punktet bei den Kunden insbesondere durch folgende Aspekte:

- Die Integration der Services in der Google Cloud ist am engsten und am einfachsten – insbesondere erscheinen die Services „aus einem Guss"
- Eine Automatisierung der Google Service ist durch die starke Kommandozeile (Command Line Interface) sehr einfach und kann schnell genutzt werden
- Die Google Cloud wird im Allgemeinen als kosteneffizienter wahrgenommen als MS Azure und AWS

Kunden sehen aber auch folgendes Verbesserungspotenzial

- Das Portal der Google Cloud kann weiter verbessert werden und nutzerfreundlicher werden. Hierbei muss aber angemerkt werden, dass Google strategisch auf die Nutzung der Kommandozeile setzt, um die Automatisierung voranzutreiben.
- Wie bei allen anderen Hyperscalern können die Kosten bei Google schnell signifikant steigen.

Google wird auch weiterhin den dritten Platz belegen, da der Vorsprung der anderen beiden Hyperscaler, AWS und MS Azure, zum aktuellen Stand zu groß ist. Dennoch ist die Google Cloud bereits sehr ausgereift und wird in naher Zukunft die Lücke zwar nicht vollständig schließen, aber wettmachen können.

2.1.4   Weitere Marktteilnehmer

Neben den drei großen Hyperscalern existieren weitere Marktteilnehmer, welche an dieser Stelle kurz beschrieben werden sollen. Hierbei kann keine vollständige Auflistung erfolgen, sondern es wird lediglich auf die großen, Hyperscaler-ähnlichen Anbieter eingegangen und diese kurz umrissen.

Alibaba Cloud

Alibaba hat im Jahr 2009 eine eigene Cloud gestartet, die Alibaba Cloud. Vorher war das Unternehmen überwiegend im Umfeld von eCommerce tätig und hat sich im chinesischen Markt einen der vorderen Plätze erarbeiten können. Dennoch hat man den Bedarf für eine lokale, chinesische Cloud schnell erkannt und 2009 dann die Alibaba Cloud lanciert. Hierbei handelt es sich um eine Public Cloud-Plattform mit den wichtigsten Services, von virtueller Hardware bis hin zu einer eCommerce-Plattform und einem Content Delivery Network.

Tatsächlich haben andere Hyperscaler in China immer wieder Herausforderungen bei der Positionierung und der Nutzung ihrer Dienste. Der Grund dafür liegt in der starken

Regulierung des chinesischen Marktes mit sehr vielen Einschränkungen und Bedingungen. Somit konnte sich die Alibaba Cloud schnell als wichtigster Teilnehmer im chinesischen Markt positionieren. Derzeit existieren Rechenzentren in 24 Regionen, darunter auch in Deutschland und den USA, aber vorranging im asiatischen Raum. Die Alibaba Cloud ist ein wichtiger Partner für alle Unternehmen mit Geschäft im chinesischen Markt.

Oracle Cloud

Die Oracle Public Cloud wurde im Jahr 2016 gestartet und durch sehr starke Marketingaktivitäten von Oracle im Markt positioniert. Dennoch konnte sie sich nicht gegen die anderen Hyperscaler durchsetzen. Jedoch hat Oracle die Cloud weiterentwickelt und startete im Jahr 2018 die zweite Version der Cloud, genannt die Oracle Cloud. Hierbei wurden alle wichtigen Services aus dem Bereich von Infrastructure-as-a-Service, Platform-as-a-Service und Software-as-a-Service miteinander vereint und angeboten. Insbesondere durch die Integration der eigenen bestehenden Tools und transformierten Softwareprodukte kann sich Oracle im Markt behaupten. Hierbei zeigt Oracle durch ein sehr großes Serviceportfolio, wie konkurrenzfähig die Cloud mit denen der Hyperscaler bereits ist. Neben den weit verbreiteten Oracle Datenbanken und dem ERP-System, besetzt Oracle weitere Felder im Markt, wie z. B. die Integrationsplattformen.

Die Oracle Cloud wird sicherlich bald zu den großen Hyperscalern aufgeschlossen haben und als weiterer Anbieter die Entwicklungen im Umfeld der Public Cloud signifikant vorantreiben. Dazu wird sicherlich beitragen, dass im deutschen Markt Oracle der einzige Cloud-Anbieter ist, der einen Rahmenvertrag mit dem öffentlichen Dienst in Deutschland unterzeichnet hat, und als einziger Cloud-Anbieter angesehen wird, der die Sicherheitsanforderungen des BSI erfüllt.

IBM Cloud

„Der Beginn der IBM Cloud kann auf das Jahr 2010 datiert werden. In diesem Jahr eröffnete IBM zwei Cloud Computing-Rechenzentren in den USA und in Deutschland (Ehningen bei Stuttgart). Dies war damals eher als Private Cloud zu betrachten und nicht als wirkliche Public Cloud, da sie nicht vom Internet aus erreichbar war und kein generelles Portal besaß. IBM selbst datiert den Beginn des Cloud Computing auf die 1950er Jahre, da zu diesem Zeitpunkt zum ersten Mal ein Teilen von Ressourcen der teuren Mainframes begann, was zu der Entwicklung der Virtualisierung führte. Diese ist der Grundstein für das Cloud Computing.

IBM lancierte verschiedene Cloud Services für die IBM Kunden, konnte aber lange Zeit nicht aus dem Bereich der Private Clouds ausbrechen. Mittlerweile bietet die IBM auch eine Public Cloud an, welche als IBM Cloud den Kunden eine große Auswahl von Cloud Services bietet. Die IBM Cloud besitzt eine Vielzahl von Regionen, mit einer starken Fokussierung der Märkte in den USA und Europa. In Asian ist die IBM Cloud auch vertreten, aber nur mit sehr wenigen Standorten." [1]

Private Clouds

Neben den großen Public Cloud-Anbietern gibt es immer noch die traditionellen Hosting-Anbieter, wie eine HPE, DXC oder eine T-Systems (im deutschsprachigen Raum) und weitere kleiner Anbieter. Diese bedienen einen festen Kundenstamm, welcher bislang noch nicht den Sprung in die Public Cloud wagen wollte oder sich bewusst gegen eine Nutzung der Public Cloud entschieden hat.

In diesem Umfeld gibt es noch die eher traditionellen Anbieter von Rechenzentrums-lösungen und deren Angebote zu einer höheren Automatisierung und Flexibilität im Rechenzentrum. Jedoch können diese Anbieter die angebotenen Services eines Hyperscaler nicht wirklich abbilden und das ist auch nicht deren Ziel. Obwohl die Hyperscaler sich stetig weiterentwickeln und stetig neue Services auf den Markt bringen, werden die kleineren traditionellen Anbieter weiterhin existieren und Kunden auf diese Angebote setzen.

2.2   Platform as a Service

Es existiert eine Vielzahl von Anbietern für Platform-as-a-Service. Diese Fülle reicht von elementaren Services zur Verwaltung von Softwareentwicklungen (wie z. B. Microsoft Azure DevOps) bis hin zu komplexeren Datenbankplattformen, wie z. B. SAP HANA Cloud Platform. Services können in den folgenden wichtigsten Kategorien gefunden werden:

Entwicklungsplattformen: Zu den Entwicklungsplattformen gehören alle Services, welche zur Erstellung, Verwaltung und Verbreitung von Softwareprodukten und deren Features genutzt werden. Es existieren hierzu eine Vielzahl von Plattformen – von sehr kleinen bis zu sehr großen Plattformen, welche alle unterschiedliche Nutzergruppen adressieren. Die wichtigsten hierbei sind:

- **Microsoft Azure DevOps:** Microsoft hat auf der Azure Plattform ein zentrales Tool bereitgestellt, welches durch die starke Orientierung an dem agilen Vorgehen in Projekten eine starke Plattform zur Umsetzung von komplexen Anwendungen ist. Hierbei kann die Plattform jedoch nicht nur für die Softwareentwicklung genutzt werden, sondern auch zur Steuerung und Ausführung von agilen Projekten. Es werden alle gängigen Programmiersprachen unterstützt, welche derzeit im Markt verfügbar sind.
- **AWS Elastic Beanstalk:** Relativ gleich zu Microsoft Azure hat Amazon die eigenen Services unter AWS Elastic Beanstalk gebündelt, um Programmierern eine Plattform für jegliche Entwicklung zu geben. Hierbei können Programme in den etablierten Sprachen und Plattformen gebaut werden. Obwohl AWS die Plattform als PaaS aufgebaut hat, haben die Programmierer jedoch weitreichende Kontrolle darüber und können die Plattform individuell anpassen.

- **Google App Engine**: Google fehlt bei den PaaS-Anbietern natürlich nicht und so wird auf der Google Cloud die App Engine mit etlichen Services rund um die Entwicklung und Verbreitung von Applikationen plus der Steuerung der darüber liegenden Prozesse bereitgestellt. Hierbei haben die Kunden die Freiheiten zu den genutzten Sprachen, den Containern als auch den Libraries.
- **Red Hat OpenShift**: Red Hat ist primär als Anbieter von Betriebssystemen bekannt geworden. Die Red Hat Enterprise Linux Versionen sind einige der am weitesten verbreiteten Betriebssysteme im Umfeld von Unternehmen als auch in der Public Cloud. Daneben bietet Red Hat mit dem Kubernetes-basierten OpenShift eine starke Plattform für die Erstellung, das Ausrollen und das Management von neuen Applikationen. Die Plattform besticht durch die starke Integration in die Containertechnologie und die Unabhängigkeit von den darunter liegenden Betriebssystemen.
- **VMware Cloud Foundry**: VMware ist als Anbieter von Virtualisierungssoftware bekannt und hat sich als Marktführer bei der ×86-baiserten Virtualisierung etabliert. Zusätzlich erweiterte VMware das Produktportfolio stetig durch neue Managementlösungen, schuf die virtuellen VMware-Farmen in den großen Hyperscaler-Clouds und bot über Cloud Foundry eine neue Plattform für die Programmierung und Entwicklung von Softwareprodukten für die Unternehmen an. Hierbei hat VMware sehr stark auf die Compliance mit Kubernetes und OCI geachtet, um eine maximale Kompatibilität sicherzustellen.
- **IBM Cloud**: Die IBM Cloud bietet ähnlich wie die drei großen Hyperscaler auch Services aus IaaS und PaaS an. Hierbei kann das Angebot der IBM Cloud aber nicht mit dem Portfolio der großen Hyperscaler mithalten. Im Bereich der Plattformservices nutzt die IBM die OpenShift-Technologie und bietet diese Cluster den Kunden an. Mit IBM Cloud Pak wird eine weitere Plattform angeboten, welche nicht nur die grundlegenden Services für die Softwareentwicklung, sondern auch die Services für Automatisierung, Integration, Artificial Intelligence und mehr bietet. Es ist somit eher dem Portfolio der drei großen Hyperscaler in den jeweiligen Bereichen gleichzusetzen.

Big Data/Data Warehouse/Datenbanken: Die Nutzung von hochkomplexen und komplizierten Datenbanken und Big Data-Anwendungen in der Cloud war einer der ersten Use Cases. Der Grund hierfür war relativ einfach: es war für die Unternehmen einfacher, solche Anwendungen in der Cloud zu beziehen, ohne vorher Anschaffungen beim IT Service Provider oder im eigenen Rechenzentrum vorzunehmen. Derzeit kann der Markt in die größeren Bereiche von Big Data (also alles hinsichtlich Data Lakes), den Data Warehouses und den Datenbanken (In-Memory, relationale Datenbankmanagementsysteme, NoSQL, etc.) unterteilt werden.

- **SAP HANA**: SAP ist der größte Anbieter von hoch performanten In-Memory-Datenbanken, welche durch das neue Softwareprodukt der SAP S/4HANA stark im

Markt positioniert werden. Die Datenbank wird im Umfeld der Public Cloud angeboten und kann auf allen drei Hyperscalern betrieben werden. Des Weiteren bietet die SAP die HANA-Datenbank auch als Platform-as-a-Service an. Dies nennt sich SAP HANA Cloud. Hierüber haben die Kunden die Möglichkeit, sich mit HANA vertraut zu machen und produktive Anwendungen zu erstellen, ohne sich mit dem Betrieb von HANA auseinandersetzen zu müssen.

- **Oracle**: Oracle ist einer der Hersteller von Datenbanksystemen, welche eine sehr lange Tradition haben und eine sehr hohe Marktdurchdringung. Neben den traditionellen Datenbanken bietet Oracle auch die Oracle Public Cloud an, welche die Datenbankservices bereitstellt. Hier haben Kunden Zugriff auf relationale Datenbanken, Datenbankcluster als auch NoSQL-Datenbanken.
- **Microsoft**: Innerhalb der Microsoft Azure Plattform bietet Microsoft die MSSQL Server an, welche sich neben den Oracle Datenbanken als weiterer großer Datenbankbetreiber durchgesetzt haben. Neben den klassischen MSSQL Servern stellt Microsoft auch zusätzliche Datenbankservices bereit, um das Portfolio zu vervollständigen. Dazu gehören die Cosmos Datenbank oder auch Synapse.
- **Amazon**: Auch Amazon bietet in der Public Cloud die wichtigen Datenbanksysteme an, damit Kunden diese als Service nutzen können. Hierbei setzt Amazon auf ein Konglomerat aus verschiedenen Datenbanklösungen, wie Aurora, DynamoDB oder auch Neptune DB.
- **Google**: Auf Basis der Google Cloud können Kunden alle möglichen Datenbankservices konsumieren. Hierzu gehören die relationalen Datenbanken, als auch In-Memory-Datenbanken und Data Warehouse-Services. Hierbei sind die Services sehr eng in die Plattform integriert und Google spielt seine Stärke als Anbieter von datenumfangreichen Services aus.
- **IBM Cloud PAK**: Die IBM Cloud offeriert den Kunden die weit verbreitete und sehr bekannte IBM DB2-Datenbank als Cloud-Service. Hierbei kommen die Vorteile der Datenbank zum Tragen und die lange Erfahrung der IBM mit der DB2-Datenbank. Kunden profitieren hierbei durch die starke Integration. Darüber hinaus werden auch weitere, nicht-relationale Datenbanken angeboten. Hierzu gehören Cloudant, JanusGraph als auch Memchached.

Integrationen: Bei der Integration von verschiedenen Umgebungen, aber auch zwischen den unterschiedlichen Applikationen der Unternehmen kommen Integrationsplattformen zum Einsatz. Diesen kommt vor dem Hintergrund der sehr komplexen Integrationsszenarien eine immer höhere Bedeutung zu.

- **SAP**: Die SAP bietet über die SAP Business Technology Platform eine umfassende PaaS-Plattform zur Integration von Anwendungen, dem Austausch von Daten und der Automatisierung der Prozesse an. Hierbei liegt der Fokus auf den Geschäftsprozessen und der nahtlosen Integration in die Produktwelt der SAP. Allerdings erlaubt die Plattform auch die Anbindung von nicht-SAP-Produkten und den Datenaustausch. Dies wird durch Unternehmen sehr häufig genutzt.

- **IBM**: IBM Cloud Pak Integration wird in der IBM Cloud als Integrationsplattform angeboten und positioniert die Plattform nicht nur durch die weitreichenden Interfaces, sondern auch durch die Kombination mit Artificial Intelligence. Das Produkt kann auch als separate Installation betrieben werden, zeichnet sich aber durch die hohe Komplexität aus. Daher ist es ratsam, den PaaS zu nutzen.

- **Oracle**: Oracle Cloud Integration basiert auf der Oracle Cloud und wurde in den letzten Reports der Marktanalysten als eine sehr starke Lösung eingeordnet – in einigen Reports ist Oracle sogar der Leader. Dies bedeutet, dass die Lösung einige interessante Features aufweist, welche es in den anderen Produkten nicht gibt und Oracle die Lösung für die Probleme der Kunden sofort einsetzen kann. Hierzu gehören Services für die Anwendungsintegration, Datenintegration, Prozessautomatisierung, Management von API und Events als auch das Streaming. Oracle zeigt über eine einheitliche Plattform hinweg, dass solche Integration zwischen verschiedenen Services aus sehr unterschiedlichen Umgebungen (Public Cloud, Hybrid Cloud) möglich ist.

- **Talend**: Talend hat den Begriff von iPaaS geprägt – der Integration Platform-as-a-Service. Hierbei zeigt die Lösung von Talend die grundlegenden Funktionalitäten von Enterprise Service Bus und erweitert diese durch die Services aus der Public Cloud, inklusive einer Mandantenfähigkeit auf der Talend-Plattform. Die Integration in die bestehenden Public Clouds und deren Infrastrukturservices, wie von AWS, Azure oder Google, ist hierbei gegeben und Kunden können diese durch weitere Funktionen erweitern. Dazu gehören Datenintegration via Data Warehouses, Anwendungsentwicklung und Compliance der Daten und Anwendungen sowie ein Management der Sicherheit der Daten und Anwendungen.

- **Informatica**: Informatica reiht sich in die Lösungen rund um iPaaS ein und hat eine längere Tradition im Umfeld der Unternehmen. Insbesondere im Zusammenspiel mit ERP-Systemen und den damit verbundenen Herausforderungen hat sich Informatica einen Namen gemacht. Bei Themen, wie Master Data Management, konnte Informatica sich stark positionieren. Die Integrationsplattform Informatica Intelligent Data Management Cloud zielt daher auch insbesondere darauf ab. In den einschlägigen Magic Quadrants wird Informatica seit längerer Zeit immer im Quadranten der Leader und teils auch der Leader im iPaaS-Umfeld geführt.

- **Software AG**: Die Software AG positioniert sich ebenfalls im Segment der iPaaS-Anbieter und bietet den Kunden webMethods.io Integration an. Hierbei kommen im Kern ein Enterprise Service Bus (ESB) inklusive einer Datenintegration, API Management und verschiedener Gateways zur Anbindung von externen Komponenten (wie SAP) zum Einsatz.

Security: Die Sicherheit der Daten, der Anwendungen und der Benutzer ist das oberste Ziel der Unternehmen. Nicht erst mit der Einführung der starken Regulierung via DSGVO/

GDPR, ist die Etablierung eines robusten Security Frameworks für Kunden unerlässlich. Immer wieder kommt es zu Hackerangriffen auf die IT von Behörden, Unternehmen und Privatpersonen. Wichtige Security Tools werden bereits durch die Public Cloud-Provider zur Verfügung gestellt, dennoch bieten sich weitere Tools zur Erweiterung der Funktionalitäten (wie z. B. Security Incident and Event Management/SIEM) an. In letzter Zeit wurde das Thema Security Service Edge immer relevanter. Hierzu gehören Technologien, welche es entfernten Benutzern ermöglicht, über Unternehmensgrenzen und Cloudgrenzen hinweg, Zugriff auf Ressourcen zu erhalten.

- **Netskope**: Netskop ist der Leader im Magic Quadrant und führt somit durch seine Produkte den Markt an. Hierbei nutzen die Kalifornier eine Fülle von Produkten: Security Service Edge, Web Gateways, Cloud Access Security Broker, Private Access Lösungen oder auch Firewall und Data Loss Prevention Lösungen. Es besteht also eine Fülle von Lösungen, welche in den jeweiligen Public Cloud-Umgebungen und den wichtigsten Unternehmensstandorten genutzt werden können. Netskope beschränkt sich nicht nur auf Public Cloud, sondern fokussiert insbesondere den Hybrid Cloud-Bereich.
- **Zscaler**: ZScaler ist ein weiterer wichtiger Spieler und bietet, ähnlich wie Netskope, eine Fülle von Produkten an. Insbesondere im Bereich der Verbindungen in der Hybrid Cloud zeigt Zscaler mit den Produkten, wie eine sichere Integration zwischen der etablierten Unternehmensumgebung und der Public Cloud-Umgebung erfolgen kann. Neben den reinen Sicherheits- und Konnektivitätslösungen, kann Zscaler auch Themen wie Compliance und IT/OT abdecken.
- **Weitere Anbieter**: Als weitere Anbieter sind im Umfeld von Security noch Palo Alto, Cisco, Broadcom oder auch Cloudflare zu nennen. Alle diese Anbieter haben weitere Security-Produkte im Angebot, welche durch die Kunden entweder zusätzlich zu den bereits genutzten Services eingeführt werden können oder aber die Kunden können die bereits genutzten Services der Anbieter durch die jeweiligen Security-Services erweitern.

Es existieren noch weitere PaaS-Angebote und diese nehmen täglich immer weiter zu. Es ist wichtig für die Kunden den Unterschied zwischen IaaS und PaaS zu kennen und dazu den Mehrwert von PaaS vor dem Hintergrund der zusätzlichen Abstraktion richtig einschätzen zu können.

2.3 Software as a Service

Im Bereich von Software-as-a-Service gibt es sehr viele unterschiedliche Produkte und Angebote. Dies reicht von einfacher Steuersoftware aus dem Internet oder der guten alten Web-E-Mail für Privatpersonen bis hin zu kompletten IT Service Management-Lösungen oder auch Enterprise Resource Planning-Lösungen aus dem Internet. Prinzipiell werden mittlerweile alle Produkte, welche früher noch in lokalen Rechenzentren betrieben wurden, als SaaS-Lösungen angeboten. Die Kunden haben hierdurch einen wichtigen Vorteil: die Installation, der Betrieb und die Wartung der Software wird durch die jeweiligen Anbieter erledigt und obliegt in der Verantwortung des Anbieters. Jedoch hat der Kunde damit keinen Einfluss mehr auf die SaaS-Lösungen (wie z. B. Skalierung) und muss sich den Vorgaben der Anbieter beugen. Die Integration der SaaS-Produkte wird umso wichtiger – insbesondere da es über Unternehmensgrenzen hinweg geht. SaaS werden in der Cloud angeboten und sind über LAN/WAN-Strecken an die anderen Kernservices der Unternehmen verbunden. Die Sicherheit wird hierbei eklatant wichtig und muss durch die konsumierenden Kunden/Unternehmen sichergestellt werden. Obgleich der Markt sehr fragmentiert und unübersichtlich ist, solle an dieser Stelle dennoch ein Eindruck von der Fülle der wichtigsten SaaS-Angebote gegeben werden.

ERP/Enterprise Resource Planning: Im Umfeld der ERP-Lösungen gibt es von den etablierten Marktteilnehmern, wie der SAP, Oracle und Microsoft die Lösungen für die unternehmensweite Steuerung der Prozesse jeweils auch als SaaS-Lösungen. Hierbei zeigt beispielsweise die **SAP,** dass ERP-Software auch leichtgewichtiger für kleine und mittelständische Unternehmen (KMU) eingesetzt werden kann. So hat SAP über Business by Design kleine Lösungen zur ERP-Steuerung geschaffen. Daneben gibt es die großen SAP S/4HANA-Anwendungen auch als Cloud-Edition für Unternehmen. Diese nennt sich dann SAP S/4HANA Cloud ERP. **Oracle** bietet über Oracle Fusion Cloud ERP eine starke Lösung für Unternehmen in verschiedenen Branchen an. So ist die Lösung als führendes Produkt bei produkt-orientierten und service-orientierten Unternehmen platziert. Oracle konnte sich einen sehr breiten Kundenstamm, insbesondere im US-amerikanischen Markt, aufbauen. **Microsoft** zeigt über Microsoft Dynamics 365 die ERP-Lösungen aus der Cloud. Hierbei handelt es sich eher um eine Sammlung von Services und weniger um ein zentrales ERP. Unternehmen haben jedoch durch eine starke Bindung an Microsoft einen kürzeren Absprungpunkt zur Nutzung der Services aus der MS Azure-Welt. Jedoch schwenken keine Unternehmen leichtsinnig von einem ERP-System zu einem nächsten um.

Workplace: Als Workplace werden alle wichtigen Services rund um die zentralen Funktionen von E-Mail, Kollaboration und gemeinsamer Arbeit zusammengefasst. Hierbei zeigt Microsoft beispielsweise, wie alle drei Aspekte in einer Sammlung von Services als ein Produkt beim Kunden positioniert werden kann. **Microsoft Office 365** ist die führende Lösung im Bereich der Cloud-basierten Office-Services und inkludiert über verschiedenste Möglichkeiten alle Aspekte. **Google** hat versucht, über eigenen Lösungen in dem Markt Fuß zu fassen und Workplace-Services anzubieten. Dies hat bei einigen sehr großen Unternehmen funktioniert und so konnten sich Google Mail oder auch Google Drive einen Teil des Marktes sichern. Dennoch hat Google im Vergleich zu Microsoft noch Aufholbedarf. Die lässt sich leicht durch die sehr hohe Maturität der Microsoft-Lösungen erklären. Diese wurden schon vor Jahrzehnten auf den Markt gebracht. Google muss nun diesen Vorsprung aufholen. Neben den großen Anbietern kommen auch kleinere Anbieter für die täglichen Arbeiten im Büro zum Tragen: spezialisierte Anbieter wie Xerox oder auch lokale Anbieter wie SwissCloud.

IT Service Management: Das IT Service Management ist wohl eine der Paradedisziplinen, in denen sich Software-as-a-Service schnell durchsetzen konnte. Insbesondere durch den führenden Anbieter **ServiceNow,** haben sich viele Unternehmen mit einer SaaS-Lösung für IT Service Management angefreundet. ServiceNow bietet alle wichtigen Funktionen für die Ausführung von Incident, Problem, Change und Service Request Management an. Darüber hinaus ist ServiceNow als integrative Plattform erschaffen worden und so können viele Schnittstellen mit ServiceNow zur Steuerung von Workflows genutzt werden. Neben ServiceNow existieren auch Lösungen von BMC, Ivanti oder auch Atlassian. Hierbei kann BMC wohl als einer der traditionsreichsten Anbieter genannt werden. BMC Remedy ist noch bei vielen Unternehmen im Einsatz, um die dortigen IT Service Management-Aufgaben zu übernehmen.

Enterprise Application Platform: Die Nutzung von kleineren, leichtgewichtigeren und hochspezialisierten Services wird von Unternehmen immer wieder gerne in Betracht gezogen. Hintergrund ist, dass auch die großen ERP-Lösungen nicht immer alle Funktionen anbieten oder aber Unternehmen nach spezialisierten Services für die jeweilige Branche suchen. So konnte sich beispielsweise **Salesforce** mit dem Angebot seiner Plattform am Markt durchsetzen. Durch die sehr starke Spezialisierung haben diese Services noch immer einen Vorsprung vor den ERP-Lösungen.

Enterprise Low Code Platform: Über Low Code können neue Applikationen schnell und ohne größere Kenntnisse in der Programmiersprache oder der Entwicklungsplattform erstellt werden. Hierzu werden grafische Hilfsmittel eingesetzt, wie sie schon vor einigen Jahren genutzt worden sind. Auch damals konnten schon einfache Klassendiagramme in Code umgewandelt werden. Die Enterprise Low Code Plattformen jedoch nutzen weitere Tools, um die Anwendungsentwicklung noch einfacher zu gestalten. Anbieter wie **Mendix, Microsoft** oder auch **OutSystems** zeigen mit ihren Lösungen, wie einfach die Erstellung von neuer Software für die Unternehmen sein kann. Die klassischen Anbieter von großen Softwareprodukten, wie SAP oder auch Oracle, bieten in ihren Produkten diese Optionen ebenfalls an.

Weitere Lösungen im SaaS-Umfeld betreffen entweder sehr spezialisierte Services, wie DocuSign zum elektronischen Unterschreiben von Dokumenten, oder aber sind im Umfeld von KMU oder Start-ups zu finden. Eine Aufzählung wäre an dieser Stelle nicht zielführend, da sich der Markt schnell ändert. Wichtig ist die Erkenntnis, dass viele Funktionen, welche in Unternehmen gebraucht werden, über SaaS bezogen werden können und nicht unbedingt eigenen Installationen von Software mit der einhergehenden Pflege und allen erforderlichen Tätigkeiten notwendig sind.

2.4 Branchenspezialitäten

Public Cloud wurde zunächst für die breite Masse der Unternehmen und Privatanwender geschaffen. Jedoch haben die Unternehmen aus unterschiedlichen Branchen auch individuelle Anforderungen an die Cloud. Die betrifft die Einhaltung von Regulatorien, dem Nutzungsverhalten, den speziellen Softwareprodukten und Services und den gesonderten Anforderungen an Services aus der Public Cloud. Mittlerweile breitet sich die Public Cloud nicht nur im Umfeld der IT, also der Informationstechnologie, aus, sondern auch schon im Umfeld der OT, der Operational Technology. Hierunter versteht man alle Anwendungen, welche zum Betrieb von Unternehmen wichtig sind. Dies umfasst zum Beispiel die Sensorik an Produktionsstraßen. Der Unterschied zur IT ist die teils sehr hohe Anforderung an Verfügbarkeit dieser Ressourcen. Hier kann die Public Cloud nur bedingt eingesetzt werden. Jedoch erweisen sich einige der Vorteile der Public Cloud, wie die kostengünstigen, unlimitierten Ressourcen, für einige Branchen als sehr wichtig.

Einige der Cloud Provider haben sich auf das Angebot von sogenannten „**Industry Cloud Platforms**" oder auch „**Industry Cloud Solutions**" fokussiert. Hierzu gehören branchenspezifische Lösungen, welche die jeweiligen Prozesse und Abläufe der Branchen unterstützen. Diese sind aber keine wirklichen Public Cloud im klassischen Sinne und sollten somit auch unterschiedlich als Speziallösungen betrachtet werden.

Public Cloud in der **Automobilbranchen** findet einen großen Anklang. Hintergrund ist hierbei der enorme Verbrauch von Speicherplatz zur Speicherung von Fahrzeugdaten im Umfeld von autonomem Fahren sowie der Speicherung der Verkehrs- und Fahrzeugdaten. Die Konzepte und Implementierung der verbundenen und autonomen Fahrzeuge stellen eine hohe Anforderung an die Infrastruktur dar. Die stetige Verbindung der Fahrzeuge mit dem Mobilfunk sowie der kontinuierliche Austausch und die Speicherung der millionenfachen Datensätzen je Fahrzeug bedingt eine hochperformante Plattform. Diese wird in den Public Clouds zur Verfügung gestellt. Durch die geringeren Kosten und die enormen Kapazitäten in der Public Cloud können die Automobilhersteller diese Vorteile nutzen und damit auch die Verfügbarkeit der Services sicherstellen. Insbesondere im Umfeld vom Internet-of-Things (IoT) werden die Vorteile der Public Cloud genutzt. Hier können die Hersteller die Flotten und einzelnen Fahrzeuge verfolgen, um bei Problemen rechtzeitig eingreifen zu können. Daneben kommen immer mehr Artificial Intelligence-Services zur Anwendung. Hierunter fallen beispielsweise die Erkennung von Müdigkeitsphasen bei den Fahrern der Autos, als auch die Navigation basierend auf Echtzeitinformationen des Verkehrs.

Neben diesen Anwendungsfällen wird die Public Cloud auch bei den Zulieferfirmen, bei den Händlern und bei den Kunden genutzt. Wann immer ein Kunde ein neues Fahrzeug im Konfigurator erstellt, wird auf die Public Cloud zugegriffen. Somit hat sich die Public Cloud als genutzte Plattform für die gesamte Wertschöpfungskette etabliert.

Public Cloud in der **Luftfahrt** ist noch weniger verbreitet, da die großen und komplexen Kernsysteme der Unternehmen bei den hochspezialisierten Anbietern der

Softwareprodukte betrieben werden. Dennoch stellt sich auch in der Luftfahrtbranche ein Wandel ein. So werden die üblichen Services aus der Public Cloud, wie Workplace Services, ganz natürlich genutzt. Jedoch verbleiben die Kernsystem der Luftfahrt zur Buchung, Check-In oder auch der Gepäckbeförderung weiterhin bei den etablierten Anbietern. Hintergrund ist die sehr hohe Spezialisierung. Es ist dennoch davon auszugehen, dass diese Systeme auf mittelfristige Sicht auch in die Public Cloud verschoben werden können.

In der **chemischen Industrie** und der Industrie, welche sich auf die Verarbeitung von natürlichen Ressourcen spezialisiert hat, hat die Public Cloud schon seit langem Einzug gehalten. Hintergrund sind hierbei stetige Bestrebung zur Reduktion der IT-Kosten. Hierzu begannen die ersten Unternehmen bereits vor einigen Jahren mit der Adoption von Public Cloud, um alte Rechenzentren abschalten zu können oder den Mitarbeitern eine neue Generation von Workplaces zur Verfügung stellen zu können. Darüber hinaus nutzen die Unternehmen dieser Industrie häufig neue Services aus der Cloud und stellen damit eine kontinuierliche Verbesserung sicher. So werden native Services aus den Public Clouds zur verbesserten Steuerung der Flotten und Transporte genutzt. Daneben nutzen die Unternehmen sehr stark die analytischen Services aus den Public Clouds. Im Bereich der OT kommt die Public Cloud bisher nur sehr eingeschränkt zum Einsatz, was aber mit den sehr speziellen Anforderungen von OT zusammenhängt.

Der **öffentliche Bereich** hat einige sehr strenge Anforderungen an den Schutz der Daten und Anforderungen an die Prozesse und Abläufe. Daher können Kommunen oder andere Institutionen der Länder und des Bundes nur sehr eingeschränkt auf die Angebote der Public Cloud zugreifen. Derzeit fließen die Aufwände eher in die Entwicklung von eigenen Cloud-Lösungen oder aber der Anpassung von Public Clouds zur Erreichung der Anforderungen an den öffentlichen Bereich. Das **Gesundheitswesen** ist in der Nutzung der Public Cloud ebenso eingeschränkt, wie der öffentliche Sektor. Hintergrund sind die sehr speziellen Anforderungen an die Speicherung, die Verarbeitung und der generelle Zugriff auf die Patientendaten. Dies macht eine breite Nutzung von Public Cloud in der Gesundheitsbranche sehr schwer.

Die Branche der **Kommunikation** (bspw. Presse und TV) nutzt die Public Cloud schon lange. Durch die enormen Fähigkeiten zur Skalierung der Public Clouds und z. B. deren Content Delivery Netzwerke konnten die Unternehmen aus der Kommunikationsbranche große Vorteile in Bezug auf Schnelligkeit und Qualität ziehen. Die hohe und stetige Verfügbarkeit von enorm leistungsstarken und skalierbaren Ressourcen erleichtert den Unternehmen die Lieferung der Services an den Endkunden. Dennoch existieren keine eigenen Public Clouds nur für die Kommunikationsbranche, sondern es werden vielmehr die bereits verfügbaren Services der Public Cloud genutzt.

2.5   Cloud Canvas

2.5.1   Idee und Struktur

Die Angebote der Public Cloud Provider sind sehr vielfältig und umfangreich. Darüber hinaus unterscheiden sich die angebotenen Services selbst innerhalb der Public Clouds signifikant und können von einfachen Diensten für eine virtuelle Maschine zu komplexen Artificial Intelligence Services reichen. Um ansatzweise einen Überblick zu den Services zu erhalten, existieren die Cloud Canvas, welche einen Überblick zu den Services der Cloud-Anbieter bieten. Ein Canvas bündelt demnach also die Services der Anbieter logisch und trägt damit zur Vergleichbarkeit der Services unter den Public Cloud Anbietern bei.

Die Struktur der Cloud Canvas richtet sich hierbei nach den Abstraktionsebenen – von Infrastructure-as-a-Service zu Platform-as-a-Service hin zu Software-as-a-Service. In der Gruppe der Software-as-a-Service-Dienste finden sich beispielsweise komplexe Enterprise Applikationen, während der Cloud Canvas von Infrastructure-as-a-Service sehr viele atomare und sehr technische Dienste beinhaltet, wie zum Beispiel DNS.

Jeder Canvas ist eine Übersicht zu den angebotenen Services der Cloud Provider. Es ist offensichtlich, dass ein Canvas sich somit entweder auf die wichtigsten Cloud Provider beschränkt oder die Services einer speziellen Domain miteinander vergleicht. Eine Domain ist hierbei die Summer der angebotenen Services mit ähnlicher Funktion und Eigenschaft, zum Beispiel alle Services der Public Cloud Anbieter zu Speicherung und Archivierung von Daten.

Ein sehr einfacher Cloud Canvas ist in der folgenden Tabelle beispielhaft für die Domain Compute Services dargestellt (Tab. 2.1).

2.5.2   Cloud Service Domains

Die Cloud Canvas stellen die angebotenen Services der Public Cloud Anbieter dar. Da das Portfolio der Services innerhalb der Cloud Provider sehr groß ist, werden die Services in Domains untergliedert. Hierbei werden die Domains genutzt, wie in der folgenden Abbildung dargestellt (Abb. 2.1):

Tab. 2.1 Beispielhafter Cloud Canvas für Compute Services

	Amazon Web Services	Microsoft Azure	Google
Compute	EC2 LAMBDA	Virtual Machines App Service	Compute Engine App Engine

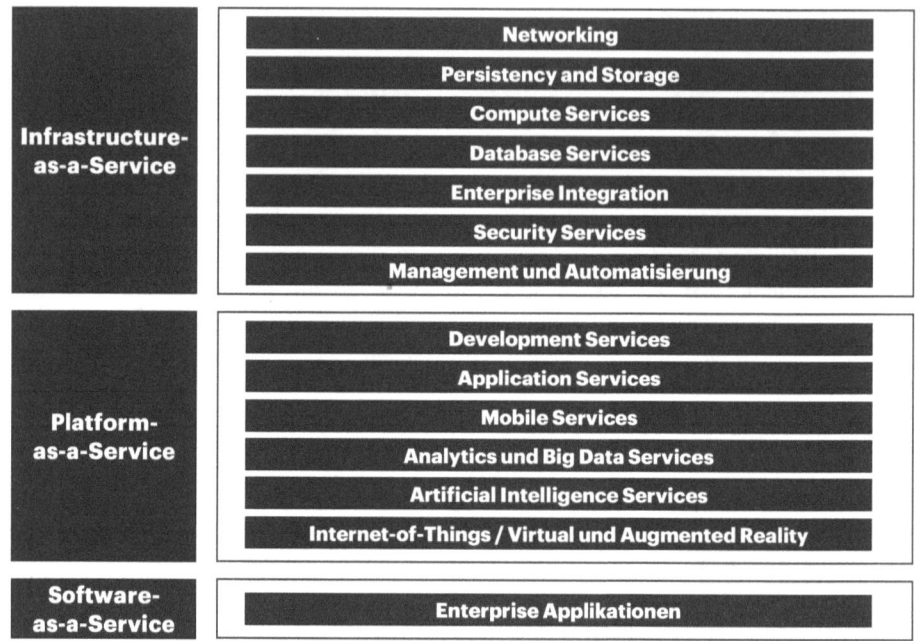

Abb. 2.1 Cloud Service Domains

Cloud Service Domains in Infrastructure-as-a-Service
Domain Networking: Hierzu gehören alle wichtigen Netzwerkservices, welche grundle-
gend für die Kommunikation der Komponenten in der Cloud wichtig und notwendig sind.
Dies umfasst:

- Virtual Networking
- Hybrid Connectivity
- Dedizierte Connectivity
- Network Load Balancing
- Web Load Balancing
- Domain Name Service (DNS)
- Internet Traffic Distributor
- Content Delivery Network

Domain Persistency & Storage: Hierzu gehören alle Komponenten, welche zur Speicherung von Daten und zur Archivierung von Daten notwendig sind:

- Disk Storage
- Object Storage

- Shared File Storage
- Archiving/Cold Storage
- Hybrid Storage
- Backup
- Disaster Recovery

Domain Compute Services: Diese Kategorie beinhaltet alle Services, welche Rechenkapazität in irgendeiner Form bereitstellen. Dies können einfache virtuelle Maschinen oder komplexe Container-Landschaften sein:

- Bare Metal/dedizierte Compute Ressourcen (beispielsweise separate Server)
- Virtual Servers
- Container Compute
- Container Registry
- Event-based Compute
- Batch Processing
- Scalability
- Simple Compute

Domain Database Services: Diese Domain beinhaltet alle Service, welche die Datenhaltung in strukturierter Art und Weise zur Verfügung stellen, wie beispielsweise klassische relationale Datenbanken.

- Cloud-native Relationale Database Management Systeme
- Nicht native Relationale Database Management Systeme
- NoSQL
- Graph Datenbanken
- In-Memory Datenbanken
- Data Warehouse
- Caching
- Master Data Management

Domain Enterprise Integration: Diese Domain beinhaltet alle Services zur Verwaltung und Integration von Daten in die Services der Cloud.

- Data Import and Export
- Data Integration and ETL
- VM Import and Export
- Data Migration
- Integration Service
- Server Migration

- Enterprise Application Integration

Domain Security Services: Zu dieser Domain gehören alle Services rund um die Sicherheit der Systeme, Applikationen, Identitäten und Daten:

- Account Management
- Compliance
- Directory Services
- Information Protection
- HSM Security Module
- Certificate Management
- Authentication/Authorization
- Security Reporting
- DDoS Protection Service
- Application Firewall
- Firewall Management
- Key Management
- Secrets Management

Domain Management und Automatisierung: Diese Domain beinhaltet wichtige Services, um die Bereitstellung, den Betrieb und das maximale Potenzial in der Cloud durch ein geschicktes Management und Automatisierung der Prozesse zu heben:

- Network Monitoring
- Resource Monitoring
- Configuration Change Management
- Cloud API Log Service
- Operations Analytics and Insights
- Exception Reporting
- Service Catalogue
- Best Practices Advisor
- Fleet Deployment Orchestration
- Instance Management
- Job Scheduler
- Infrastructure-as-a-Code Templates
- Application Discovery
- Governance und Kostenkontrolle

Cloud Service Domains in Platform-as-a-Service

Domain Development Services: Zu dieser Domain werden alle Services gezählt, welche für die Entwicklung von neuen Applikationen genutzt und gebraucht werden, wie z. B. Pipelines:

- Application Deployment Automation
- Distributed Applications
- Application Testing
- DevOps Pipelines
- Microservices
- Managed Source Control
- Web Apps
- Cloud Integrated Development Environment
- Advanced Programming Interface Management
- API Applications
- Build Automation
- Code Analysis
- Continuous Delivery
- Game Development

Domain App Services: Diese Domain umfasst alle Services, welche indirekt oder direkt durch Applikationen auf der Plattform genutzt werden können:

- Application Hosting
- Business Applications
- Send Email Notifications
- Media Transcoding
- Messaging Services
- Workflow Services
- Push Notification
- Managed Search

Domain Mobile Services: Zu dieser Domain werden alle Services gezählt, welche im Umfeld von mobilen Applikationen und mobilen Geräten zum Einsatz kommen:

- Mobile Applications Development
- Mobile Applications Testing
- Mobile Identity and Data Synchronisation
- Mobile Targeting
- Mobile Device Management
- Mobile Analytics

Domain Analytics and Big Data Services: Diese Domain umfasst Services, welche große Datenmengen analysieren und strukturieren.

- Data Orchestration
- Data Discovery
- Big Data Processing
- Stream Analytics
- Visualization
- Data Quality Services
- Predictive Analytics

Domain Artificial Intelligence Services: Zu dieser Domain werden alle Services rund um maschinelles Lernen und künstliche Intelligenz gezählt.

- Speech Recognition
- Vision Recognition
- Language Recognition
- Text-to-Speech
- Translation
- Machine Learning
- Machine Learning Training
- Intelligent Bots

Domain Internet-of-Thing and Virtual Reality/Augmented Reality Services: Diese Domain umfasst die Services zum Betrieb und der Nutzung von Applikationen im Bereich von IoT, VR, AR.

- IoT Edge
- IoT Gateway
- IoT Events
- Virtual & Augmented Reality

Cloud Service Domains Software-as-a-Service
Domain Enterprise Applicationen: Diese Domain ist die einzige im Bereich der SaaS Domain und beinhaltet die wichtigsten Applikationen im Umfeld des täglichen Geschäfts der Unternehmen.

- Content Management
- Managed Email Services
- Unified Communications
- Application Streaming

- Desktop-as-a-Service
- Marketplace
- Portal
- Managed Blockchain

2.5.3 Cloud Capability Canvas

Die Cloud Canvas zu den jeweiligen Hyperscalern sind sehr komplex und daher wird an dieser Stelle nur auf die drei großen Hyperscaler eingegangen: Microsoft Azure, Amazon Web Services und Google Cloud. Hierbei können die anderen Anbieter von Cloud Services, wie beispielsweise die SAP, auch einige Services anbieten, aber nicht in demselben Umfang, wie die großen Hyperscaler. Jedoch punktet die SAP bei dem Angebot rund um Unternehmenssoftware und die damit verbundenen wichtigen Services, wie Middleware zur Verwaltung und Steuerung von Schnittstellen und Datenaustausch.

Domain Networking: In der Domain des Netzwerkes bieten alle Cloud Provider die Services an (Abb. 2.2).

Domain Persistency & Storage: Im Bereich vom Storage werden alle essenziellen Services von den Cloud Provider angeboten. Es gibt jedoch geringe Einschränkungen bei Google. Es ist davon auszugehen, dass Google diesen Nachteil jedoch sehr bald ausgleichen wird und dann alle Features anbieten wird (Abb. 2.3).

Domain Compute Services: In der Domain der Compute Services werden durch die Cloud Provider alle wichtigen Services angeboten. Es gibt nur ein paar wenige Services, welche partiell nicht verfügbar sind. Diese sind jedoch für den Großteil der Unternehmen nicht ausschlaggebend (Abb. 2.4).

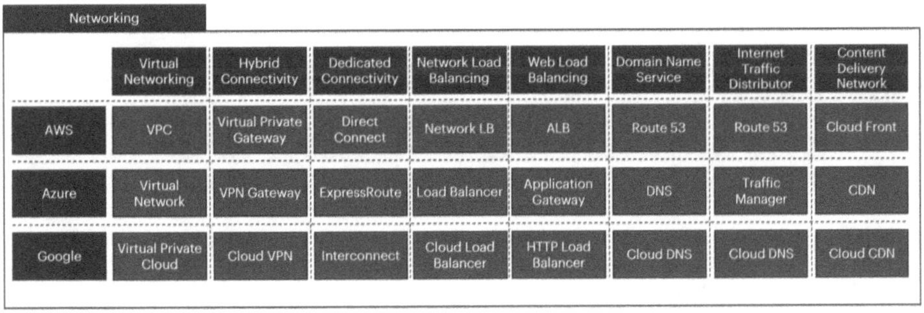

Networking								
	Virtual Networking	Hybrid Connectivity	Dedicated Connectivity	Network Load Balancing	Web Load Balancing	Domain Name Service	Internet Traffic Distributor	Content Delivery Network
AWS	VPC	Virtual Private Gateway	Direct Connect	Network LB	ALB	Route 53	Route 53	Cloud Front
Azure	Virtual Network	VPN Gateway	ExpressRoute	Load Balancer	Application Gateway	DNS	Traffic Manager	CDN
Google	Virtual Private Cloud	Cloud VPN	Interconnect	Cloud Load Balancer	HTTP Load Balancer	Cloud DNS	Cloud DNS	Cloud CDN

Abb. 2.2 Domain Networking

Storage							
	Disk Storage	Object Storage	Shared File Storage	Archiving	Hybrid Storage	Backup	Disaster Recovery
AWS	Elastic Block Storage	Simple Storage Service	Elastic File System	Glacier	Storage Gateway	AWS Backup	CloudEndure
Azure	Disk Storage	Blob Storage	Azure Files	Cool Blob Storage	StorSimple	Backup	Site Recovery
Google	Persistent Disk	Cloud Storage	Cloud Filestore	Coldline Cloud Storage	n/a	Archival Cloud Storage	n/a

Abb. 2.3 Domain Storage

Compute Services							
	Bare Metal	Virtual Compute	Container Management	Container Registry	Event-based Computing	Batch Management	Scalability	Simple Compute
AWS	Bare Metal	EC2	ECS	EC2 Container Registry	Lambda	Batch	Auto-scaling Groups	Light Sail
Azure	n/a	Virtual Machine	Container Instances	Container Registry	Functions	Batch	VM Scale Sets	Web Apps
Google	Sole tenant nodes	Compute Engine	Kubernetes Engine	Container Registry	Cloud Functions	Cloud Dataflow	Auto scaling	n/a

Abb. 2.4 Domain Compute

Domain Database Services: Die Domain der Datenbankservices ist durch alle Cloud Provider besetzt und so können alle wichtigen Services abgedeckt werden. Es gibt lediglich vereinzelte Lücken im Portfolio der Anbieter, aber auch hier ist davon auszugehen, dass diese bald geschlossen sind (Abb. 2.5).

Database Services							
	Cloud-native RDBMS	Non-native RDBMS	NoSQL	Graph DB	In-Memory DB	Data Warehouse	Caching	MDM	Time Series DB
AWS	Aurora	RDS	Dynamo	Neptune DB	Elasticache for Redis	Redshift	Elasticache for Memchached	n/a	Timestream
Azure	n/a	SQL Database	Cosmos DB	Cosmos DB	Cosmos DB	SQL Database	Azure Synapsis	Redis Cache	Data Catalog
Google	Cloud Spanner	Cloud SQL	Cloud Datastore	n/a	Cloud Memorystore	Big Query	Cloud Memorystore	Big Query	Data Catalog

Abb. 2.5 Domain Database Services

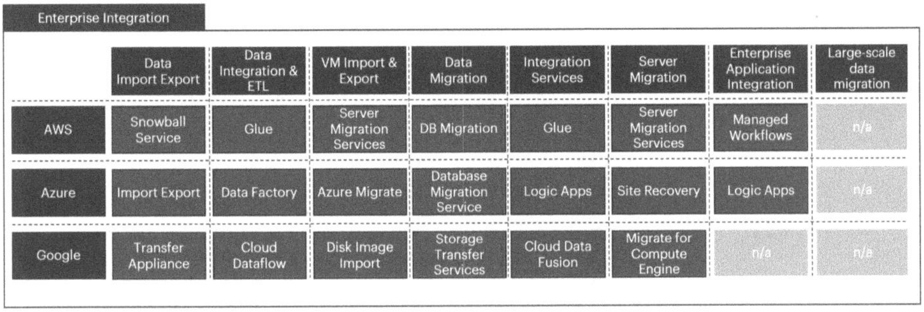

Enterprise Integration								
	Data Import Export	Data Integration & ETL	VM Import & Export	Data Migration	Integration Services	Server Migration	Enterprise Application Integration	Large-scale data migration
AWS	Snowball Service	Glue	Server Migration Services	DB Migration	Glue	Server Migration Services	Managed Workflows	n/a
Azure	Import Export	Data Factory	Azure Migrate	Database Migration Service	Logic Apps	Site Recovery	Logic Apps	n/a
Google	Transfer Appliance	Cloud Dataflow	Disk Image Import	Storage Transfer Services	Cloud Data Fusion	Migrate for Compute Engine	n/a	n/a

Abb. 2.6 Domain Enterprise Integration

Domain Enterprise Integration: Bei der Domain der Enterprise Integration haben die Unternehmen die freie Auswahl, da alle Anbieter die Service abdecken. Es gibt nur sehr wenige Features, welche nicht bereitgestellt warden (Abb. 2.6).

Domain Security Services: Die Sicherheit der Unternehmensdaten und -mitarbeiter ist das höchste Gut der Unternehmen. Daher bieten alle Provider die entsprechenden Services für einen kompletten Ausbau der Sicherheitsfunktionen an (Abb. 2.7).

Domain Management und Automatisierung: Die Domain vom Management und Automatisierungen wird durch alle Anbieter komplett besetzt und die Unternehmen können sich aus der Fülle der angebotenen Services bedienen (Abb. 2.8).

Domain Development Services: Die Domain der Entwicklungsservices ist eine sehr breit gefächerte Domain und zeigt aber auch, dass alle Anbieter hierbei die Services bereitstellen, damit Unternehmen neue Softwareprodukte zügig angehen können (Abb. 2.9).

Domain Application Services: Die Domain der Application Services zeigt die wichtigen Zusatzfunktionen auf, welche in der Cloud durch alle Anbieter nativ bereitgestellt werden. Somit sind die Portfolios der Anbieter vollständig (Abb. 2.10).

Domain Mobile Services: Alle Anbieter bieten die Services in der Domain Mobile Services an. Es gibt sicherlich geringe Unterschiede, aber kein Anbieter zeigt im Portfolio eine Lücke (Abb. 2.11).

Domain Analytics and Big Data Services: Die sehr prominente Domain von Analytics und Big Data wird durch alle Anbieter besetzt. Die wichtigen Services werden durch alle Anbieter zur Verfügung gestellt. Es besteht demnach also die Freiheit der Wahl bei den Unternehmen/Kunden (Abb. 2.12).

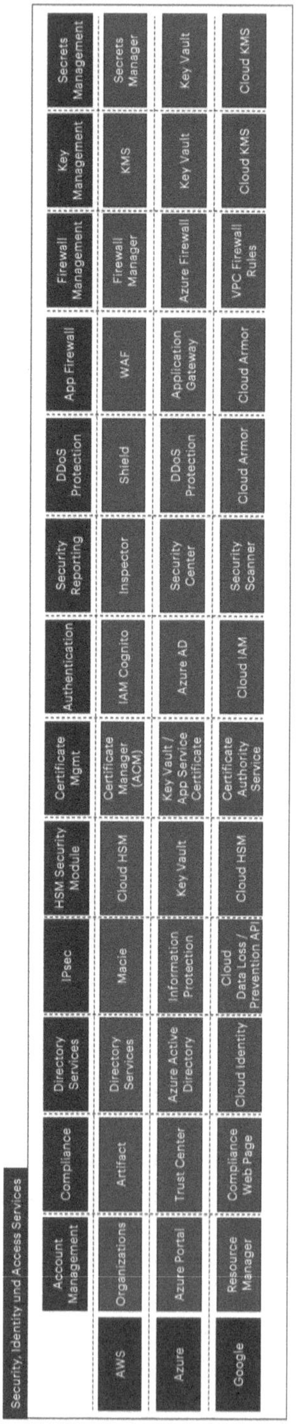

Security, Identity und Access Services

	Account Management	Compliance	Directory Services	IPsec	HSM Security Module	Certificate Mgmt.	Authentication	Security Reporting	DDoS Protection	App Firewall	Firewall Management	Key Management	Secrets Management
AWS	Organizations	Artifact	Directory Services	Macie	Cloud HSM	Certificate Manager (ACM)	IAM Cognito	Inspector	Shield	WAF	Firewall Manager	KMS	Secrets Manager
Azure	Azure Portal	Trust Center	Azure Active Directory	Information Protection	Key Vault	Key Vault / App Service Certificate	Azure AD	Security Center	DDoS Protection	Application Gateway	Azure Firewall	Key Vault	Key Vault
Google	Resource Manager	Compliance Web Page	Cloud Identity	Cloud Data Loss / Prevention API	Cloud HSM	Certificate Authority Service	Cloud IAM	Security Scanner	Cloud Armor	Cloud Armor	VPC Firewall Rules	Cloud KMS	Cloud KMS

Abb. 2.7 Domain Security

Management und Automation Services

	Network Monitoring	Resource Monitoring	Configuration Management	Cloud API Log	Ops Analytics & Insights	Exception Monitoring	Service Catalogue	Best Practice Advisor	Fleet Deployment Orchestration	Instance Management	Job Scheduler	Infra-as-Code Templates	App Discovery	Governance & Cost Control
AWS	VPC Flow Logs	Cloud Watch	Config	Cloud Trail	Cloud Watch	Cloud Watch	Service Catalogue	Trusted Advisor	OpsWork	Systems Manager	Cloud Watch Events	Cloud Formation	App Discovery Services	AWS Cost Management
Azure	Network Watcher	Monitor	Automation	Monitor	Monitor	Monitor	Service Catalogue	Azure Advisor	Automation	Automation	Scheduler	Resource Manager	Azure Migrate	Azure Cost Management
Google	Network Telemetry	Stackdriver Monitoring	Cloud Asset Inventory	Stackdriver Logging	Stackdriver Monitoring	Stackdriver Error Reporting	Private Catalog	Rightsizing	Deployment Manager	Deployment Manager	Cloud Scheduler	Deployment Manager	Stratozone	Cost Management

Abb. 2.8 Domain Management

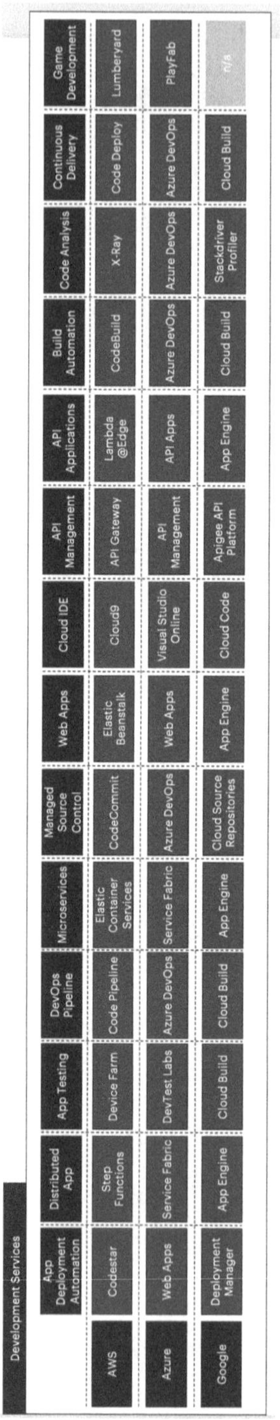

Development Services	App Deployment Automation	Distributed App	App Testing	DevOps Pipeline	Microservices	Managed Source Control	Web Apps	Cloud IDE	API Management	API Applications	Build Automation	Code Analysis	Continuous Delivery	Game Development
AWS	Codestar	Step Functions	Device Farm	Code Pipeline	Elastic Container Services	CodeCommit	Elastic Beanstalk	Cloud9	API Gateway	Lambda @Edge	CodeBuild	X-Ray	Code Deploy	Lumberyard
Azure	Web Apps	Service Fabric	DevTest Labs	Azure DevOps	Service Fabric	Azure DevOps	Web Apps	Visual Studio Online	API Management	API Apps	Azure DevOps	Azure DevOps	Azure DevOps	PlayFab
Google	Deployment Manager	App Engine	Cloud Build	Cloud Build	App Engine	Cloud Source Repositories	App Engine	Cloud Code	Apigee API Platform	App Engine	Cloud Build	Stackdriver Profiler	Cloud Build	n/a

Abb. 2.9 Domain Development

Abb. 2.10 Domain Application Services

App Services	App Hosting	Business Apps	Send Email Notification	Media Transcode	Messaging Services	Workflow Engine	Push Notification	Managed Search
AWS	Elastic Beanstalk	Connect	Simple Email Notification	Elastic Transcoder	Simple Queue Service	Simple Workflow Service	Simple Notification Service	Cloud Search
Azure	App Service	Flow	n/a	Media Services	Queue Storage	Logic Apps	Notification Hubs	Search
Google	App Engine	Contact Center AI	G Suite	Anvato	Cloud PubSub	Cloud Composer	Cloud PubSub	Cloud Search

Abb. 2.11 Domain Mobile Services

Mobile Services	Mobile Apps Development	Mobile Apps Testing	Mobile Identity and Data Sync	Mobile Tatreting	Mobile Device Management	Mobile Analytics
AWS	Amplify	Device Farm	Cognito	Pinpoint	MDM	Pinpoint
Azure	Mobile Apps	Visual Studio App Center	Mobile Apps	Mobile Apps	Intune MDM	Visual Studio App Center
Google	Firebase	Firebase Test Lab	Firebase	Firebase Cloud Messaging	G Suite	Firebase

Abb. 2.12 Domain Analytics and Big Data

Analytics & Big Data	Data Orchestration	Data Discovery	Big Data Processing	Stream Analytics	Data Visualization	Data Quality	Predictive Analytics
AWS	Data Pipeline	Athena	Elastic MapReduce	Kinesis	Quicksight	n/a	Sagemaker
Azure	Data Factory	Data Lake Analytics	HDInsights	Stream Analytics	PowerBI	SQL Server Data Quality Service (DQS)	Machine Learning Studio
Google	Cloud Composer	Big Query	Cloud Dataproc.	Cloud Dataflow	Cloud Datalab	Cloud Dataprep	Big Query ML

Domain Artificial Intelligence Services: In der Domain der Artificial Intelligence und Machine Learning bieten die Anbieter alle Services an. Hier gibt es sicherlich eine Abstufung in der Maturität der Services zwischen den Anbietern, da beispielsweise Google schon sehr lange im Feld vom Machine Learning tätig ist (Abb. 2.13).

Domain Internet-of-Thing and Virtual Reality/Augmented Reality Services: In der Domain der IoT und VR/AR Services gibt es noch ein paar unerhebliche Lücken zu füllen. Wie auch in den anderen Domains ist davon auszugehen, dass diese Services sehr bald nachgepflegt werden. Manche Service jedoch worden durch die Anbieter strategisch abgekündigt (Beispiel Microsoft mit Blockchain) (Abb. 2.14).

Domain Enterprise Applicationen: In der Domain der Enterprise Applikationen zeigen sich am ehesten noch Unterschiede zwischen den Anbietern. Dies ist vorrangig vor

Artificial Intelligence Services								
	Voice Processing	Image Processing	Language Processing	Text-to-Speech	Translation	Machine Learning	ML Training	Auto ML	ChatBots
AWS	Transcribe	Rekognition	Comprehend	Polly	Translate	Machine Learning	Machine Learning	Sagemaker	LEX
Azure	Speech	Vision	Speech	Speech	Speech	Machine Learning	Machine Learning	Machine Learning	Azure BOT Service
Google	Speech-to-Text	Cloud Vision	Cloud Natural Language	Cloud Text-to-Speech	Cloud Translation	Cloud Machine Learning	Cloud Machine Learning	Auto ML	Dialog Flow

Abb. 2.13 Domain Artificial Intelligence

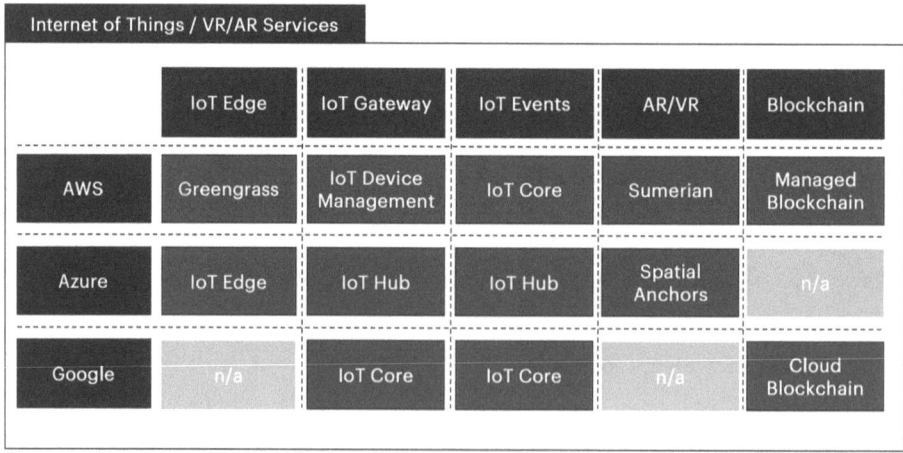

Abb. 2.14 Domain Internet of Things

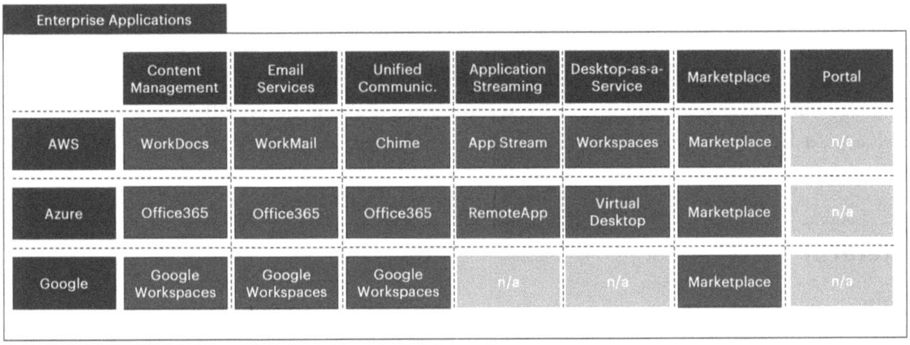

Abb. 2.15   Domain Enterprise Applications

dem Hintergrund der Entstehung der Angebote zu erklären. Microsoft hatte schon immer einen starken Fokus auf die Unternehmen gesetzt – insbesondere bei den Lösungen für Arbeitsplätze (MS Office). Dieser Fokus war bei den anderen beiden Anbietern (AWS und Google) zu Beginn nicht der Fall. Hier gibt es also noch Nachholbedarf für die jeweiligen Anbieter (Abb. 2.15).

2.6   Zusammenfassung

Viele Möglichkeiten und viele Herausforderungen

Die Public Cloud zeichnet sich durch viele Möglichkeiten aus. Die Abstraktionslevel von Infrastructure-as-a-Service über Platform-as-a-Service hin zu Software-as-a-Service unterschieden sich in der Abstraktion der Services und den notwendigen Aktivitäten der Kunden zum Aufsetzen, dem Betrieb und der Nutzung der Services. Je tiefer ein Service angesiedelt ist, desto mehr Kontrolle, aber auch Verantwortung hat der Kunde über den Service. Je höher der Service angesiedelt ist, desto weniger muss sich ein Kunde über den Betrieb der Services Gedanken machen. Bei Software-as-a-Service benötigt es keine Administratoren mehr, welche die Software betreiben. Bei den Services aus IaaS ist dies jedoch zwingend erforderlich.

Die großen Anbieter der Public Cloud sind Amazon, Microsoft und Google. Daneben gibt es aber weitere Anbieter, wie IBM oder auch Oracle, welche immer weiter in den Markt drängen. All diese großen Hyperscaler und Anbieter bieten eine Fülle von Services an. Das Portfolio reicht von einfachen IaaS bis hin zu hochkomplexen Enterprise Applications. Die Cloud Canvas zeigen die wichtigsten Unterschiede zwischen den Hyperscalern.

Nicht alle Unternehmen oder Industriezweige nutzen die Public Cloud gleichermaßen. Insbesondere im Gesundheitswesen und im öffentlichen Bereich ist die

Nutzung noch sehr zurückhaltend. Dies ist auf die strengen Regeln für Datensicherheit zurückzuführen.

Für viele Unternehmen ist die Public Cloud in jedem Fall eine Chance, eine kostengünstige und effiziente IT durch die Nutzung der Public Cloud aufzubauen und den Kunden oder eigenen Mitarbeiterinnen und Mitarbeitern einen großen Mehrwert zu bieten.

Literatur

1. Bögelsack et al. «SAP S/4 HANA-Systeme in Hyperscaler Clouds: Architektur, Betrieb und Setup von S/4HANA-Systemen in Microsoft Azure, Amazon Web Services und Google Cloud», 2022

Die drei Phasen der Cloud-Adaption

3.1 Einleitung

Nachdem die Grundlagen der Public Cloud und die Vielfältigkeit der Services im Cloud-Umfeld erläutert wurden, stellt sich nun die Frage, wie die Cloud-Services mit einem möglichst hohen Mehrwert in einem Unternehmen genutzt werden können. Wie eingangs beschrieben, können die Services der Public Cloud in kürzester Zeit bereitgestellt und genutzt werden. Um die Services jedoch möglichst nachhaltig, kosteneffizient und wertorientiert zu verwenden, sollten einige Aspekte geprüft und berücksichtigt werden. Bevor ein neuer Cloud-Service integriert wird, empfiehlt es sich zunächst den Reifegrad der Cloud-Transformation des Unternehmens zu prüfen. Je nachdem, in welcher Stufe der Maturität sich eine Organisation in der Cloud-Adaption befindet, stehen verschiedene Maßnahmen zum Ausbau der Cloud-Nutzung zur Verfügung. Bevor der Fokus jedoch auf operative Aktivitäten gelegt wird, wird zunächst der Umfang der einzelnen Maturitätsstufen beschrieben. Je nach Reifegrad in der Adaption der Public Cloud stehen unterschiedliche Themenfelder im Vordergrund.

In den nachfolgenden Abschnitten werden die drei Maturitätsstufen einer Cloud-Transformation erläutert. Dabei werden die einzelnen Themenbereiche pro Reifegrad aufgegriffen und zusammengefasst. In der Gesamtheit ergibt sich aus den drei Stufen ein Framework, das für eine wertorientierte Transformation eines Unternehmens in die Public Cloud herangezogen werden kann. Das Framework unterstützt Organisationen bei der Identifikation und Einordnung des eigenen Maturitätslevels in der Cloud-Adaption.

N. Feil et al., *Public Cloud Potenzial in einem Unternehmensumfeld*, https://doi.org/10.1007/978-3-658-42665-1_3

3.2   Stufe 1 – Cloud-Strategie und Startphase

Der Schwerpunkt in der ersten Stufe einer Transformation in die Public Cloud liegt auf der Erstellung einer Cloud-Strategie mit der entsprechenden Roadmap, welche die Grundbausteine festlegt, um einen erfolgreichen Start zu haben. Danach geht es darum, die Cloud Basics richtig aufzusetzen, welche die vollständige Cloud-Transformation prägen werden.

Zu den ersten Schritten bei der Reise in die Public Cloud gehört es, ein Cloud Center of Expertise aufzusetzen, welches die Transformationsreise koordinieren wird. Ein Cloud Center of Expertise wird häufig auch als CCoE bezeichnet. Das CCoE steuert den Aufbau einer sicheren Cloud Foundation und führt ein Assessment Ihrer IT-Landschaft durch. Anschließend beginnt dann häufig eine sogenannte Lift-and-Shift Migration.

Vor allem ist es wichtig zu verstehen, dass es sich nicht nur um eine technische Transformation handelt. Eine Cloud-Adaption ist vor allem ein Mindset-Wandel in der IT und im gesamten Unternehmen auf dem Weg zur einer produkt-orientierten Organisation.

3.2.1   Cloud-Strategie

Viele Vorteile werden aus der Nutzung der Public Cloud erwartet, wie beispielsweise Flexibilität, Skalierbarkeit, Kostenoptimierung und eine kürzere Time-to-Market für die Bereitstellung von Services. Eine gut durchgedachte und abgestimmte Cloud-Strategie ist erforderlich, um eine Roadmap zu etablieren und vor allem die Ziele klar zu definieren, die man erreichen will.

Es ist empfohlen, alle Stakeholder von Beginn an zu involvieren, denn es handelt sich nicht nur um eine IT-Story, mit dem Ziel, die Infrastruktur effizienter zu betreiben, sondern es ist vor allem ausschlagend für das Geschäft. Mithilfe der Möglichkeiten der Public Cloud können bedeutungsvolle Auswirkungen in der Innovation und Time-to-market erreicht werden.

Prinzipiell ist die erste Aufgabe auf die Frage des „Warum" zu beantworten, das heißt, die Motivation für die Cloud-Transformation zu verstehen. Das ist von größter Bedeutung, denn die wirklichen Gründe sind nicht für alle Stakeholder oder für alle Unternehmen gleich. Jeder muss es für sich selbst verstehen und nicht einfach dem Trend folgen. Daraufhin können Sie Entscheidungen treffen und Ansätze definieren, unter anderem bezüglich des Cloud-Bereitstellungsmodells, dem Plattform-Ansatz, den Auswahlkriterien für einen Cloud-Anbieter, der Governance und dem Migrationsansatz. Daraus wird sich die Roadmap und der Business Case ableiten. Der Aufbau einer Cloud-Strategie wird in Abschn. 5.3 vertieft.

3.2.2 Grundlagen der Cloud

Um eine sichere und strukturierte Cloud Reise zu starten, empfiehlt es sich, folgende Grundlagen aufzusetzen und entsprechende Aktivitäten sorgfältig umzusetzen:

1. **Assessment:** Bevor ein Unternehmen die Cloud-Transformation anstößt, ist es essenziell, ein detailliertes und vollständiges Applikations- und Infrastruktur-Assessment durchzuführen, um potenzielle Risiken vorab zu identifizieren, um die Performance und Sicherheit der Anwendungen in der Cloud festzustellen und die Kosten der Migration zu optimieren. Aus dem Assessment kann die Roadmap für die Migration erstellt werden, unter der Berücksichtigung von technischen und nicht-technischen Aspekten.
2. **Multi-Cloud oder Single-Cloud:** Zu Beginn muss geprüft werden, ob eine Multi-Cloud-Strategie angestrebt werden soll, denn ein Multi-Cloud Ansatz erhöht die Komplexität in allen Dimensionen. Anhand der Gründe und wie diese bewertet werden, kann ein Multi-Cloud Ansatz aufgesetzt werden, welche den Zielen des Unternehmens auch entspricht.
3. **Cloud-Anbieter Auswahl:** Die Wahl des Cloud-Anbieters hängt von den spezifischen Bedürfnissen und Zielen Ihres Unternehmens ab, die nicht nur auf die technischen Gegebenheiten ausgelegt sind. Es ist wichtig Ihre Anforderungen, wie Sicherheit, Datenschutz, Skalierbarkeit und Kosten, zusammen mit innovativen Services, die bereitgestellt werden, zu berücksichtigen.
4. **Cloud Foundation:** Es ist darauf zu achten, dass eine technische Grundlage geschaffen wird, die allen Einsatz-Szenarien gerecht wird. Falls dazu eine Multi-Cloud Strategie angestrebt wird, sollte die Cloud Foundation zu jeder Zeit um weitere Cloud-Anbieter erweiterbar sein.
5. **Cloud-Servicekatalog:** Ein Cloud-Servicekatalog bietet Ihren Benutzern eine klare Übersicht über die verfügbaren Services an. Darüber hinaus ermöglicht ein Servicekatalog eine Rationalisierung des Genehmigungs- und Bereitstellungsprozess, um den Zugang zu Cloud-Services nicht zu restriktiv zu gestalten und um die innovativen Services im sicheren Rahmen zur Verfügung zu stellen.
6. **Sicherheit:** Es gibt wesentliche Unterschiede im Verwalten einer Cloud-Umgebung und der Verwaltung des eigenen Rechenzentrums. Die Cloud-Anbieter ergreifen umfangreiche Sicherheitsmaßnahmen, um die Public Cloud sicher zu machen. Dennoch müssen Sie Ihre eigenen Sicherheitsmaßnahmen und -richtlinien implementieren, um Ihre Anwendungen und Daten in der Cloud zu schützen.
7. **Cloud „Kommandozentrale":** Der Aufbau eines Cloud Center of Excellence, kurz CCoE, ist einer der ersten Kernaktivitäten einer Cloud-Transformation. Das CCoE wird die Einführung und den Betrieb von Cloud-Technologien unterstützen und als zentrale Anlaufstelle für cloudbezogene Aktivitäten dienen, um sicherzustellen, dass die Cloud-Ressourcen effektiv genutzt und die Geschäftsziele erreicht werden.

8. **Migration:** Das Aufsetzen einer Cloud Migrationsfabrik kann eine Option werden, um mit bewährten Methoden, Prozessen und Tools die Migration weitgehend zu automatisieren. Für die Modernisierung von Anwendungen, kommen andere Ansätze in Frage, vor allem wenn es sich um größere Verfahren und Systeme handelt, die geschäftskritisch sind.

Eine detaillierte Erläuterung der Grundlagen, die für essenziell für eine Cloud-Transformation sind, wird in Abschn. 5.4 aufgegriffen.

3.3   Stufe 2 – Kosten und Cloud-Nutzung unter Kontrolle halten

Der Schwerpunkt der zweiten Stufe einer Transformation in die Public Cloud liegt auf den Cloud Optimization Services, um sowohl die Bereitstellung von Cloud-Ressourcen als auch deren Betrieb effizienter zu gestalten und zu optimieren. Im Fokus stehen die Kostenoptimierung und die Erhöhung der Transparenz zwischen IT und Business.

►Cloud Optimization Services sind allgemein Tätigkeiten, die ein Unternehmen dabei unterstützen, die Cloud-Infrastruktur und deren Kosten zu optimieren. Diese Services zielen darauf ab, die Effizienz, Leistung und Rentabilität der Public Cloud in einem Unternehmensumfeld zu verbessern, indem sie bewährte Methoden und Tools anwenden, um die Nutzung der Ressourcen zu maximieren, unnötige Ausgaben zu reduzieren und die Sicherheit des Cloud-Betriebs durch Standards zu erhöhen. Daher sind Cloud Optimization Services ein wichtiger Bestandteil des Cloud-Betriebs. Die Optimierungsbereiche umfassen dabei Kosten, Performance, Zuverlässigkeit und Nachhaltigkeit.

Als Bestandteil des Betriebsmodells helfen Cloud-Optimierungsservices Unternehmen dabei, ihren Cloud-Betrieb zu rationalisieren, Verschwendung zu minimieren und ihre Nutzung von Cloud-Ressourcen zu optimieren, um Ihre Geschäftsziele zu erreichen. Es gibt mehrere Schlüsselkomponenten von Cloud-Optimierungsservices in einem Betriebsmodell:

- **Leistungsüberwachung und -optimierung:** Dazu gehört die Überwachung der Leistung von Cloud-basierten Anwendungen und der Infrastruktur, um Probleme, die die Leistung oder Verfügbarkeit beeinträchtigen könnten, zu erkennen und zu beheben. Die Leistungsoptimierung kann die Abstimmung von Anwendungskonfigurationen, die Optimierung der Ressourcenzuweisung oder die Anpassung der Anwendungsarchitektur umfassen.
- Die **Kostenoptimierung** umfasst die Analyse und Optimierung der Kosten der Cloud-basierten Infrastruktur und Anwendungen. Die Kostenoptimierung kann die Identifizierung und Beseitigung von verschwenderischen Ausgaben, die Optimierung der

Ressourcennutzung oder die Identifizierung und Implementierung von kostensparenden Maßnahmen beinhalten.

- Bei der **Sicherheitsoptimierung** geht es darum, Sicherheitsrisiken in Cloud-basierten Anwendungen und Infrastrukturen zu identifizieren und zu mindern. Die Sicherheitsoptimierung kann die Implementierung von Sicherheitskontrollen, die Überwachung und Verwaltung von Zugriffsrechten und die Implementierung von Best Practices für die Sicherheit umfassen.

- **Automatisierung** umfasst die Automatisierung von Routinevorgängen in der Cloud, um die Effizienz zu steigern, Fehler zu reduzieren und die Zuverlässigkeit zu erhöhen. Die Automatisierung kann die Verwendung von Tools und Plattformen zur Automatisierung der Infrastrukturbereitstellung, des Konfigurationsmanagements und der Bereitstellung umfassen.

Um diese Kernaspekte im Betriebsmodell aufzugreifen und Cloud Optimization Services erfolgreich in Ihrem Unternehmensumfeld zu etablieren, werden insbesondere drei Bereiche näher betrachtet. Der Ende-zu-Ende-Ansatz nach FinOps umfasst die Verwaltung und Optimierung der Cloud-Kosten in einer Organisation. Darunter fallen die technischen Anpassungen in der Cloud-Infrastruktur als auch die dazugehörigen Prozesse zur **Kostenoptimierung.** Mithilfe von technischen Anpassungen, wie beispielsweise Rightsizing, wird zudem die **Leistungsoptimierung** der Cloud-Infrastruktur etabliert.

Hinzu kommt der Ansatz nach Infrastructure-as-Code, mit dem codebasiert Infrastruktur-Ressourcen in der Public Cloud nach vordefinierten Standards deployt werden. Neben der **Automatisierung** der Ressourcen-Bereitstellung wird durch technische Standards zudem die **Sicherheitsoptimierung** der Cloud-Infrastruktur berücksichtigt.

Ergänzt werden die Cloud Optimization Services durch ein serviceorientiertes Betriebsangebot. Dabei werden die im Unternehmen erbrachten Leistungen in der IT in Services geschnitten und definiert, um die Transparenz der Public Cloud in der Organisation zu erhöhen. Das Bewusstsein über die Cloud sorgt für eine **Leistungsoptimierung** der verwendeten Ressourcen, da der Fokus auf dem unternehmerischen Mehrwert liegt. Damit geht außerdem die **Kostenoptimierung** einher, da durch die Definition von Services die Kostentransparenz steigt. In Kombination mit Infrastructure-as-Code können mithilfe von **Automatisierung** die Service-Bereitstellung und der Service-Betrieb effizienter gestaltet werden.

3.3.1 FinOps

FinOps steht für Financial Operations und unterstützt Organisationen bei der Verwaltung und der Optimierung der Cloud-Kosten. Bei dem Ansatz handelt es sich um eine ganzheitliche Disziplin, um Cloud-Ressourcen in einem Unternehmensumfeld aus wirtschaftlicher Perspektive möglichst effizient und nachhaltig einzusetzen. Dazu definiert

FinOps ein umfangreiches Framework bestehend aus Rollen, Verantwortlichkeiten, Prozessen, Maßnahmen und Technologien. FinOps ist als unternehmensweite Disziplin zu sehen, die ein kulturelles Umdenken in der Organisation erfordert. Daher spielt bei dem Ansatz nach FinOps insbesondere die organisatorische Bereitschaft eine wichtige Rolle.

Um bei der Etablierung von FinOps strukturiert vorzugehen, beschreibt das Framework die folgenden drei Phasen:

1. **Informieren:** In der ersten Phase liegt der Fokus auf der Sichtbarkeit, um Transparenz über die anfallenden Kosten und deren Verwaltung zu schaffen. Das Ziel der Phase ist es, einen Überblick über die Cloud-Kosten zu bekommen und den Anpassungsbedarf auf prozessualer und technischer Ebene zu identifizieren.
2. **Optimieren:** Im nächsten Schritt werden die Cloud-Ressourcen analysiert, um Kostenoptimierungspotenziale innerhalb der Cloud-Infrastruktur zu ermitteln. Insbesondere das Rightsizing der Ressourcen spielt dabei eine wichtige Rolle.
3. **Betreiben:** Die dritte Phase fokussiert sich auf den Betrieb der Cloud-Umgebung und das kontinuierliche Verwalten und Optimieren der Cloud-Kosten. Der Betrieb wird dabei durch die Etablierung diverser Berichte und Auswertungen unterstützt.

Ergänzt werden die Phasen durch Prinzipien, Anwendungsfälle, Rollen, Prozesse und technische Maßnahmen. In Abschn. 6.2.1 wird der Ansatz nach FinOps als Bestandteil der zweiten Stufe einer Cloud-Transformation im Detail erläutert. In Abschn. 6.3.1 werden Maßnahmen und Tipps, sowie eine beispielhafte Roadmap für die erfolgreiche Umsetzung von FinOps in Ihrem Unternehmen beschrieben.

3.3.2 Infrastructure-as-Code

Ein weiterer Bestandteil der zweiten Stufe einer Cloud-Transformation stellt der Ansatz nach Infrastructure-as-Code, kurz IaC, dar. Mithilfe von IaC werden einzelne Komponenten der Cloud-Infrastruktur codebasiert entwickelt, getestet und deployt. Dadurch wird der Prozess zur Bereitstellung neuer Cloud-Ressourcen beschleunigt und standardisiert. Zur Umsetzung von Infrastructure-as-Code stehen verschiedene Methoden und Technologien in Form von Tools zur Verfügung.

Für die technische Umsetzung von IaC wird der Code zunächst in einem Repository entwickelt und gespeichert. Nach dem Durchlaufen des Erstellungsprozesses erfolgen codebasierte Tests, um die entwickelten Module zu prüfen. Anschließend erfolgt eine Qualitätsprüfung, bevor die Code-Fragmente in die Test- oder Produktionsumgebung deployt werden. Dieser gesamte Prozess findet in einer Pipeline statt.

Unterstützt wird die codebasierte Entwicklung der Cloud-Infrastruktur durch die **DevOps-Methode.** Bei DevOps handelt es sich um eine agile Herangehensweise, um eine enge Zusammenarbeit des Entwicklungs- und Betriebsteams sicherzustellen. Im Rahmen von DevOps finden kontinuierliche Tests und Auslieferungen von Software-Code statt. Die Methodologie nach DevOps ermöglicht daher einen hohen Grad an Flexibilität.

Durch die Berücksichtigung von Sicherheitsrichtlinien bei der Entwicklung des IaC und die Etablierung von Qualitätsprüfungen können Sie sicherstellen, dass die entwickelte Infrastruktur den erforderlichen Standards und Vorgaben in Ihrem Unternehmen entspricht. Der Ansatz nach Infrastructure-as-Code wird in Abschn. 6.2.2 genauer erläutert. Einige Maßnahmen und eine beispielhafte Roadmap zum Aufbau von IaC in Ihrer Organisation sind in Abschn. 6.3.2 beschrieben.

3.3.3 Serviceorientiertes Betriebsangebot

Der dritte Bestandteil der zweiten Stufe bei einer Cloud-Transformation ist der Aufbau eines serviceorientierten Betriebsangebots. Das Ziel der Serviceorientierung ist die Erhöhung der Transparenz der Cloud im Unternehmen, sowie die Fokussierung auf den unternehmerischen Mehrwert der Public Cloud. Durch die Verwendung der Public Cloud haben sich die Verantwortlichkeiten im Betrieb der Infrastruktur im Vergleich zu einem lokalen Datenzentrum stark verändert. Diese Veränderungen bringen das Potenzial mit, dass der Fokus der genutzten IT-Services auf dem geschäftlichen Mehrwert liegen kann. Zu diesem Zweck werden alle aus der IT heraus erbrachten Services definiert, strukturiert und kategorisiert. Das Ziel ist der Aufbau eines Servicekatalogs, der für alle Geschäftsbereiche zugänglich ist.

Mithilfe des Ansatzes nach **Technology Business Managements,** kurz TBM, wird die Strukturierung der Services durch eine standardisierte Taxonomie erleichtert. Die Taxonomie unterstützt Sie bei der kategorischen Einordnung Ihrer Services. Darüber hinaus definiert die Taxonomie verschiedene Sichten auf Ihre IT-Services, um die Informationen entsprechend der Zielgruppe zu aggregieren. Die Taxonomie ist hierarchisch aufgebaut und bringt für jede Sicht eine Auswahl vordefinierter Kategorien über bis zu drei Hierarchieebenen mit.

Die Kategorisierung der IT-Services in Ihrem Unternehmen und der Aufbau eines Servicekatalogs unterstützen zudem die FinOps-Initiative. Durch die klare Definition und den Schnitt der Services erhöht sich die Transparenz bei der Verrechnung der anfallenden Kosten. Zudem wird die Abrechnung der Services standardisiert. Das serviceorientierte Betriebsangebot auf Basis von TBM wird in Abschn. 6.2.3 näher erläutert. In Abschn. 6.3.3 werden Maßnahmen und eine exemplarische Roadmap für die Etablierung einer Serviceorientierung dargestellt.

3.4   Stufe 3 – Verwendung innovativer Technologien und Ausbau der Cloud-Nutzung

Mit dem Fortschreiten zum dritten Reifegrad der Cloud-Nutzung sieht sich die Organisation einer Reihe von neuen Herausforderungen gegenüber, die weiter Stück für Stück umgesetzt werden müssen.

Je nach Grad der Integration, also wie tiefgehend die Cloud-Technologien in den verschiedenen Bereichen des Unternehmens genutzt werden, entstehen unterschiedliche Anforderungen und Erwartungen sowohl an das Cloud-Betriebsmodell als auch an die Aspekte der Cloud-Entwicklung und der Sicherheit innerhalb des Cloud-Umfelds. Diesen drei Hauptkomponenten müssen über einen individuellen Ansatz aufgegriffen und abgedeckt werden, welcher jedoch grundlegende Bestandteile beinhaltet.

Durch die kontinuierliche Entwicklung und die Einführung von neuen Fähigkeiten und Modellen, entwickelt sich eine klare Fokussierung des Unternehmens auf die Generierung echten Mehrwerts durch die Nutzung der Cloud. Ziel ist es dabei, die Komplexität im bestehenden Applikations- und Infrastrukturservice-Portfolio merklich zu reduzieren, die Abhängigkeiten von externen Managed Service Providern – so weit wie möglich – zu eliminieren und dabei gleichzeitig Raum und Kapazitäten für die Erweiterung des eigenen Ökosystems in der Public Cloud zu schaffen.

Die drei Hauptkomponenten des dritten Reifegrades müssen über gute Methoden und Maßnahmen in eine zu transformierende Organisation gebracht werden. Vor allem die lückenlose Integration des Operating Models, der Nutzung von Cloud-native Services und nativen Entwicklung, sowie der Security-Aspekte ist entscheidend für die erfolgreiche Transformation und die Erreichung der Zielausbaustufe des dritten Reifegrads: einer Cloud-Nativen Organisation.

3.4.1   Cloud Operating Model

Wenn man die verschiedenen Cloud-Betriebsmodelle und die Treiber ihrer Einführung betrachtet, dann war in der ersten Phase in erster Linie das Business der Initiator. In der darauffolgenden Phase hat sich das Hauptaugenmerk dann mehr in Richtung IT verschoben. Allerdings haben diese Phasen häufig ein Silo Cloud Operating Model gefördert, eine isolierte Herangehensweise, die nicht die gesamte Organisation einbezieht.

Der Fokus liegt nun auf der Förderung von interdisziplinärer Zusammenarbeit, was ein entscheidender Schritt zur Erreichung der nächsthöheren Stufe der Cloud-Nutzung ist. Angesichts dieser neuen organisatorischen Ausrichtung wird ein ganzheitliches beziehungsweise ein holistisches Betriebsmodell erforderlich. Dieses sollte so gestaltet sein, dass es über Organisationsgrenzen und Abteilungen hinweg denkt und agiert, und dabei die unterschiedlichen Bedürfnisse und Anforderungen aller Bereiche einbezieht und integriert. Dies stellt für die meisten Unternehmen eine deutliche Herausforderung dar, dies nun auf alle Bereiche auszubauen und nicht nur in einzelnen Bereichen zu implementieren.

Betrachtet man die traditionelle IT-Organisation, welche sich über die klassischen Bestandteile (Infrastruktur, Entwicklung, Betrieb und IT-Service Einheiten) definiert, so stehen diese im aktuellen Marktumfeld einigen Herausforderungen gegenüber:

1. Kundenzentrierung
2. Steigerung des Kundenmehrwerts über inkrementelle Auslieferung von Software
3. Schnellere Innovationszyklen
4. Kürzere Time-to-Market der strategisch wichtigen Produkte sowie
5. Transparente durchgehende Kostensicht, inkl. eines effizienten Einsetzen des IT-Budgets

Im Optimalfall arbeitet die IT dazu Organisationsgrenzen überschreitend und ist über Ende-zu-Ende-Wertströme schlank gesteuert.

Die Elemente eines klassischen IT Operating Modell sowie die Überleitung zu den Komponenten eines Cloud Operating Model werden in Abschn. 7.2.1 beleuchtet.

So individuell die Ausprägung der Cloud-Nutzung in einem Unternehmen sein kann, so verschieden können die Operating Modelle gewählt werden. Die Bandbreite reicht von einem Multi-Hybrid Cloud Operating Model bis hin zu einem produktzentrischen Operating Model. Jedes dieser Modelle begegnet den oben genannten Herausforderungen verschieden und auch das Potenzial der Cloud-Umgebung wird in unterschiedlichem Maße genutzt. Abschn. 7.2.1.2 beschreibt eben diese Varianten und beleuchtet die Vor- aber auch Nachteile der einzelnen Modelle.

Das Operating Model wird über fünf Phasen optimalerweise iterativ über eine immer größer werdende Ausbreitung eingeführt:

1. Ist-Zustand analysieren
2. Lücken zum Zielzustand identifizieren
3. Aufbau des notwendigen Frameworks zur Transition in die neue Organisation einschließlich Umsetzungsstart
4. Ausbau und Optimierung des Operating Models einschließlich Automatisierung von Abläufen und Prozessen
5. Erreichung des gewünschten Cloud-native Reifegrades auf technologischer, kultureller und prozessualer Ebene

Am Beispiel einer realen Organisation wird die Einführung eines neuen Operating Model am Ende von Abschn. 7.3.1 erläutert.

3.4.2 Einführung in Cloud native Services und Entwicklung

„Cloud-native" bezeichnet eine Anwendung (oder Service), welche die einzigartigen Potenziale der Cloud voll ausschöpfen kann. Daher sind die Technologie, beziehungsweise der Service Stack, und der Entwicklungsprozess, neben dem Betriebsmodell die essenziellen Elemente für eine Cloud-native Organisation. Diesem Teil widmen wir uns in Abschn. 7.2.2. Neben der Anpassung der Betriebsmodells auf ein Cloud Operating Modell werden zunehmend Fähigkeiten im Unternehmen benötigt, um neuen Anwendungen mittels Cloud-nativen Services zu entwickeln.

In Bezug auf Cloud-native Technologie bietet die Cloud Native Computing Foundation (CNCF) eine detailliertere Definition.

▶ Definition

„Cloud-native Technologien ermöglichen es Unternehmen, skalierbare Anwendungen in modernen, dynamischen Umgebungen zu implementieren und zu betreiben. Dies können öffentliche, private und Hybrid-Clouds sein. Best Practices, wie Container, Service-Meshs, Microservices, immutable Infrastruktur und deklarative APIs, unterstützen diesen Ansatz.

Die zugrunde liegenden Techniken ermöglichen die Umsetzung von entkoppelten Systemen, die belastbar, handhabbar und beobachtbar sind. Kombiniert mit einer robusten Automatisierung können Softwareentwickler mit geringem Aufwand flexibel und schnell auf Änderungen reagieren."

Im Sinne dieser Definition benötigen Cloud-native Anwendungen ein Set an zwölf Faktoren, sodass die Ausführung in der Cloud optimal unterstützt wird. Zudem sind die folgenden vier Architekturmaximen erforderlich:

1. Modularisierung (keine monolithischen Systeme)
2. Autonomie (Unabhängigkeit)
3. Reduktion (klein)
4. verbunden (API-getrieben)

„Cloud Native" ist dabei ein Begriff, der verwendet wird, um Anwendungen und Systeme zu beschreiben, die speziell für die Bereitstellung und Ausführung in Cloud-Umgebungen entwickelt wurden, um die Skalierbarkeit, Flexibilität und Widerstandsfähigkeit in einer Cloud-Umgebung zu verbessern. Im Rahmen von Abschn. 7.3.3 wird drauf eingegangen, wie Unternehmen in Stufe 3 ihr Applikationsportfolio überdenken sollten und entsprechend eine wertegetriebene Applikationsmodernisierung anstreben. Cloud-native Anwendungen werden oft über eine DevOps-Pipeline bereitgestellt, die durchgehende Integrationen und durchgehende CI/CD-Liefertoolketten beinhaltet. CI/CD-Pipelines spielen eine wichtige Rolle für die Automatisierung der Erstellung, des Testens und der Bereitstellung von Cloud-nativen Anwendungen.

Ziel in der Stufe 3 ist es hierbei, unabhängige Services zu nutzen, die als eigenständige, leichte Container verpackt sind. Sie sind portabel und können je nach Bedarf schnell nach oben oder unten skaliert werden. Dadurch, dass alles in einem Container (wie beispielsweise einem Docker-Container) gekapselt ist, können Sie die Anwendung und ihre Abhängigkeiten von der zugrunde liegenden Infrastruktur trennen. So können Sie diese containerisierte Anwendung in jeder Umgebung, die über die Container-Laufzeit-Engine verfügt, bereitstellen. Gerade Container spielen daher hier eine entscheidende Rolle. Daher findet diese in Abschn. 7.2.2.2 eine gesonderte Betrachtung.

Ziel ist es hier mit dem Zero-Touch Cloud Ops einen Betriebsansatz für diese Art der Anwendungen zu erreichen, welcher auf Automatisierung und Selbstbedienung basiert. Dieser wird in Abschn. 7.4.2 beschrieben. Das Ziel ist es, den Betrieb und die Verwaltung der Cloud-Ressourcen weitgehend zu automatisieren und menschliches Eingreifen auf ein Minimum zu reduzieren oder gar vollständig zu eliminieren.

3.4.3   Cloud native Sicherheitskonzepte

Cyber Security ist heute eine existenzielle Disziplin für jedes Unternehmen. Die Integrität, Vertraulichkeit und Verfügbarkeit von Daten steht neben der Sicherheit der Systemlandschaft optimalerweise ganz oben auf der Agenda der CXO, da neben Reputationsverlusten auch meist das gesamte Geschäftsmodell von einer einwandfrei funktionierenden IT-Umgebung abhängt.

Die klassischen Disziplinen der Cyber Security funktionieren sowohl in einer On-Premise-Umgebung als auch in einer Cloud-native nutzenden Organisation. Der Hauptunterschied zwischen diesen beiden Bereichen liegt in der technischen Umsetzung beziehungsweise der Einbettung der sicherheitsrelevanten Aspekte in die Systemumgebung. Im Falle der Cloud-Nutzung ist der Sicherheitsaspekt – je nach Ausprägung Public oder Private Cloud – zwischen dem Cloud-Provider und dem Nutzer gesplittet und optimalerweise darauf abgestimmt.

Der Weg von der prophylaktischen zur reaktiven Sicherheit wird in Abschn. 7.2.3.2 beschrieben, wo es zwei grundlegende Ansätze gibt, um die Herausforderung in der Stufe 3 anzugehen:

1. **Automatisierung:** Die Entscheidungen, die bisher ein Mensch getroffen hat, müssen digital werden.
2. **Abkehr von der Freigabe und Fokus auf das Erkennen und Beheben von Missständen:** Der sog. „shift left" Ansatz gibt dem Entwickler oder Cloud-Administrator die vollen Berechtigungen seine Aufgaben kreativ umzusetzen, auch wenn dabei gelegentlich Fehler passieren. Sollte ihm dennoch ein Fehler unterlaufen, werden entsprechende konfigurierte Tools, wie zum Beispiel Cloud Native Application Protection,

kurz CNAPP, diesen Fehler erkennen und automatisch nach kurzer Zeit erforderliche Sicherheitsmaßnahmen ergreifen.

Gerade in diesem Bereich entwickeln sich neue Lösungen, welche eine Dezentralisierung der Sicherheitskomponenten zur Folge hat. Security-by-Design, Ende-zu-Ende Betrachtung, Zero Trust, minimale Berechtigungen – das alles wird auch bei der Nutzung von Cloud-Umgebungen eine elementare Rolle spielen. Welche sicherheitsrelevanten Tools und Methoden für Cloud-Nutzer zur Auswahl stehen, wird in Abschn. 7.2.3.3 und in Abschn. 7.2.3.4 betrachtet.

Neben den Tools und Methoden spielen an der Stelle maßgeblich auch die Organisation und die Mitarbeiter eine Rolle. Am Markt ist zu erkennen, dass diese zu einer zunehmenden Bedeutung der Cyber Resilience führt, da bestehende Strategien und Konzepte überarbeitet werden müssen und im Unternehmen anders verankert werden sollen. Mit diesem Thema beschäftigt sich Abschn. 7.3.2.

3.5   Zusammenfassung

Die Cloud-Adaption ist ein mehrstufiger Prozess mit drei Maturitätsgraden

Die Transformation in die Public Cloud ist ein langfristiges Vorgehen mit verschiedenen Herausforderungen und vielen Themenfeldern, die angegangen werden müssen. Der Reifegrad eines Unternehmens in der Cloud-Transformation kann in drei Stufen eingeordnet werden.

In der ersten Stufe der Cloud-Adaption liegt der Fokus auf der Entwicklung einer nachhaltigen und effizienten Cloud-Strategie. Diese ist ein wichtiger Bestandteil der Basics zur erfolgreichen Integration der Public Cloud in ein Unternehmensumfeld. Neben der Cloud-Strategie steht in der ersten Stufe zudem der Aufbau der erforderlichen Grundlagen, wie beispielsweise ein Cloud Center of Excellence oder eine Cloud Foundation im Vordergrund. Diese Bausteine sind ein essenzieller Schlüsselfaktor für die nächsten Schritte der Cloud-Adaption.

Bei der zweiten Maturitätsstufe steht die Cloud-Nutzung und die Optimierung der Cloud-Ressourcen im Vordergrund. Insbesondere die Verwaltung und die Reduzierung der anfallenden Kosten für die Cloud-Services spielen dabei eine wichtige Rolle und werden über den FinOps-Ansatz abgedeckt. Für die Etablierung von standardisierten Cloud-Services empfiehlt sich der Ansatz nach Infrastructure-as-Code in Kombination mit dem Aufbau eines serviceorientierten Betriebsangebots basierend auf der Taxonomie nach Technology Business Management.

Um den vollständigen Mehrwert der Public Cloud im Unternehmen zu nutzen, strebt die dritte Stufe der Cloud-Adaption eine nahtlose Integration zwischen Business und IT an. Ein wichtiger Bestandteil ist dabei der Aufbau eines Cloud Operating Modells.

Zur Reduzierung des Betriebsaufwands wird zudem die Einführung von Cloud-nativen Services fokussiert. Ergänzt werden diese beiden Themenfelder durch native Cloud-Sicherheitskonzepte, um die neu erschlossene Umgebung der Public Cloud abzusichern und zu stabilisieren.

Bewertung – Bestimmen Sie Ihren Reifegrad für die Cloud-Readiness

4

4.1 Einleitung

Die nachfolgenden Abschnitte enthalten Fragen aus jeder Stufe des Reifegrads der Cloud-Transformation in einem Unternehmen. Die Fragen decken die unterschiedlichen Aspekte aus jeder Phase des Reifegrads ab, die eine Organisation bei einer Transformation in die Public Cloud berücksichtigen muss. Nutzen Sie den nachfolgenden Fragenkatalog, um die Position Ihres Unternehmens in der Cloud-Transformation zu identifizieren. Betrachten Sie die Fragen kritisch und versuchen Sie einen neutralen und unvoreingenommenen Blick einzunehmen, um den größtmöglichen Mehrwert zu erzielen. Hinterfragen Sie die einzelnen Bereiche genau und wenden Sie sich bei Bedarf an einen jeweiligen Ansprechpartner innerhalb Ihres Unternehmens, um die Frage beantworten zu können.

▶ Der Fragenkatalog umfasst insbesondere Ja-und-Nein-Fragen, um den Reifegrad der Cloud-Transformation zu prüfen. Wenn Sie **mehr als 70 % der Fragen aus einer Stufe mit „Ja"** beantworten konnten, haben Sie bereits eine solide und stabile Grundlage für die jeweilige Phase in Ihrem Unternehmen etabliert. Prüfen Sie, in welchen Bereichen Sie noch Nachbesserungsbedarf haben, bevor Sie zur nächsten Stufe übergehen. Versuchen Sie, möglichst viele Fragen aus einer Stufe mit „Ja" beantworten zu können und die erforderlichen Maßnahmen in Ihrem Unternehmen vollständig umzusetzen und zu operationalisieren, bevor Sie sich auf die nächste Phase fokussieren.

N. Feil et al., *Public Cloud Potenzial in einem Unternehmensumfeld*, https://doi.org/10.1007/978-3-658-42665-1_4

4.2   Fragenkatalog für die Cloud-Strategie (Stufe 1)

Cloud Strategie

Fragen

- Verfügen Sie über eine übergreifende Cloud-Strategie?
- Ist der Cloud-Wertverfall identifiziert?
- Sind Ihre Wertehebel und Treiber für die Reise in die Cloud definiert und bekannt?
- Handelt es sich um eine IT- und geschäftsgesteuerte Cloud-Transformation?
- Sind Ihre wichtigsten Stakeholder außerhalb von der IT an der Cloud-Transformation beteiligt, darunter Business?
- Haben Sie eine Journey-to-the-Cloud (J2C) Roadmap mit definierten Meilensteinen?
- Haben Sie ein Single- oder Multi-Cloud Strategie etabliert und durchdacht?
- Haben Sie die Kriterien für die Cloud-Anbieter Auswahl geprüft?
- Haben Sie den Value Case und den Business Case definiert?
- Haben Sie die Cloud-Strategie unter der Beachtung von Datenschutz- und Sicherheit-Vorgaben etabliert?
- Sind die erwarteten Kosten für die Cloud-Transformationsreise bekannt und eingeplant?
- Unterstützt der Vorstand die Cloud-Strategie, einschließlich der Bereitstellung finanzieller Unterstützung?

Cloud Foundation

Fragen

- Haben sie ein Infrastruktur-Assessment durchführt?
- Haben sie ein Applikation-Assessment durchführt?
- Haben Sie Ihre Cloud-Anbieter ausgewählt?
- Sind die Verträge mit dem/den ausgewähltem/n Cloud-Anbieter/n abgeschlossen?
- Haben Sie ein Cloud Landing Zone Konzept erstellt?
- Haben Sie Landing Zones implementiert?
- Haben Sie Infrastructure-as-Code als Grundprämisse definiert?
- Haben Sie CI/CD Pipelines aufgesetzt, um die Cloud-Infrastruktur zu managen?
- Haben Sie die Sicherheit als Grundprämisse im Aufbau Ihrer Cloud Foundation gesetzt?
- Haben Sie ein Cloud Servicekatalog etabliert?
- Haben Sie ein CCoE definiert mit klar gesetzten Rollen, Aufgaben und Ziele?
- Haben Sie die Governance für die Cloud definiert?

Cloud Migration/Cloudifizierung Ansatz

Fragen

- Ist die Cloud-Einführung sichergestellt?
- Haben Sie ein Lift & Shift Migrationsfabrik aufgesetzt?
- Haben Sie eine Roadmap für die Migration klar definiert und eingeplant?
- Ist über 50 % Ihrer Landschaft bereits cloudifiziert beziehungsweise in die Cloud migriert?

Ressourcen-, Talent- und Kompetenzmanagement

Fragen

- Haben Sie sichergestellt, dass Sie über die erforderlichen Fähigkeiten und Fertigkeiten in Ihrer Organisation verfügen?
- Haben Sie bereits mit Ihrer Cloud-orientierten Betriebsmodell-Transformation begonnen?
- Verwenden Sie DevOps oder agile Methoden und verfügen Sie über Produktteams?
- Haben Sie ein Change-Management Programm aufgestellt, um Ihre Mitarbeiter in die Grundlagen der Cloud einzuführen?
- Haben Sie ein UpSkilling Programm aufgesetzt für Ihre Mitarbeiter?
- Haben Sie Programme, um alle Mitarbeiter in relevanten Cloud-Diensten zu schulen?
- Sind Ihre Mitarbeiter daran interessiert, die Cloud zu nutzen, und lernen aktiv, wie sie die Cloud einführen oder in einer cloudbasierten Umgebung effektiver arbeiten können?

4.3 Fragenkatalog für die Kosten und Cloud-Nutzung (Stufe 2)

4.3.1 FinOps

Organisation

Fragen

- Haben Sie in Ihrem Unternehmen einen zentralen Ansprechpartner für die Verwaltung und Optimierung der Cloud-Kosten identifiziert?
- Wird die Verwaltung und die Optimierung der Cloud-Kosten in Ihrem Unternehmen von einem zentralen Team koordiniert?
- Sind die Verantwortlichkeiten innerhalb des Teams definiert und abgestimmt?

- Sind in dem zentralen Team der Cloud-Kosten-Verwaltung und -Optimierung alle erforderlichen Rollen ausgefüllt?
- Ist das zentrale Team für die Verwaltung und Optimierung der Cloud-Kosten in die Organisationsstruktur Ihres Unternehmens integriert?

Prozesse

Fragen

- Sind die Prozesse in Bezug auf Verwaltung und Optimierung der Cloud-Kosten in einem standardisierten Format beschrieben und etabliert?
- Werden die Prozesse zur Verwaltung und Optimierung der Cloud-Kosten kontinuierlich in regelmäßigen Abständen durchgeführt?
- Werden die in der Public Cloud anfallenden Kosten bereits verursachergerecht gegenüber den Kostenträgern abgerechnet?
- Werden die Informationen der Kostenträger, wie beispielsweise Adresse, Ansprechpartner und Kontaktdaten, zentral verwaltet?
- Haben Sie Kennzahlen oder KPI's definiert, gegen die die Kostenverwaltung und -optimierung gemessen wird?
- Überprüfen Sie in regelmäßigen Abständen die Entwicklung der anfallenden Cloud-Kosten, indem Sie vordefinierte Berichte verwenden?

Technologie

Fragen

- Wurde bereits für jede Cloud-Ressource ein natives Tag integriert, das die Identifikation des jeweiligen Kostenträgers ermöglicht?
- Wird durch eine technische Richtlinie, wie beispielsweise eine Policy, sichergestellt, dass jede Cloud-Ressource über das native Tag verfügt?
- Verwenden Sie in Ihrem Unternehmen bereits ein Tool, um die relevanten Abrechnungsprozesse und Berichte zu etablieren?
- Haben Sie mithilfe des Tools die erforderlichen Prozesse zur Verwaltung und Optimierung der Cloud-Kosten automatisiert?

Kostenoptimierung

Fragen

- Haben Sie bereits für die gesamte Cloud-Infrastruktur eine Analyse in Bezug auf Rightsizing-Potenziale vorgenommen? Liegt diese Analyse weniger als sechs Monate zurück?

- Haben Sie die Ergebnisse der Rightsizing-Analyse bereits umgesetzt?
- Haben Sie bereits für die gesamte Cloud-Infrastruktur eine Analyse in Bezug auf Reservierungs-Potenziale vorgenommen? Liegt diese Analyse weniger als sechs Monate zurück?
- Haben Sie die Ergebnisse der Reservierungsempfehlungen bereits umgesetzt?
- Haben Sie für die bestehenden Ressourcen in der Cloud-Infrastruktur bereits eine Break-Even-Analyse durchgeführt, um einen Vergleich zwischen nutzungsbasierter Abrechnung und dem Reservierungsmodell zu ermitteln?

4.3.2 Infrastructure-as-Code

Organisation

Fragen

- Verfügen die Entwicklungsteams über die Erfahrung und die Kenntnisse, um den Ansatz nach Infrastructure-as-Code in Ihrem Unternehmen zu etablieren?
- Sind die Entwicklungsteams vollständig in die Organisationsstruktur Ihres Unternehmens integriert?
- Sind alle erforderlichen Rollen innerhalb der Cloud-Entwicklungsteams ausgefüllt?
- Sind die Tätigkeiten und Verantwortlichkeiten aller Rollen innerhalb eines Cloud-Entwicklungsteams klar definiert?
- Sind die Infrastructure-as-Code-Komponenten einschließlich deren Dokumentation zentral verfügbar und für andere Geschäftsbereiche einsehbar?

Prozesse

Fragen

- Liegt in Ihrem Unternehmen eine klare und abgestimmte Definition vor, wir eine Komponente nach Infrastructure-as-Code aufgebaut ist und worum es sich dabei handelt?
- Können andere Geschäftsbereiche auf Anfrage auf die Infrastructure-as-Code-Komponenten zugreifen und diese bei Bedarf deployen? Haben Sie Kriterien oder Mechanismen innerhalb des Prozesses etabliert, um das Deployment zu kontrollieren?
- Ist in den Entwicklungsteams eine agile Arbeitsweise integriert, wie beispielsweise durch Scrum?
- Stehen die erforderlichen Tools, wie beispielsweise Azure DevOps, für eine agile Arbeitsweise innerhalb von Infrastructure-as-Code zur Verfügung?

- Sind in Ihrem Unternehmen verschiedene Stufen des Deployments etabliert und sind diese Stufen für die Bereitstellung von Cloud-Ressourcen angewendet?
- Existiert in dem Deployment-Prozess nach Infrastructure-as-Code in Ihrem Unternehmen eine Qualitätsprüfung?
- Sind die Standards bei der Entwicklung von Infrastructure-as-Code mit der IT-Sicherheitsabteilung in Ihrem Unternehmen abgestimmt?

Technologie & Tooling

Fragen

- Erfolgt das Deployment von Cloud-Ressourcen bereits automatisiert mithilfe von Tools?
- Haben Sie die Einsatzzwecke der jeweiligen Tools klar differenziert, um Tools für die Entwicklung von Cloud-Infrastruktur von Configuration Management Tools abzugrenzen?
- Werden Ressourcen für die Cloud-Infrastruktur mithilfe von Code entwickelt und deployt?
- Wird eine standardisierte Technologie zur Entwicklung und zur Bereitstellung von Infrastruktur-Komponenten verwendet?
- Wird in Ihrem Unternehmen eine abgestimmte und standardisierte Repository-Struktur verwendet?
- Wird in Ihrem Unternehmen eine abgestimmte und standardisierte Pipeline-Struktur verwendet?
- Wird bei der Entwicklung von Infrastruktur-Komponenten auf vordefinierte Pattern-Muster zurückgegriffen?
- Werden bei der codebasierten Entwicklung und Bereitstellung die erforderlichen Sicherheitsrichtlinien eingehalten und berücksichtigt?

4.3.3   Serviceorientiertes Betriebsangebot

Organisation

Fragen

- Liegt in Ihrem Unternehmen eine klare Definition vor, was ein Service ist?
- Folgt Ihr Unternehmen den Standards nach ITIL und/oder Technology Business Management?
- Ist die Rolle des Serviceverantwortlichen in Ihrem Unternehmen definiert, einschließlich den dazugehörigen Tätigkeiten und Verantwortlichkeiten?

- Ist die Rolle des Serviceverantwortlichen in Ihrer Organisation bereits operationalisiert und integriert? Sind alle erforderlichen Serviceverantwortlichen ausgefüllt?
- Gibt es in Ihrem Unternehmen einen zentralen Ansprechpartner für den Aufbau, die Verwaltung und den Betrieb des Servicekatalogs?

Service-Strukturierung & Servicekatalog

Fragen

- Verfügt Ihr Unternehmen bereits über einen zentralen, für alle Geschäftsbereiche zugänglichen Servicekatalog?
- Setzt sich der Servicekatalog aus verschiedenen Sichten zusammen, um je nach Zielgruppe eine unterschiedliche Perspektive auf die Informationen der Services zu haben?
- Liegt bereits eine aktuelle Übersicht über die derzeit in der Public Cloud deployten Ressourcen und Services vor?
- Haben Sie in Ihrem Unternehmen die genutzten Cloud-Ressourcen in Services geschnitten?
- Sind die bereits identifizierten Services nach einer standardisierten Taxonomie kategorisiert und strukturiert?
- Umfasst der Servicekatalog mehrere Attribute und Eigenschaften pro Service, wie beispielsweise Serviceverantwortliche, Business-Kritikalität, geschäftlicher Mehrwert, SLA, Betriebszeiten und den Cloud-Betreiber?
- Verfügen Sie über eine Übersicht, welche Services für welche Applikation verwendet werden?
- Haben Sie eine Zuordnung zwischen den Services und den technischen Infrastructure-as-Code-Komponenten erstellt?

Dokumentation

Fragen

- Sind für die bereits in der Public Cloud deployten Ressourcen entsprechende Service-Dokumentationen, Architekturdesigns und Standard Operating Procedures verfügbar?
- Sind die Zwecke und Zielgruppen für die unterschiedlichen Dokumentationsartefakte definiert und abgestimmt?
- Haben Sie geprüft, welche Dokumentationsartefakte für die bereits verfügbaren Cloud-Services vorliegen und ob deren Qualität den Anforderungen Ihres Unternehmens entsprechen?
- Überwachen Sie die Qualität und den Fortschritt der Dokumentationen pro Service?

- Gibt es in Ihrem Unternehmen eine zentrale Plattform für Dokumentationen, die für alle Geschäftsbereiche zugänglich ist?
- Ist der Servicekatalog nach verschiedenen Sichten, je nach Zielgruppe, aufgebaut, um die verfügbaren Informationen der Services entsprechend zu aggregieren?

Tooling

Fragen

- Verfügt Ihr Unternehmen bereits über eine Configuration Management Datenbank?
- Verfügt Ihr Unternehmen über ein Enterprise-Architektur-Tool?
- Verfügt Ihr Unternehmen über ein Tool, das die Verwendung von Technology Business Management und der Taxonomie zur Servicekategorisierung unterstützt?
- Können diese drei genannten Tools technisch miteinander integriert werden, um redundante Datenpflege zu vermeiden?
- Sind die Pipelines und Repositories der Infrastructure-as-Code-Komponenten mit einem ServiceDesk-Tool integriert?
- Können andere Geschäftsbereiche über eine zentrale Plattform, wie beispielsweise einen ServiceDesk, Cloud-Services bestellen oder anfragen?

4.4   Fragenkatalog für innovative Technologien und Ausbau der Cloud-Nutzung (Stufe 3)

Cloud Operating Model

Fragen

- Hat sich die IT-Organisation dahingehend weiterentwickelt, die Cloud zu verwalten?
- Haben Sie ein neues Cloud-Betriebsmodell definiert?
- Wurden neue Prozesse und Rollen definiert und umfangreich dokumentiert?
- Wurde die IT-Organisation für den Cloud-Betrieb umstrukturiert, mit nahtlosen Abläufen in einer Multi-Cloud-Umgebung?
- Gibt es eine Cloud-Organisation mit klar definierten Rollen und Verantwortlichkeiten?
- Sind die Rollen und Verantwortlichkeiten des Cloud-Teams sowie die angebotenen Cloud-Dienste im gesamten Unternehmen klar dokumentiert und verständlich?
- Haben Sie sich zu einer produktorientierten Organisation mit integrierter IT und Business Teams entwickelt?
- Werden agile Prozesse als standardisierte Methode verfolgt, um alle Funktionen der Softwareentwicklung und -bereitstellung voranzutreiben?
- Werden Teams grundsätzlich als DevOps Teams aufgesetzt?

Cloud Native

Fragen

- Haben Sie ein Cloud-Modernisierungsprogramm für Ihr Anwendungsportfolio initiiert, um Cloud-nativ zu werden?
- Haben Sie Anwendungen mithilfe Cloud-nativer Designprinzipien in die Cloud umgestaltet?
- Sind Ihre Hauptanwendungen Cloud-nativ?
- Haben Sie einen lediglich einen kleinen Teil Ihres Anwendungsportfolios auf traditionellen Architekturdesigns aufgebaut, die nicht das volle Potenzial der Cloud ausschöpfen?
- Gibt es in Ihrem IT ein Verständnis für die Design- und Entwicklungsprinzipien der Cloud-nativen Architektur?
- Ist der Cloud-native Entwicklungsansatz ein zentrales Designprinzip für alte und neue Anwendungen?
- Haben Sie Cloud-native Sicherheitskonzepte etabliert und werden diese konsequent verfolgt und umgesetzt?
- Sind Automatisierungs- und Orchestrierungstools weit verbreitet und werden sie von allen Anwendungsteams genutzt?
- Sind CI/CD-Prinzipien und -Prozesse standardisiert und benutzt?
- Gibt es eine orchestrierte CI/CD-Release-Pipeline für alle oder die meisten vorhandenen Anwendungen?
- Ist eine Cloud-Referenzarchitektur definiert, dokumentiert, zentral verwaltet und wird sie von der IT zur Implementierung aller Geschäftsprozesse befolgt?
- Verfügen Sie über eine Cloud-Integrationsstrategie mit einer API-First-Strategie?
- Verfügen Sie über ein standardisiertes Tool-Set, um die Cloud-Automatisierung zu erleichtern?
- Wurden wiederverwendbare Assets erstellt, um die Cloud-Automatisierung zu erleichtern?

4.5 Zusammenfassung

Nutzen Sie das Ergebnis des Fragenkatalogs zur Identifikation der Maturität der Cloud-Transformation Ihres Unternehmens

Sie haben den Fragenkatalog basierend auf dem aktuellen Stand in Ihrem Unternehmen bearbeitet und eine erste Einschätzung über den Reifegrad der Cloud-Transformation in Ihrer Organisation getroffen? Die Anzahl der mit „Ja" beantworteten Fragen bietet

Ihnen einen ersten Überblick über die derzeitige Situation. Dieses Ergebnis ermöglicht Ihnen zudem die Planung der nächsten Schritte, um die Transformation weiter voranzutreiben und die einzelnen Stufen in Ihrem Unternehmen zu etablieren.

Die nachfolgenden Abschnitte greifen die drei Stufen der Cloud-Transformation auf und ermöglichen einen detaillierten Blick auf deren Umfang und potenzielle Maßnahmen, um die einzelnen Bereiche erfolgreich in Ihrer Organisation zu integrieren. Ergänzt wird jede Stufe durch praxisnahe Beispiele und Kundenbeispiele. Nutzen Sie das Ergebnis aus dem Fragenkatalog, um Ihren Startpunkt zu identifizieren und greifen Sie die in den nachfolgenden Abschnitten erläuterten Maßnahmen auf, um die aktuelle Stufe zu stabilisieren und die nächste Stufe der Transformation zu planen und anzugehen.

Stufe 1 – Cloud-Strategie und Startphase 5

5.1 Einleitung

Die Auswirkungen der Pandemie in 2020/2021 und die weltweiten Gegenmaßnahmen haben zu einer nachhaltigen Veränderung der Arbeitsweise geführt. Die folgenden geopolitische Turbulenzen, wie der Ukraine-Krieg und die Inflationskrise, erhöhen den Druck und erfordern, dass die Unternehmen sich darauf vorbereiten und resilienter sind. Diese Turbulenzen werden sich auf alle, von Kleinunternehmen bis hin zu Großunternehmen und Konzernen, auswirken.

Um in Zeiten intensiver wirtschaftlicher und sozialer Volatilität erfolgreich zu sein, müssen neue Formen der Effizienz in den Abläufen der Unternehmen finden, die Produktivität muss gesteigert werden und neue Geschäftsmodelle müssen schneller entwickelt, getestet und ausgerollt werden.

Technologische und nicht-technologische Trends verschiedener Berater und Marktforschung zeigen über die letzten Jahre (wie zum Beispiel Metaverse, Nachhaltigkeit, Industrie Plattformen, Künstliche Intelligenz, Virtuelle und Augmentierte Realität, IoT, Blockchain, etc.), dass quasi alle eine zusammenhängende Basis haben: diese Fähigkeiten kann man nur schnell und effizient über die Einführung der Public Cloud erhalten, denn alle hängen direkt oder indirekt von Public Cloud-Technologien ab. Die Investment Trends von verschiedenen CIO-Umfragen zeigen wiederum, dass die CIOs sich dessen schon sehr bewusst sind und der Fokus auf der Nutzung von einer oder mehreren Public Clouds liegt.

Sie wollen also in die Cloud, aber wissen nicht wirklich warum? Viele Unternehmen befinden sich in einer vergleichbaren Situation. Weil alle darüber reden, weil es ein Hype ist, weil alle Berater es so sagen – es gibt viele Gründe für den Weg in die Public Cloud, aber keiner dieser Gründe ist wirklich greifbar, um dieses Vorhaben beim Vorstand vorzustellen. Um die Cloud-Transformation erfolgreich vorzubereiten und zu präsentieren,

N. Feil et al., *Public Cloud Potenzial in einem Unternehmensumfeld*, https://doi.org/10.1007/978-3-658-42665-1_5

empfiehlt sich eine Value Case Analyse. Üblicherweise beginnt mit diesem Schritt die Cloud Journey: in erster Linie geht es darum, die Gründe für den Weg in die Cloud zu verstehen („Warum?"). Erst im nächsten Schritt wird das „Wie" erarbeitet. Eine belastbare und begründete Strategie wird Ihnen in der Zukunft helfen, wenn Sie während der Cloud-Transformation vor Herausforderungen stehen und sich fragen, warum Sie sich darauf eingelassen haben. In dieser Situation können Sie auf Ihre Cloud-Strategie und den Cloud Value Case zurückgreifen und den für Sie vorgesehenen Mehrwert der Public Cloud prüfen.

Manches von dem, was Sie lesen werden, scheint vielleicht gesunder Menschenverstand zu sein, aber in einem komplexen Vorhaben wie einer Cloud-Adaption sollten viele Aspekte berücksichtigt werden, sodass man schnell den Überblick verlieren kann. Betrachten Sie dies also als eine Checkliste, in der Sie abhaken, was Sie tun sollten (oder auch nicht, wenn es bewusst so entschieden wird).

Folgende Fragestellungen sind daher sehr wichtig zu beantworten, bevor man überhaupt daran denkt, die Cloud „richtig" in das Unternehmen einzuführen:

1. Warum in die Cloud?
2. Was in die Cloud?
3. Wie in die Cloud?

▶ **Definition**

Was ist mit „richtig in die Cloud zu gehen" überhaupt gemeint? Alle Unternehmen, ob KMU oder Konzerne, sind schon in irgendeiner Hinsicht in der Cloud: einige verwenden bereits Office-Tools, teilen Dateien über Dropbox, machen Backups der Handys in der iCloud oder nutzen die Corporate-Kreditkarte um Dienste bei einem Hyperscaler wie AWS, Azure oder Google einzukaufen.

Deshalb können sie schon diese Mindestziele auf die Liste setzen:

1. Shadow-IT beseitigen
2. IT als den Trusted Service Broker im Unternehmen zu etablieren

Grundsätzlich braucht jedes größere Unternehmen eine gesamtheitliche Transformation zu einer nachhaltigen und zukunftsorientierten Organisation. Die Cloud Journey ist nicht nur auf eine spezifische Einheit oder einen bestimmten Bereich in einem Unternehmen begrenzt. Zudem ist der Weg in die Cloud nicht nur ein rein technisches Thema, sondern alle Bereiche einer Organisation sind aktiv davon betroffen. Dieser Aspekt wird im Kontext des Cloud Operating Modells in Abschn. 7.3.1 detailliert aufgegriffen.

Die Einführung der Cloud in einem Unternehmen hängt damit maßgeblich von der kontinuierlichen Einbindung aller Stakeholder ab. Das Ziel ist, dass alle Bereiche aktiv mit der Cloud arbeiten und daher sollten auch Themen, wie beispielsweise der Betrieb, der Servicekatalog, die Governance, die Sicherheit und die Compliance, adressiert werden.

▶   **Tipp**
    Schon im Vorab sollten mindestens folgende Prinzipien berücksichtigt werden:

    1. IT sollte nicht allein gehen und entscheiden: Business muss involviert sein.
    2. Es ist auf keinen Fall nur ein technologisches Thema, es ist eine Transformation der gesamten Organisation.
    3. Es ist eine Mindset Änderung: Infrastruktur wird nicht mehr aufgebaut – „brick and mortar like" – sondern entwickelt und konfiguriert mithilfe von Infrastructure-as-Code, kurz IaC, was einem Softwareentwicklungsansatz ähnelt.
    4. Agilität und DevOps Ansätze kommen hinzu – heißt aber nicht zu 100 % für alle Vorhaben.
    5. Daten werden anders und schneller benutzbar – dafür braucht man auch eine Daten-Strategie.

Eine Cloud-Transformation prägt sich über mehrere Etappen aus. Die nachfolgende Abbildung bietet einen Überblick über die verschiedenen Schritte. Wichtig ist es, dass die „People"-Themen mit den eher „technischen" Themen gleichzeitig und parallel angefangen und durchgeführt werden:

Übergreifend:

• Cloud-Strategie und Value Case definieren

„Technischer" Stream:

• Readiness (Applikation & Infrastruktur) Assessment
• Cloud Anbieter Auswahl (einen oder mehrere)
• Planung der Cloudifizierung (u. a. die Migration)
• Foundation (Landing Zones) aufsetzen
• Proof-of-Concept: Lernen und gegebenenfalls ein Leuchtturmprojekt etablieren

„People" Stream:

• Cloud Center of Excellence (CCoE) Aufsetzung
• Cloud Operating Model definieren
• Cloud Operating Model umsetzen
• Change-Management Programm für das Team: Enablement und Upskilling (Abb. 5.1)

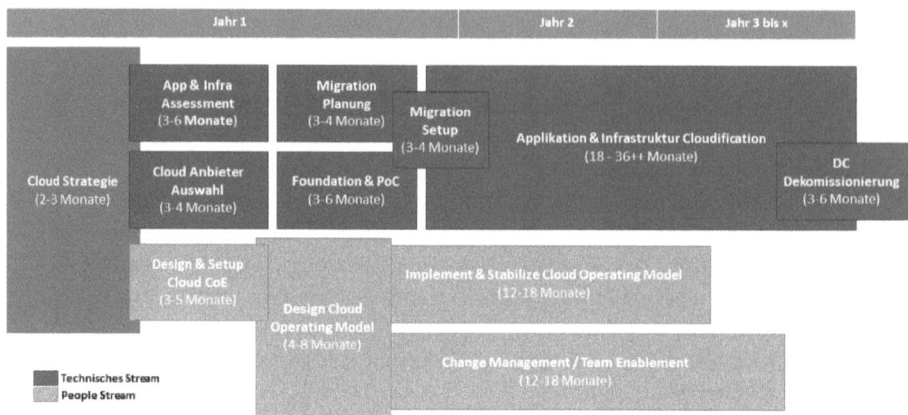

Abb. 5.1 Überblick einer Cloud-Transformation mit indikativem Zeitfenster

▶   Die technische Seite erscheint häufig etwas kompliziert, allerdings lassen
    sich die Auswirkungen klar nachvollziehen. Menschen hingegen sind aber
    sehr komplex, die genauen Auswirkungen einer Änderung vorherzusagen
    ist sehr schwierig und ohne die Mitarbeiter an Bord zu haben, wird Ihre
    Cloud-Transformation nicht funktionieren.

5.2   Was ist die Public Cloud?

Cloud ist der Haupt-Enabler für eine digitale Transformation und sollte auf keinen Fall
einfach als ein Ersatz „*like4like*" von einem traditionellen Rechenzentrum betrachtet werden. Es handelt sich bei der Cloud nicht nur um Infrastruktur und Blech, sondern es steckt
viel mehr dahinter.

Wer die Cloud „nur" als Ersatz für das eigene Rechenzentrum benutzt, wird nicht
den gesamten Mehrwert der Cloud ausnutzen und wird auch schnell bemerken, dass die
Verwendung der Cloud ganz schön teurer werden kann.

Was ist es sicherlich auch nicht: der heilige Gral, der alles von sich aus für Sie erledigt.
Sie müssen selbst die Cloud meistern können, die nötigen Skills erwerben, das richtige
Betriebsmodell einsetzen, das für Sie funktioniert und somit auch das richtige Talent
haben.

5.2.1   Cloud-Modelle

Fangen wir aber zunächst mit den Einsatz-Modellen der Cloud an, die man gut verstanden
haben sollte:

- **Public:** Eine öffentliche Cloud wird von einem Cloud-Dienstanbieter betrieben und für die breite Öffentlichkeit zugänglich gemacht. Die Infrastruktur und die Ressourcen werden von mehreren Benutzern geteilt. Beispiele für öffentliche Cloud-Anbieter sind u. a. AWS, Azure, GCP, Oracle CI und Alibaba. Eine detaillierte Beschreibung der größten Anbieter der Public Clouds ist in Abschn. 2.1 zu finden.

- **Private:** Eine private Cloud wird für eine bestimmte Organisation oder ein Unternehmen erstellt und betrieben. Sie kann sich im Rechenzentrum des Unternehmens befinden oder von einem Drittanbieter gehostet werden. Private Clouds können mehr Kontrolle und Datenschutz über dem ganzen Stack anbieten, erfordern jedoch in der Regel höhere Investitionen für die Infrastruktur, Hardware und Wartung.

- **Hybrid:** Eine hybride Cloud kombiniert Public und Private Cloud-Ressourcen. Dadurch können bestimmte Daten und Anwendungen in der privaten Cloud gehalten werden, während andere in der Public Cloud betrieben werden. Dieser Ansatz ermöglicht einerseits die Kontrolle und Daten-Souveränität für spezifische Fälle zu erhalten, aber gleichzeitig von der Flexibilität, Skalierbarkeit und Nutzung von zusätzlichen Ressourcen von der Public Cloud zu profitieren.

- **Community:** Eine Community Cloud wird von mehreren Organisationen mit gemeinsamen Interessen (z. B. Banken oder öffentliche Dienste) oder Anforderungen genutzt. Kosten, Infrastruktur und Ressourcen einer Cloud-Lösung werden geteilt, während diese Art von Cloud bestimmte Sicherheits- und Datenschutzanforderungen für die Branche erfüllt.

Dann gibt es noch die Cloud-Liefer-Modelle, die wie folgt unterschieden werden. Das jeweilige Liefer-Modell hat unter anderem einen Einfluss auf die Verantwortlichkeiten zwischen dem Unternehmen und dem Cloud-Anbieter:

- **Infrastructure-as-a-Service (IaaS):** Bei Infrastructure-as-a-Service umfasst der angebotene Service infrastrukturelle Cloud-Ressourcen, um Rechenleistung in Form von Computing, Speicherkapazitäten und Netzwerkdienste zur Verfügung zu stellen. Die verbreitetsten Ressourcen sind virtuelle Maschinen, Speicherplätze und Netzwerkkomponenten. Die Nutzer dieser Ressourcen erhalten Zugriff auf die Betriebssysteme, Anwendungen und Daten. Die Infrastructure-as-a-Service bringen dadurch eine hohe Flexibilität und einen hohen Grad der Kontrolle mit sich, um die Infrastruktur zu verwalten und zu betreiben.

- **Platform-as-a-Service (PaaS):** Im Gegensatz zu IaaS liegt der Fokus bei PaaS auf der Bereitstellung von Entwicklungsplattformen und Laufzeitumgebungen, um darin Anwendungen zu entwickeln, zu testen und zu betreiben. Der Zugriff auf die darunterliegenden Betriebssysteme und Daten ist nicht möglich und wird bei diesen Anforderungen nicht benötigt. Die Infrastrukturebene wird bei Platform-as-a-Services nicht betrachtet, da die Anwendungsentwicklung und deren Betrieb im Vordergrund stehen.

- **Software-as-a-Service (SaaS):** Bei SaaS besteht weder die Möglichkeit, Entwicklungsumgebungen zu nutzen, noch auf die Infrastruktur zuzugreifen. Der Fokus liegt bei Endanwendern, die die Anwendung aufrufen können, um darin Geschäftsprozesse abzuwickeln. SaaS bietet fertige Anwendungen und Software über das Internet an. Der Zugriff auf SaaS ist ausschließlich auf Applikationsebene möglich, wie zum Beispiel über einen Webbrowser oder eine spezielle Benutzeroberfläche. Die unterliegende Infrastruktur und die Anwendung werden vom Dienstanbieter komplett verwaltet und betrieben. Der Nutzer zahlt nur für die Verwendung des Services.

Konkrete Beispiele und eine Einordnung der Cloud-Services in das Cloud Canvas wird in Abschn. 2.5 aufgegriffen.

Der Hauptunterschied zwischen diesen Liefer-Modellen liegt in der Ebene der Verantwortung und Kontrolle, die der Benutzer über die Infrastruktur und die Anwendung hat. Bei IaaS hat der Benutzer die meiste Kontrolle über die Infrastruktur, während bei PaaS der Fokus mehr auf der Anwendungsentwicklung liegt und die zugrunde liegende Infrastruktur vom Anbieter verwaltet wird. SaaS bietet die geringste Kontrolle, da Benutzer nur die bereitgestellte Software nutzen können, ohne die zugrunde liegende Infrastruktur oder Anwendung zu verwalten.

Die nachfolgende Abbildung zeigt die unterschiedlich verteilten Verantwortlichkeiten zwischen dem Cloud-Konsumenten und dem Cloud-Anbieter. Im Vergleich zur Private Cloud sinkt die Betriebsverantwortung des Cloud-Anwenders mit zunehmender Verlagerung der IT-Umgebung auf cloudbasierte Services. Je nach verwendetem Liefer-Modell in der Public Cloud reduziert sich somit der Betriebsaufwand für die jeweiligen Ressourcen (Abb. 5.2).

Die Wahl hängt von den spezifischen Anforderungen und Fähigkeiten ab, die Sie haben beziehungsweise Ihr Unternehmen hat. Wenn Sie die volle Kontrolle über die Infrastruktur benötigen oder maßgeschneiderte Anwendungen entwickeln möchten, ist IaaS möglicherweise die bessere Wahl. Wenn Sie jedoch die Produktivität steigern und sich auf die Anwendungsentwicklung konzentrieren möchten, ohne sich um die zugrunde liegende Infrastruktur kümmern zu müssen, ist PaaS möglicherweise die geeignetere Option. SaaS empfiehlt sich, wenn Sie sofortige Zugriff auf vorgefertigte Anwendungen benötigen, ohne sich um die Wartung oder Skalierung kümmern zu müssen.

5.2.2 Vorteile der Public Cloud

Mit der Nutzung der Public Cloud gehen verallgemeinert die folgenden Vorteile einher:

Private Cloud	Public Cloud		
Lokal (On-Premise)	Infrastruktur as-a-Service (IaaS)	Plattform as-a-Service (PaaS)	Software as-a-Service (SaaS)
Daten und Zugriff	Daten und Zugriff	Daten und Zugriff	Daten und Zugriff
Anwendungen	Anwendungen	Anwendungen	Anwendungen
Runtime	Runtime	Runtime	Runtime
Betriebssystem	Betriebssystem	Betriebssystem	Betriebssystem
Virtueller Computer	Virtueller Computer	Virtueller Computer	Virtueller Computer
Compute	Compute	Compute	Compute
Netzwerk	Netzwerk	Netzwerk	Netzwerk
Speicher	Speicher	Speicher	Speicher

Verantwortlichkeit des Konsumenten	Verantwortlichkeit des Cloud-Hyperscaler-Anbieters

Abb. 5.2 Verantwortlichkeiten der Cloud Liefer-Modelle

- **Skalierbarkeit:** Cloud-Dienste ermöglichen es, Ressourcen flexibel anzupassen und schnell auf veränderte Anforderungen zu reagieren. Problemlos kann man zusätzliche Speicher-, Rechen- und Netzwerkressourcen hinzufügen oder reduzieren, je nach Bedarf.
- **Innovation:** Die Public-Cloud ermöglicht den Zugang zu einer Vielzahl von Cloud-basierten Diensten, Plattformen und Anwendungen die kontinuierlich verbessert und erweitert werden. Unternehmen können innovative Technologien wie künstliche Intelligenz, maschinelles Lernen oder Big Data-Analysen nutzen, ohne in teure Hardware oder Software investieren zu müssen.
- **Verfügbarkeit:** Cloud-Anbieter verfügen über umfangreiche Infrastrukturen, die redundante Systeme und Datenreplikation verwenden, um eine hohe Verfügbarkeit und Ausfallsicherheit zu gewährleisten. Dadurch können Unternehmen ihre Anwendungen und Daten jederzeit zugänglich halten, selbst bei Hardwareausfällen oder anderen Störungen.
- **Backup & Recovery:** Cloud-Dienste bieten automatische Datenbackup- und Wiederherstellungsfunktionen, was zum Beispiel für Datenbanken sehr wertvoll ist, denn der Eigenbetrieb ist sehr aufwendig und komplex. Dadurch können Unternehmen ihre Daten leicht wiederherstellen, falls es zu Datenverlusten oder -beschädigungen kommt und vor allem müssen sich Unternehmen nicht mit dem Betrieb dieser Services kümmern, welche normalerweise kompliziert und aufwendig sein können.

- **Wartung:** Cloud-Anbieter kümmern sich um die Wartung, Aktualisierung und Patching der Infrastruktur und der zugrunde liegenden Software. Dies entlastet Unternehmen von dieser Aufgabe und ermöglicht es, sich auf ihr Kerngeschäft zu konzentrieren, anstatt Zeit und Ressourcen für die IT-Wartung aufwenden zu müssen.
- **Nachhaltigkeit:** Durch die Nutzung von Cloud-Diensten können Unternehmen ihre eigene Hardwareinfrastruktur reduzieren oder ganz vermeiden. Somit werden Energie- und Ressourcenverbrauch reduziert, was zu einer verringerten Umweltbelastung führt.
- **Kosteneffizienz:** Durch die Nutzung der Cloud entfallen die Kosten für den Kauf und die Wartung eigener Hardware. Stattdessen zahlen Unternehmen nur für die tatsächlich genutzten Ressourcen. Dies ermöglicht eine bessere Budgetplanung und reduziert die Kapitalausgaben.

5.2.3 Voraussetzungen für eine erfolgreiche Nutzung der Public Cloud

Neben den beschriebenen Vorteilen gibt es bei der Public Cloud auch einige Voraussetzungen, die zur erfolgreichen Nutzung berücksichtigt werden müssen:

- **Abhängigkeit von Internetverbindung:** Cloud erfordert eine stabile und zuverlässige Internetverbindung, sonst können Sie nicht auf Ihre Systeme und Daten zugreifen, und auch die Benutzer hätten keinen Zugriff auf Ihre Anwendungen. Bei einer schlechten oder instabilen Verbindung kann der Zugriff auf die Cloud-Dienste eingeschränkt oder gar nicht möglich sein. Die Telekommunikations- und Cloud-Anbieter stellen jedoch stabile und zuverlässige Kommunikationswege, wie beispielsweise Azure ExpressRoute, AWS Direct Connect oder Google Cloud Interconnect, zur Verfügung.
- **Datenhoheit und Compliance:** Bei der Nutzung der Cloud geben Unternehmen die Kontrolle über ihre Daten an den Cloud-Anbieter ab. Dies kann zu Bedenken hinsichtlich der Datenhoheit und Compliance-Vorschriften führen, insbesondere wenn es um sensible Daten oder branchenspezifische Regularien geht. Es ist wichtig sicherzustellen, dass der Cloud-Anbieter die erforderlichen Sicherheits- und Compliance-Standards erfüllt und geeignete Verträge und Vereinbarungen getroffen werden, um die Rechte und Verantwortlichkeiten der beteiligten Parteien zu klären.
- **Anbieterabhängigkeit:** Wenn Unternehmen stark von einem bestimmten Cloud-Anbieter abhängig sind, kann dies zu einer gewissen Einschränkung der Flexibilität führen. Ein Wechsel des Anbieters kann mit Aufwand, Komplexität und Kosten verbunden sein. Dies kann die Flexibilität und die Verhandlungsposition des Unternehmens einschränken. Es ist wichtig, die Portabilität der Daten und Anwendungen zu berücksichtigen und möglicherweise eine Multi-Cloud-Strategie zu verfolgen, um die Anbieterabhängigkeit zu verringern.

- **Kostenaspekte:** Obwohl die Cloud-Kostenvorteile bietet, ist es wichtig, die Kosten langfristig zu bewerten. Die Nutzung der Cloud kann im Laufe der Zeit teurer werden, insbesondere wenn die Skalierung nicht angemessen gesteuert wird oder ungenutzte Ressourcen weiterhin bezahlt werden. Es ist ratsam, die Kosten sorgfältig zu überwachen, die Nutzung zu optimieren und möglicherweise Reservierungen oder Kostenkontrollmaßnahmen einzusetzen, um die Kosten im Rahmen zu halten. Wie Sie die Verwaltung und Optimierung der Kosten etablieren können, wird in Abschn. 6.2.1 mit dem FinOps-Ansatz erläutert.

5.2.4   Mythen um die Public Cloud

Rund um die Public Cloud sind einige Mythen bekannt, von denen Sie womöglich bereits gehört haben. Diese Mythen sollten jedem ambitionierten Cloud-Nutzer bekannt sein, allerdings sollte man sich davon nicht einschüchtern lassen.

Unsicherheit und mangelnde Datenschutz: Der verbreitetste Mythos ist, dass die Cloud unsicher sei und Datenschutzverletzungen wahrscheinlicher seien.

Tatsache: Cloud-Anbieter investieren erhebliche Ressourcen in Sicherheitsmaßnahmen, um die Daten ihrer Kunden zu schützen. Sie implementieren Verschlüsselung, Zugriffskontrollen und Überwachungssysteme, um die Sicherheit der Daten zu gewährleisten. Es ist wichtig, dass Unternehmen die Sicherheitspraktiken des Cloud-Anbieters verstehen und geeignete Maßnahmen ergreifen, um ihre Daten zu schützen. Es ist auch wichtig, die Sicherheitsmaßnahmen des Cloud-Anbieters zu überprüfen und eigenständig geeignete Verschlüsselungs- und Zugriffskontrollen zu implementieren.

Verlust der Kontrolle: Ein häufiger Mythos besagt, dass Unternehmen die Kontrolle über ihre Daten und Systeme verlieren, sobald sie die IT-Landschaft in die Cloud verlagern.

Tatsache: In Wirklichkeit behalten Unternehmen die Kontrolle über ihre Daten und können Sicherheitsmaßnahmen ergreifen, um ihre Informationen zu schützen. Es ist wichtig, den Cloud-Anbieter sorgfältig auszuwählen und die entsprechenden Sicherheitsvorkehrungen zu treffen.

Höhere Kosten: Ein Mythos ist, dass die Cloud immer teurer ist als die Verwaltung eigener IT-Infrastrukturen.

Tatsache: Bei einem eins-zu-eins Vergleich zwischen dem Betrieb des eigenen Rechenzentrums und dem Betrieb in der Cloud trifft dieser Mythos vollständig zu. Allerdings zeigt dieser Vergleich, dass die Public Cloud noch nicht vollständig verstanden wurde und ein derartiger Vergleich nicht repräsentativ ist. Die Cloud bietet die Möglichkeit, die Kosten flexibel zu gestalten und nur für die tatsächlich genutzten Ressourcen zu zahlen. Durch die Skalierbarkeit und den Verzicht auf den Kauf und die Wartung eigener Hardware können tatsächlich Kosten eingespart werden. Dies kann kosteneffizienter sein als der Kauf und die Wartung eigener Hardware. Es entfallen auch Kosten für den Betrieb und die Aktualisierung der Infrastruktur. Es ist jedoch wichtig, die Kosten im Auge zu behalten und den Ressourcenverbrauch zu überwachen, um unerwartete Ausgaben zu vermeiden. An dieser Stelle kommt der Ansatz nach FinOps ins Spiel, der in Abschn. 6.2.1 beschrieben wird.

Unzuverlässigkeit und Ausfallzeiten: Ein weiterer Mythos besagt, dass die Cloud unzuverlässig sei und häufig Ausfallzeiten auftreten.

Tatsache: Cloud-Anbieter investieren erheblich in die Infrastruktur, um eine hohe Verfügbarkeit und Ausfallsicherheit zu gewährleisten. Dennoch können Ausfallzeiten auftreten, und es ist wichtig, die Service-Level-Vereinbarungen des Cloud-Anbieters zu überprüfen und geeignete Maßnahmen für die Geschäftskontinuität zu treffen. Wenn der Cloud-Dienstleister einen Ausfall hat oder Wartungsarbeiten durchführt, können Benutzer vorübergehend den Zugriff auf ihre Daten oder Anwendungen verlieren. Es ist wichtig, sich über die geplanten Wartungsfenster und Notfallpläne des Anbieters zu informieren und geeignete Maßnahmen zur Mitigation einzusetzen.

Der Umzug in die Cloud ist kompliziert und zeitaufwendig. Tatsache: Der Umzug in die Cloud kann je nach Komplexität der Anwendungen und Daten unterschiedlich sein. Auf dem Markt steht jedoch eine breite Auswahl an Tools und Dienstleistungen bereit, um den Umstieg zu erleichtern. Es erfordert eine sorgfältige Planung und Vorbereitung, aber mit einer guten Strategie kann der Umzug reibungslos erfolgen.

5.3   Wie wird eine Cloud-Strategie erstellt?

Mit der Erstellung Ihrer Cloud-Strategie bekommen Sie den Leitfaden für Ihre langjährige Transformationsreise. Daher ist die Cloud-Strategie ein kritischer und essenzieller Bestandteil für die Etablierung der Public Cloud, der nicht vernachlässigt werden sollte. Aus der Cloud-Strategie ergibt sich eine Roadmap und sie definiert den Zweck des Wegs in die Cloud. Insbesondere in kritischen Situationen dient die Cloud-Strategie zukünftig als Richtlinie und gibt die Leitplanken vor.

▶   Die Entwicklung einer Cloud-Strategie ist keine leichte Aufgabe und erfordert die richtigen Skills und vor allem die Erfahrung dazu. Sie wollen und brauchen am Ende nicht einfach einen schönen Foliensatz mit einigen generische Richtlinien und Ideen, sondern eine maßgeschneiderte Strategie für Ihre Ziele und Herausforderungen. Holen Sie sich daher bei Bedarf Unterstützung hinzu, die die Reise in die Cloud bereits miterlebt, begleitet und gesteuert hat. Mit diesem wertvollen Input wird Ihre Cloud-Strategie herausgefordert und auf den Prüfstand gestellt.

Auch wenn der Weg einige Herausforderungen mit sich bringt, wird sich die Entscheidung für die Cloud lohnen und auszahlen. Folgende Ergebnisse sollten sich aus der Cloud-Strategie ergeben:

- Value Case und Business Case
- Single- oder Multi-Cloud Strategie
- Cloud-Anbieter Auswahlkriterien
- Cloud-Migration beziehungsweise Cloudifizierung-Ansatz
- Organisatorischer Einfluss
- Journey-to-Cloud (J2C) Roadmap

▶   Die Cloud-Strategie soll nicht ein in Stein gemeißeltes starres Dokument sein, welches die absolute Wahrheit darstellt und für die nächsten drei oder fünf Jahren gilt. Es sollte eher als ein lebendiges Dokument angesehen werden, dass über die Zeit periodisch erfrischt werden sollte, mit neuen Erkenntnissen und Entwicklungen, sowohl intern als auch extern, um sicherzustellen, dass die Strategie weiterhin im Gesamtkonstrukt des Unternehmens Sinn ergibt.

5.3.1   Gründe für eine Cloud-Strategie

Grundsätzlich sollte man zuerst auf die Frage des „Warum" antworten. Die Motivation hinter dem Weg in die Cloud zu verstehen, ist von größter Bedeutung. Die tatsächlichen Gründe sind nicht für alle Stakeholder identisch, auch wenn es teilweise „No-Brainer" zu sein scheinen. Folgen Sie nicht blind einem Trend, sondern fokussieren Sie sich auf Ihre Organisation.

In diesem Kapitel werden einige der wichtigsten Wertehebel erläutert. Eventuell wird die Liste nicht ausführlich sein, denn wenn Sie das hier lesen, könnten bereits neue dazu gekommen sein. Was damit gemeint ist? Beispielsweise war die Nachhaltigkeit vor etwa fünf bis sieben Jahren kein Thema, das mit hoher Priorität eingeordnet wurde. Auch der Integration agiler Arbeitsweisen wurde keine hohe Priorität zugeordnet. Ursprünglich lag der zentrale Schwerpunkt vor allem auf der Kostenreduzierung. Mittlerweile wurde dieses Thema weitestgehend verstanden, weshalb der Fokus neu ausgerichtet wurde.

Beispiel

Heute liegt der Schwerpunkt in vielen Fällen hauptsächlich auf Time-to-market, Agilität, Nachhaltigkeit, Innovation – und das hat Auswirkungen auf die Cloud-Strategie: daraus kann sich beispielsweise herauskristallisieren, dass man mit Neuentwicklungen in der Cloud starten will, mit einem 100 % Cloud nativen Ansatz und agile DevOps Produktteams aufbaut und einsetzt. Die Legacy IT-Landschaft hingegen verbleibt zunächst für einige weitere Jahre im eigenen Rechenzentrum, um die Cloud-Skills weiter aufzubauen.

Wenn zu Beginn der Cloud-Reise jedoch ein Modell zur Kostenoptimierung angestrebt wird in Kombination mit der Erhöhung der Sicherheit, dass im Hintergrund ein Rechenzentrum-Exit hat, so wäre zu Beginn ein Lift & Shift Migrationsansatz eher geeignet.◄

Aus der folgenden Liste von Wertehebel für die Cloud sollten Sie definieren, welche für Sie ausschlaggebend sind. Jedes Unternehmen hat eigenen Herausforderungen, Probleme und Ambitionen. Der Fehler liegt manchmal darin, jeden Aspekt mit gleich hoher Priorität zu bewerten, anstatt die Kernfokuswerthebel zu definieren und die Cloud-Strategie darauf basierend zu erstellen:

- **Digitale Innovation:** innovationsfähiger werden durch schnelleres Ausführen und Testen, innovative Fähigkeiten zu testen und nutzen, wie zum Beispiel künstliche Intelligenz (KI), IoT Fähigkeiten, Analytics, etc. die man nicht eigenständig in Zeit und Qualität bereitstellen kann.
- **Datengetriebenes Unternehmen:** bereichsübergreifende Erfassung und Verarbeitung von Massendaten (zum Beispiel IoT-Daten, Kundendaten, externe Daten, Wetter, Demographie, etc.) schaffen, um den eigenen Betrieb zu optimieren, bestehende Services besser zu liefern, sowie die Grundlagen für zukünftige Services zu legen.
- **Kundenerlebnisse auf die nächste Ebene bringen:** Kundenzufriedenheit verstärken durch schnellere Erkennung von Mustern in der Nutzung Ihrer Services und/oder Produkte, auf deren Basis bessere, gezielte und schnellere Antworten auf Kundenanfragen und Kundenprobleme ermöglicht werden.
- **Time-to-Market:** Services schneller und gezielter anbieten, von 18 Monaten auf gefühlt 18 h oder sogar Minuten, mit einer erhöhten Reaktionsfähigkeit zu den Entwicklungen im Markt bezüglich Trends und Kundenwünsche.
- **Nachhaltigkeit:** nachhaltige Prozesse etablieren und eine nachhaltige IT zu produzieren durch energieeffizientere Infrastruktur – ein immer wichtigeres Thema, nicht nur für Ihre Kunden, aber auch für Ihre Mitarbeiter. Es handelt sich dabei um ein Auswahlkriterium, das auch neues Talent erfordert.
- **Agilität:** eine flexible, adaptive und produktorientierte Organisation zu etablieren anhand einer grundlegenden Cloud-Struktur, die für so einen Modus ausgelegt ist, unter anderem auch mit Self-Service Modellen.
- **Performance:** Ressourcentlastungen erreichen, Automatisierung zu ermöglichen und zu treiben, IT-Landschaft effizienter gestalten, unter anderem Daten- und API-orientiert, und die Möglichkeit, schnell in Minuten Performance-Updates durchzuführen, statt mehrere Monate auf neue Hardware warten zu müssen, die dann eingesetzt und getestet werden muss, bevor diese in den produktiven Einsatz kommt.

- **Sicherheit:** bessere Abwehr gegen immer mehr professionellere Angreifer anhand der Nutzung der modernsten Sicherheitsfunktionalitäten der Cloud-Anbieter, die diese kontinuierlich verbessern, welches man selbst nicht mit der gleichen Geschwindigkeit und Effizienz machen kann.
- **Kostenmodell Optimierung:** Kostenmodelle ändern, von Capex auf Opex zu wechseln, weil man nicht mehr ins eigene Rechenzentrum investieren will oder die verschiedenen Landschaften konsolidieren will, durch die konsequente Nutzung der Skalierung- und Flexibilitätsfunktionalitäten der Cloud die Ressourcen besser ausnutzen.

Ursprünglich wurde der Weg in die Cloud als reines IT-Fokusthema angesehen. Dies hat sich jedoch als unvollständiger Ansatz herausgestellt, da sowohl das Business als auch die IT von der Nutzung der Public Cloud betroffen sind. Um den vollständigen Mehrwert zu schöpfen, sollte die Cloud-Strategie daher auch Hand-in-Hand mit allen Bereichen erarbeitet und angegangen werden.

▶ **Wichtig**
Ein neues Thema ist die Nachhaltigkeit der Talente und der Skills: Ihre Mitarbeiter, die Ihre Legacy-IT betreiben, wollen sich anders entwickeln oder gehen demnächst in Rente, und Sie finden keinen Ersatz mit den gleichen Skills. Der Markt ist für die technologischen Herausforderungen schon dünn und die junge Generation entwickelt ihre Skills unter anderem in Richtung Cloud und künstliche Intelligenz, wenige wollen Rechenzentren betreiben.
Wenn es somit einen Grund dafür gibt, dann wohl die Anwesenheit beziehungsweise Abwesenheit von Talent mit einem anderen Skillset, an das Sie in der IT gewöhnt sind: je schneller man die Cloud-Transformation anfängt desto besser.

Um die Werthebel und Zielstrategie konsequent zu erstellen, um daraus dann später die strategischen Entscheidungen zu treffen, können Sie mit dem folgenden Ansatz vorgehen:

1. Erstellen Sie ein Überblick Ihrer IT-Landschaft und Ihres Betriebsmodells (unter anderem auch die Zusammenarbeit IT und Business Units), zusammen mit dem aktuellen Zustand Ihrer Cloud-Nutzung und Fähigkeiten.
2. Identifizieren Sie die wichtigsten Herausforderungen und Treiber in Ihrer Organisation für übergreifende Transformationen.
3. Führen Sie mit Ihren wichtigsten Stakeholdern einen Visionsworkshop durch, um die Cloud-Vision zu definieren.
4. Definieren Sie die den erwarteten Zielzustand.
5. Machen Sie eine Gap-Analyse.

6. Definieren Sie daraus, welche die zentralen Kernwerthebel für Ihr Unternehmen sind, um den Zielzustand zu erreichen.

Anhand der Klarstellung der Kernwerthebel, können Sie Ihren Value Case erstellen: was sind die strategischen Geschäftsziele, die erreicht werden sollen? Was sind die Wertehebel, die Sie in die Cloud treiben? Daraus wird sich erstellen, wie und welche Workloads Sie in die Cloud verlagern wollen und wie Sie ihre Ziele erreichen können. Die Cloud-Strategie muss auf die Geschäftsziele der Organisation ausgerichtet sein, um zu verstehen, wie die Cloud diese Ziele unterstützen kann.

Nach dieser ersten Phase sollten Sie eine Cloud-Vision haben, welche die IT & Business erwarteten Vorteile von der Cloud festlegt.

5.3.2 Strategische Entscheidungen

Nachdem Sie die Vision und Ziele etabliert haben, die Sie von der Cloud erwarten, geht es darum Entscheidungen zu treffen, die die Transformationsreise prägen werden. Identifizieren Sie dazu die relevanten Stakeholder, die davon betroffen werden (sei es positiv oder auch negativ), unter anderem innerhalb folgender Bereiche:

- IT: CIO, CTO, Architektur-Leiter, Engineering-Leiter, Operations-Leiter
- Business: Geschäftsbereiche, Applikation Manager der Business-relevanten Kernsysteme
- HR: Personalabteilungsleiter
- Sicherheit: CISO, Security & Compliance Leiter

Prüfen Sie, welche Auswirkungen der Weg in die Cloud auf die Stakeholder haben wird, erklären Sie Ihre Gründe und Ihren Ansatz und nehmen Sie die wichtigsten Stakeholder mit bei der Gestaltung der Strategie.

▶ **Wichtig**
   Folgende Entscheidungen beziehungsweise Ansätze werden in der Cloud-Strategie gemacht, anhand der definierten Geschäftszielen und Kernwerthebeln, woraus sich Leitplanken und Richtlinien ergeben:

   1. Cloud-Bereitstellungsmodell Schwerpunkt
   2. Plattform-Ansatz
   3. Cloud-Anbieter Auswahlkriterien
   4. Organisatorischer Einfluss/ambitioniertes Betriebsmodell
   5. Governance
   6. Cloud-Migration beziehungsweise Cloudifizierung-Ansatz

5.3.2.1 Plattform & Architektur

Erstellen Sie zuerst ein holistisches Bild Ihrer IT-Landschaft. Schauen Sie sich die aktuelle Infrastruktur und Applikation-Footprint an – was ist ihr Portfolio, wie ist es aufgesetzt und welche Abhängigkeiten gibt es. Wo wird Cloud gegebenenfalls bereits eingesetzt und in welcher Form? Dient die Cloud dort nur als Spielwiese oder auch als produktive Umgebung? Werden SaaS-, PaaS- oder IaaS-Lösungen genutzt?

Mit diesem Überblick und mit den Zielen, die Sie erreichen wollen und vorher definiert haben, können Sie folgende Fragenstellungen beantworten, mögliche Optionen und Szenarien evaluieren und Entscheidungen treffen:

Auswahl der Cloud-Bereitstellungsmodelle: Welches Betriebsmodell oder welche Kombination von Betriebsmodellen entspricht den Bedürfnissen Ihres Unternehmens? Welche Cloud-Umgebung eignet sich für Ihre Organisation (Public, Private, Hybrid)? Analysieren Sie die Cloud- Technologien hinsichtlich der anzustrebenden Wertehebel.

Auswahl der Cloud-Dienste: Evaluieren Sie verschiedene Cloud-Dienste wie IaaS, PaaS und SaaS. Beurteilen Sie die Anforderungen der Organisation und wählen Sie die passenden Dienste aus, um diese Anforderungen zu erfüllen.

Etablieren der Auswahlkriterien des Cloud-Dienstleister: Evaluieren Sie verschiedene Cloud-Dienstleister anhand von Kriterien wie Zuverlässigkeit, Leistung, Skalierbarkeit, Support und Preisgestaltung. Berücksichtigen Sie deren Erfolgsbilanz, Service Level Agreements (SLAs) und die Kompatibilität der Angebote mit Ihren Anforderungen. Berücksichtigen Sie zudem die Auswahl der Public-Cloud-Standorte aus, bei denen es sich um öffentliche, private oder hybride Cloud-Standorte oder Kombinationen für eine Multi-Cloud-Strategie handeln kann.

Beachtung von Datenschutz- und Sicherheit-Vorgaben: Bestimmen Sie, wie Daten in der Cloud gespeichert, verwaltet und gesichert werden. Berücksichtigen Sie Datenverwaltung, Datenschutz und Datenhoheit. Definieren Sie Richtlinien für den Zugriff, die Aufbewahrung und die Wiederherstellung von Daten.

Erfüllen der Compliance und Sicherheit: Welche Sicherheitsmaßnahmen zum Datenschutz und zum Schutz der Systeme in der Cloud müssen ergriffen werden? Welche sind die Sicherheitsfunktionen des Cloud-Anbieters und welche zusätzlichen Maßnahmen müssen erfasst werden, um die Einhaltung von Ihren Datenschutzrichtlinien sicherzustellen. Was von Ihren bestehenden internen Regulatorik- und Sicherheits-Rahmenwerken muss angepasst werden, um Cloud-spezifische Anforderungen zu entsprechen?

5.3.2.2 Organisation & Governance

Definieren Sie in der Cloud-Strategie die allgemeinen Governance-Strukturen und die voraussichtliche Integration in das Betriebsmodell der Cloud-Transformation:

1. Legen Sie Richtlinien und Verfahren für die effektive Verwaltung von Cloud-Ressourcen fest.
2. Definieren Sie Rollen und Verantwortlichkeiten für die Verwaltung der Cloud-Umgebung, das Überwachen der Ressourcennutzung und Einhaltung der Richtlinien.
3. Etablieren Sie die Orientierung in Richtung produktorientiertes Mindset
4. Stellen Sie ein CCoE auf für die zentrale Führung der Cloud-Transformation, siehe mehr dazu in Abschn. 5.4.7
5. Etablieren Sie die Richtlinien für die Erstellung von den initialen Governance-Strukturen und Kontrollen für die Cloud-Architektur, Sicherheit und Finanzverwaltung, Schaffung von Entscheidungsbefugnissen zur Entscheidung und/oder Priorisierung strategischer Cloud-Entscheidungen.
6. Definieren Sie die Leitplanken für das neue Operating Modell bezüglich Vorgehensmodelle, Agilität und DevOps, und planen Sie das ein. Wie ein Cloud Operating Modell gestaltet und aufgebaut werden kann, wird in Abschn. 7.2.1 beschrieben.
7. Change-Management: planen Sie bewusst ein, dass ein Change-Management Programm aufgesetzt wird, das das Talentmanagement, die Mindset-Anpassung, die kulturelle Anpassung und das Up-Skilling abdeckt.

Vieles von den obigen Punkten wird voraussichtlich sinnvoll im CCoE (Cloud Center of Excellence) angesiedelt, um die technischen und organisatorischen Ziele der Cloud Transformation strukturiert voranzutreiben. Ein CCoE sollte am Anfang aufgesetzt werden, um die Einführung und den Betrieb von Cloud-Technologien zu treiben und fungiert somit auch als unternehmensinterne Beratung, Coach und Experte für die Cloud-Nutzung.

▶   Wer bezahlt für das Cloud Transformation Programm: IT, Business Units oder ein
     zentrales Budget? Wer die Kosten für das Programm tragen sollte, sollte in der
     Cloud-Strategie festgelegt werden. Stellen Sie sicher, dass der jeweilige Ansatz
     abgestimmt und top-down eingesetzt wird.

Stellen Sie sicher, dass die Organisation über die erforderlichen Fähigkeiten und Kenntnisse verfügt, um Cloud-Ressourcen effektiv zu nutzen und zu verwalten. Bieten Sie Schulungsprogramme an und ziehen Sie externe Experten hinzu, welche die Erfahrung mitbringen, um das Cloud-Wissen des IT-Teams und der Endbenutzer zu verbessern.

5.3.2.3 Cloudifizierung & Migration

Die Kernentscheidung ist es, wie die Anwendungen und die Daten – im Grunde genommen Ihre IT-Landschaft – in die Cloud kommen sollen: welche sind die Abhängigkeiten,

Kompatibilität und Leistungsanforderungen der zu migrierenden Anwendungen. Eine schrittweise Migration/Cloudifizierung muss geplant werden, unter Berücksichtigung eventuell notwendiger Anpassungen und Tests.

Anhand Ihrer aktuellen IT-Landschaft, die Sie bereits erfasst haben, inklusive Aufsetzung und Interdependenzen, ist es möglich, ein grobes Zielbild zur Verortung der Applikationen/IT Services zu den passenden Cloud-Technologien und -Modellen zu erstellen, für die Sie sich entschieden haben, anhand angemessener Annahmen.

Falls Sie schon eine erste Entscheidung getroffen haben bezüglich Multi- oder Single Cloud-Strategie, können Sie schon erste Entscheidungen treffen, anhand welcher Kriterien die Workloads aufgeteilt werden sollen und mit welchem Ansatz. Beispielsweise können Sie entscheiden, zuerst auf den primären Cloud-Anbieter zu migrieren und den zweiten (oder sekundären) später berücksichtigen, auch wenn langfristig das Ziel ist, beide Anbieter gleichberechtigt für das Applikationshosting zu benutzen und gegenseitig als Failover zu etablieren.

▶ Eine Migration in die Cloud erzeugt Kosten, die den gesamten Business Case beeinflussen. Einerseits, je schneller die Migration/Cloudifizierung gefahren wird, desto kürzer sind parallele Landschaften (Cloud und eigenes Rechenzentrum) zu betreiben. Anderseits entsteht das Risiko, riskante Fehler zu machen, die Einfluss auf Ihr Business haben könnten. Diese Entscheidung wird von den Zielen beeinflusst, die vorher von Ihnen definiert wurden und wo der Fokus gelegt wurde. Zum Beispiel sind Innovation und Agilität übergeordnet oder untergeordnet versus Kostenersparnisse und/oder Rechenzentrumaustritt.

Dies wird nur der erste Ansatz sein, der in einer späteren Phase detailliert und präzise definiert wird anhand eines Readiness Assessments (siehe Abschn. 5.4.1). Mit diesem Ansatz können Sie aber schon eine erste Kostenkalkulation erstellen, mit dem Sie einen guten Überblick bekommen, mit welchen Kosten und Aufwänden Sie rechnen können. Diese Annahmen können in den Entscheidungsprozess mit einfließen.

5.3.3 Der Weg zur Cloud-Strategie

Die Roadmap und der Plan werden die strategischen Meilensteine für die Umsetzung darstellen. Es kann sinnvoll sein, die strategischen Meilensteine in kurz-, mittel- und langfristige Meilensteine oder in verschiedene Phasen einzuteilen. Auch sollte die Roadmap mit bestehenden Initiativen und Projekten harmonisiert sein. Andere wichtige Themen werden weiter parallel durchführt und können nicht warten. Allerdings werden diese Projekte von dem Weg in die Cloud beeinflusst und müssen somit mitberücksichtigt werden.

Anhand der für Sie relevanten Wertehebel und den entsprechenden strategischen Entscheidungen, die Sie getroffen haben, können Sie den Business Case erstellen und somit
die finanziellen Auswirkungen über ein Zeithorizont von drei bis fünf Jahren ermitteln,
sodass Sie die Kosten gegenüber dem Benefit darstellen können.

Übersicht

Eine Cloud-Transformation stellt ein größeres Programm dar, das entsprechende
Kosten mit sich bringt. Folgenden Kostenblöcke sollten Sie einplanen:

- Erstellung der Cloud-Strategie
- Design und Aufsetzung des Cloud Center of Excellence (CCoE): Abschn. 5.4.7
- Durchführung Cloud Readiness Assessment: Abschn. 5.4.1
- Aufsetzen der Cloud Foundation: Abschn. 5.4.4
- Cloud Migration bzw. Cloudifizierung Ansatz: Abschn. 5.6.3
- Design und Aufsetzung des Cloud Operating Modells: Abschn. 5.5 und
  Abschn. 7.2.1
- Dekommissionierung der Rechenzentren

Wichtig ist es, wenn Sie die Cloud Strategie erstellt haben, teilen Sie diese mit allen
relevanten Stakeholdern. Am besten haben Sie diese bereits in den gesamten Prozess
involviert und abgeholt.

Identifizieren Sie die Auswirkungen auf Ihre Stakeholder, wer davon betroffen sein
wird (sei es positiv oder auch negativ) und welche Auswirkungen es haben wird. Erklären
Sie Ihre Gründe und Ihren Ansatz und nehmen Sie alle Stakeholder mit auf die Reise.

Wenn Sie einen systematischen Ansatz verfolgen, der sich an einem Rahmenwerk orientiert, können Sie den Einstieg in die Cloud erleichtern oder wieder auf den richtigen
Weg Ihrer Cloud-Reise zurückkehren.

Natürlich ist eine Cloud-Strategie nicht unbedingt ein Erfolgsgarant. Wenn Sie die
Strategie jedoch gründlich durchdenken, zusammen mit den relevanten Stakeholdern,
diese erstellen, weiterentwickeln und umsetzen, erhöht sich mit Sicherheit die Chance auf
Erfolg. Zudem können Sie möglicherweise auch den Lebenszyklus der Implementierung
verkürzen und letztendlich Geld einsparen.

5.4 Sicherstellung der erforderlichen Basics

5.4.1 Cloud Readiness Assessment

Bevor man die Cloud-Transformationsreise anstößt, ist es essenziell in ein gutes Applikation- und Infrastruktur-Assessment zu investieren, damit folgendes sichergestellt wird:

- **Volle Transparenz:** Der Ist-Stand sollte so weit wie möglich bekannt sein. Unbekannte Schnittstellen, unbekannte Server und Applikationen und unbekannte Abhängigkeiten will man auf keinen Fall während der Cloud-Migration entdecken und vor allem nicht kurz vor dem Live-Gang.
- **Evaluierung der Anwendungsarchitektur:** Ein Applikation-Assessment ermöglicht es, die bestehende Anwendungsarchitektur zu analysieren und zu bewerten. Dadurch kann festgestellt werden, ob die Anwendung für die Cloud-Umgebung geeignet ist und ob Anpassungen erforderlich sind, um eine optimale Leistung und Skalierbarkeit zu gewährleisten.
- **Identifizierung von Abhängigkeiten und Interaktionen:** Während des Assessments können die Abhängigkeiten und Interaktionen der Anwendung mit anderen Systemen oder Datenbanken identifiziert werden. Dies ist wichtig, um sicherzustellen, dass alle erforderlichen Komponenten in die Cloud migriert werden und die Anwendung ordnungsgemäß funktioniert.
- **Bewertung der Sicherheitsanforderungen:** Durch das Applikation-Assessment können potenzielle Sicherheitslücken oder Schwachstellen in der Anwendung identifiziert werden. Dies ermöglicht es, geeignete Sicherheitsmaßnahmen zu implementieren und die Anwendung in der Cloud-Umgebung angemessen abzusichern.
- **Performance-Optimierung:** Das Assessment ermöglicht es, die Performance der Anwendung zu bewerten und Engpässe oder Flaschenhälse zu identifizieren. Durch die Identifizierung von Performance-Problemen können entsprechende Optimierungen vorgenommen werden, um eine effiziente und reibungslose Ausführung der Anwendung in der Cloud zu gewährleisten.
- **Kosteneffizienz:** Ein Applikation-Assessment hilft dabei, die Kosten für die Cloud-Migration besser abzuschätzen. Durch die Bewertung der Anwendung kann ermittelt werden, welche Ressourcen und Services in der Cloud benötigt werden und welche Kosten damit verbunden sind. Dies ermöglicht eine fundierte Entscheidung darüber, ob die Migration wirtschaftlich sinnvoll ist.

Insgesamt trägt ein Applikation-Assessment vor einer Cloud-Migration dazu bei, potenzielle Risiken zu identifizieren, die Performance und Sicherheit der Anwendungen zu verbessern und die Kosten der Migration zu optimieren. Es stellt sicher, dass die Migration reibungslos verlaufen und die Anwendung in der Cloud-Umgebung effektiv und effizient betrieben werden kann.

Aus dem Applikation-Assessment können Sie auch die Migrations-Roadmap erstellen, mit einer angepassten Migrationsstrategie für jede Anwendung unter der Berücksichtigung von technischen und nicht-technischen Aspekten (Sicherheit, Compliance, Business, etc.).

Die gewählte Strategie wirkt sich grundsätzlich auf den erwarteten Migrationsaufwand, den potenziellen Nutzen der Cloud-Nutzung und mögliche langfristige Kosteneinsparungen des neuen Betriebsmodells aus. Hierzu ist das 6R Modell sehr bekannt 1.

Die 6 „R"s beschreiben die passendste Strategie für Ihre Anwendungen, sei es wie diese in die Cloud migriert/modernisiert werden sollten oder nicht:

1. **Re-host:** dies entspricht der bekannten Lift-and-Shift bekannte Ansatz, wobei grundsätzlich die virtuelle Maschine mit der darauflegenden Anwendung unverändert in die Cloud kopiert wird. Weil diese Art der Migration vergleichsweise leicht und schnell umsetzbar ist und dazu noch weitgehend automatisiert mit Tools umgesetzt werden kann, ist es eine sehr häufig benutzte Strategie. Insbesondere wenn das Ziel eines möglichst schnellen Exits des Rechenzentrums verfolgt wird, eignet sich dieses Vorgehen. Der Nachteil ist in diesem Sinn leicht verständlich: die Vorteile der Cloud werden kaum ausgenutzt, da es sich nur um einen Austausch des Rechenzentrums handelt und zum Beispiel automatisierte Skalierungen nicht durchführt werden.

2. **Re-place:** hier handelt es sich darum, dass die Legacy-Anwendung vollständig durch eine SaaS-Lösung mit den gleichen oder eher ähnlichen Funktionalitäten ersetzt wird. Ein typisches Beispiel ist der Austausch der eigenbetriebenen Exchange Mail Server und SharePoint-Server durch Microsoft Office 365 oder ein Austausch von der On-Premise SAP-Landschaft zur S/4HANA Cloud Version.

3. **Re-platform:** mit diesem Ansatz macht man kleinere Anpassungen an der Architektur oder an benutzten Technologien der Anwendung, indem man einige Cloud-nativen Funktionen nutzt. Eines der meistgenutzten Ansätze besteht in der Nutzung einer Managed-Service Datenbank des Cloud-Anbieters, statt die Datenbank selbst auf einer VM in der Cloud aufzusetzen, konfigurieren und zu betreiben. Sofort profitiert man von der viel erleichterten Nutzung von Backup & Recovery und Disaster Recovery-Mechanismen, die verfügbar sind. Mit diesem Ansatz kann man somit schon teilweise von den Vorteilen der Cloud profitieren, wie zum Beispiel von der Flexibilität, Skalierbarkeit und Kosteneffizienz.

4. **Re-architect:** bei diesem Ansatz handelt es sich darum, die Anwendung neu zu gestalten, um diese so weit wie möglich Cloud-nativ aufzubauen, um die Cloud Vorteile voll auszunutzen. Das ist sehr viel aufwendiger, und kommt überwiegend für selbstentwickelte und business-kritische Anwendungen infrage, die von der Skalierbarkeit und der Flexibilität der Cloud profitieren können, sei es, um Kosten zu sparen oder sei es, um schneller Innovationen zum Markt zu bringen. Wie Cloud native Lösungen etabliert werden, wird in Abschn. 7.2.2 aufgegriffen.

5. **Retain:** in diesem Fall kommt man zu dem Schluss, dass die Anwendung nicht in die Public Cloud migriert wird und somit On-Premise verbleibt (im eigenen Rechenzentrum oder gehostet). Das kann aus verschiedenen Gründen sein. Zum Beispiel funktioniert die Anwendung nicht in der Cloud, es müssten zu viele Anpassungen vorgenommen werden und der Aufwand lohnt sich nicht, der Betrieb wäre viel zu teuer oder aus Datenschutz-Gründen.

6. **Retire:** das ist eins der interessantesten Ergebnisse aus einem Applikation-Assessment, dass man die Anwendung (und die unterliegende Infrastruktur) komplett verwerfen kann, weil diese redundant und mehrfach vorhanden sind oder weil diese seit Jahren nicht benutzt werden. In vielen Fällen sind teilweise sehr große Anteile der IT-Landschaft komplett überflüssig. Nur mit dem Ergebnis aus dem Applikation-Assessment bezüglich dem „Retire"-Anteil ist der Invest häufig bezahlt. Häufig ergibt sich darauf schon eine vielversprechende Rationalisierungsinitiative.

Wie es sich herausstellen wird, sind nicht alle Workloads geeignet für die gleiche Umgebung. Daher kann sich aus dem Assessment ergeben, dass eine Mischung aus Umgebungen benötigt wird, um sicherzustellen, dass jeder Workload bereitgestellt wird und betrieben werden kann. Die 6R-Ergebnisse aus einem Applikation-Assessment müssen dann auch immer im Zusammenhang holistisch betrachtet werden. Für einige Anwendungen wird daher gegebenenfalls nicht die optimale Migrationsstrategie angewendet, weil ein alternatives Migrationsszenario im Gesamtbild einen höheren Mehrwert bringt.

Ein typisches Beispiel ist es, zuerst mit einem Lift-and-Shift Ansatz anzufangen (also Rehost) und dann in der Cloud die Anwendungen zu Rehosten, Replatformen, Rearchitekten oder Replacen. Das wird in der Gesamtstrategie definiert, angesichts der Ziele, die man erreichen will und den Fokuswerthebel, die definiert wurden.

5.4.2 Single- oder Multi-Cloud?

Bei einer Multi-Cloud-Strategie nutzt man mehrere Cloud-Anbieter für unterschiedliche Anforderungen. Dies kann bedeuten, dass bestimmte Anwendungen in einer Public Cloud gehostet werden, während andere in einer anderen Public Cloud oder in einer privaten Cloud betrieben werden.

Dabei sollte man zu Beginn verstehen, warum eine Multi-Cloud Strategie angestrebt werden soll:

- st es wegen Kostenoptimierung durch Konkurrenz zwischen Anbietern?
- Will man Zugriff auf eine breite Palette von Cloud-Services, um einen „best-of-breed" Ansatz zu ermöglichen?
- Will man einen Vendor Lock-in vermeiden?
- Welche sind die Kriterien der Platzierung der Applikation, Datenbanken oder Daten: Entscheidung nach „best of breed", oder etwas anderes?

- Ist das Ermöglichen eines „schnellen Cloud-Exits" das Ziel?

Was von vornherein ein Fazit ist: Multi-Cloud erhöht die Komplexität in allen Dimensionen, und diese muss man in Kauf nehmen und bewerten gegenüber den Gründen, die man hat und ob dieser Ansatz somit auch zielführend ist.

Flexibilitäten: Wenn man einen Multi-Cloud-Ansatz anstrebt, weil man flexibel die Workloads zwischen Cloud-Plattformen hin- und herschieben will, verliert man allerdings die Flexibilität die Cloud-nativen Services der Anbieter auszunutzen. Was man auf einer Seite an Flexibilität gewinnt, verliert man dann in der Nutzung der innovativen Services.

Management und Governance: Tools und Lösungen müssen eingesetzt werden, um das Management und die Governance Ihrer Multi-Cloud-Umgebung zu ermöglichen. Die Kontrolle über die verschiedenen Cloud-Plattformen sollte zentralisiert über ein einheitliches Management- und Überwachungssystem sein.

Interoperabilität: Die verschiedenen Cloud-Plattformen, die verwendet werden, sollten gut miteinander interagieren können. Kompatibilität der Dienste, APIs und Datenformate müssen überprüft werden, um einen so weit wie möglich reibungslosen Betrieb zu gewährleisten.

Datenintegration: Berücksichtigen Sie die Datenintegration zwischen den verschiedenen Clouds. Stellen Sie sicher, dass Ihre Daten zwischen den Plattformen nahtlos übertragen und synchronisiert werden können. Achten Sie auf mögliche Kompatibilitätsprobleme oder Einschränkungen bei der Datenmigration. Datentransfers innerhalb des Cloud-Anbieters sind weitgehend gratis (dennoch aufpassen bei inter-Regionen), aber zwischen verschiedenen Anbieter können sehr hohe Kosten erstehen. Manche Anbieter haben untereinander spezielle Konditionen. Systeme mit vielen Schnittstellen und großen Datenmengenaustausch zu anderen Anwendungen müssen zusammen betrachtet werden, nicht nur aus einer Architektursicht aber auch aus einer Kostensicht.

Sicherheit: Verwalten Sie die Sicherheit und den Zugriff auf Ihre Daten und Anwendungen in den verschiedenen Clouds. Implementieren Sie ein einheitliches Sicherheitskonzept, das Richtlinien, Zugriffssteuerung und Überwachung umfasst. Berücksichtigen Sie auch die Datenschutzanforderungen und stellen Sie sicher, dass Ihre Daten in allen Cloud-Umgebungen geschützt sind. Wie Sie Cloud native Sicherheitskonzepte integrieren, wird in Abschn. 7.2.3 erläutert.

Fachkenntnisse: Stellen Sie sicher, dass Sie über das erforderliche Fachwissen verfügen, um die verschiedenen Cloud-Plattformen effektiv zu verwalten. Schulen Sie Ihre

IT-Mitarbeiter oder ziehen Sie externe Experten hinzu, um das erforderliche Wissen über die verschiedenen Cloud-Technologien und -Plattformen zu erlangen.

Vendor-Lock-in vermeiden: Einerseits will man vermeiden, nicht von einem einzigen Cloud-Dienstanbieter abhängig zu sein. Dafür aber müssen die Architektur und die Anwendungen so aufgebaut sein, dass sie portabel und interoperabel sind, um Flexibilität bei der Wahl der Cloud-Plattformen zu haben. Das ist eine komplexe und aufwendige Aufgabe.

Kostenmanagement: Zuletzt aber wohl am wichtigsten ist es, dass Sie die Kosten im Auge behalten und die Ausgaben der Multi-Cloud-Umgebung zu optimieren. Überwachen Sie die Ressourcennutzung, vergleichen Sie die Preise der verschiedenen Cloud-Dienstanbieter und optimieren Sie die Ressourcenzuweisung, um die Kosten zu kontrollieren.

> **Übersicht**
> Vorteile eines Single-Cloud-Ansatzes:
>
> - Erhebliche Reduzierung der Gesamtkomplexität
> - Aufbau und Pflege der Cloud Foundation ist viel weniger zeit- und ressourcenintensiv im Vergleich zu einer Multi-Cloud Landschaft.
> - Die Platzierung der Workloads ist im Vergleich zu einem verteilten Ansatz einfacher, wodurch man die Komplexität der Migrationsplanung/Cloudifizierung verringert.
> - Man kann „frei(er)" die Innovationsfähigkeiten des Cloud-Anbieters ausnutzen, da es keinen Drang gibt, die Anwendung eventuell unter irgendwelchen Umständen oder Gründen zu einem anderen Cloud-Anbieter „schnell" migrieren zu müssen.

Indem Sie die obigen Aspekte berücksichtigen, können Sie eine Multi-Cloud-Strategie effektiver erstellen und umsetzen, und somit die Vorteile, die Sie erwarten aus der Nutzung verschiedener Cloud-Plattformen erreichen, während Sie die Herausforderungen einer komplexeren Cloud-Umgebung bewältigen.

► **Wichtig**
Die Kostenoptimierung könnte ein Vorteil sein, sollten aber nicht der einzige Grund sein, um auf Multi-Cloud umzusteigen. Ein Multi-Cloud-übergreifender Ansatz bringt eventuell nicht den erwarteten Vorteil, es sei denn, man bekommt so große Preis-Rabatte, die den Zeit- und Kostenaufwand für die Inanspruchnahme dieser Rabatte rechtfertigen. Zudem müssen auch die Einflüsse auf das Business berücksichtigt werden.

Das Drängen auf die Platzierung von Cloud-Workloads aufgrund kurzfristig optimierter Kosten einzelner Workloads kann sich suboptimal auswirken und langfristig die Gesamtkosten erhöhen. Die Preisvorteile der Nutzung von Multi-Cloud können somit schnell durch die zusätzlichen Kosten für den Betrieb einer Multi-Cloud-Bereitstellung aufgezehrt werden.

Durch eine Erhöhung der operativen Komplexität werden zusätzlich die benötigten Skills zum Betrieb verdoppelt oder gar verdreifacht. Je nach Anzahl der genutzten Cloud-Anbieter werden mehrere Skills benötigt, die gegebenenfalls noch durch Container spezifische Fähigkeiten ergänzt werden müssen. Dadurch erhöht sich der Bedarf an Skills signifikant, um eine Multi-Cloud-Landschaft aufzubauen und zu betreiben, sowie die erforderlichen Sicherheitskonzepte zu bewältigen. Darüber hinaus werden Schnittstellen für ein übergreifendes Management der Cloud Plattformen benötigt und es muss ein Management für mehrere Cloud-Vendors etabliert werden.

Aber nicht falsch verstehen: früher oder später werden Sie einen Multi-Cloud Ansatz brauchen, die Frage ist ab wann, wie und was man damit erreichen will.

Für einen Multi-Cloud Ansatz ist es vorteilhaft diese in Schritten einzuführen. Beginnen Sie zunächst mit einem Cloud-Service-Anbieter und erweitern Sie Ihre Cloud-Umgebung zu einem späteren Zeitpunkt um einen weiteren Anbieter. Das bringt folgende Vorteile mit sich:

- Die Entscheidung für den zweiten (oder auch dritten) Anbieter und die damit verbundene Platzierung kann getroffen werden, sobald Stabilität und Reife in der Organisation erreicht sind.
- Die Platzierung von Workloads sollte im Vorfeld gründlich geplant werden, wobei der Schwerpunkt auf dem Austausch der Daten zwischen Systemen und der Integration liegen sollte.
- Die Befähigung kann sich auf den ersten Cloud-Anbieter konzentrieren, die Befähigung des zweiten ist in einem langsameren Tempo möglich. Das gibt auch die nötige Zeit, um Personal- und Ressourcenkapazität bezüglich der Einrichtung der Foundation für den zweiten (oder sogar dritten) Cloud-Anbieter später einzuplanen.
- Das ist insbesondere ein Vorteil im Hinblick auf die vielmals begrenzte Ressourcenkapazität, die allgemeine Verwaltbarkeit und den erforderlichen Qualifizierungsbedarf.
- Ein erleichtertes Exit-Szenario ist eventuell nicht einer der ausschlaggebenden Gründe und zumindest nicht von Anfang an erforderlich.

▶ **Tipp**
   Ein vereinfachter Multi-Cloud-Ansatz kann einige der Vorteile eines Single-Cloud-Ansatzes bringen. Man hat zwar zwei oder mehre Cloud-Anbieter im Portfolio,

aber man betreibt diese fast unabhängig und reduziert die Komplexität, indem man darauf achtet, dass …:

- … Cloud-Exit Design-Prinzipien nicht berücksichtigt werden müssen. Eine Portabilität der Anwendung zwischen den Clouds ist nicht erforderlich. Es ist kein übergreifender Container-Layer oder Cloud-Management-Layer benötigt.
- … Cloud-native Ansätze mit unter der Nutzung der jeweiligen nativen Cloud-Fähigkeiten gegeben und erlaubt sind. Die Innovation ist nicht gehindert.
- … Anwendungen in Clustern in der jeweiligen Cloud-Plattform eingesetzt werden, mit wenigen oder gar keinen Abhängigkeiten zwischen Anwendungen bei verschiedenen Cloud-Anbietern, sodass der Datenaustausch zwischen Clouds auf das Minimale reduziert wird. Die Kosten eskalieren nicht aufgrund von hohem Datenaustausch.

5.4.3 Auswahl der Cloud-Anbieter

Zum Thema Cloud-Anbieter-Auswahl, gibt es auf der einen Seite die sehr großen Hyperscaler, wie beispielsweise Amazon AWS, Microsoft Azure, Google GCP, Oracle Cloud and Alibaba Cloud, die bereits in Abschn. 2.1 aufgegriffen wurden. Auf der anderen Seite existieren die „lokaleren" Cloud Anbieter. Die letzteren konzentrieren sich überwiegend auf Bereiche wie Sovereign Cloud, vor allem in der EU.

Bei der Auswahl ist es wichtig, Ihre Anforderungen, wie Sicherheit, Datenschutz, Skalierbarkeit und Kosten zu berücksichtigen, und vor allem auch die Verfügbarkeit der Services und des Innovationsgrades des Anbieters. Der Aspekt der Nachhaltigkeit, wie beispielsweise Energieeffizienz und Nutzung grüner Energie, könnte für Sie ebenfalls von hoher Bedeutung sein. Achten Sie darauf, dass bei einem Cloud-Anbieter nicht alle Regionen und Availability Zones gleich grün sind, also dem gleichen Nachhaltigkeitsstandard folgen.

Bei der Auswahl eines Cloud-Anbieters werden normalerweise mehrere Faktoren berücksichtigt. Die Wichtigkeit der einzelnen Themen legen Sie unter der Berücksichtigung der Strategie und der Unternehmensziele fest:

- Kosten
- Sicherheit
- Datenschutz
- Reputation/Zusammenarbeit
- Nachhaltigkeit
- Verfügbare Services und Dienste
- Innovationsgrad
- Skalierbarkeit
- Zuverlässigkeit

- Support
- Interoperabilität

Die Wahl hängt von Ihren spezifischen Bedürfnissen und Zielen ab, die nicht nur aus technischer Natur sind. Evaluieren Sie verschiedene Cloud-Dienstleister anhand von Kriterien, wie zum Beispiel Wahl der Services, Innovation, Zuverlässigkeit, Leistung, Skalierbarkeit, Support und Preisgestaltung. Berücksichtigen Sie deren Erfolgsbilanz, Service Level Agreements (SLAs) und die Kompatibilität der Angebote mit Ihren Anforderungen. Aktuell sind wohl die ersten fünf Faktoren bei einem Vergleich relevant, in denen sich die großen Hyperscalers untereinander sich unterscheiden können. Aus technischer Sicht bieten diese Anbieter ein ähnlich hohes Niveau.

Die Auswahl eines Cloud-Anbieters oder mehrerer Cloud-Anbieter ist eine sehr wichtige und strategische Entscheidung und hat langfristige Auswirkungen. Somit sollte diese Auswahl frühzeitig angegangen und gemacht werden.

5.4.4 Cloud Foundation

Beim Aufbau der Cloud Foundation, unter anderem der Cloud Landing Zone, ist darauf zu achten, dass eine technische Grundlage geschaffen wird, die allen Einsatz-Szenarien gerecht wird. Falls dazu eine Multi-Cloud Strategie betrachtet wird, sollte diese leicht nachträglich um einen sekundären Cloud-Anbieter erweiterbar sein.

Bei der Einrichtung der Cloud Landing Zone sollte folgendes beachtet werden:

Geschäfts- und IT-Anforderungen: Klären Sie die geschäftlichen und technischen Anforderungen. Welche Ziele sollen erreicht werden? Welche Services und Funktionen müssen unterstützt werden? Welche Compliance- und Sicherheitsanforderungen sind zu berücksichtigen?

Servicekatalog: Welche Arten von Cloud-Services sollen verfügbar sein und welche Funktionen beziehungsweise Merkmale sollen diese Services haben? Die Bedürfnisse Ihrer Benutzer und Stakeholder (zum Beispiel das Business) sollten berücksichtigt werden. IaaS kann ein Fokus sein, um nicht Cloud-native Fremdanbieterapplikationen (und das sind die meisten) in der Cloud betreiben zu können. Für die Eigenentwicklung kann der Fokus auf Cloud-native Fähigkeiten liegen. Wie ein Servicekatalog mithilfe einer standardisierten Taxonomie strukturiert werden kann, wird in Abschn. 6.2.3 aufgegriffen.

Design-Prinzipien: Definieren Sie die Design-Prinzipien, welche Aspekte wie Sicherheit, Skalierbarkeit, Hochverfügbarkeit, Automatisierung, Kostenoptimierung und Compliance umfassen. Berücksichtigen Sie bewährte Methoden und Muster, um eine robuste und effiziente Cloud Landing Zone zu schaffen.

Kontenstruktur: Legen Sie die Struktur Ihrer Konten fest, wie viele benötigen sind und wie diese hierarchisch organisiert werden sollen, beispielsweise nach Abteilungen und/oder Umgebungen (Entwicklung, Test, Produktion).

Netzwerkarchitektur: Planen Sie die Netzwerkarchitektur und legen Sie fest, wie die Vernetzung zwischen den verschiedenen Konten und Ressourcen erfolgen soll, unter Berücksichtigung der Verwendung von Virtual Private Clouds (VPCs), Subnetzen, Netzwerksicherheitsgruppen und anderen Netzwerkkomponenten. Designen Sie ein segmentiertes Netzwerk, das auch getrennte Sicherheitszonen für externe Applikationen bieten kann, welches in den meisten Fällen berücksichtigt werden muss.

Sicherheitskonfiguration: Definieren Sie die Sicherheitsrichtlinien und -maßnahmen und setzen Sie diese mit der Implementierung von Firewalls, Zugriffskontrollen, Verschlüsselung, Audit-Logs und Überwachungsmechanismen um, welche die Cloud anbietet. Eine detaillierte Erläuterung zu nativen Sicherheitskonzepten ist in Abschn. 7.2.3 zu finden.

Identity and Access Management: Planen Sie den IAM-Ansatz für Ihre Cloud Landing Zone, wie Benutzer und Ressourcen authentifiziert und autorisiert werden sollen. Vergeben Sie geeignete Rollen und Berechtigungen, um sicherzustellen, dass nur autorisierte Benutzer auf die Ressourcen zugreifen können.

Automatisierung: Verwenden Sie Infrastructure-as-Code (IaC) Tools um Ihre Infrastruktur zu definieren und zu verwalten. Die Bereitstellung, Konfiguration und Verwaltung Ihrer Cloud Landing Zone sollte weitestgehend automatisiert sein. Nutzen Sie zudem Konfigurationsmanagement-Tools wie Ansible oder Chef, um die Softwarekonfiguration zu automatisieren. Damit verhindern Sie, dass Änderungen verloren gehen und dass Ihre Cloud-Umgebung konsistent bleibt. Das Konzept von Infrastructure-as-Code wird in Abschn. 6.2.2 erläutert.

Überwachung und Governance: Implementieren Sie Mechanismen zur Überwachung und Validierung der Governance Ihrer Cloud Landing Zone. Richten Sie Überwachungs- und Alarmierungssysteme ein, um die Leistung und Verfügbarkeit Ihrer Ressourcen zu überwachen.

▶ **Tip**
   Für den Start sollte man für den Landing Zone Aufbau folgende Bereiche berücksichtigen:

   - IaC-Nutzung um die Landing Zone zu deployen
   - Account Baselining/Organisatorische Policies
   - Cloud IAM und Single-Sign-On

- Basis Servicekatalog
- Sicherheit
- Netzwerk
- Operations Management
- Monitoring
- Compliance and Governance

Bei der Einrichtung einer Cloud Landing Zone ist es empfehlenswert, erprobte Methoden und Muster zu berücksichtigen und mit erfahrenen Experten oder Cloud-Dienstleistern zusammenzuarbeiten, um eine optimale Konfiguration zu erreichen. Alle großen Cloud-Anbieter stellen umfangreiche Blueprint-Architekturen für Cloud Landing Zones bereit. Erfinden Sie nicht das Rad neu und greifen Sie auf bewährte Best Practices zurück. So stellen Sie sicher, dass die Landing Zone einem erprobten Standard folgt. Zudem reduziert sich der Betriebsaufwand für standardisierte Landing Zones.

5.4.5   Servicekatalog

Die Erstellung eines Cloud-Servicekatalogs kann schwieriger sein als gedacht. Auf der einen Seite kann der Servicekatalog zu restriktiv aufgesetzt werden. Wenn beispielsweise nur einige IaaS-Lösungen, wie virtuelle Server, Speicher und einige wenige mehr, verfügbar gemacht werden, dann lohnt es fast nicht in die Cloud zu gehen. Dieses Konzept würde lediglich dem Austausch des eigenen Rechenzentrums ähneln. Dadurch wären die Innovation und die Vorteile, die die Cloud in Ihr Unternehmen bringen kann, außen vorgelassen.

Andererseits bringt es Sicherheits- und Compliance-Risiken mit sich, wenn der Servicekatalog zu viele Freiheiten bietet. Das würde beispielsweise eintreten, wenn ein Service nicht nur auf ein bestimmtes Land oder eine bestimmte Region eingegrenzt wäre.

Um einen Cloud-Servicekatalog einzurichten, empfehlen sich daher folgende Schritte:

1. **Anforderungen:** Überlegen Sie, welche Cloud-Services Sie anbieten möchten und welche Funktionen und Merkmale diese Services haben sollen. Berücksichtigen Sie die Bedürfnisse Ihrer Benutzer und Stakeholder.
2. **Liste:** Identifizieren Sie die verschiedenen Cloud-Services in einer Liste, die Sie anbieten möchten. Dies können IaaS-Dienste, wie zum Beispiel virtuelle Maschinen, Speicher, Paas-Dienste, wie zum Beispiel Datenbanken, oder SaaS-Dienste sein. Orientieren Sie sich dabei an dem Cloud Canvas der Hyperscaler, wie in Kap. 2 beschrieben.
3. **Self-Service Portal:** Erstellen Sie eine ansprechende Benutzeroberfläche für den Cloud-Servicekatalog, damit Benutzer die Services leicht finden und Informationen dazu abrufen können.

4. **Genehmigungsprozess:** Legen Sie fest, wenn möglich mit einem automatisierten Prozess, wer die Genehmigungen erteilt und welche Schritte erforderlich sind, um einen Service bereitzustellen.
5. **Organisation:** Strukturieren Sie den Katalog in einer logischen und benutzerfreundlichen Weise. Gruppieren Sie die Services, um die Navigation zu erleichtern. Ein Ansatz für eine Strukturierung ist die Taxonomie nach Technology Business Management, die in Abschn. 6.3.3.3 aufgegriffen wird.
6. **Beschreibung/:** Erstellen Sie eine Beschreibung für jeden Service, unter anderem welche Informationen wie den Service-Namen, die Funktionen, die Kosten, die Service-Level-Agreements (SLAs), die Verfügbarkeit und andere Details enthalten sein sollten.
7. **Sicherheit und Compliance:** Die Services sollen den Sicherheits- und Compliance-Richtlinien Ihres Unternehmens entsprechen. Stellen Sie sicher, dass sensible Daten geschützt werden.
8. **Überwachung:** Stellen Sie durch Tests sicher, dass der Katalog ordnungsgemäß funktioniert und die Erwartungen erfüllt, dass die Informationen aktuell und die Services verfügbar sind.
9. **Schulungen:** Bieten Sie Schulungen und Dokumentationen für die Benutzer an, um ihnen bei der Nutzung des Cloud-Servicekatalogs zu helfen und um die dazugehörigen Funktionalitäten, Prozesse und Vorteile, die der Katalog bietet, klar hervorzuheben.

Indem Sie diese Schritte befolgen, können Sie einen Cloud-Servicekatalog aufsetzen, der Ihren Benutzern eine klare Übersicht über die verfügbaren Services bietet und den Genehmigungs- und Bereitstellungsprozess rationalisiert. Wie Sie den Servicekatalog schrittweise erweitern und strukturieren, wird in Abschn. 6.3.3 beschrieben. Zu Beginn der Cloud-Journey ist es wichtig, dass Sie eine allgemeine Struktur des Servicekatalogs erarbeiten und planen, welche Services Sie innerhalb der Organisation anbieten, beziehungsweise erlauben wollen.

5.4.6 Security Baseline

Die meisten Unternehmen haben sich schon seit einigen Jahren Gedanken darüber gemacht, die Cloud als potenzielle Hosting-Plattform zu evaluieren und teilweise schon einen ersten Ansatz für ein Cloud-Strategie erstellt. Aber auch bei vielen ist es dann bei der Umsetzung gescheitert, und eines der Gründe liegt dabei, wie man mit dem Thema Sicherheit (Stichwort: Daten) umgeht. Dann passiert normalerweise Folgendes:

- Akute Shadow-IT (!)
- Aufbau kleinerer Spielwiesen und Installationen in der Public Cloud mit nicht-produktiven Daten und ohne großes Interesse an der Weiterentwicklung

- Cloud ist ein unerwünschtes und unangenehmes Thema
- Das Potenzial geht verloren

Die Public Cloud der größeren Anbieter ist grundlegend sicher. Allerdings sind Sie für die Sicherheit der Inhalte Ihrer Cloud-Umgebung verantwortlich, wie in Abschn. 5.2 in der Verantwortlichkeitsmatrix gezeigt wurde. Sie bleiben der Datenverantwortliche, verantwortlich für Ihre mit dem Anbieter (dem Datenverarbeiter) geteilten Daten, und Sie können die Verantwortung nicht einfach delegieren. Während AWS beispielsweise das Netzwerk und die Rechenleistung sichert, ist der Kunde für die Sicherung des Datenverkehrs und der Arbeitslasten verantwortlich.

5.4.6.1 Cloud vs. On-Premise

In Bezug auf Sicherheit gibt es Unterschiede zwischen der Cloud und On-Premise-Infrastrukturen, die man selbst verwaltet. Hier sind einige wichtige Aspekte zu beachten:

Verantwortlichkeiten: In einer On-Premise-Umgebung sind Sie für alle Aspekte der Sicherheit verantwortlich, einschließlich der physischen Sicherheit des Rechenzentrums, der Netzwerksicherheit, der Zugriffskontrolle und der Datenverschlüsselung. In der Cloud teilen Sie sich die Sicherheitsverantwortung mit dem Cloud-Anbieter. Der Anbieter ist für die Sicherheit der Cloud-Infrastruktur und der zugrunde liegenden Dienste verantwortlich, während Sie für die Sicherheit Ihrer Anwendungen, Daten und Zugriffskontrollen verantwortlich sind.

Skalierbarkeit: Die Cloud ermöglicht es Ihnen, Ressourcen schnell zu skalieren, um sich an stetig ändernde Anforderungen anzupassen. Dies wirkt sich auch auf die Sicherheit aus, da Sie Sicherheitsmaßnahmen und -richtlinien entsprechend anpassen müssen.

Zugriffskontrolle: In der Cloud können Sie mit Cloud-nativen IAM-Services den Zugriff auf Ressourcen steuern und überwachen. Dies ermöglicht eine granulare Kontrolle über Benutzerberechtigungen und erleichtert die Verwaltung von Zugriffsrechten. In Ihrem eigenen Rechenzentrum müssen gegebenenfalls Zugriffssteuerungen manuell konfiguriert und verwaltet werden.

Netzwerksicherheit: Cloud-Anbieter bieten Sicherheitsmechanismen wie Firewalls, Intrusion Detection Systems (IDS) und Virtual Private Networks (VPNs) für den Schutz des Netzwerkverkehrs als Service, welche Sie je nach Bedarf nutzen und konfigurieren können. In Ihrem eigenen Rechenzentrum müssen Sie die Implementierung und Verwaltung dieser Sicherheitsmechanismen selbst ausführen.

Compliance und Zertifizierungen: Cloud-Anbieter verfügen in der Regel über eine Vielzahl von Compliance-Zertifizierungen und -Standards, die sie erfüllen. Dies kann die Einhaltung von Vorschriften wie GDPR, HIPAA oder ISO 27001 umfassen. Bei Ihrem eigenen Rechenzentrum müssen Sie selbst sicherstellen, dass Sie die erforderlichen Compliance-Anforderungen erfüllen.

Datenverschlüsselung: In der Cloud können Sie Verschlüsselungstechniken nutzen, um ruhende und sich bewegende Daten zu schützen. Die Verarbeitung von personenbezogenen Daten in der Cloud ist möglich, wenn die rechtlichen und sicherheitstechnischen Anforderungen in Hinblick auf sowohl technische als auch organisatorische Maßnahmen eingehalten werden. Bei Ihrem eigenen Rechenzentrum müssen Sie Verschlüsselungslösungen möglicherweise selbst implementieren und verwalten.

▶   Es ist wichtig zu beachten, dass Cloud-Anbieter umfangreiche Sicherheitsmaßnahmen ergreifen, um ihre Infrastrukturen zu schützen. Dennoch sollten Sie Ihre eigenen Sicherheitsmaßnahmen und -richtlinien definieren und implementieren, um Ihre Anwendungen und Daten in der Cloud zu schützen und sicherzustellen, dass Sie die Sicherheitsverantwortung in der gemeinsamen Verantwortlichkeit mit dem Cloud-Anbieter erfüllen.

5.4.6.2   Sicherheitsmaßnahmen in der Cloud

Um die Sicherheit Ihrer Cloud-Umgebung zu gewährleisten, ist es empfohlen folgende Best Practice Sicherheitsmaßnahmen zu ergreifen. Viele davon nutzen Sie sicherlich auch schon in Ihrer eigenen IT:

Zugangssteuerung und Berechtigungen: Verwenden Sie komplexe Passwörter und setzen Sie auf Multi-Faktor-Authentifizierung (MFA) ein. Begrenzen Sie den Zugriff nur auf autorisierte Benutzer. Verwalten Sie die Zugriffsrechte und Privilegien Ihrer Benutzer sorgfältig. Geben Sie nur die notwendigen Berechtigungen, um das Risiko von unbefugtem Zugriff oder Missbrauch zu minimieren.

Datenverschlüsselung: Verschlüsseln Sie Daten sowohl im Ruhezustand als auch während der Übertragung über verschlüsselte Verbindungen. Dieser Weg wird in eigenen Rechenzentren aus verschiedensten Gründen (leider) nicht immer verfolgt, sollte aber eine absolute Grundprämisse in der Cloud sein (mehr dazu im nächsten Abschnitt).

Netzwerksicherheit: Richten Sie Sicherheitsgruppen und Netzwerkzugriffssteuerungslisten ein, um den Netzwerkzugriff auf erforderliche Ports und Protokolle zu beschränken. Isolieren Sie Netzwerke über die Nutzung von Virtual Private Clouds (VPCs).

Regelmäßige Updates: Halten Sie Ihre Cloud-Umgebung und alle Komponenten auf dem neuesten Stand, indem Sie regelmäßig Sicherheitsupdates und Patches installieren, so weit wie möglich automatisiert. Beachten Sie, dass es bei kritischen Geschäftsanwendungen möglicherweise angemessener ist, die Patches zunächst in einer Testumgebung zu testen, bevor Sie sie in Ihrer Produktion einführen – selbst das Testen kann in der Cloud automatisiert werden, und es ist alles eine Frage vom ertragbaren Risiko.

Überwachung und Protokollierung: Überwachen und protokollieren Sie den Ereignissen und Aktivitäten in Ihrem Cloud-Umfeld anhand der verfügbaren Cloud-Services. Dadurch können Sie verdächtige Aktivitäten erkennen und darauf reagieren.

Datensicherung: Erstellen Sie regelmäßige Backups und speichern Sie dies an einem sicheren Ort. Innerhalb der Public Cloud können Backups in verschiedenen Availability Zones abgelegt werden, um die Sicherheit zu erhöhen. Überprüfen Sie regelmäßig die Integrität Ihrer Backups. Für Applikationen mit hoher Kritikalität etablieren Sie IT-Disaster Recovery Strategien für den Failover-Fall und testen Sie diese regelmäßig. Die Public Cloud verfügt über native Funktionalitäten, die diese normalerweise recht komplexen Prozesse sehr erleichtern.

Sicherheitstests: Führen Sie regelmäßig Sicherheitsüberprüfungen, Penetrationstests und Audits durch, um potenzielle Schwachstellen zu identifizieren und zu beheben. Auch hier bietet die Public Cloud Services, die Sie einsetzen können, um diese Tätigkeiten automatisiert und regelmäßig zu durchführen.

Diese Maßnahmen sollen Ihnen als Ausgangspunkt dienen, um die Sicherheit Ihres Cloud-Umfelds zu verbessern. Beachten Sie jedoch, dass die Sicherheitsanforderungen je nach Cloud-Plattform und individuellen Bedürfnissen variieren können. Berücksichtigen Sie zudem die in Abschn. 7.2.3 beschriebenen nativen Sicherheitskonzepte.

5.4.6.3 Zero-Trust-Ansatz

Grundsätzlich bewährt es sich in der Cloud, eine Zero-Trust-Architektur (ZTA) einzusetzen. Bei diesem Sicherheitskonzept wird das traditionelle Konzept des "Vertrauens" in Netzwerken infrage gestellt wird.

Im Gegensatz zu herkömmlichen Netzwerkarchitekturen, die davon ausgehen, dass alles im internen Netzwerk vertrauenswürdig ist (und sehr verbreitet in selbstbetriebene Rechenzentren so jahrelang schon gelebt wird), geht eine Zero-Trust-Architektur davon aus, dass nichts im Netzwerk automatisch als vertrauenswürdig angesehen wird.

Dies bedeutet, dass alle Zugriffsversuche auf Ressourcen und Daten innerhalb des Netzwerks, unabhängig von ihrer Quelle, überprüft und autorisiert werden müssen. Bei einer Zero-Trust-Architektur werden die obigen Sicherheitsprinzipien und -technologien angewendet, um den Zugriff auf Netzwerkressourcen zu schützen:

- **Least-Privilege-Zugriff**: Benutzer erhalten nur die minimal erforderlichen Zugriffs-rechte für Ihre Aufgaben. Es wird sichergestellt, dass Benutzer nur die erforderlichen Berechtigungen für die jeweilige Ressource erhalten, und keine mehr.
- **Zugang**: Benutzeridentitäten werden verifiziert und autorisiert, bevor Zugriff auf bestimmte Ressourcen in der Cloud gewährt wird.
- **Verschlüsselung**: Daten werden während der Übertragung („in transit") und im Ruhe-zustand („at rest") verschlüsselt, um die Vertraulichkeit und Integrität der Daten zu gewährleisten.
- **Netzwerksegmentierung**: Das Netzwerk wird in mehrere logischen Segmente oder Zonen unterteilt. Jeder Benutzer oder jede Ressource erhält nur Zugriff auf die Segmente, die für ihre Aufgaben und Funktionen erforderlich sind, und keine mehr.
- **Mikrosegmentierung**: Innerhalb der Segmente werden kleinere Netzwerksegmente erstellt, um den Zugriff auf einzelne Anwendungen oder Dienste weiter einzuschrän-ken. Dies ermöglicht granulare Kontrolle und Begrenzung des Datenverkehrs zwischen Ressourcen.
- **Persistente Authentifizierung**: Die Authentifizierung wird nicht nur während der Anmeldung durchgeführt, sondern kontinuierlich über die gesamte Sitzung hinweg überprüft.

Eine Zero-Trust-Architektur zielt darauf ab, die Sicherheit zu erhöhen, indem sie eine strikte Kontrolle und Überprüfung des Zugriffs auf Netzwerkressourcen durchführt, unab-hängig von der Position oder dem Vertrauensniveau des Benutzers oder Geräts. Dadurch wird das Risiko von Insider-Bedrohungen, unberechtigtem Zugriff und Datenverlust ver-ringert. Die gute Nachricht: die Cloud-Anbieter stellen Ihnen alle benötigten Tools und Fähigkeiten zur Verfügung, um diese Ansätze nativ und reibungslos aufzusetzen und zu betreiben.

Grundsätzlich erinnern Sie sich daran, nicht die Flexibilität zu zerstören, aber auch sich selbst nicht zu gefährden – das passende Gleichgewicht zu finden kann dabei durchaus eine Herausforderung sein. Es lohnt sich in Schulungen und Knowhow-Aufbau zu inves-tieren, sonst intervenieren Ihre unternehmensinternen Security/Compliance-Bereiche und etablieren sehr restriktive Richtlinien für Ihre Cloud-Umgebung. Betreiber mit Legacy-Konzepten und Ansätze, die nicht auf die Cloud angewendet werden sollten, sind normalerweise auch Entscheidungsträger, deshalb: eine transparente Kommunikation und offene Kooperation ist ein zentraler Erfolgsfaktor für die Etablierung der Cloud in Ihrem Unternehmen.

5.4.7 Cloud Center of Excellence (CCoE)

Um technische und organisatorische Ziele der Transformation miteinander abzustimmen und gemeinsam voranzutreiben, ist der Aufbau eines Cloud Center of Excellence, kurz CCoE, empfehlenswert.

Ein CCoE ist die organisatorische Einheit oder ein Team, das die Einführung und den Betrieb von Cloud-Technologien unterstützen soll. Es dient als zentrale Anlaufstelle für Cloudbezogene Aktivitäten und tritt als interner Berater, Coach und Experte für die Cloud-Nutzung auf.

Die Hauptaufgabe eines CCoE besteht darin, bewährte Methoden, Standards und Richtlinien für die Cloud-Nutzung zu entwickeln und zu fördern. Das CCoE bietet Unterstützung und Beratung für verschiedene Geschäftseinheiten und Teams innerhalb des Unternehmens, um sicherzustellen, dass die Cloud-Ressourcen effektiv genutzt werden und die Geschäftsziele erreicht werden.

Ein CCoE kann mit einer Reihe von Verantwortlichkeiten und Tätigkeiten aufgesetzt werden:

- **Treibende koordinierende Kraft:** Zentraler Ansprechpartner, um die gesamte Cloud-Agenda voranzutreiben, die gemeinsame Strategie und Plattformarchitektur durchzusetzen und alle Aktivitäten abzustimmen und zu koordinieren. Einbindung aller relevanten IT und Business Einheiten in die gemeinsame Cloud Transformation, damit die strategischen Ziele erreicht werden können.
- **Governance:** Festlegung von Richtlinien, Standards und Kontrollmechanismen für die Nutzung der Cloud.
- **Knowhow-Träger:** Zentralisierung der Cloud-Expertise in einer Organisationseinheit in der ersten Phase, um einen Cloud-Core Kompetenz aufzubauen und den Wandel voranzutreiben, um damit auch IT und Business bei Cloud-Themen aktiv unterstützen zu können.
- **Upskilling:** Bereitstellung von Schulungen und Coachings für Teams und Mitarbeiter, um das Wissen und die Fähigkeiten im Umgang mit Cloud-Technologien zu verbessern.
- **Architektur und Design:** Unterstützung bei der Entwicklung von Cloud-Architekturen und -Designs, um optimale Leistung, Sicherheit und Skalierbarkeit zu gewährleisten.
- **Kostenoptimierung:** Überwachung und Optimierung der Cloud-Kosten, um eine effiziente Nutzung der Ressourcen zu gewährleisten.
- **Sicherheit und Compliance:** Entwicklung von Sicherheitsrichtlinien und -maßnahmen, um die Cloud-Infrastruktur zu schützen und Compliance-Anforderungen zu erfüllen, und um sicherzustellen, dass die Sicherheits- und Qualitätsstandards implementiert werden.
- **Evaluierung von Technologien:** Bewertung und Auswahl von Cloud-Technologien und -Diensten, um die Anforderungen des Unternehmens zu erfüllen.

Die genauen Aufgaben und Verantwortlichkeiten eines CCoE können je nach Unternehmen variieren, abhängig von der Größe, dem Reifegrad der Cloud-Nutzung und den spezifischen Anforderungen des Unternehmens. Für globale Unternehmen kann es Sinn machen ein zentrales CCoE für die Kernaktivitäten aufzusetzen. Ergänzt wird das zentrale CCoE durch regionale CCoE-Instanzen, die für die Identifikation und Berücksichtigung der lokalen Bedürfnisse und Anforderungen verantwortlich sind.

Während das CCoE im Laufe der initialen Transformationsphase die Führung übernimmt, soll es auch dazu dienen den Aufbau einer Cloud-Betriebsorganisation anzutreiben und das Business dazu zu führen, künftig in der Lage zu sein sind, ihre eigene Cloud-Agenda auf dieser Grundlage aufzubauen.

5.4.8 Roadmap einer Migration

Eine Migration in die Cloud stellt ein größeres Programm dar, das dementsprechende Kosten mit sich bringt: je langsamer ein Migrationsprogramm gefahren wird, desto länger sind zwei parallele Landschaften zu betreiben.

Ein Ansatz, um in die Cloud zu gehen – und durchaus der am häufigsten gewählte Weg – ist der Lift & Shift Ansatz. Lift & Shift ist eine Strategie im Zusammenhang mit der Migration von Anwendungen und Workloads in die Cloud. Sie bezieht sich auf den Prozess, bei dem Anwendungen oder Systeme unverändert vom eigenen Rechenzentrum in die Public Cloud verschoben werden, ohne wesentliche Änderungen am Code oder der Architektur vorzunehmen. Bei der „Lift & Shift"-Methode wird die Anwendung in einer virtuellen Umgebung in der Cloud ausgelagert, die der vorhandenen lokalen Infrastruktur ähnelt. In der Regel werden virtuelle Maschinen (VMs) oder Container verwendet, um die Anwendung in der Cloud bereitzustellen und zu betreiben.

Der angestrebte Hauptzweck dieses Ansatzes besteht darin, die Vorteile der Cloud-Nutzung zu nutzen, wie Skalierbarkeit, Flexibilität und geringere Betriebskosten, ohne umfangreiche Anpassungen am Code oder der Anwendungsarchitektur vornehmen zu müssen. Es ermöglicht Unternehmen, schnell in die Cloud zu wechseln und von einigen der Vorteile der Cloud-Infrastruktur zu profitieren, während sie ihre bestehenden Anwendungen und Workloads weiterhin betreiben können.

▶ **Definition**
Falls man sich für Lift & Shift entscheidet um Teile oder die ganze IT-Landschaft in die Cloud zu migrieren, lohnt es sich eine Cloud-Migration-Fabrik aufzusetzen, da es sich um die Wiederverwendung eines standardisierten Ansatzes geht, den man überwiegend mit bewerteten Methoden, Prozesse und Tools automatisieren kann.

Dienstleister haben standardisierte Frameworks und Teams, welche Migration-Fabriken rund um die Welt mehrmals für ihre Kunden aufsetzen, und können Ihnen bei der Planung, Durchführung und Verwaltung von Lift & Shift Migrationen unterstützen. Lift & Shift

Migration-Fabriken werden deshalb von den meisten Unternehmen ausgelagert, statt diese Tätigkeiten selbst zu umsetzen, da es ein intensiver und einmaliger Vorgang ist und man selbst nicht die Ressourcen und Skills dafür hat.

Mit dem Aufsetzen einer Migration-Fabrik kann man den Migrationsprozess effizienter und konsistenter gestalten, sowie Zeit und Ressourcen sparen.

Für die Modernisierung von Anwendungen durch Re-platforming und Re-architecting, um diese in die Cloud zu transformieren, ist es empfohlen, dedizierte Teams aufzusetzen, vor allem wenn es sich um größere Verfahren und Systeme handelt, die teilweise oder vollständig selbstentwickelt und geschäftskritisch sind.

Es ist aber sehr wichtig zu beachten, dass Lift & Shift nur eine anfängliche Migrationsstrategie sein kann, um den Umstieg in die Cloud zu erleichtern. Es wird zu einer begrenzten Nutzung der Cloud-Vorteile führen, da die meisten Anwendungen möglicherweise nicht alle Funktionen und Dienste der Cloud-Plattform vollständig nutzen können. Nachdem die Anwendungen erfolgreich in der Cloud betrieben wird, können Unternehmen jedoch weitere Optimierungen und Modernisierungen vornehmen, um die Vorteile der Cloud voll auszuschöpfen (mehr dazu in Stufe 3).

► **Tipp**

Mit dem Lift & Shift Ansatz, ohne die Applikationen anzufassen, wird es sehr schwierig die ambitionierten Ziele von Effizienz, Skalierbarkeit und Kostenreduzierung zu erreichen. Deshalb sollte die Cloud-Strategie eine geeignete Mischung aus Lift & Shift und Cloudifizierung vorsehen, mindestens für einen Teil der Kernapplikationen.

Mit der Cloudifizierung wird die Anwendung an die Cloud-Umgebung angepasst und durch einen Re-platform oder Re-Architekt Ansatz optimiert.

Eine holistische, schnelle Cloud-Migration erreicht somit leichter einen (anscheinend) positiven Business Case als ein vorsichtiges Vorgehen.

Um eine sanfte Migration in die Cloud zu ermöglichen, ist ein Schritt-für-Schritt-Ansatz empfohlen, der so aussehen kann:

1. Aufbau der Cloud Foundation und der Landing Zone sowie notwendige Betriebsprozesse.
2. Integration von grundlegenden Sicherheitsaspekten.
3. Proof-of-Concept: Migration einer leichten und einer mittelschweren Anwendung.
4. Lift & Shift erster unkritischer Applikationen.
5. Leuchtturm: Migration einer betriebskritischen Anwendung, welche es ermöglicht der gesamten Organisation zu zeigen, dass die Public Cloud funktioniert.
6. Ausrollen von unkritischen Eigenentwicklungen.
7. Schrittweise Erweiterung des Funktionsumfanges der Plattform.
8. Beginn mit der Migration von kritischen Applikationen.

9. Falls Multi-Cloud: Ausweiten der Plattform auf einen sekundären Cloud-Anbieter zusammen mit dem Ausweiten der technischen und organisatorischen Multi-Cloud Fähigkeiten

10. Drittanbieter Software: Lift & Shift, sofern Applikationen nicht selbst angepasst werden können und sobald alle notwendigen Voraussetzungen für eine Migration erfüllt sind.

11. Eigenentwickelte Software: Modernisierung-Ansatz durch Re-Platform oder Re-Architekt.

▶ Bevor man mit der Cloud Migration anfängt, ist es essenziell, ein gutes Applikation- und Infrastruktur-Assessment durchzuführen – auf keinen Fall vergessen oder streichen!

5.5 Das Kernthema: Operating Model

Manch einer glaubt, dass wenn man ein Cloud Center of Excellence, kurz CCoE, aufgesetzt hat, dann bildet das CCoE bereits das Cloud Operating Modell an und die Cloud ist nun ein Teil der Organisation. Das ist aber leider nicht der korrekte Ansatz und heißt noch lange nicht, dass man die Cloud im eigentlichen Betriebsmodell, der IT und den Geschäftsbereichen eingebracht hat. CCoE ist lediglich ein Schritt dort hin und ein Türöffner, um die Cloud im Unternehmen zu etablieren.

Die IT steht häufig vor einer strategischen Neupositionierung. Von einem reinen unterstützenden Bereich, hauptsächlich fokussiert auf Infrastruktur und Lizenz-Management, das als eine Kostenstelle fungiert, hin zu einer internen Rolle als Business und Innovation-Enabler mit Mehrwertschöpfung für das Gesamtunternehmen. Diese Richtung wird als „IT as a Service Broker" Paradigma bezeichnet. Die IT wird sich über die Zeit in eine zentrale Rolle entwickeln, in der sie zuständig für die Bereitstellung von Cloud-Fähigkeiten an das Business in Kombination mit klaren Richtlinien ist.

Die Cloud-Adaption bringt somit verschiedene Veränderungen im Mindset für die IT mit sich. Der Wandel der Kultur, der Fähigkeiten und die Denkweise müssen von Anfang an berücksichtigt werden. Technologischer Wandel ist einfach, aber ein Kulturwandel braucht Zeit und Mühe. Hier sind einige wichtige Aspekte des Mindset-Wandels zu berücksichtigen:

- **Shift von Infrastruktur zu Services:** Mit der Cloud verschiebt sich der Fokus von der Verwaltung und Wartung der Infrastruktur hin zur Nutzung von Cloud-Services. IT-Teams müssen sich darauf einstellen, dass sie weniger Zeit mit der Verwaltung von Hardware, Netzwerken und Servern verbringen und stattdessen verstärkt auf die Bereitstellung und Integration von Cloud-Services setzen. Dabei steht verstärkt der Ansatz eines Softwareentwicklungsprozesses im Vordergrund.

- **Skalierbarkeit und Elastizität:** Die Cloud bietet die Möglichkeit, Ressourcen schnell und flexibel zu skalieren. Dies erfordert einen Wandel im Denken, da IT-Teams ihre Systeme so gestalten müssen, dass sie elastisch und anpassungsfähig sind, um den sich ändernden Anforderungen gerecht zu werden. Skalierbarkeit und Elastizität werden zu wichtigen Konzepten bei der Planung und Entwicklung von Anwendungen, nicht nur in der Software, sondern auch in der „Entwicklung" der Infrastruktur.
- **Fokus auf Service-Level-Agreements:** Bei der Nutzung von Cloud-Services ist es wichtig, sich auf Service-Level-Agreements zu konzentrieren. IT-Teams müssen ihre Erwartungen an die Leistung, Verfügbarkeit und Sicherheit der Cloud-Services definieren und diese SLAs aktiv überwachen. Dies erfordert eine stärkere Ausrichtung auf die Geschäftsanforderungen und die kontinuierliche Überwachung der Servicequalität.
- **Veränderungen in der Sicherheitsstrategie:** Wie bereits angedeutet bringt die Nutzung der Public Cloud neue Sicherheitsaspekte mit sich, da Daten und Anwendungen außerhalb des eigenen Rechenzentrums gespeichert und verarbeitet werden. IT-Teams müssen ihre Sicherheitsstrategien anpassen, um die spezifischen Anforderungen und Herausforderungen der Cloud-Umgebung zu berücksichtigen. Dies kann eine stärkere Fokussierung auf Identitäts- und Zugriffsmanagement, Datenverschlüsselung und Sicherheitsüberwachung umfassen.
- **Kultur des kontinuierlichen Lernens:** Die Cloud-Technologie entwickelt sich ständig weiter, und IT-Teams müssen bereit sein, kontinuierlich zu lernen und sich mit neuen Tools, Technologien und Best Practices vertraut zu machen. Der Fokus liegt auf Flexibilität, Agilität, Experimentierfreude und kontinuierlicher Verbesserung, um das volle Potenzial der Cloud auszuschöpfen.
- **Neue Rollen, neue Prozesse:** Mit der Cloud-Einführung werden neue Job-Rollen etabliert, neue Verantwortlichkeiten, neue Prozesse und Methoden für die Entwicklung und den Betrieb der IT-Landschaft (unter Berücksichtigung von agilen und DevOps Ansätzen), sowie neue Fähigkeiten rund um Cloud-Technologien werden definiert.

Der Mindset-Change für die IT bei der Cloud-Adaption beinhaltet also eine Verschiebung von traditionellen Infrastruktur-orientierten Ansätzen hin zu servicebasierten, skalierbaren und agilen Denkweisen. Es geht darum, sich auf den Mehrwert der Cloud zu konzentrieren, innovative Lösungen zu finden und die Flexibilität und Effizienz der Cloud-Plattform optimal zu nutzen.

▶ Betrieb von Server, Storage, Racks, Energieversorgung, Gebäude, etc.: das gehört mit dem Cloud-Zeitalter zur Vergangenheit! Es werden neue Fähigkeiten aufgebaut, aber das existierende und sehr wertvolle, über die Jahre aufgebaute Anwendungswissen sollte erhalten bleiben.

Das Cloud Operating Modell beschreibt die organisatorische Struktur, Governance und Richtlinien, Prozesse und Praktiken, die ein Unternehmen implementiert, um die effektive

Nutzung und Verwaltung von Cloud-Ressourcen zu ermöglichen. Es ist ein Rahmenwerk, das die Art und Weise definiert, wie ein Unternehmen seine Cloud-Infrastruktur plant, implementiert, betreibt und optimiert.

Das CCoE ist, wie beschrieben, der erste und wichtige Schritt, aber mit dem Design und der Umsetzung des Operating Modells sollten Sie möglichst früh anfangen. Wie Sie das Cloud Operating Modell vollumfänglich in Ihrer Organisation auf Basis des CCoE etablieren, wird in Abschn. 7.2.1 erläutert.

Hintergrundinformation
Für das spätere Cloud Betriebsmodell gibt es mehrere Ansätze. Diese werden wir in Stufe 3 des Frameworks zur Cloud-Adaption vertiefen. Aus verschiedenen Umfragen kann man jedoch bereits verstehen, dass die Kollaboration und Integration zwischen IT und Business immer näher und größer werden soll – und das mit einem großen Benefit für ein schnelleres und besseres Endergebnis für Ihr Geschäft, denn die Innovationen sind zunehmend technisch getrieben.
Es gibt dazu einige verschiedene Meinungen, allerdings bestehen Tendenzen in folgende Richtungen:

- Produktorientierte Teams
- DevOps Teams
- CCoE stellt Richtlinien, Leitplanken und den Servicekatalog bereit
- Business DevOps Teams mit fachlicher und technischer Betriebsführung

5.6 Vorbereitung zu „Cloud-Native"

Was sind einige der Grundbausteine zum Weg zu „Cloud-Native", oder anders ausgedrückt, wie sieht Cloud-Native aus? Allgemeine Ziele, die mit Cloud-Native verfolgt werden, sind die Ausnutzung von Automatismus und Skalierbarkeit. Zudem sollen nur Ressourcen genutzt werden, wenn diese auch tatsächlich gebraucht werden. Performance, Kosten und Nachhaltigkeit werden davon profitieren, aber nur solange die Anwendungen korrekt entworfen werden.

5.6.1 Was ist „Cloud Native"?

„Cloud-Native" ist ein Begriff, der verwendet wird, um Anwendungen und Systeme zu beschreiben, die speziell für die Bereitstellung und Ausführung in Cloud-Umgebungen entwickelt wurden. Der Fokus liegt dabei auf der optimalen Nutzung der Vorteile und Möglichkeiten, die die Cloud bietet.

Cloud-Native Anwendungen werden normalerweise mit bestimmten Prinzipien und Technologien entwickelt, um die Skalierbarkeit, Flexibilität und Widerstandsfähigkeit in einer Cloud-Umgebung zu verbessern.

Einige der Merkmale von Cloud nativen Ansätze sind:

- **Automatisierung und Orchestrierung:** Cloud-Native Anwendungen nutzen automatisierte Prozesse und Tools, um Bereitstellung, Skalierung und Verwaltung zu vereinfachen.
- **Elastizität und Skalierbarkeit:** Cloud-Native Anwendungen sind darauf ausgelegt, sich dynamisch an veränderte Lastanforderungen anzupassen. Sie können horizontal skaliert werden, indem zusätzliche Instanzen der Anwendung hinzugefügt werden, um den Anforderungen gerecht zu werden, und bei Bedarf wieder reduziert werden.
- **Mikroservices-Architektur:** Cloud-Native Anwendungen werden oft in Form von lose gekoppelten Mikroservices entwickelt, die unabhängig voneinander entwickelt, bereitgestellt und skaliert werden können. Jeder Mikroservice erfüllt eine spezifische Funktion und kommuniziert über APIs mit anderen Mikroservices.
- **Resilienz:** Cloud-Native Anwendungen sind darauf ausgelegt, Ausfälle einzelner Komponenten oder Dienste zu tolerieren und sich schnell zu erholen. Sie nutzen verschiedene Mechanismen wie Lastenausgleich, Fehlertoleranz und Überwachung, um eine hohe Verfügbarkeit und Zuverlässigkeit sicherzustellen.
- **Containerisierung:** Cloud-Native Anwendungen werden oft in Containern bereitgestellt, welche die Kapselung von Anwendungen und ihren Abhängigkeiten ermöglichen, wodurch sie portabel und leichter in verschiedenen Cloud-Umgebungen bereitstellbar werden. Wie jede andere Technologie sind Container nicht für alle Situationen geeignet. Bestehende Systeme müssen sorgfältig analysiert werden, bevor sie „containerisiert" werden. Das Konzept der Containerisierung wird in Abschn. 7.2.2.2 vertieft.

Der Ansatz „Cloud Native" zielt grundsätzlich darauf ab, die Vorteile der Cloud-Technologien bestmöglich auszuschöpfen, um agilere, flexibel, skalierbare und zuverlässige Anwendungen zu entwickeln, die in einer Cloud-Umgebung optimal funktionieren. Es ermöglicht somit Anwendungen effizienter zu gestalten, die Time-to-Market zu verkürzen und die Skalierbarkeit zu verbessern.

Es handelt sich um einen grundlegenden Wandel in der Art und Weise, wie Software entwickelt, bereitgestellt und verwaltet wird, der es Unternehmen ermöglicht, die Möglichkeiten der Cloud voll auszuschöpfen, um Innovationen und Geschäftswachstum voranzutreiben – und dafür braucht ein Unternehmen die richtigen Skills und das richtige Talent, bevor qualitativ schlechte Applikationen und Systeme entworfen und aufgesetzt werden. Es ermöglicht somit Anwendungen effizienter zu gestalten, die Time-to-Market zu verkürzen und die Skalierbarkeit zu verbessern.

Dennoch ist es wichtig daran zu erinnern, dass nicht alle Applikationen in einen Cloud-nativen Zustand modernisiert werden können und bei vielen lohnt es sich sogar auch nicht. Alles, was hingegen eine Neuentwicklung ist und von Ihnen selbst kontrolliert wird, das kann potenziell davon profitieren. Allerdings sollte man aufpassen, wenn zum Beispiel Vendor Lock-in ein wichtiges Thema für Ihr Unternehmen ist.

5.6.2 Automatisierung & Skalierbarkeit

Es gibt mehrere Gründe, warum Automatisierung und Skalierbarkeit von Anfang an in der Transformationsreise berücksichtigt werden sollten:

- **Effizienzsteigerung:** Automatisierung ermöglicht es, repetitive Aufgaben und manuelle Prozesse zu automatisieren, was zu einer erheblichen Effizienzsteigerung führt. Durch Automatisierung können Aufgaben schneller und genauer erledigt werden, wodurch Zeit und Ressourcen eingespart werden.
- **Kostenoptimierung:** Automatisierung hilft dabei, Kosten zu senken, indem teure manuelle Arbeitsstunden reduziert werden. Indem wiederkehrende Aufgaben automatisiert werden, können Mitarbeiter auf strategischere und wertschöpfende Aktivitäten fokussiert werden.
- **Konsistenz und Zuverlässigkeit:** Mit Automatisierung wird sichergestellt, dass wiederholbare Prozesse konsistent und fehlerfrei ausgeführt werden. Die Wahrscheinlichkeit von menschlichen Fehlern wird minimiert, was zu einer höheren Zuverlässigkeit und Stabilität der Cloud-Umgebung führt.
- **Skalierbarkeit und Flexibilität:** Die Cloud bietet die Möglichkeit, Ressourcen bei Bedarf zu skalieren. Durch die Automatisierung von Skalierungsprozessen kann die Bereitstellung von Ressourcen schnell und effizient erfolgen. Skalierbarkeit ermöglicht es, den Ressourcenbedarf der Anwendungen an die tatsächlichen Anforderungen anzupassen und Überlastung oder Unterdimensionierung zu vermeiden.
- **Agilität und Schnelligkeit:** Entwicklungs- und Bereitstellungsprozesse können durch Automatisierung und Skalierbarkeit beschleunigt werden. Die Möglichkeit, Ressourcen automatisch zu provisionieren und Konfigurationen zu verwalten, ermöglicht eine schnellere Markteinführung neuer Anwendungen und Funktionen.
- **Zukunftssicherheit:** Es ist wichtig in der Planung zu berücksichtigen, dass eine zukunftssichere Architektur geschaffen wird. Automatisierung und Skalierbarkeit sind Schlüsselelemente für eine skalierbare, elastische und anpassungsfähige Cloud-Infrastruktur, die es ermöglicht, auf sich kontinuierlich ändernde Anforderungen und Wachstum zu reagieren.

Es ist wichtig in der Planung zu berücksichtigen, dass eine zukunftssichere Architektur geschaffen wird. Automatisierung und Skalierbarkeit sind Schlüsselelemente für eine skalierbare, elastische und anpassungsfähige Cloud-Infrastruktur, die es ermöglicht, auf sich kontinuierlich ändernde Anforderungen und Wachstum zu reagieren.

▶ **Tipp**
   Um die Vorteile der Cloud auszuschöpfen und den Erfolg der Cloud-Implementierung sicherzustellen, sollten Sie von Anfang an folgendes berücksichtigen:

- Skalierbarkeit im Cloud-Setup, indem Sie zum Beispiel automatische Skalierungsfunktionen und Loadbalancing verwenden.
- Überwachen Sie regelmäßig die Leistung, um sicherzustellen, dass die Cloud-Infrastruktur der erhöhten Nachfrage gewachsen ist.
- Hohe Verfügbarkeit in der Cloud-Infrastruktur sicherstellen, indem Sie redundante Infrastruktur verwenden und auf Fehlertoleranz ausgelegt sind.
- Backup- und Disaster-Recovery-Pläne erstellen, um sicherzustellen, dass kritische Daten und Anwendungen im Katastrophenfall geschützt sind.

Zuletzt, noch ein Teaser auf Zero-Touch CloudOps, welches ein neuer Trend ist. Dieser Ansatz bezieht sich auf einen Betriebsansatz für Cloud-Infrastrukturen und Anwendungen, der auf Automatisierung und Selbstbedienung basiert. Das Ziel ist es, den Betrieb und die Verwaltung der Cloud-Ressourcen weitgehend zu automatisieren und menschliches Eingreifen auf ein Minimum zu reduzieren.

Bei Zero-Touch CloudOps werden Prozesse und Workflows automatisiert, um wiederholbare Aufgaben zu erledigen, wie beispielsweise das Bereitstellen, Skalieren, Überwachen und Verwalten von Cloud-Ressourcen. Auch wenn Sie sich in einem frühen Stadium der Cloud-Transformation befinden, empfiehlt es sich, diesen Ansatz bereits in der Cloud-Strategie und der Roadmap mit zu berücksichtigen. Was sich hinter Zero-Touch CloudOps verbirgt, erfahren Sie in Abschn. 7.4.2.

5.6.3   Cloudifizierung vs. Lift & Shift

Ein Ansatz, um in die Cloud zu gehen, und durchaus der am häufigsten genutzte Weg, ist der Lift & Shift Ansatz, der bereits im vorherigen Abschnitt erläutert wurde. Diese Migrationsstrategie erleichtert und beschleunigt den Umstieg in die Cloud, führt aber zu einer begrenzten Nutzung der Cloud-Vorteile.

Nachdem die Anwendungen erfolgreich in der Cloud betrieben werden, können Unternehmen jedoch weitere Optimierungen und Modernisierungen in der Applikationslandschaft vornehmen, um die Vorteile der Cloud voll auszuschöpfen. Die Cloudifizierung, auch als Cloud-Modernisierung-Ansatz bezeichnet, beinhaltet die Anpassung und Optimierung der Anwendung an die Cloud-Umgebung. Es geht nicht nur darum, die Anwendung in der Cloud auszuführen, sondern auch die Vorteile der Cloud-Architektur und der Cloud-Services voll auszunutzen. Wie eine Modernisierung der Applikationslandschaft konkret aussehen kann, wird in Abschn. 7.3.3 vertieft.

Beide Ansätze haben Vor- und Nachteile. Der Lift & Shift Ansatz ermöglicht eine schnelle und unkomplizierte Migration in die Cloud, kann jedoch Einschränkungen hinsichtlich der Nutzung der Cloud-Vorteile mit sich bringen. Die Cloudifizierung hingegen erfordert mehr Aufwand und Anpassungen, bietet jedoch die Möglichkeit, die volle Leistungsfähigkeit der Cloud auszuschöpfen. Die Wahl des geeigneten Ansatzes hängt von den spezifischen Anforderungen, Zielen und Ressourcen des Unternehmens ab.

5.7 Nachhaltigkeit (Sustainability)

In den letzten Jahren hat sich das Bewusstsein für Umweltfragen und Nachhaltigkeit erheblich erhöht. Weltweit bemühen sich Unternehmen und Organisationen, umweltfreundlichere Methoden zu implementieren, um ihren ökologischen Fußabdruck zu reduzieren. In diesem Zusammenhang kann die Informationstechnologie eine wichtige Rolle spielen, insbesondere mit der Cloud.

Alle Themen werden von Erwartungen und Vorschriften in den Bereichen ESG (Environmental Social Governance: „Umwelt, Soziales und Governance") beeinflusst, die sich in der gemeinsamen Verantwortung für den Einsatz nachhaltiger Technologien niederschlagen. Jede Technologieinvestition muss gegen ihre Auswirkungen auf die Umwelt abgewogen werden und dabei auch an künftige Generationen gedacht werden. Immer mehr Organisationen erwarten von ihren Produkt- und Dienstleistungsanbietern, dass sie zeigen, wie sie ihren CO_2-Fußabdruck reduzieren und wie die Gesellschaft dadurch unterstützt wird.

Nachhaltigkeit wird deshalb immer mehr zu einem zentralen Aspekt vieler Cloud-Strategien und ist für einige Unternehmen bereits einer der wichtigsten Werttreiber. Die Public Cloud ist sicherlich ein wichtiger Treiber zur Förderung von Nachhaltigkeit – der „grüne" Aspekt der Cloud ist derzeit für manche ein netter Nebeneffekt, aber vielleicht (und hoffentlich) wird es bald umgekehrt sein: als Treiber in die Cloud Nachhaltigkeit und Innovation zu haben, wobei die Kosten ein schöner Nebeneffekt sind.

Allerdings geht der wachsende Einsatz von Cloud-Diensten auch oft mit einem erhöhten Energieverbrauch und Umweltauswirkungen einher, da es viel leichter ist diese zu nutzen und deshalb immer mehr digitale Innovationen entwickelt und bereitgestellt werden. Um dies anzugehen, werden immer mehr umweltfreundliche Cloud-Lösungen entwickelt, mit dem Ansatz die Nachhaltigkeit in der Cloud-Infrastruktur zu verbessern und positive Umweltauswirkungen zu erzielen. Dies geschieht aktuell auf verschiedene Weisen:

- **Energieeffizienz:** Nutzen von erneuerbaren Energiequellen, wie Solar- und Windkraft, um den Energiebedarf zu decken und die Abhängigkeit von fossilen Brennstoffen zu verringern, zusammen mit der Nutzung von energieeffizienter Hardware und Technologien wie Virtualisierung, um die Auslastung der Ressourcen zu maximieren und den Energieverbrauch zu minimieren.
- **Rechenzentren:** Durch die Verbesserung der Kühlungstechnologien, des Luftstroms und der Serverplatzierung wird der Energieverbrauch reduziert. Darüber hinaus werden Abwärme und andere Nebenprodukte der Rechenzentren wiederverwertet, um Energie zu erzeugen oder zu heizen.
- **Nachhaltige Infrastruktur:** Verwendung umweltfreundlicher Materialien beim Bau der Server und Rechenzentren sowie die Berücksichtigung von Recycling- und Entsorgungsmaßnahmen am Ende der Lebensdauer der Geräte.

- **Bewusstseinsbildung:** Fokus auf Informations- und Sensibilisierungskampagnen, um Unternehmen und Benutzer über die Vorteile einer nachhaltigen Cloud-Nutzung aufzuklären. Durch Schulungen und Leitfäden werden bewusstere Entscheidungen im Hinblick auf Ressourcenverbrauch und Umweltauswirkungen gefördert.

Diese Lösungen ermöglichen es, den CO_2-Fußabdruck zu reduzieren und umweltfreundlicher zu handeln. Vor allem die großen Hyperscaler entwickeln die Lösungen intensiv weiter, was die meisten Unternehmen selbst in ihren Rechenzentren nicht mit der gleichen Auswirkung und Skala umsetzen können. Mit diesem Ansatz ziehen die Cloud-Anbieter auch Kunden an, welche die Nachhaltigkeit schätzen und priorisieren. So können auch langfristige Kosteneinsparungen angeboten werden, da ein effizienterer Energieverbrauch zu niedrigeren Betriebskosten führt.

Um die Nachhaltigkeit in der Cloud weiter voranzutreiben, ist die Zusammenarbeit zwischen Cloud-Anbietern, Unternehmen und Regierungen von entscheidender Bedeutung. Durch Investitionen in Forschung und Entwicklung können innovative Technologien und Praktiken entwickelt werden, um die Cloud-Infrastruktur kontinuierlich zu verbessern.

Aber „nur" der Wechsel in die Cloud ist lediglich ein Teil der Reise. Wie Sie sich bewegen und wohin Sie sich bewegen, ist die erste wichtige Frage, die es zu beantworten gilt, da nicht alle „Wolken am Himmel" gleich grün sind. Dauerhaft ist die Art und Weise, wie Sie Ihr Betriebsmodell anpassen, Ihre IT betreiben und Nachhaltigkeit in Ihre Prozesse, Infrastruktur und Softwareentwicklung integrieren – und den Menschen dadurch wahrscheinlich das Gefühl geben, dass sie ihren Teil zur Reduzierung des CO_2-Fußabdrucks beitragen.

Angesichts der Tatsache, dass wir in den letzten Jahren große Fortschritte gemacht haben, ist es sehr leidenschaftlich, dies weiter voranzutreiben, aber auch, dass wir alle noch „grüner" sind, als man sich bezüglich „grüne Cloud" und „grüne IT" vorstellen könnte.

5.8   Hinweise und Tipps aus der Praxis

Unternehmen, die sich auf den Weg in die Cloud machen, können aus bisherigen Erfahrungen profitieren, die ihnen dabei helfen können, erfolgreicher auf die Cloud umzusteigen und deren Vorteile zu maximieren. Einige der wichtigsten Erkenntnisse werden hier erläutert und bringen zusammen vieles von dem, was bereits angedeutet wurde.

5.8.1 Lessons learned

► **Wichtig**

Bei vielen Cloud-Transformationsprojekten treten häufig ähnliche Punkte auf, die zu Herausforderungen führen. Die nachfolgende Übersicht fasst diese Aspekte verallgemeinert zusammen basierend auf praktischen Erfahrungen:

- Verschaffen Sie sich einen klaren Überblick über die Werttreiber, definieren Sie Ihre Strategie und Ihre Roadmap.
- Beziehen Sie das Business frühzeitig ein: Es handelt sich nicht nur um eine IT-/technische Reise.
- Beginnen Sie frühzeitig mit dem Operating Model und dem Change Management Programm: es handelt sich um einen gewaltigen Mindset-Change.
- Investieren Sie in die Weiterqualifizierung und Motivation Ihrer Mitarbeiter und beginnen Sie auch mit dem Aufbau Ihres neuen Talentpools.
- Sorgen Sie dafür, dass sich die Mitarbeiter vollständig fokussiert der Cloud-Journey widmen und die Transformation nicht als etwas betrachten, das zusätzlich zu ihrem Tagesgeschäft stattfindet – das wird im Zweifel immer Priorität haben
- Investieren Sie in die Assessment-Phase: Dadurch verläuft die Migration reibungsloser und reduziert die unbekannten Faktoren, die sicherlich in genügender Zahl kommen.
- Setzen Sie von Anfang an auf Sicherheit, aber lassen Sie nicht zu, dass (unbegründete) Sicherheitsängste Ihre Innovationsziele behindern.
- Verfolgen Sie eine Vision und einen Modus, der eher „ermöglichen und sicherstellen" als „kontrollieren und diktieren" anstrebt.
- Bereiten Sie sich darauf vor, dass es eine herausfordernde Reise sein wird: Es wird nicht einfach und ohne Probleme sein, egal wie viel Sie planen. Suchen Sie sich Unterstützung von vertrauensvollen Partnern, die Erfahrungen aus umgesetzten Cloud-Transformationsprojekten mitbringen.

5.8.1.1 Ziele & Planung

Ziele klar definiert: Bevor Sie mit der Cloud-Reise beginnen, definieren Sie klar die Ziele und Gründe Ihres Unternehmens für die Einführung von der Public Cloud. Ob es darum geht, Kosten zu senken, die Skalierbarkeit zu verbessern, die Flexibilität zu erhöhen oder schnellere Innovationen zu ermöglichen – eine klare Vision wird Ihren Entscheidungsprozess leiten.

Wahl des Cloud-Modells: Cloud bietet verschiedene Bereitstellungsmodelle, darunter öffentliche, private und Hybrid-Clouds. Bewerten Sie Ihre spezifischen Bedürfnisse und Anforderungen, um festzustellen, welches Modell am besten zu ihrem Unternehmen passt.

Cloud Roadmap: Einer der wichtigsten Aspekte einer erfolgreichen Cloud-Reise ist das Planen und Entwerfen einer Roadmap. Unternehmen sollten mit einer klar definierten Cloud-Strategie beginnen, die ihre Geschäftsziele und Cloud-Einführungsziele darlegt. Es ist auch wichtig, bestehende Anwendungen und Workloads zu bewerten, um festzustellen, welche für die Cloud geeignet sind. Definieren Sie Ihre Cloud-Strategie, einschließlich der zu migrierenden Anwendungen oder Workloads, und berücksichtigen Sie Faktoren wie Sicherheit, Compliance und Kostenoptimierung.

5.8.1.2 Aufsetzung & Vorbereitung

Gründliches Assessment: Bewerten Sie Ihre vorhandene Infrastruktur, Anwendungen und Daten, um festzustellen, welche Workloads für die Cloud geeignet sind. Berücksichtigen Sie Faktoren wie Komplexität, Abhängigkeiten und regulatorische Anforderungen.

Cloud-Anbieter Auswahl: Wählen Sie einen Cloud-Anbieter, der den Anforderungen, dem Budget und den langfristigen Zielen Ihres Unternehmens entspricht. Bewerten Sie Faktoren wie Zuverlässigkeit, Leistung, Skalierbarkeit, Sicherheitsmaßnahmen und die Breite der angebotenen Dienste.

Planen Sie die Migration und Integration: Entwickeln Sie einen detaillierten Migrationsplan und stellen Sie die ordnungsgemäße Integration zwischen Ihren lokalen Systemen und der Cloud sicher. Berücksichtigen Sie Faktoren wie Datenübertragung, Netzwerkkonnektivität und Anwendungsabhängigkeiten.

Sicherheit und Compliance priorisieren: Cloud-Sicherheit liegt in der gemeinsamen Verantwortung des Cloud-Anbieters und von Ihnen. Stellen Sie sicher, dass sie über eine solide Sicherheitsstrategie verfügen, die Identitäts- und Zugriffsmanagement, Netzwerksicherheit und Datenschutz umfasst. Stellen Sie bei der Transformation in die Cloud sicher, dass geeignete Sicherheitsmaßnahmen zum Schutz Ihrer Daten vorhanden sind. Implementieren Sie Verschlüsselung, Zugriffskontrollen und Überwachungstools, um die Vertraulichkeit und Integrität der Daten zu wahren. Machen Sie sich mit den Compliance-Anforderungen Ihrer Branche vertraut und stellen Sie sicher, dass Ihr Cloud-Anbieter diese Standards erfüllt.

Ausfallsicherheit und Notfallwiederherstellung: Implementieren Sie eine robuste Backup- und Notfallwiederherstellungsstrategie zum Schutz vor Datenverlust und Dienstunterbrechungen. Nutzen Sie Cloud-native Dienste von Cloud-Anbietern wie automatisierte Backups, Replikation und Disaster-Recovery-Lösungen, um die Geschäftskontinuität sicherzustellen.

Governance und Überwachung: Richten Sie Governance-Richtlinien, Kontrollen und Überwachungsmechanismen ein, um die Transparenz und Kontrolle über Ihre Cloud-Infrastruktur aufrechtzuerhalten. Implementieren Sie Identitäts- und Zugriffsverwaltungs-kontrollen, Prüfprotokolle und überwachen Sie Sicherheitsvorfälle, um Compliance sicher-zustellen und unbefugte Zugriffe oder Aktivitäten zu erkennen.

5.8.1.3 Organisation

Cloud-Mindset: Die Cloud-Einführung erfordert einen kulturellen Wandel in Ihrem Unter-nehmen. Die Mitarbeiter sollten über die Vorteile der Cloud aufgeklärt werden. Investieren Sie in die Schulung und Weiterbildung Ihres IT-Personals, um Cloud-Technologien effektiv zu verwalten und zu nutzen, denn im Vergleich zur herkömmlichen IT-Infrastruktur erfor-dert die Cloud andere Fähigkeiten und Kenntnisse. Fördern Sie eine Kultur des Lernens und ermutigen Sie zur kontinuierlichen Verbesserung.

Zusammenarbeit und Kommunikation: Fördern Sie die funktionsübergreifende Zusam-menarbeit und Kommunikation zwischen verschiedenen Teams, die an der Cloud-Reise beteiligt sind, einschließlich IT, Betrieb, Sicherheit und Geschäftseinheiten, um einen rei-bungslosen Übergang zu gewährleisten, Herausforderungen zu bewältigen und die Vorteile der Cloud-Einführung zu maximieren.

5.8.1.4 Optimierter Betrieb

Kontinuierliche Bewertung und Optimierung: Cloud-Technologien und Best Practices entwickeln sich schnell weiter. Daher ist es wichtig, Ihre Cloud-Umgebung kontinuierlich zu bewerten und zu optimieren. Bewerten Sie regelmäßig die Leistung, Kosten und Sicher-heit Ihrer Cloud-Infrastruktur und prüfen Sie Möglichkeiten zur Nutzung neuer von Ihnen angebotener Dienste und Funktionen.

Überwachung und Optimierung: Cloud-Umgebungen sind dynamisch und Arbeitslasten können sich im Laufe der Zeit ändern. Überwachen und optimieren Sie Ihre Cloud-Infrastruktur und -Anwendungen kontinuierlich, um sicherzustellen, dass sie effizient und effektiv funktionieren, unter anderem mit dem Nutzen der vom Cloud-Anbieter bereitgestellten Überwachungs- und Analysetools, um Engpässe zu identifizieren, die Res-sourcenzuweisung zu optimieren und eine effiziente Nutzung der Computerressourcen sicherzustellen.

Kosten optimieren: Mit Cloud kann man sparen, aber dafür ist es sehr wichtig, dass man das richtige Preismodell auswählt und auch Tools zur Überwachung und Verwaltung der Ausga-ben nutzt (mehr dazu in den folgenden Kapiteln). Während Cloud Computing Skalierbarkeit und Flexibilität bietet, ist es wichtig, die Kosten effektiv zu verwalten. Optimieren Sie die Ressourcenzuweisung, nutzen Sie Automatisierungs- und Überwachungstools, um unnötige

Ausgaben zu identifizieren und zu kontrollieren. Überprüfen Sie Ihre Cloud-Infrastruktur regelmäßig, um sicherzustellen, dass sie Ihren Anforderungen entspricht, und passen Sie sie bei Bedarf an. Mehr dazu in Stufe 2.

5.8.2 Dont's

Aus den genannten Lessons learned lassen sich einige Dont's implizieren, die sich aus den Erfahrungen von mehreren Cloud-Transformationsprojekten aus der Praxis ergeben:

- Betrachten Sie es nicht als nur ein rein technisches Thema: Involvieren Sie alle relevanten Stakeholder, IT sollte nicht allein gehen, Business muss involviert sein. Es ist nicht nur ein technologisches Thema, es ist eine Transformation der gesamten Organisation.
- Stürzen Sie sich nicht ohne Planung in die Cloud: Vermeiden Sie es, den Migrationsprozess, ohne einen gut durchdachten Plan zu überstürzen. Mangelnde Planung kann zu einer ineffizienten Ressourcenzuweisung, Sicherheitslücken und Betriebsproblemen führen.
- Vernachlässigen Sie Backup und Disaster Recovery nicht: Stellen Sie sicher, dass Sie über geeignete Mechanismen verfügen, damit unvorhergesehenen Ereignissen größere Datenverlust oder längere Ausfallzeiten verursachen.
- Ignorieren Sie Governance und Compliance nicht: Behalten Sie strenge Governance- und Compliance-Praktiken in der Cloud bei. Legen Sie klare Richtlinien für Zugriffskontrolle, Datenschutz und Benutzerverwaltung fest.
- Vergessen Sie nicht die Überwachung und Optimierung, sei es auf Leistung, Sicherheit und Kosten. Dies kann zu Ineffizienzen, Sicherheitslücken und unnötigen Kosten führen.
- Vernachlässigen Sie nicht den laufenden Support und die Wartung: Bieten Sie fortlaufenden Support und Wartung für Ihre Cloud-Infrastruktur und -Anwendungen. Aktualisieren und patchen Sie Ihre Systeme regelmäßig, führen Sie Backups durch und beheben Sie technische Probleme umgehend.

5.9   Client Cases und Beispiele

5.9.1   Mobilitäts- und Transportkonzern

Übersicht
Fokus: Transformation in die Cloud

Der Schwerpunkt dieses Kundenbeispiels liegt auf Digitalisierung und Innovation voranzutreiben durch die Cloudifizierung der IT-Landschaft, anhand einer Multi-Cloud Strategie und mit einem starken Fokus auf die Mitarbeiter und auf die Sicherheit.

Ausgangssituation

Das Unternehmen hatte eine umfassende Cloud-Transformation eingeleitet, um Digitalisierung und Innovation voranzutreiben, mehr Geschwindigkeit bei der Umsetzung fachlicher Anforderungen, höhere Performance in der IT-Infrastruktur und größere Flexibilität im Kapazitätsmanagement zu bekommen – und auf Dauer geringere Kosten.

Der Großteil des bestehenden Anwendungsportfolios sollte in die Public Cloud migriert werden. Mehrere tausend Server wurden selbst betrieben, um den riesigen Datenstrom aus dem Geschäft und der Infrastruktur auszuwerten, unter anderem auch E-Commerce Kanäle und Smartphone Apps.

Maßnahmen

Ein zentrales Umsetzungsprogramm wurde aufgesetzt, um den konsequenten Cloud-First-Ansatz umzusetzen um die Anwendungen, Produkte und Services in die Public Cloud zu migrieren. Ein sehr starrer Zeitplan musste eingehalten werden, da alle Rechenzentren im Voraus verkauft wurden und man wollte die entsprechenden Rahmenbedingungen und Voraussetzungen bilden, um vor allem ein Ziel zu erreichen: die Vorteile der Nutzung der Public Cloud für alle möglichst schnell nutzbar zu machen.

Der vorgegebene Lift & Shift/Re-platform Ansatz erforderte eine umfassende Neuinstallation wichtiger Systemanwendungen. Außerdem musste das Unternehmen die komplexe Verlagerung seiner wichtigsten Geschäftsverfahren in die Cloud bewältigen. Die Transformation zur Cloud umfasste mehrere komplexe und große Anwendungen, mit zahlreichen unterschiedlichen Technologien, die berücksichtigt und beherrscht werden mussten, die über mehrere internen und externen Schnittstellen zwischen sich und mit externen Systemen verbunden waren.

Um sich nicht von einem großen Cloud-Betreiber abhängig zu machen, verfolgte das Unternehmen eine Multi-Cloud-Strategie mit dem Einsatz von zwei Cloud-Anbietern, und es nicht ausgeschlossen, dass zukünftig einer der Cloud-Provider gewechselt wird.

Betroffen von der Änderung waren sehr viele Mitarbeiter, die in den Rechenzentren beschäftigt waren. Alle wurden behalten und weitergebildet und sind unter anderem in die Betriebsführung der Clouddienste oder in die Software-Entwicklung gegangen. Fachleute, vor allem IT- und Digitalexperten, werden angestellt, um die Innovation anhand der Nutzung der Cloud-Dienste voranzutreiben. Die Arbeitsweise wurde auf selbstorganisierte Ansätze geändert, mit Verwendung von agilen Tools, um auf diese Weise mit Cloud-basierten Technologien zu arbeiten, um somit auf Innovation sich zu konzentrieren.

Einen besonderen Fokus wurde auf Sicherheit und Datenschutz gelegt. Daten und Schnittstellen wurden verschlüsselt und nur das Unternehmen kann sie entschlüsseln. Daher können Anwendungen, bei denen der Datenschutz eine wichtige Rolle spielt, in der Cloud betrieben werden.

Ergebnis

Die Durchführung der komplexen Migration im vorgegebenen Zeitrahmen, von der Vorbereitung bis zum Go-Live, wurde erfüllt. Die Betriebskosten der Plattform durch Nutzung von Cloud-Infrastruktur, Public Cloud Managed Services und Optimierung von Geschäftsprozessen wurde erzielt. Mit der erhöhten Flexibilität durch neue, auf der Cloud-Infrastruktur basierende Architektur, werden kürzere Markteinführungszeiten erwartet.

Zuvor funktionierte das Unternehmen klassisch, organisiert in Silos: Innovationen zu entwickeln war anstrengend. Jetzt werden geschäftliche Herausforderungen aus einer neuen Perspektive betrachtet.

Die Änderungen der Organisation bis hin zur verstärkten Cloud-Akzeptanz war entscheidend für die schnelle Anpassung zu Beginn der Coronapandemie: die VPN-Infrastruktur konnte innerhalb weniger Wochen massiv auf gleichzeitige Benutzer skaliert werden, um alle Mitarbeiter innerhalb von wenigen Tagen aus dem Homeoffice arbeiten zu lassen. Die IT-Landschaft in der Cloud konnte reibungslos vom Homeoffice betrieben werden.

5.9.2   Global agierender Konsumgüterkonzern

Übersicht

Fokus: Cloudifizierung anhand definierten Fokuswerthebel.

Der Schwerpunkt dieses Kundenbeispiels liegt auf die Einführung einer digitalen Strategie durch das Verlagern der eigenen Infrastruktur in die Public Cloud, um besser, agiler und flexibler innovative digitale Lösungen einführen zu können.

Ausgangssituation.

Das Geschäftsziel bestand darin, ein flexibles, vereinfachtes digitales Unternehmen zu schaffen, das sich durch intelligente Abläufe auszeichnet: Daten, angewandte Intelligenz und menschlicher Einfallsreichtum werden kombiniert, um bessere Entscheidungen, Kundenerlebnisse und Ergebnisse zu erzielen.

Der Wechsel in die Cloud war der entscheidende erste Schritt zur Umsetzung der digitalen Transformation und zum Erreichen des Ziels eines intelligenten Betriebs. Eine Cloud-First Strategie wurde entschieden: die gesamte IT-Landschaft basierend auf eigene Rechenzentren sollte in die Cloud verlagert werden.

Maßnahmen

Mit der Unterstützung von externen Experten baute das Unternehmen seine Cloud Foundation in weniger als drei Monaten auf. Dabei wurden, wo immer möglich, Automatisierung und Innovation integriert, um eine bessere Servicequalität und Benutzererfahrung zu schaffen.

In nur sechs Monaten wurden weit über 1000 Server und mehrere hunderte wichtige Geschäftsanwendungen in die Cloud migriert. Die globale Migration erfolgte in drei Wellen – die letzte umfasste die Verschiebung von mehreren Terabyte an Daten – und wurde ohne Unterbrechung des Geschäftsbetriebs abgeschlossen.

Ergebnis

Heute verfügt das Unternehmen über eine skalierbare, flexible Cloud-Infrastruktur und die vereinfachte, automatisierte Anwendungslandschaft, die zur Unterstützung des Übergangs zu einem digitalen Unternehmen erforderlich sind. Außerdem hat das Unternehmen 100 % seiner Systeme und Anwendungen von einer Legacy-Umgebung auf eine Cloud-Umgebung umgestellt. Größere Systemvorfälle sind durchschnittlich über 60 % gesunken. Bessere Zuverlässigkeit, Sicherheit und Disaster-Recovery-Funktionen sind nur der Anfang. Mit dem variablen Kostenmodell der Cloud konnten auch die Betriebsausgaben gesenkt werden.

Durch die Einführung in die Cloud wird der enorme Vorteil der Nutzung der Skalierbarkeit stark ausgenutzt: Ressourcen in der Cloud werden so aufgebaut, wie diese benötigt werden, und zwar auf eine Weise, die im eigenen Rechenzentrum unmöglich gewesen wäre.

Die gesamte IT-Landschaft wurde auf ein höheres Niveau gehoben, mit Innovation im Fokus: Experimente können mit viel weniger Risiko und viel geringeren Kosten vorangetrieben werden. Die Fähigkeit, IT-Lösungen schnell und sicher zu entwickeln, ermöglicht es zufriedenstellende Benutzer- und Kundenerlebnisse zu bieten.

Sicherheit war ein anderer Werthebel, denn mit den Fähigkeiten der Public Cloud können moderne Sicherheitsmaßnahmen benutzt werden, die für den Schutz der Unternehmenswebsite wichtig ist.

5.10 What's next

Eine Cloud-Strategie stellt die Grundvoraussetzung für eine erfolgreiche Cloud-Transformation über mehrere Phasen hinweg dar

Wenn Sie erfolgreich eine Cloud-Strategie, eine Roadmap für die Cloudifizierung und Migration Ihrer IT-Landschaft etabliert haben und schon in der Umsetzung sind, eine Cloud Foundation mit einem robusten Cloud Center of Excellence aufgesetzt haben, und Ihr Team weiterbilden in Richtung Cloud-Skills und Cloud-Mindset, so haben Sie in Ihrem Unternehmen eine solide Grundlage für die erste Stufe in der Transformation in die Public Cloud aufgebaut.

Im nächsten Schritt Ihrer Cloud-Transformation befassen Sie sich mit FinOps, Infrastructure-as-Code und dem Etablieren eines serviceorientierten Betriebsangebots in Ihrer Organisation. Damit werden Sie eine vollständige Transparenz über Ihre anfallenden Cloud-Kosten erhalten und können somit auch das Optimierungspotenzial der Cloud effizient ausschöpfen. Durch den Einsatz eines serviceorientierten Betriebsangebots etablieren Sie ein übersichtlichen Servicekatalog, der von den Geschäftsbereichen reibungslos genutzt werden kann.

Literatur

1. https://txture.io/en/blog/6-Rs-cloud-migration-strategies Zugegriffen 23.06.2023)

Stufe 2 – Kosten und Cloud-Nutzung unter Kontrolle halten

6

6.1 Einleitung

Sie haben die Startphase in die Public Cloud erfolgreich durchlaufen und eine langfristige Cloud-Strategie aufgebaut, die an Ihren Unternehmenszielen ausgerichtet ist? Eine nachhaltige Strategie ist die Grundvoraussetzung für die Nutzung des Potenzials der Public Cloud und die Etablierung des Cloud Values. Insbesondere die Cloud-Strategie definiert die Basis für das weitere Vorgehen bei einer Transformation zur Public Cloud. Um die Strategie zu etablieren und die Transformation zu beginnen, haben Sie womöglich auch bereits die ersten Services und Anwendungen in der Public Cloud bereitgestellt.

Der zweite Reifegrad in Bezug auf die Bereitschaft zur Nutzung einer Public Cloud fokussiert sich daher auf die Cloud Optimierungsservices, auch als **Cloud Optimization Services** bezeichnet. Diese setzen sich aus den drei Bereichen Cloud-Kostenmanagement, Standardisierung und Automatisierung von Cloud-Ressourcen, sowie serviceorientiertes Betriebsangebot zusammen. In den nachfolgenden Abschnitten werden diese einzelnen Themen zunächst näher beschrieben. Anschließend folgt eine Erläuterung potenzieller Maßnahmen zur Umsetzung und Einbindung der Bereiche in einem Unternehmensumfeld.

6.2 What's in the Box?

Mithilfe der Cloud Optimierungsservices wird die Nutzung von Cloud-Ressourcen in einem Unternehmen standardisiert und automatisiert. Die Standardisierung erfolgt dabei auf technischer als auch auf organisatorischer Ebene in Form von Infrastructure-as-Code. Mit den standardisierten Cloud Services geht zudem die Verwaltung und die Optimierung der Kosten einher, die unter dem Begriff „Financial Operations", kurz FinOps,

© Der/die Autor(en), exklusiv lizenziert an Springer Fachmedien Wiesbaden GmbH, ein Teil von Springer Nature 2023
N. Feil et al., *Public Cloud Potenzial in einem Unternehmensumfeld*,
https://doi.org/10.1007/978-3-658-42665-1_6

bekannt sind. Wie die standardisierten Services mit den Prozessen des Kostenmanagements gegenüber dem Unternehmen angeboten werden, wird in einem serviceorientierten Ansatz betrachtet. Mit der Kombination dieser drei Bereiche generieren Sie einen hohen Mehrwert für Ihr Unternehmen, um die Vorteile der Public Cloud zu nutzen und einen Cloud Value zu etablieren.

6.2.1 Kosten der Cloud verwalten und optimieren

Die Public Cloud bringt für Unternehmen viele Vorteile mit sich, wie beispielsweise Flexibilität, Skalierbarkeit, eine schnelle Time-to-Market und Kosteneffizienz. Die Verwaltung der Kosten für in der Public Cloud genutzte Services können jedoch eine Herausforderung darstellen. In der Public Cloud werden die Services von vielen verschiedenen Abteilungen und Teams innerhalb eines Unternehmens genutzt und geteilt. Um die Cloud-Kosten nutzungsbasiert abrechnen und das volle Potenzial des Kostenmanagements und der Optimierung in der Public Cloud ausschöpfen zu können, hat sich der Ansatz nach FinOps etabliert. Das nachfolgende Kapitel wird eine Einführung in das FinOps-Framework geben, den Abrechnungsprozess erläutern und den Bereich der Kostenoptimierung aufgreifen.

6.2.1.1 Einleitung in FinOps

Bevor die Kostenverwaltung und -optimierung von Public Cloud Umgebungen vertieft wird, betrachten wir zunächst, was unter FinOps verstanden wird.

►Financial Operations, kurz FinOps, ist eine ganzheitliche Disziplin aus dem Bereich des Cloud-Finanzmanagements, um Unternehmen dabei zu unterstützen, die Cloud-Ressourcen aus wirtschaftlicher Sicht möglichst effizient und kostengünstig zu betreiben. Insbesondere die Verwaltung und die Optimierung der in der Cloud anfallenden Kosten stehen dabei im Vordergrund. Das Framework nach FinOps ermöglicht eine organisatorische, prozessuale und technische Einbindung des Finanzmanagements in das Cloud-Betriebsmodell eines Unternehmens.[1]

Die Umsetzung von FinOps in einem Unternehmensumfeld bringt mehrere Vorteile mit sich.

Kostenkontrolle: Nach FinOps wird ein datenbasiertes Vorgehen verwendet, um die Nutzung der Cloud-Ressourcen zu überprüfen. Die datengesteuerte Überwachung ermöglicht Unternehmen, die Cloud-Kosten zu kontrollieren und zu reduzieren, indem beispielsweise die Größe der verwendeten Ressourcen reduziert wird.

---

[1] Storment, Fuller. «Cloud FinOps: Collaborative, Real-Time Cloud Financial Management», O'Reilly Media, 2019.

Transparenz: Mithilfe von FinOps wird die Transparenz über die Nutzung der Ressourcen in einer Cloud-Umgebung erhöht. Durch die kontinuierliche Überwachung entsteht ein verbessertes Verständnis zur tatsächlichen Nutzung der Public Cloud. Daraus ergeben sich Potenziale zur Kostenreduzierung.

Zusammenarbeit: Bei FinOps handelt es sich um einen interdisziplinären Ansatz, bei dem mehrere Unternehmensbereiche und –teams involviert sind. Das FinOps-Modell unterstützt und fördert die Bildung einer Zusammenarbeit zwischen dem Finanzbereich und den technischen Teams, um Cloud-Kosten verursachergerecht umzulegen und zu optimieren.

Risikominimierung: Die Einführung von FinOps kann zudem bei der Integration einer Qualitätssicherung unterstützen, indem sichergestellt wird, dass das Unternehmen die Cloud-Ressourcen nach einem sicheren Standard und effektiv nutzt. Die Standardisierung von Cloud-Komponenten wird Abschn. 6.2.2 erläutert.

> Insgesamt bringt der FinOps-Ansatz einen hohen Mehrwert für Unternehmen mit, um die Cloud-Abrechnungsprozesse und die Kostenoptimierung strukturiert und effizient in die Geschäftsprozesse zu integrieren. Um FinOps erfolgreich in Ihrem Unternehmen zu etablieren, betrachten wir zunächst die Inhalte des Frameworks.

6.2.1.2   Das FinOps-Framework

Insgesamt umfasst die Disziplin nach FinOps drei unterschiedliche Säulen, die Grundlage für den FinOps-Ansatz definieren. Der erste Bereich beinhaltet die organisatorische Ebene in Form von Rollen, Verantwortlichkeiten und der Organisationsstruktur. In dem Framework wird diese Säule folglich als „People" bezeichnet. Ein weiterer Bereich des Frameworks umfasst die mit FinOps einhergehenden Prozesse. Im Umfeld der Prozesse werden detaillierte Arbeitsabläufe definiert, entwickelt und integriert, die für die Verwaltung und die Optimierung der Cloud-Kosten benötigt werden. Unterstützt wird die Umsetzung der organisatorischen und prozessualen Methoden mithilfe von technologischen Lösungen. Diese dritte Ebene wird unter „Tools" zusammengefasst und beschreibt die Technologie, um FinOps in einem Unternehmensumfeld zu integrieren.

Neben den drei genannten Säulen basiert das FinOps-Framework maßgeblich auf einer phasenorientierten Methodologie und klar definierten Prinzipien, um die einzelnen Bereiche miteinander in Verbindung zu bringen und FinOps strukturiert in einem Unternehmensumfeld zu integrieren. Die Prinzipien und die Methodologie stellen die Grundlage für jede FinOps-Umsetzung dar (Abb. 6.1).2

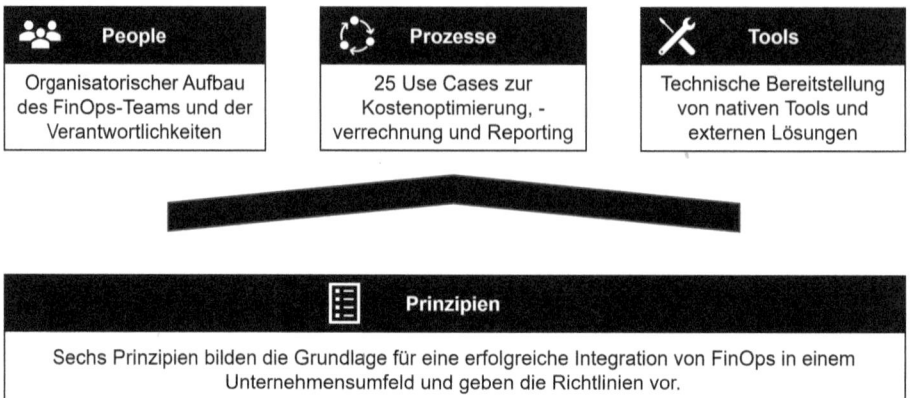

Abb. 6.1   Übersicht des FinOps Frameworks

6.2.1.3   Prinzipien & Metholodologie

Die FinOps Community (FinOps Foundation 3) hat sechs Prinzipien für die Etablierung von FinOps in einem Unternehmen definiert. Dabei handelt es sich um Kernaussagen, die die eine klare Richtung und Strategie für die Implementierung von FinOps vorgeben. Diese Prinzipien können als Richtlinien für jede FinOps-Umsetzung gesehen werden.

1. **Die Teams müssen zusammenarbeiten**: Bei FinOps handelt es sich vor allem um eine kulturelle Veränderung des Unternehmens. Dies erfordert eine enge Zusammenarbeit zwischen den Finanzabteilungen und der IT, da in einem FinOps-Modell Kenntnisse aus beiden Bereichen benötigt wird.
2. **Der Businesswert der Cloud treibt die Entscheidungen voran**: Die Entscheidungen in Bezug auf die Cloud-Kosten sollten auf Grundlage des Businesswerts eines Services oder einer Anwendung erfolgen. Die Betrachtung sollte nicht auf den reinen monatlichen Kosten liegen, sondern auf dem Geschäftswert, die mit der Optimierung einhergehen würde.
3. **Jeder übernimmt die Verantwortung für seine Cloud-Nutzung**: Innerhalb eines Unternehmens sind jedes Team und jedes individuelle Teammitglied für die effiziente und nachhaltige Nutzung der eigenen Cloud-Ressourcen verantwortlich.
4. **FinOps-Berichte sollten zugänglich und zeitnah sein**: Da Entscheidungen im FinOps-Umfeld auf Daten und Berichten basieren, ist die Zugänglichkeit und Transparenz eine grundlegende Voraussetzung für die Etablierung von FinOps. Um zeitnahe Entscheidungen treffen zu können, sollten die Berichte stets aktuell und in kurzer Zeit bereitgestellt werden.
5. **Ein zentralisiertes Team treibt FinOps voran**: Um FinOps strukturiert und zielgerichtet in einem Unternehmen zu etablieren, sollte die Integration von FinOps durch ein dediziertes, zentrales Team vorangetrieben werden. Da FinOps insbesondere mit einer

kulturellen Veränderung im Unternehmen einhergeht, kann das FinOps-Team diese neue Kultur und Methodik demonstrieren.

6. **Die Vorteile des variablen Kostenmodells der Cloud sollen genutzt werden**: Im Gegensatz zu einem herkömmlichen On-Premise-Datenzentrum müssen Unternehmen in der Public Cloud keine physische Infrastruktur erwerben. Durch den Konsum von Services bieten die Hyperscaler-Anbieter verschiedene Kostenmodelle an. Durch langfristige Reservierungen von Services können beispielsweise hohe Kostenersparnisse erzielt werden. Ebenso kann in kürzester Zeit die Größe eines bestellten Services reduziert werden, falls die Nutzung sehr gering ist, um so weitere Kosten einzusparen.

Ergänzt werden die sechs Prinzipien durch die FinOps-Methodologie4. Die Methodologie setzt sich aus drei Phasen zusammen, die wiederholend durchlaufen werden. Die Häufigkeit der Wiederholungen hängt insbesondere von der Dynamik und den Veränderungen in der Cloud-Umgebung ab (Abb. 6.2).

6.2.1.3.1 Phase 1: Inform (Informieren)

In der ersten Phase liegt der Fokus auf der Transparenz und der Sichtbarkeit der anfallenden Cloud-Kosten. Damit geht die Zuordnung der Kosten zu den jeweiligen Kostenverursachern einher, um eine zuverlässige Abrechnung und Verrechnung der Cloud-Kosten sicherzustellen. Im Rahmen der Zuweisung geht es zudem darum, dass alle Beteiligten transparente Informationen über ihre individuelle Cloud-Nutzung und

Abb. 6.2
FinOps-Methodologie

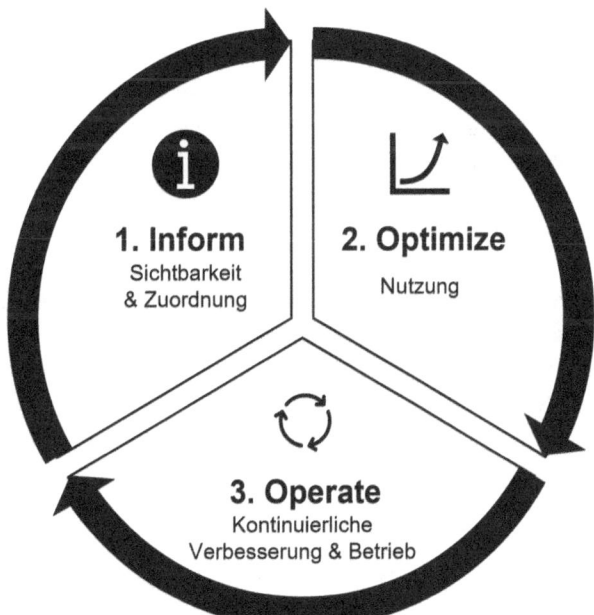

-Kosten erhalten. Das setzt eine korrekte und nutzungsbasierte Zuordnung der Cloud-Kosten zu den jeweiligen Kostenverursachern voraus. Anschließend müssen die erfassten Daten auf eine sinnvolle Dimension aggregiert werden. Um eine Transparenz über die Cloud-Kosten zu etablieren, können folgende Aktivitäten im Rahmen der im FinOps-Framework definierten Use Cases vorgenommen werden. Häufig werden die Use Cases auch als FinOps-Fähigkeiten bezeichnet.

Bewusstsein und Transparenz der anfallenden Cloud-Kosten

- **Zuordnung der Kostendaten zu den Business-Teams**: Für einen erfolgreiche Verrechnung der Cloud-Kosten an das Business müssen die Kosten den jeweiligen Kostenträgern zugeordnet werden (siehe Abschnitt „Prozesse").
- **Showback- und Chargeback-Berichten**: Diese beiden Prozesse etablieren die Transparenz der Cloud-Kosten gegenüber den Geschäftseinheiten, um das Bewusstsein und die Verantwortlichkeit über die verursachten Kosten in Form der Kostenverrechnung hervorzuheben (siehe Abschnitt „Prozesse").
- **Budgets pro Workload und Prognosen der Cloud-Kosten**: In der Regel bringt jeder Cloud-Workload ein eigenes Budget aus dem Business mit, um die anfallenden Kosten zu decken. Zur Überwachung des Budgets im Kontext zur Cloud-Nutzung werden die Budget-Informationen zentral definiert (siehe Abschnitt „Tools").
- **Tagging-Strategie und Compliance-Richtlinien**: Tags, die in der Regel bei jedem Hyperscaler-Provider pro Ressource individuell vom Anwender gesetzt werden können, können mit Informationen ergänzt werden, die für die Kostenverwaltung relevant sind (siehe Abschnitte „Prozesse" und „Tools").
- **Bewertungs- und Amortisierungskennzahlen**: Insbesondere bei individuell ausgehandelten Raten sollten diese zeitnah und kontinuierlich in die Berechnung von Prognosen und Amortisierungen miteinbezogen werden.

Benchmark Performance

- **Scorecards, Metriken und KPIs**: Mithilfe von Scorecards und KPIs wird der Fortschritt der Kostenoptimierungen geprüft.
- **Internes Benchmarking und Benchmarking gegenüber von Unternehmen aus der gleichen Industrie**: Um eine Vergleichbarkeit zu anderen Unternehmen herstellen zu können, eignen sich Benchmarking mit der jeweiligen Industrie.
- **Trend- und Abweichungsanalyse**: Die Identifizierung von Kostentreibern und kostenintensiven Ressourcen unterstützt die Analyse von potenziellen Abweichungen.

6.2.1.3.2 Phase 2: Optimize (Optimieren)
Die zweite Phase der FinOps-Methodologie umfasst die Betrachtung der Auslastung der einzelnen Cloud-Ressourcen. Das Ziel der Optimierungsphase ist die Reduzierung der

Cloud-Kosten. Die Optimierung der Kosten kann mithilfe von finanziellen Aspekten oder durch die technische Analyse der Cloud-Architektur erfolgen, um eine kosteneffizientere Infrastruktur in der Public Cloud aufzubauen. Um die technischen Optimierungspotenziale in der Cloud-Umgebung zu identifizieren, beschreibt das FinOps-Framework in der Optimize-Phase die nachfolgend aufgelisteten Aktivitäten. Neben der technischen Sicht werden auch organisatorische Aspekte angegangen, um zeitnahe Entscheidungen über die in der Analyse erkannten Anpassungen zu treffen.

Ermöglichen von Entscheidungen in Echtzeit

- **Identifizieren und Entfernen von nicht vollständig ausgelasteten Services**: Die Analyse von lediglich geringfügig oder gar nicht genutzten Services ermöglicht Potenzial zur Kostenreduzierung (siehe Abschnitt „Kostenoptimierung").
- **Zeitnahe und konsistente Bereitstellung der anfallenden Cloud-Kosten und der Nutzungsdaten für alle Stakeholder**: Durch die Einbindung der Stakeholder erhöht sich das Bewusstsein für potenzielle Kostenoptimierungen (siehe Abschnitt „Tools").
- **Identifizierung von Anomalien**: Die Analyse von unerwarteten oder unvorhergesehenen Kosten ermöglicht die Reduzierung oder konkrete Zuordnung von Cloud-Kosten.

Optimieren der Nutzung

- **Rightsizing**: Mithilfe von Analysen werden die technischen Nutzungskennzahlen der Ressourcen in der Cloud-Umgebung ausgewertet und können durch Anpassung der Instanzgröße ein Potenzial zur Kostenoptimierung mit sich bringen (siehe Abschnitt „Kostenoptimierung").
- **Verwaltung der Arbeitslast auf den Cloud-Systemen und -Ressourcen**: Die Analyse der Arbeitslast ermöglicht es, Instanzen mit geringer Nutzung zu identifizieren, um für diese beispielsweise mithilfe der nutzungsbasierten Abrechnung Kostenersparnisse zu erzielen (siehe Abschnitt „Kostenoptimierung").
- **Automatisierung**: Durch die Integration von Automatisierung können Instanzen automatisch je nach aktueller Nutzungslast skaliert werden, um Kostenoptimierungen insbesondere bei gering frequentierten Systemen zu erzielen (siehe Abschnitt „Tools").

6.2.1.3.3 Phase 3: Operate (Betreiben)

In der dritten Phase der Methodologie wird der FinOps-Ansatz operationalisiert und in den Betrieb übergeben. Ein wichtiger Bestandteil des Betriebs ist die kontinuierliche Verbesserung der etablierten Prozesse und des Betriebsmodells. Folglich liegt der Schwerpunkt der Operate-Phase auf den Prozessen, die diese Bereiche unterstützen. Insbesondere bei einer zukünftig steigenden Cloud-Nutzung ermöglichen diese Prozesse eine Skalierung des FinOps-Umfelds. Auf diese Weise können bereits integrierte FinOps-Elemente für neue Cloud-Services genutzt werden. Der wiederholt durchlaufene Phasenzyklus von FinOps wirkt dabei unterstützend auf die Skalierbarkeit ein, indem insbesondere für neue Anwendungen in der Cloud zunächst die Inform-Phase durchlaufen wird. In der Operate-Phase können folgende Aktivitäten im Rahmen der FinOps Use Cases aufgegriffen werden:

Optimierung der Cloud-Tarife

- **Verwendung von Marktplätzen:** Bei den Marktplätzen innerhalb der Hyperscaler-Umgebungen werden einige Ressourcen oder Templates bereitgestellt, was zu potenziellen Kostenersparnissen führen kann.
- **Optimierung der Lizenzen:** Bei der Nutzung einer bereits vorhandenen, eigenen Lizenz wird bei vielen Cloud-Ressourcen der Preis reduziert.
- **Ausgewogene Nutzung verschiedener Tarifarten:** Durch die Kombination unterschiedlicher Tarife für die Nutzung von Cloud-Ressourcen bei den Hyperscaler-Anbietern können je nach Anforderung die Kosten reduziert werden.
- **Auswahl von zur Flexibilität passenden Rabatten:** Potenzielle Rabatte können beispielsweise durch Reservierungen, nutzungsbasierte Abrechnung oder Bezahlungen im Voraus erzielt werden.
- **Kapazitäten von Cloud-Ressourcen im Voraus kaufen:** Beim Kauf von Reservierungen für einzelne Ressourcen und Instanztypen bieten die Hyperscaler einen reduzierten Preis an (siehe Abschnitt „Kostenoptimierung").
- **Kunden- und Mengenrabatte/nachhaltige Nutzung:** Durch Saving Plans oder individuell ausgehandelte Rabatte können gegebenenfalls weitere Kosten gespart werden (siehe Abschnitt „Kostenoptimierung").

FinOps-Pläne auf das Business abstimmen

- **Aufbau von Business Cases:** Mithilfe von Business Cases können die betriebswirtschaftlichen Vorteile der Public Cloud und den damit einhergehenden Kostenersparnissen dargelegt werden.
- **Kommunikationsstrategie:** Eine Kommunikationsstrategie unterstützt bei der organisatorischen Etablierung des FinOps-Ansatzes im Unternehmen.
- **Entwicklung eines Rahmens für die Entscheidungsfindung, der auf das Business abgestimmt ist und das Business involviert:** Um die Entscheidungsträger des Business-Bereichs mit einzubeziehen, wird ein übergreifender Prozess entwickelt, um Entscheidungen voranzutreiben.
- **Tracking und Trendbestimmung:** Kontinuierliches Tracking unterstützt bei der Identifikation zukünftiger Trends, getrieben durch den Business-Bereich, in Bezug auf geplante Cloud-Services und damit einhergehende Kosten.
- **Kontinuierliche Überprüfung von Optimierungspotenzialen mit den Stakeholdern:** Eine enge Abstimmung mit den Beteiligten aus dem Business-Bereich ermöglicht ein transparentes Verständnis über den jeweiligen Cloud-Workload (Abb. 6.3).

Abb. 6.3 Fähigkeiten und Anwendungsfälle des FinOps-Ansatzes

Übersicht

Die nachfolgende Übersicht stellt eine Zusammenfassung aller Fähigkeiten aus den jeweiligen Phasen der FinOps-Methodologie dar.5

Ein Durchlauf aller Phasen definiert den Lebenszyklus von FinOps in einem Unternehmen. Wenn alle drei Phasen durchlaufen wurden, bedeutet das jedoch nicht, dass die Umsetzung von FinOps abgeschlossen ist, da es sich um eine kontinuierliche Disziplin handelt. Die Public Cloud stellt ein dynamisches Umfeld mit vielen Innovationen und neuen Services dar. Folglich werden stetig neue Anwendungen und Ressourcen in der Cloud-Umgebung bereitgestellt, die Kosten verursachen und neue Potenziale zur Kostenreduzierung mit sich bringen.

Die sich wiederholende FinOps-Methodologie unterstützt Unternehmen dabei, den FinOps-Zyklus langfristig zu integrieren, um neben den Kosten für bestehende Services auch die Kosten für neue Services der Public Cloud zu verwalten und zu optimieren. Der Lebenszyklus und die Wiederholung der Phasen hängt folglich insbesondere vom Veränderungsgrad der Cloud-Umgebung eines Unternehmens ab. Wenn die Umgebung beispielsweise sehr häufig verändert wird, werden die Phasen der FinOps-Methodologie häufiger durchlaufen, um die veränderten und gegebenenfalls ergänzten Cloud-Ressourcen in das FinOps-Modell zu integrieren. Dabei spielt insbesondere das FinOps-Team im Unternehmen eine wichtige Rolle, um diesen Prozess zu etablieren.

6.2.1.4 People

Die erste Säule im FinOps-Modell befasst sich mit den Rollen, den Verantwortlichkeiten und der Struktur des FinOps-Teams. Da FinOps insbesondere eine organisatorische Veränderung innerhalb des Unternehmens ist, wird die Etablierung von FinOps maßgeblich durch dieses Team vorangetrieben. Um sowohl die Fachabteilungen als auch den IT-Bereich eines Unternehmens mit einzubeziehen, setzt sich das FinOps-Team aus interdisziplinären Rollen zusammen. Das FinOps-Team kann über verschiedene Ansätze eines Governance-Modells in einer Organisation platziert werden. Die Auswahl des Ansatzes hängt von verschiedenen Faktoren ab. Um das FinOps-Team zielgerichtet im Unternehmen zu integrieren, muss vor allem die bestehende Organisationsstruktur berücksichtigt werden. Dabei spielen zudem die Unternehmensgröße, sowie die Cloud-Strategie eine wichtige Rolle. Darüber hinaus wird bei der Auswahl des passenden Governance-Modells der Reifegrad in Bezug auf FinOps geprüft.

6.2.1.4.1 Governance-Modell

Um das FinOps-Team erfolgreich in einem Unternehmensumfeld zu etablieren, können drei mögliche Governance-Modelle umgesetzt werden. Die erste Option sieht ein **zentrales FinOps-Team** in einer Organisation vor. Bei dieser Vorgehensweise trägt das FinOps-Team die vollständige Verantwortlichkeit über die Governance, die Lieferung der FinOps Services und die Qualitätskontrolle. Das FinOps-Team ist in diesem Modell der zentrale Ansprechpartner für die Verwaltung und die Optimierung der Cloud-Kosten, sowie die damit zusammenhängenden Prozesse und Services.

Durch die Zentralisierung wird die Konsistenz der FinOps-Elemente sichergestellt. Darunter fallen beispielsweise die Standardisierung und Einhaltung der Prozesse, sowie der Berichte. Da die Konsistenz der Prozesse und Technologien in einem FinOps-Modell häufig durch ein Tool unterstützt wird, lässt sich mithilfe eines zentralen FinOps-Teams die Verantwortlichkeit des Tools eindeutig zuordnen. Ein weiterer Vorteil ist die Skalierbarkeit des Teams. Unabhängig von der Unternehmensgröße trägt das zentrale FinOps-Team die Verantwortlichkeit und kann bei steigendem Bedarf von Cloud-Ressourcen skaliert werden. Dieser Aspekt bringt jedoch den Nachteil mit sich, dass das Unternehmen eine hohe Abhängigkeit zu einem zentralen Team hat. Zudem kann das

Abb. 6.4 Struktur einer zentralen FinOps-Governance

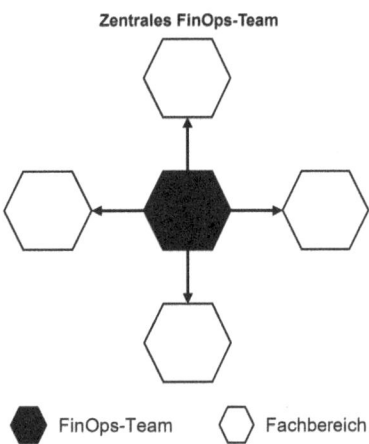

Risiko der fehlenden Transparenz bestehen, da die FinOps-Aktivitäten ausschließlich in dem zentralen Team umgesetzt werden (Abb. 6.4).

Im Gegensatz zu dem zentralen Modell besteht die Möglichkeit, das FinOps-Team dezentral in einer Organisation zu platzieren. Das **dezentrale Governance-Modell** sieht eine Verteilung der FinOps-Rollen und -Funktionen innerhalb der Fachbereiche und Abteilungen im Unternehmen vor. Die FinOps-Prozesse und -Aktivitäten werden in diesem Ansatz dezentral durch die jeweiligen Rollen durch die Fachabteilungen gesteuert. Das bringt den Vorteil mit sich, dass die Transparenz der FinOps-Tätigkeiten erhöht und die Geschäftsbereiche des Unternehmens direkt mit eingebunden werden. Durch die Dezentralisierung besteht jedoch das Risiko, dass die Konsistenz der FinOps-Prozesse nur bedingt eingehalten wird. Dieses Governance-Modell sieht keine zentrale Kontrollinstanz vor, weshalb die FinOps-Aktivitäten gegebenenfalls von den Standards abweichen können (Abb. 6.5).

Die dritte Option der Governance-Modelle sieht eine Mischung aus Zentralisierung und Dezentralisierung von FinOps im Unternehmensumfeld vor. In diesem Ansatz wird **FinOps als geteilter Service** über ein zentrales FinOps-Team in die Fachabteilungen der Organisation etabliert. Im Gegensatz zu dem vollständig zentralisierten Ansatz wird bei dem „Shared Service" Modell das FinOps-Team auf einige Kernrollen eingeschränkt. Das zentrale Team übernimmt in diesem Ansatz vor allem die Rolle einer Kontrollinstanz, um die Konsistenz der Prozesse und die Einhaltung der Standards sicherzustellen. In den Fachabteilungen werden weitere FinOps-Rollen etabliert, die als Schnittstelle zu dem zentralen Team dienen. Dadurch werden die Geschäftsbereiche verstärkt in die FinOps-Aktivitäten eingebunden. Während das zentrale FinOps-Team für die Auslieferung der Services verantwortlich ist, ermöglichen die in den Fachbereichen angesiedelten FinOps-Rollen die Verwendung der FinOps-Services. Durch die enge Verknüpfung des FinOps-Teams, der Geschäftsbereiche und des IT-Bereichs bringt das gemischte Governance-Modell einen hohen Grad der Skalierbarkeit und Flexibilität mit

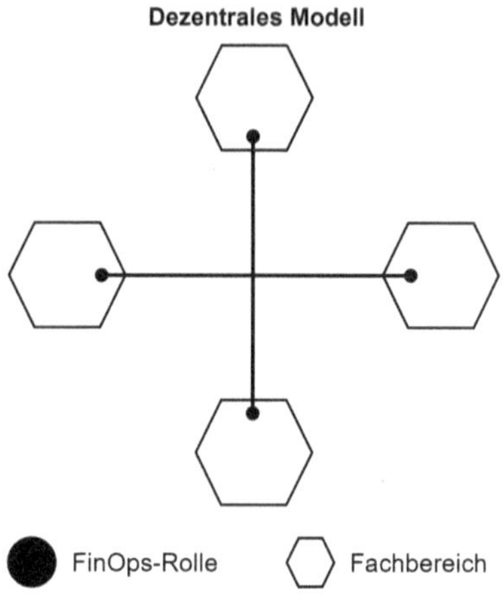

Abb. 6.5 Struktur einer
dezentralen
FinOps-Governance

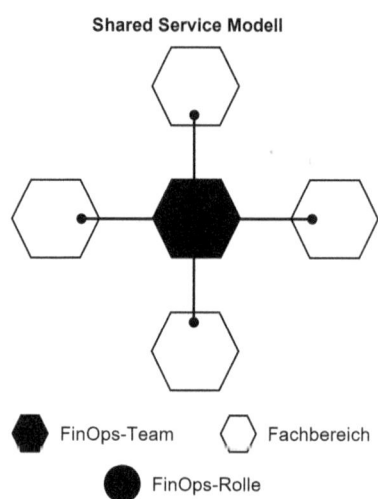

Abb. 6.6 Struktur einer
FinOps-Governance als Shared
Service (Abb.)

sich. Darüber hinaus liegt der Fokus dieses Modells durch die Rollenverteilung auf den
Funktionalitäten von FinOps.

Durch die aktive Integration mehrerer Geschäftsbereiche in das FinOps-Modell und
die organisationsweite Verteilung der Funktionen wird der Koordinationsaufwand erhöht.
Insbesondere das zentral angesiedelte FinOps-Team trägt die Verantwortung zur Steuerung des FinOps-Ansatzes. Da in dem geteilten Governance-Modell viele Stakeholder
aus verschiedenen Bereichen involviert sind, müssen die Verantwortlichkeiten zudem klar
definiert und festgelegt werden. Das zentrale FinOps-Team wirkt in diesem Modell als
Kontrollinstanz, um die definierten Verantwortlichkeiten einzuhalten 6.6.

▶ Um FinOps in einer Unternehmensstruktur zu integrieren, eignet sich in der Praxis häufig der Ansatz nach dem geteilten Governance-Modell. In dieser Vorgehensweise wird FinOps sowohl zentral verwaltet als auch bereichsübergreifend in die Organisation integriert. Unabhängig von dem ausgewählten Modell setzt sich ein FinOps-Team aus mehreren Rollen zusammen.

6.2.1.4.2 FinOps-Rollen

Die Zusammenstellung eines FinOps-Teams hängt vor allem von der Struktur eines Unternehmens, der Unternehmensgröße und der Cloud-Strategie ab. Darüber hinaus orientieren sich die Aufgabenfelder der benötigten Rollen an den FinOps-Anwendungsfällen, die in Abschn. 6.2.1.3. beschrieben sind. Ein minimales Setup eines FinOps-Teams sieht verallgemeinert folgende Rollen vor, um das Modell nach FinOps erfolgreich in einer Organisation zu etablieren.[2]

- **Führungskräfte:** Für den Aufbau eines FinOps-Modells in einem Unternehmen ist vor allem die Einbindung von Führungskräften zwingend erforderlich, um das Thema im Unternehmen zu priorisieren und die erforderlichen personellen, sowie finanziellen Kapazitäten und Ressourcen zur Verfügung zu stellen. Um sowohl Fachbereiche als auch den IT-Bereich miteinzubinden, werden beispielsweise der Leiter des Cloud Center of Excellence (CCoE), der technische Leiter (Chief Technology Officer, kurz CTO), der Leiter der Informationstechnik (Chief Information Officer, kurz CIO) und der Leiter der Infrastruktur miteingebunden. Dieses Gremium ernennt dann üblicherweise einen Cloud FinOps Leiter, der für das FinOps-Team verantwortlich ist und auf strategischer Ebene agiert.
- **FinOps Practitioner:** Die Rolle des FinOps-Praktizierenden fokussiert sich auf die Schnittstelle zwischen mehreren Geschäftsbereichen, wie IT und Finanzen. Dabei steht vor allem die kulturelle Etablierung von FinOps im Vordergrund, um alle involvierten Stakeholder miteinzubinden und die Verantwortlichkeiten abzustimmen. Das Ziel des FinOps Practitioner ist die Ermöglichung von kurzen Entscheidungswegen, um die Cloud-Kosten zu reduzieren und den Mehrwert der Public Cloud für das Unternehmen zu erhöhen. Dabei folgt der FinOps Practitioner stets den Prinzipien von FinOps.
- **Business/Product Owner:** Der Business oder Product Owner tragen in einem Unternehmen die Verantwortung für bestimmte Teilbereiche in einem Geschäftsbereich oder in der IT. Im Kontext von FinOps übernimmt diese Rolle die Verantwortlichkeit für einzelne Teilbereiche, die sich an den Anwendungsfällen orientieren, die in Abschn. 6.2.1.3 beschrieben werden. Beispielsweise kann ein Product Owner für die Cloud-Kostenoptimierung definiert werden. Neben den neu definierten Business oder Product Ownern werden zudem einige der bereits definierten Rollen in den Aufbau des FinOps-Modells miteinbezogen, da zu deren Teilbereich eine Abhängigkeit besteht. Ein Beispiel dafür ist die Rolle des Cloud Betriebsmanagers.

---

[2] 1

- **Engineering & Operations:** Die Ingenieur- und Betriebsrollen spielen in jedem FinOps-Team eine essenzielle Rolle. Dabei handelt es sich um technische Profile, die sich auf die Umsetzung und Auslieferung von Services im Unternehmen fokussieren. Im Rahmen von FinOps werden diese Rollen für nahezu alle Anwendungsfälle benötigt. Als messbare Kennzahl wird für die technischen Ingenieur- und Betriebsrollen die Höhe der Cloud-Kosten und das damit verbundene Potenzial zur Kostenreduzierung verbunden. Der Bereich des Rightsizing ist ein Beispiel für das Mitwirken dieser Rollen im Kontext von FinOps. Beim Rightsizing der Public Cloud Umgebung wird zunächst der Nutzungsgrad der Ressourcen analysiert, um diese anschließend in Bezug auf Speicher oder Rechenleistung zu optimieren.
- **Finanzen:** In einem FinOps-Team unterstützen die Rollen aus dem Finanzbereich bei der Kostenzuordnung, dem Chargeback-Prozess und den Prognosen, um das zukünftig benötigte Budget zu planen. Gemeinsam mit dem FinOps-Team arbeitet die Finanzabteilung kontinuierlich an der Aufbereitung der erforderlichen Kostenberichte, die auf historischen Abrechnungsdaten basieren, und an Prognoseberechnungen, um eine Finanzplanung für die Public Cloud Umgebung zu erstellen.
- **Einkauf & Beschaffung:** Die Einkaufsabteilung fokussiert sich im Rahmen von FinOps auf die Beschaffung von benötigten Cloud-Ressourcen, sowie den damit verbundenen Preisen und vereinbarten Rabatten gegenüber dem Cloud-Anbieter. Da der Einkaufsbereich für die Verwaltung der Verträge verantwortlich ist und Zugriff auf diese besitzt, findet zwischen dem FinOps-Team und dem Einkauf ein kontinuierlicher Austausch statt, um vereinbarte Rabatte und Konditionen bestmöglich zu nutzen.
- **ITAM Leader/Practitioner:** Der Bereich des IT-Asset-Managements (kurz ITAM) befasst sich in einem Unternehmen mit der Verwaltung von Software- und Hardware-Assets über deren gesamten Lebenszyklus hinweg. Darunter fallen insbesondere die damit in Verbindung stehenden Dokumente, die verwaltet und aktuell gehalten werden müssen. Durch die Unterstützung von ITAM im FinOps-Umfeld wird der geschaffene Unternehmenswert der Cloud-Ressourcen erhöht, da ITAM zudem ein Risikomanagement für die einzelnen Assets durchführt und überwacht.

▶ Wie eingangs erwähnt, setzt sich ein FinOps-Team aus vielen interdisziplinären Rollen zusammen, die je nach Unternehmensstruktur abweichen können. Die zentrale Herausforderung für das Kernteam von FinOps in einer Organisation ist eine stetige und transparente Kommunikation zu allen Stakeholdern. Die Definition und Pflege der Kommunikationswege fällt daher insbesondere in den Aufgabenbereich des FinOps Practitioner. In einem Governance-Modell nach dem „Shared Service" Ansatz kann ein vereinfachtes Kommunikationsmodell so aussehen, dass das FinOps-Team die zentrale Ansprechstelle für auf Cloud-Kosten bezogene Fragestellungen ist. Das FinOps-Team nimmt diese Anfragen auf und delegiert diese entweder

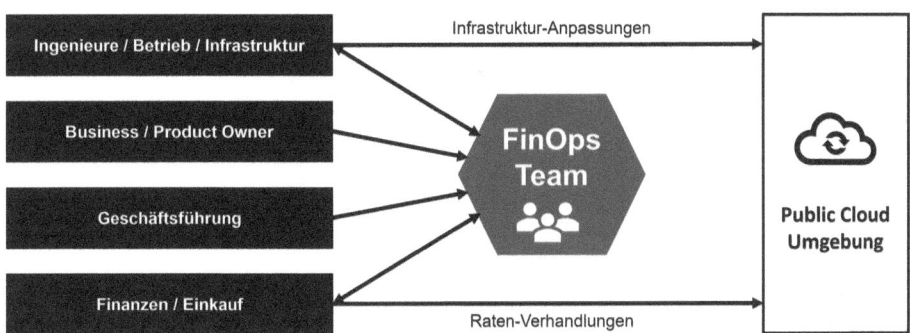

Abb. 6.7 Kommunikationspfade zwischen dem FinOps-Team und den Geschäftsbereichen

an den entsprechenden Bereich oder berät dazu in einem internen Gremium, welche Entscheidung getroffen wird (Abb. 6.7).2

6.2.1.5 Prozesse
6.2.1.5.1 Prozess-Taxonomie
Neben den Rollen und Verantwortlichkeiten liegt der Schwerpunkt der zweiten Säule des FinOps-Ansatzes auf der Definition und Umsetzung von Prozessen, um die Verwaltung und Optimierung der Cloud-Kosten zu etablieren. Die Prozesse sind ein essenzieller Bestandteil von FinOps, da sämtliche Aktivitäten in Bezug auf das Kostenmanagement durch Prozesse gesteuert werden. Die Prozesse innerhalb des FinOps-Ansatzes geben die erforderlichen Richtlinien vor, um ein standardisiertes Vorgehen für die Zuordnung der Cloud-Kosten zu den Geschäftseinheiten und der Kostenoptimierung zu etablieren.

Um einen Prozess erfolgreich aufzubauen, wird zunächst eine standardisierte Prozess-Taxonomie definiert. Diese Taxonomie gibt einen Standard vor, um Prozesse detailliert zu beschreiben und zu dokumentieren. Die Prozessbeschreibung dient als Grundlage für die Implementierung der Prozesse im Unternehmensumfeld. Eine Prozess-Taxonomie legt daher die Basis-Elemente für die Dokumentation eines Prozesses fest, aus denen sich ein Prozess zusammensetzt. Eine klare und eindeutige Definition der einzelnen Begrifflichkeiten ist wichtig, um Missverständnisse zu vermeiden. Nachfolgend wird eine beispielhafte, vereinfachte Prozess-Taxonomie aufgeführt. In dieser beispielhaften Taxonomie wird ein Prozess in Form einer hierarchischen Struktur betrachtet.

Grundsätzlich besteht ein Prozess in der ersten Ebene aus einem **Hauptprozess**. Ein Hauptprozess definiert den vollständigen Ende-zu-Ende-Prozessfluss. Der Hauptprozess setzt sich aus mehreren **Hauptprozessschritten** zusammen. Ein Prozessschritt innerhalb des Hauptprozesses ist auf der ersten Betrachtungsebene eine verallgemeinerte Zusammenfassung eines eigenständigen Prozesses. In der ersten Hierarchieebene ist der Detailgrad der Beschreibung sehr gering.

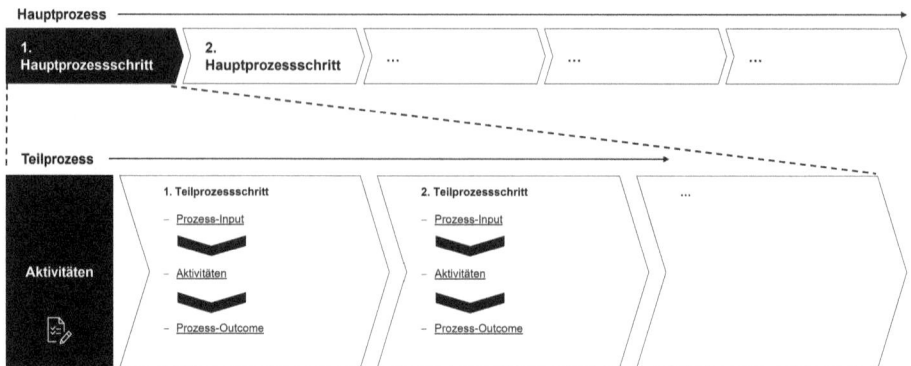

Abb. 6.8 Standardisierte Prozess-Taxonomie

Die detaillierte Beschreibung eines Hauptprozessschrittes erfolgt daher in der zweiten Ebene. Auf dieser Ebene wird von einem **Teilprozess** gesprochen, da ein Prozessschritt des Hauptprozesses einem Teilprozess entspricht. Der Teilprozess setzt sich wiederum aus mehreren **Teilprozessschritten** zusammen.

In der dritten Ebene der Prozessbeschreibung enthält jeder einzelne Schritt des Teilprozesses konkrete **Aktivitäten,** die vorgenommen werden müssen, um den Prozessschritt zu erfüllen. Jeder Teilprozessschritt beginnt mit dem **Prozess-Input**. Dabei kann es sich zum Beispiel um die Bereitstellung einer Information oder um die Übermittlung einer Datei handeln. Der Prozess-Input wird für den Beginn der Aktivitäten des jeweiligen Schrittes benötigt und kann folglich als Voraussetzung für den jeweiligen Schritt angesehen werden.

Mithilfe des Prozess-Inputs werden anschließend die definierten Aktivitäten ausgeführt, um die gesamte Prozessausführung fortzusetzen. Die Aktivitäten beschreiben konkrete Aufgaben, die einem entsprechenden Stakeholder zugeordnet sind. Dieser Stakeholder ist für die Bearbeitung der Aufgaben verantwortlich und folglich auch für die Fortsetzung des Prozesses.

Abschließend erzeugt jeder Teilprozessschritt einen definierten **Prozess-Outcome**. Der Outcome ist das Ergebnis der Aktivitäten in Kombination mit dem hinzugegebenen Prozess-Input. Der Outcome des Prozesses kann dabei beispielsweise eine Freigabe, eine Information oder ein Dokument sein. Das Ergebnis des Teilprozessschrittes dient wiederum als Prozess-Input für den nächsten Schritt des gleichen Teilprozesses.

Die nachfolgende Abbildung veranschaulicht die Struktur der beschriebenen, beispielhaften Prozess-Taxonomie. Auf diese Taxonomie wird im nächsten Abschnitt im Rahmen des Abrechnungsprozesses zurückgegriffen (Abb. 6.8).

6.2.1.5.2 Kostenzuordnungsprozess (Showback & Chargeback)

Einer der wichtigsten Prozesse des FinOps-Ansatzes ist der Kostenzuordnungsprozess. In diesem Prozessumfeld wird insbesondere die Zuordnung der anfallenden Cloud-Kosten zu den jeweiligen Geschäftsbereichen und den darunter liegenden Kostenstellen betrachtet. Mithilfe der Kostenzuordnung soll das Bewusstsein über die entstehenden Kosten in der Public Cloud hergestellt werden. Darüber hinaus verfolgt dieser Prozess das Ziel der nutzungsbasierten und verursachergerechten Verrechnung der Cloud-Kosten. Da die Public Cloud eine hohe Transparenz ermöglicht, wird im Rahmen des Kostenzuordnungsprozesses eine vollständige Aufteilung der gesamten Cloud-Kosten an die Geschäftsbereiche angestrebt.

Hinzu kommt, dass für Services in der Public Cloud keine einmaligen Investitionskosten (Capital Expenses, kurz CapEx) für die Beschaffung von Hardware anfallen. Während in einem herkömmlichen On-Premise-Datenzentrum physische Server-Maschinen erworben werden, konsumieren Cloud-Anwender Services, die je nach Nutzung in regelmäßigen Abständen berechnet werden. Es fallen folglich lediglich Betriebskosten (Operational Expenses, kurz OpEx) an, die sich eindeutig auf den Kostenverursacher zuordnen lassen.

Die Kostenzuordnung wird nach dem FinOps-Modell in die beiden Bereiche **Showback und Chargeback** unterteilt. Der Showback-Prozess bezieht sich in erster Linie auf die Kostentransparenz in Form von Analysen und Reporting-Übersichten. In dem Showback-Prozess wird den Geschäftsbereichen dargestellt, wie hoch die Summe der eigenen Cloud-Kosten ist und für welche Services die Kosten anfallen. Diese Informationen werden den Kostenträgern häufig in Form von Berichten zur Verfügung gestellt. Wichtige Faktoren für diese Berichte sind die Verständlichkeit und die regelmäßige Bereitstellung der Informationen. Idealerweise sind die Berichte mit Echtzeitdaten verfügbar, sodass die Budget-Verantwortlichen des jeweiligen Kostenträgers kontinuierlich die Möglichkeit haben, die Kosten ihrer Cloud-Services zu überwachen und in Relation mit dem verfügbaren Budget zu setzen.

Die betriebswirtschaftliche Verrechnung der anfallenden Cloud-Kosten gegenüber der Kostenträger in den Geschäftseinheiten erfolgt im Chargeback-Prozess. Wie auch der Showback-Prozess verfolgt der Chargeback-Prozess das Ziel des Kostenbewusstseins, sowie der Kostentransparenz. Bei einem Chargeback werden die Cloud-Kosten jedoch aus betriebswirtschaftlicher Sicht auf die Kostenträger umgelegt und verrechnet. Das heißt, am Ende jeder Abrechnungsperiode erhält der jeweilige **Budget-Verantwortliche des Kostenträgers** eine Rechnung mit einer Zahlungspflicht. Wie dieser Prozess in der Praxis aussehen kann, wird in einem nachfolgenden, vereinfachten Beispiel anhand der Prozess-Taxonomie erläutert.

Der Hauptprozess besteht aus dem vollständigen Ende-zu-Ende Chargeback-Prozess, beginnend mit der Extraktion der Abrechnungsdaten bis zur Erstellung und Versendung der Rechnung. Zur Vereinfachung wird angenommen, dass der IT-Bereich autorisiert ist, Services unternehmensintern gegenüber anderen Geschäftsbereichen zu verrechnen.

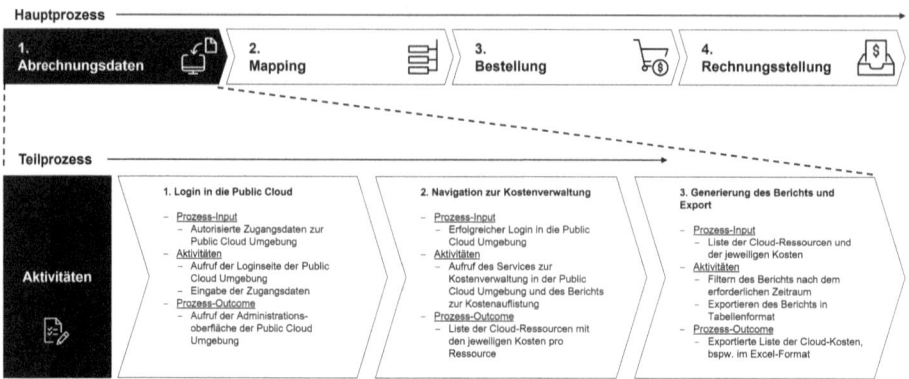

Abb. 6.9   Erster Prozessschritt eines beispielhaften FinOps-Chargebacks

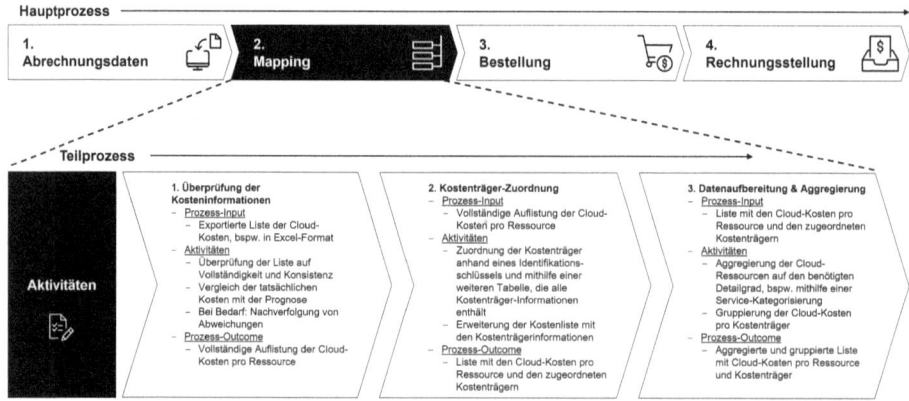

Abb. 6.10   Zweiter Prozessschritt eines beispielhaften FinOps-Chargebacks

Ein vereinfachter Chargeback-Prozess setzt sich in diesem Beispiel aus den folgenden Hauptprozessschritten zusammen.

1. **Abrechnungsdaten:** Im ersten Schritt werden die Abrechnungsdaten aus der Cloud-Umgebung ermittelt und exportiert. Dieser Teilprozess sieht folgende Schritte vor (Abb. 6.9).
2. **Mapping:** Im zweiten Schritt des Hauptprozesses werden die Abrechnungsdaten aus der Cloud-Umgebung auf die jeweiligen Kostenträger zugeordnet. Dazu wird der folgende Teilprozess durchlaufen (Abb. 6.10).
3. **Bestellung:** Nach der Bereitstellung der aggregierten Abrechnungsinformationen prüft der Budget-Verantwortliche der jeweiligen Kostenstelle die Daten und löst basierend

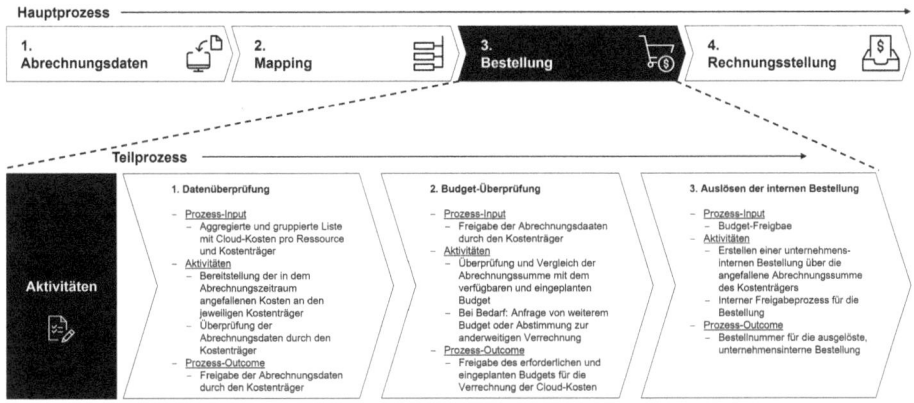

Abb. 6.11 Dritter Prozessschritt eines beispielhaften FinOps-Chargebacks

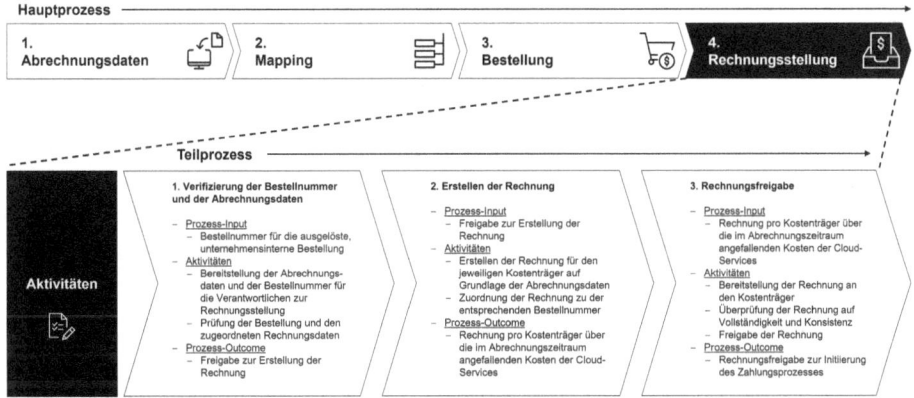

Abb. 6.12 Vierter Prozessschritt eines beispielhaften FinOps-Chargebacks

auf dem Bericht eine Bestellung über die Summe aus. Dieser Teilprozess enthält die folgenden Schritte (Abb. 6.11).

4. **Rechnungsstellung:** Basierend auf der Bestellung wird die Rechnung über die in Anspruch genommenen Services erstellt und dem Budget-Verantwortlichen zugesendet. Dieser Teilprozess enthält die folgenden Schritte (Abb. 6.12).

In den erläuterten Abschnitten zum Showback- und Chargeback-Prozess wurden die anfallenden Kosten für in der Public Cloud bereitgestellte Ressourcen thematisiert. Neben der Zuordnung dieser Kosten können die Prozesse erweitert werden, indem die angebotenen IT-Services ebenfalls gegenüber den Geschäftseinheiten verrechnet werden. In diesem Ansatz zur Erweiterung würden alle in der IT anfallenden Aktivitäten einem Kostenträger zugeordnet werden, da die anfallenden Aktivitäten in der Regel in Bezug auf einen bestimmten Workload in der Public Cloud anfallen. Diese Erweiterung von Showback und Chargeback bringt das Potenzial mit sich, den IT-Bereich eines Unternehmens vollständig kostenneutral zu gestalten, da alle erbrachten Leistungen und Services einer Geschäftseinheit zugewiesen und verrechnet werden.

Die gegenüber dem Business angebotenen Services werden dazu nach einem standardisierten Schema kategorisiert und in Form eines Servicekatalogs definiert. Auf diese Weise erhält das Business die Möglichkeit, Services bei der IT zu „bestellen" Wie die Kategorisierung von Services in einem Servicekatalog abgebildet werden kann, wird in Abschn. 6.2.3 beschrieben.

6.2.1.6 Tools

Die dritte Säule im FinOps-Ansatz umfasst die Nutzung eines Tools zur Etablierung eines FinOps-Frameworks in einem Unternehmensumfeld. Ein Tool unterstützt bei der technologischen Integration von FinOps und bringt insbesondere für die Stabilisierung und Automatisierung der Prozesse einen hohen Mehrwert. Mithilfe eines Tools können beispielsweise manuelle Prozessschritte automatisiert werden. Dadurch wird die Qualität der Prozessergebnisse erhöht und die Konsistenz der Kostenzuordnung sichergestellt. Hinzu kommt eine höhere Transparenz, da die Ermittlung der Kostenentstehung und der Kostenursachen mithilfe eines Tools erleichtert werden.

Der Markt bietet eine große Menge an verschiedenen FinOps-Tools an, bei deren Auswahl ein Unternehmen verschiedene Kriterien berücksichtigen sollte. Im ersten Schritt empfiehlt es sich daher, die nativen, technischen Möglichkeiten der Cloud-Anbieter zu nutzen und zu implementieren.

6.2.1.6.1 Tagging

Die Public Cloud Umgebungen der Hyperscaler Amazon Web Services, Microsoft Azure und Google Cloud Platform bringen eine Standard-Funktionalität mit, um Ressourcen und Instanzen mit bestimmten Informationen ergänzen zu können. Dazu werden sogenannte Tags verwendet. Verallgemeinert ist ein Tag ein Schlüssel-Wert-Paar, das individuell für jede Ressource in der Public Cloud Umgebung gesetzt werden kann. Der Schlüssel steht dabei für die Bezeichnung des Tags, um diese ressourcenübergreifend zu vereinheitlichen. Der Wert enthält die ressourcenspezifische Information des Tags. Das Tagging wird daher insbesondere für den Betrieb, Reporting und für die Kostenverwaltung genutzt.

In Bezug auf FinOps werden Tags häufig für die Zuordnung der Ressourcen zu den Geschäftseinheiten verwendet. Mithilfe der in den Tags enthaltenen Informationen werden die Abteilungen, Teams oder Fachbereiche identifiziert, die für die jeweilige Instanz in der Public Cloud Umgebung verantwortlich ist und damit die Kosten trägt. Der Tag muss nicht zwangsläufig manuell zu jeder Ressource hinzugefügt werden. Um den Aufwand möglichst gering zu halten, ermöglichen technische Richtlinien, so genannte Policies,

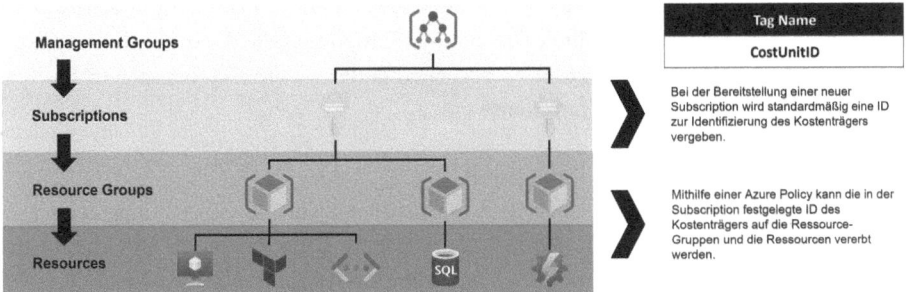

Abb. 6.13 Tagging-Konzept in Microsoft Azure für FinOps

eine Vererbung der Tags über Hierarchieebenen hinweg. Innerhalb der Cloud-Umgebung werden einzelne Instanzen logisch in Einheiten gruppiert. Die Einheiten sind in einer hierarchischen Struktur eingeordnet. Diese logischen Elemente werden vom Cloud-Anbieter vorgegeben. Eine Umgebung in der Microsoft Azure Cloud wird beispielsweise in Management Groups, Subscriptions und Resource Groups unterteilt. Wird ein Tag in diesem Beispiel auf der Ebene der Subscriptions gesetzt, so kann das Tag mithilfe einer Policy auf alle innerhalb der Subscription existierenden Resource Groups und Ressourcen vererbt werden. Dieses Vorgehen eignet sich insbesondere, wenn eine gesamte logische Einheit einer bestimmten Geschäftseinheit zugeordnet ist.

Die nachfolgende Abbildung zeigt die Vererbung von Tags durch Policies innerhalb einer Microsoft Azure Umgebung (Abb. 6.13).

Als Tagging-Strategie können verschiedene Ansätze verfolgt werden, da Tags neben der Zuordnung der Kosten auch zu anderen Zwecken wie Reportings, Deployments oder Betrieb genutzt werden können. Für die Anwendung von Tags im Kontext von FinOps werden in der Praxis häufig die folgenden Ansätze für das Tagging verwendet:

- **Tag als Primärschlüssel:** Bei diesem Ansatz wird lediglich ein Tag für die Zuordnung der Cloud-Kosten pro Cloud-Ressource gesetzt. Dieses Tag dient als Identifikationsschlüssel, um die Informationen der Kostenstellen aus einer zentralen Datenbank zu ermitteln. Das jeweilige Tag enthält daher eine einzigartige ID, die auf einen Primärschlüssel in der zentralen Datenbank referenziert. In der zentralen Datenbank sind alle Informationen zu der entsprechenden Kostenstelle hinterlegt, wie beispielsweise Ansprechpartner, Adresse, Kontaktinformationen, etc. Dieser Ansatz hat den Vorteil, dass pro Ressource lediglich ein Tag mit dem Identifikationsschlüssel der Kostenstelle gesetzt werden muss.
- **Kostenstellen-Informationen in Tags:** Alternativ besteht die Möglichkeit, dass alle Informationen der Kostenstelle in eigenen Tags eingetragen und für die Ressource hinterlegt werden. Für jede Information wird ein eigenständiges Tag angelegt, beispielsweise für Ansprechpartner, Adresse, Kontaktinformationen, etc. Dadurch besteht

keine Abhängigkeit zu einer zentralen Datenbank, da alle Daten direkt in den Tags verwaltet werden. Allerdings erhöht das den Verwaltungsaufwand, um die Informationen stets aktuell zu halten. Darüber hinaus können einige Cloud-Ressourcen nur mit einer begrenzten Anzahl an Tags versehen werden.

6.2.1.6.2 Native Kostenverwaltungstools

Neben der Verwaltung der Kostenstelleninformationen und der Zuordnung der Cloud-Kosten kann die kontinuierliche Kosten-Überwachung ebenfalls durch Tools unterstützt werden. Dazu stellen die Hyperscaler-Cloud-Anbieter Amazon, Microsoft und Google in der Public Cloud Umgebung native Tools zur Kostenverwaltung zur Verfügung.

In der **Azure Cloud von Microsoft wird der Cost Management Service** verwendet. Dieser ermöglicht eine detaillierte Kostenanalyse über der verwendeten Cloud-Ressourcen. Mithilfe der Kostenanalyse können die entstandenen Cloud-Kosten nach einem bestimmten Zeitfenster, nach Ressourcentypen, nach Regionen oder nach logischen Organisationseinheiten, wie beispielsweise Subscriptions oder Ressource-Gruppen gefiltert werden. Die Kostenanalyse unterstützt dabei insbesondere die Kostenüberwachung in Echtzeit. Darüber hinaus können mit dem Cost Management Service Richtlinien festgelegt werden, um die Transparenz der Kosten zu erhöhen und die durch das Unternehmen festgelegten Vorgaben zu berücksichtigen. Dazu können beispielsweise Budgets und automatische Benachrichtigungen hinterlegt werden, die beim Erreichen der Budgetgrenze ausgelöst werden.

Für die **AWS Cloud stellt Amazon den AWS Cost Explorer** zur Verfügung. Ähnlich wie der Cost Management Service von Azure enthält der AWS Cost Explorer ebenfalls umfangreiche Funktionen zur Analyse der Kosten. In der Kostenanalyse von AWS können die anfallenden Cloud-Kosten nach Service, nach zugehörigem Account und nach individuell festgelegtem Zeitfenster gefiltert werden. Der Cost Explorer erstellt zudem Berichte für Saving Plans und Reservierungen. Beide Ansätze bieten die Möglichkeit, die Cloud-Kosten durch langfristiges Commitment zu senken und Rabatte von AWS zu erhalten. Beide Konzepte werden in Abschn. 6.2.1.7 näher erläutert. Mithilfe von Filtereinstellungen generiert der Cost Explorer Berichte, die Maßnahmen zur Kostenreduzierung für die ausgewählten Instanzen enthalten.

Neben Microsoft und Amazon stellt die Google Cloud Platform den Nutzern ebenfalls ein natives Tool zur Kostenanalyse und -verwaltung zur Verfügung. Das **Cost Management Tool von GCP** ermöglicht eine strukturierte Analyse der Kosten über die hierarchischen Organisationseinheiten und Ressourcen hinweg. Ähnlich wie bei AWS und Azure werden die Daten zur Kostenanalyse in visualisierten Berichten aufbereitet. Zudem können Budgets hinterlegt werden, um die anfallenden Kosten kontinuierlich zu überwachen.

▶   Der Fokus der nativen Tools der Cloud-Anbieter liegt überwiegend auf der datenbasierten Überwachung der Cloud-Kosten. Um weitere

FinOps-Szenarien, wie beispielsweise Kostenzuordnung oder Anomalie-Identifikationen, abzubilden und zu integrieren, kann ein Drittanbieter-Tool genutzt werden. Das eignet sich insbesondere bei einer Multi-Cloud-Strategie, in der mehrere Cloud-Umgebungen verwendet werden. Ein Drittanbieter-Tool kann dabei als zentrale Plattform zur Kostenverwaltung für alle Cloud-Umgebungen genutzt werden. Häufig handelt es sich dabei um Software-as-a-Service-Lösungen.

6.2.1.6.3 Kriterien für die Auswahl eines Drittanbieter-Tools

Der Markt stellt eine große Auswahl an verschiedenen FinOps-Tools bereit. Um ein für Ihr Unternehmen geeignetes Tool zu identifizieren, sollten einige Kriterien bei der Auswahl berücksichtigt werden. Aus technischer Sicht ist die Integration eines Tools meist ohne großen Aufwand umsetzbar. Um das Tool jedoch nachhaltig und langfristig im Unternehmensumfeld zu etablieren, können folgende Punkte als Entscheidungskriterien dienen.

An erster Stelle steht die **Priorisierung des Anwendungsfalls**. In Abschn. 6.2.1.3 wurden die Use Cases aus dem FinOps-Framework beschrieben. Diese dienen als Grundlage für die Festlegung einer Priorität. Neben der Einstufung der Use Cases in eine niedrige, mittlere oder hohe Priorität werden die Anwendungsfälle zudem mit der Ist-Situation und der langfristigen Cloud-Strategie verglichen. Die Ist-Situation hebt dabei die aktuellen Herausforderungen hervor, die durch den Einsatz eines Tools verbessert werden können. Darüber hinaus legt die Cloud-Strategie die langfristige Weiterentwicklung der Public Cloud im Unternehmen fest und sollte daher im Hinblick auf zukünftig aufkommende FinOps-Anwendungsfälle geprüft werden. Unter Berücksichtigung dieser beiden Aspekte kann der Mehrwert des ausgewählten Tools erhöht werden.

In Bezug auf die Cloud-Strategie kommt die **Kompatibilität des FinOps-Tools mit den ausgewählten Cloud-Anbietern** hinzu. Bei der Auswahl des Tools sollte geprüft werden, welches Tool die aktuell verwendeten Cloud-Anbieter unterstützt. Neben den Cloud-Anbietern werden hier auch die verwendeten Services berücksichtigt, die innerhalb des Tools ausgewertet werden sollen. Zudem kann anhand der Cloud-Strategie geprüft werden, welche potenziellen Cloud-Technologien mittel- und langfristig geplant sind. Insbesondere bei einer Multi-Cloud-Strategie, in der mehrere Hyperscaler genutzt werden, ist die Überprüfung der Tool-Kompatibilität essenziell, da manche Tools auf einen Anbieter oder auf bestimmte Cloud-Services spezialisiert sind.

Ein weiterer Aspekt sind die **unternehmensinternen Compliance-Richtlinien, sowie Datenschutzbestimmungen**. Bei diesem Kriterium wird geprüft, ob das Tool mit den Unternehmensvorgaben konform ist. Diese Prüfung trifft ebenfalls auf den Anbieter des Tools zu. Falls der Anbieter beispielsweise eine direkte geschäftliche Beziehung als Tochtergesellschaft zu einem Wettbewerber des Unternehmens hat, ist die Verwendung des Tools voraussichtlich als kritisch einzustufen. Hinzu kommen Datenschutzbedingungen, die erfüllt sein müssen, da die Abrechnungsdaten des Unternehmens detaillierte Informationen über die IT-Infrastruktur enthalten. Je nach Unternehmensrichtlinien muss daher zum Beispiel die Datenschutzgrundverordnung eingehalten werden. Die meisten Tool-Anbieter stellen diese Informationen häufig zentral in einer Datenschutz-Spezifizierung bereit.

Wenn diese Kriterien berücksichtigen wurden und die Auswahl für ein Tool getroffen wurde, unterstützt dieses neben der Automatisierung der FinOps-Prozesse insbesondere die Kostenoptimierung.

6.2.1.7   Kostenoptimierung

Häufig wird die Cloud-Nutzung mit dem Begriff der Kostenoptimierung assoziiert, da bei der Public Cloud die Investitionskosten entfallen. Die in der Regel einmalig anfallenden Investitionskosten werden auch als Capital Expenses, kurz CapEx, bezeichnet. In herkömmlichen Rechenzentren sind diese Kosten der Beschaffung der physischen Hardware zuzuordnen. Da in der Public Cloud die Abrechnung jedoch nutzungsbasiert erfolgt, entfallen die Investitionskosten, da Services zur Verfügung gestellt und konsumiert werden. Um das Potenzial der Reduzierung der Betriebskosten in der Public Cloud zu nutzen, stehen verschiedene Ansätze zur Verfügung.

Rightsizing ist ein wichtiger Bestandteil der Kostenoptimierung in der Public Cloud. Bei dieser Methode wird die technische Größe der einzelnen Ressourcen analysiert und deren Auslastung ausgewertet. Je nach Ressourcentyp werden bei der Überprüfung des Nutzungsgrades verschiedene Aspekte beleuchtet. Bei Compute-Ressourcen werden beispielsweise CPU, Memory, Disk und Netzwerk-Traffic analysiert. Mithilfe der Analyse werden ineffiziente oder ungenutzte Ressourcen identifiziert, um die Größe dieser Instanzen anzupassen. Die Reduzierung der Instanzgröße ermöglicht eine Kostenersparnis und eine nachhaltige Nutzung der Ressourcen. Die Daten zur Auslastung der jeweiligen Ressource werden über die Cloud nativen Tools zur Verfügung gestellt. Um die Leistung und die Verfügbarkeit der Instanzen nicht zu beeinträchtigen, wird bei der Analyse der Nutzungsdaten ein Zeitraum über mindestens mehrere Monate hinweg betrachtet. So können Peak-Zeiten erkannt werden, in denen eine kurzfristige, hohe Nutzung auf den Ressourcen lastet. Dies kann zum Beispiel der buchhalterische Monatsabschluss sein.

Neben Rightsizing besteht in der Public Cloud zudem die Möglichkeit über **Reservierungen und Saving Plans** Kosten einzusparen. Dabei geht das Unternehmen eine langfristige Bindung für eine Instanz eines Ressourcentyps ein und erhält im Gegenzug einen Rabatt von bis zu 70 % von dem Cloud-Anbieter. Durch das Commitment erklärt sich das Unternehmen bereit, die jeweilige Cloud-Ressource für die gebuchte Reservierungsdauer zu nutzen. Bei einem Saving Plan verpflichtet sich das Unternehmen auf eine festgelegte Nutzungsdauer in Stunden über ein oder drei Jahre hinweg. Bei einer Reservierung steht dem Unternehmen die gebuchte Ressource kontinuierlich über ein oder drei Jahre zur Verfügung. Die Ressource kann dabei für beliebige Anwendungen genutzt werden. Die Abrechnung von reservierten Instanztypen erfolgt je nach Vorgabe bei der

Bestellung monatsbasiert oder als Summe im Voraus. Durch die letzte Option gewähren die Cloud-Anbieter häufig einen zusätzlichen Rabatt.

Im Gegensatz zur langfristigen Reservierung besteht in der Public Cloud die Möglichkeit, die Cloud-Ressourcen nutzungsbasiert zu verwenden. Dieses Modell wird als **„Pay-as-you-Go"**, kurz PAYG, bezeichnet. Die anfallenden Kosten für die jeweilige Ressourcen orientieren sich an der tatsächlichen Nutzungsdauer. Wenn eine Instanz beispielsweise nicht 24×7 verwendet wird und für einige Stunden ausgeschaltet ist, werden die Kosten für diese Ressource reduziert. Insbesondere bei Ressourcen oder Instanzen, deren Nutzungszeitraum eindeutig ist, werden häufig automatische Start- und Stop-Routinen implementiert. Dieses Szenario ist jedoch nicht für produktive und businesskritische Systeme geeignet. Im Rahmen einer Analyse muss klar geprüft werden, welche Instanzen regelmäßig ausgeschaltet werden können.

Als **Entscheidungskriterium für eine Reservierung oder eine nutzungsbasierte Abrechnung** kann der Break-Even hinzugezogen werden. Mithilfe der Preiskalkulatoren der Cloud-Anbieter werden die Kosten für beide Abrechnungsmodelle ermittelt und gegenübergestellt. Die Nutzungsdauer des PAYG-Modells wird dabei angenähert, bis die monatlichen Kosten für beide Ansätze identisch ist. Der Wert der Nutzungsdauer stellt den Break-Even dar, der als Orientierungsgrundlage für eine Entscheidung verwendet wird. Wenn die tatsächliche Nutzungsdauer des Systems höher als der Break-Even ist, eignet sich aus wirtschaftlicher Sicht eine Reservierung der Ressource. Die Voraussetzung dafür ist, dass die Instanz über einen längeren Zeitraum hinweg benötigt wird.

Beispiel

Nachfolgend wird eine beispielhafte Berechnung des Break-Even für eine virtuelle Maschine in der Microsoft Azure Cloud erläutert. Dabei wurden folgende Rahmenparameter verwendet.

- Typ: D3 v2 (4 vCPUs, 14 GB RAM, 200 GB temporärer Speicher)
- Region: Europa West
- Betriebssystem: Linux (Ubuntu)
- Tarif: Standard
- Anzahl der Instanzen: 1
- Managed Disks: 0
- Speichertransaktionen: 0
- Zahlungsoption: monatlich

Das nachfolgende Diagramm zeigt die voraussichtlichen Kosten der virtuellen Maschine über die jeweilige Nutzungsdauer mit den drei unterschiedlichen Bestellungsoptionen. Der Break-Even-Wert ergibt sich jeweils bei den Schnittpunkten der

Geraden und bildet die Entscheidungsgrundlage für die effizienteste Buchungsform der Instanz (Abb. 6.14).

◀

Bei der Berechnung des Break-Even werden folgende Szenarien abgebildet.

1. **Break-Even ist geringer als die tatsächliche Nutzungsdauer:** Wenn die tatsächlich prognostizierte Nutzungsdauer des Systems unter dem Break-Even der 1- oder 3-Jahres-Reservierung liegt, ist das nutzungsbasierte Abrechnungsmodell geeignet und aus wirtschaftlicher Sicht am effizientesten.
2. **Break-Even ist identisch mit der tatsächlichen Nutzungsdauer:** Wenn die tatsächliche Nutzungsdauer identisch mit dem Break-Even einer Reservierung ist, sind aus wirtschaftlicher Sicht zunächst beide Modelle anwendbar. Jedoch ist zu berücksichtigen, dass die Instanz bei einer Reservierung zu den gleichen Kosten eine höhere potenzielle Nutzungsdauer mitbringt, als bei dem nutzungsbasierten Modell.
3. **Break-Even ist höher als die tatsächliche Nutzungsdauer:** Wenn die tatsächliche Nutzungsdauer höher als der ermittelte Break-Even für eine Reservierung ist, empfiehlt sich aus wirtschaftlicher Perspektive die Buchung eines reservierten Instanztyps, da die Kosten für die nutzungsbasierte Abrechnung in diesem Fall deutlich höher wären.

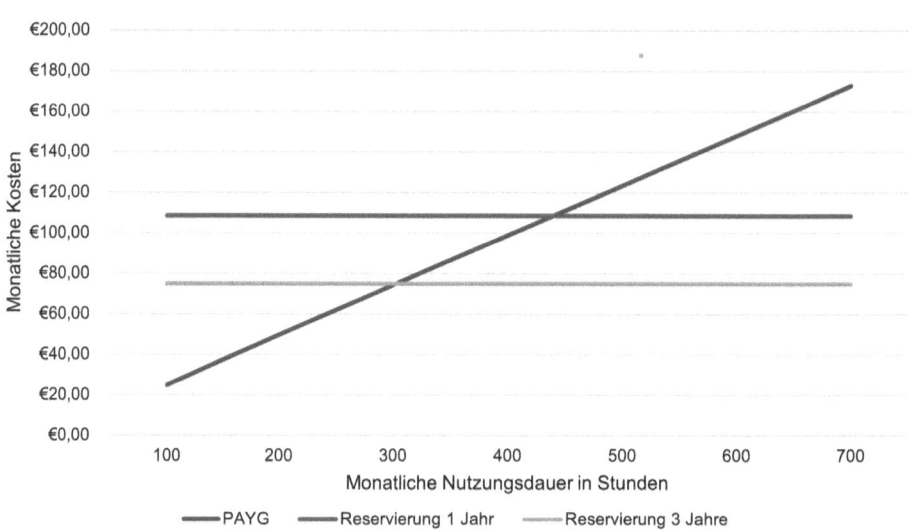

Abb. 6.14 Beispielhafte Break-Even-Rechnung zur Kostenoptimierung

▶   Neben der datenorientierten Betrachtung spielt jedoch die strategische Nutzung
    der jeweiligen Cloud-Ressource eine wichtige Rolle. Eine Reservierung des Instanz-
    typs ist nur dann effizient und wirtschaftlich sinnvoll, wenn diese Ressource
    langfristig genutzt werden soll.

6.2.2   Cloud-Technologien automatisieren und standardisieren

Der Einfluss von Cloud-Technologien auf die IT-Infrastruktur und auf die IT-Strategie
von Unternehmen ist in den letzten Jahren enorm gestiegen. Insbesondere die Public Cloud ermöglicht im Unternehmensumfeld eine hohe Skalierbarkeit, Flexibilität und
Kostenoptimierung. Allerdings können diese Vorteile nur dann ausgeschöpft werden,
wenn Cloud-Infrastrukturen weitestgehend automatisiert und standardisiert werden. Die
Automatisierung und die Standardisierung führen zu einer effizienten, schnellen und
zuverlässigen Bereitstellung und Verwaltung der Cloud-Ressourcen durch eine vereinheit-
lichte Struktur der Infrastruktur-Ressourcen. Dabei spielt insbesondere der Ansatz nach
Infrastructure-as-Code (IaC) eine wichtige Rolle. In diesem Abschnitt werden wir uns
mit der Bedeutung der Automatisierung und Standardisierung von Cloud-Technologien
beschäftigen und dabei speziell auf die Konzepte von IaC eingehen.

6.2.2.1   Einleitung zu Infrastructure-as-Code (IaC)

▶Bei dem Ansatz nach Infrastructure-as-Code, kurz IaC, werden IT-Infrastrukturdienste,
wie beispielsweise Rechenleistung, Speicher und Netzwerk, mithilfe von maschinenles-
barem Code in der Cloud-Umgebung bereitgestellt. Die Herangehensweise zum Aufbau
der Infrastruktur gleicht dabei dem Vorgehen der Softwareentwicklung. 8

Infrastructure-as-Code in der Public Cloud ermöglicht es Unternehmen, ihre Infra-
struktur schnell, effizient und kosteneffektiv bereitzustellen und anzupassen. In der
Cloud-Umgebung können IaC-Tools wie Terraform oder Ansible genutzt werden, um die
Bereitstellung, Verwaltung und Wartung von Cloud-Ressourcen wie virtuellen Maschinen,
Netzwerken, Speicher und Datenbanken code-basiert zu entwickeln, zu automatisieren
und zu standardisieren. Bei dem Ansatz nach IaC werden Cloud-Ressourcen in Form von
Code zunächst wiederverwendbar entwickelt und anschließend deployt. Nachfolgend sind
einige beispielhafte Infrastruktur-Ressourcen aus den Kategorien Computing, Storage und
Networking aufgelistet 9:

- **Computing:** VM, physische Server, Server-Cluster, Container, Serverless Code Run-
  time
- **Storage:** Block, Object, Netzwerk-Dateisysteme, Structured Data

- **Networking:** Netzwerk-Adressblöcke, Namen (DNS-Einträge), Routen, Gateways, Load-Balancing-Regeln, Proxies, API-Gateways, VPNs, Netzwerk-Zugriffsregeln, Cache

IaC wird oft in Verbindung mit **Continuous Integration/Continuous Deployment** (CI/CD)-Pipelines verwendet, um den Entwicklungs- und Bereitstellungsprozess zu automatisieren. CI/CD-Pipelines ermöglichen es Entwicklern, Code schnell und sicher in der Produktionsumgebung bereitzustellen, indem sie automatisch Builds, Tests und Deployments durchführen. Durch die Verwendung von IaC in der CI/CD-Pipeline können Entwickler sicherstellen, dass ihre Infrastruktur mit jedem Code-Update konsistent bleibt. Eine Pipeline im Rahmen von IaC unterstützt daher die vollständige Ende-zu-Ende-Bereitstellung einer Komponente, wie einer virtuellen Maschine, in der Public Cloud. Der Prozess beginnt zum Beispiel mit dem Herunterladen und dem Bestätigen des Quellcodes aus den unterschiedlichen Versionen. Anschließend erfolgt im Prozess beispielsweise die Entwicklung innerhalb des Netzwerks und schließt mit der Auslieferung eines Images in der Cloud-Umgebung ab.

IaC-Tools speichern den **Infrastruktur-Code in Repositories** wie Git, was eine einfache Versionierung und Kollaboration zwischen Teams ermöglicht. Entwickler können Codeänderungen über Pull-Requests vornehmen und durch Code-Reviews verbesserte Qualität und Sicherheit der Infrastruktur gewährleisten. Die Verwendung von Repositories ermöglicht zudem eine schnelle und effiziente Fehlerbehebung und Wiederherstellung von Infrastruktur durch die Betriebsteams (Abb. 6.15). 10

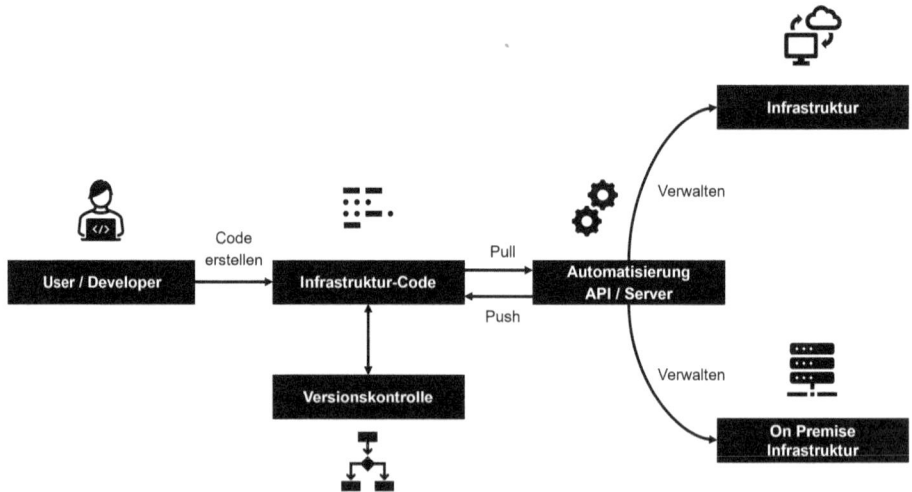

Abb. 6.15 Allgemeine Übersicht des IaC-Prozesses

Eine der wichtigsten Vorteile der Verwendung von IaC in der Public Cloud ist die **Skalierbarkeit und Flexibilität**, die die Public Cloud bietet. Durch die Verwendung von IaC können Unternehmen schnell und effizient auf sich ändernde Anforderungen reagieren, indem sie neue Ressourcen bereitstellen oder vorhandene Ressourcen anpassen. Darüber hinaus ermöglicht IaC in der Public Cloud eine bessere Kostenkontrolle, indem es eine genaue Überwachung und Verwaltung der Cloud-Ressourcen ermöglicht. Unternehmen können so sicherstellen, dass sie nur die Ressourcen nutzen, die sie benötigen, und unnötige Kosten vermeiden.

Ein weiterer Vorteil von IaC in der Public Cloud ist die Möglichkeit, Pipelines und Repositories zu nutzen. Mit einer Pipeline können Entwickler- und Betriebsteams, sowie involvierte IT-Teams Code-Änderungen auf eine automatisierte Art und Weise in die Cloud-Umgebung einbringen, wodurch der Entwicklungsprozess beschleunigt und automatisiert wird. Repositories dienen als **zentraler Ort zur Verwaltung von Code und Konfigurationsdateien** und ermöglichen so eine einfache und effiziente Zusammenarbeit zwischen verschiedenen Teams. Der Einsatz von Pipelines bildet zudem die Grundlage, um eine Self-Service-Bereitstellung von Cloud-Diensten für die unternehmensweite Organisation anzubieten. Dies kann beispielsweise über Service-Desk-Programme realisiert werden. 11

Durch die Verwendung einheitlicher Tools und Werkzeuge für Entwicklung und Betrieb wird die Komplexität der Cloud-Infrastruktur reduziert. Das führt zu zuverlässigen, sicheren und kostengünstigen Systemen in der Public Cloud. Darüber hinaus wird durch die Nutzung standardisierter Tools die Geschwindigkeit bei der Fehlersuche und der Behebung erhöht. Das hat eine positive Auswirkung auf das Business Continuity Management, um die Betriebsfähigkeit im Falle eines Ausfalls schneller wiederherzustellen zu können.

Es ist wichtig zu beachten, dass sich IaC von Infrastructure-as-Software (IaS) unterscheidet. Während IaC sich auf die Automatisierung von Infrastruktur durch Code konzentriert, geht IaS einen Schritt weiter und betrachtet die gesamte Infrastruktur als Software. Das bedeutet, dass IaS-Tools nicht nur die Infrastruktur automatisieren, sondern auch den gesamten Entwicklungslebenszyklus einer Anwendung behandeln. IaS-Tools automatisieren die Erstellung und Verwaltung von Anwendungsinfrastrukturen und sorgen dafür, dass alle Komponenten effizient zusammenarbeiten und reibungslos funktionieren. Im Gegensatz zu IaC, das sich hauptsächlich auf die Infrastruktur konzentriert, ermöglicht IaS eine bessere Integration zwischen der Infrastruktur und der Anwendungsentwicklung. Es kann die Integration von Tests und Code-Überprüfungen in den Entwicklungsprozess erleichtern und die Entwicklung von Anwendungen und der zugehörigen Infrastruktur beschleunigen. Bei Infrastructure-as-Software wird keine domänenspezifische Programmiersprache (domain specific language, kurz DSL) vorausgesetzt. Darunter wir eine Sprache verstanden, die auf eine bestimmte Art von Problem ausgerichtet ist, im Gegensatz zu einer Allzwecksprache, die auf jede Art von Softwareproblem ausgerichtet ist. Das bietet eine hohe Flexibilität in der Auswahl und Verwendung der Programmiersprache bei dem Ansatz nach IaS.

6.2.2.2 Prinzipien

Modularität und kontinuierliches Testen sind zwei wichtige Konzepte bei der Anwendung von Infrastructure-as-Code (IaC). Durch die Verwendung von modularem Code können komplexe Infrastrukturbereitstellungen in kleinere, wiederverwendbare Teile aufgeteilt werden. Die Module können dann in verschiedenen Infrastrukturkonfigurationen wiederverwendet werden. Dieses Konzept reduziert den Zeitaufwand für neue Entwicklungen und Anpassungen und gewährleistet die Konsistenz der Konfigurationen. 11

Kontinuierliches Testen ist ein wichtiges Konzept bei IaC, da es sicherstellt, dass der Code ständig auf Funktionalität und Korrektheit getestet wird. Durch die Verwendung von automatisierten Tests können Probleme frühzeitig erkannt werden, bevor sie zu größeren Problemen führen. Dies ist besonders wichtig, da kleine Fehler in der Infrastruktur schwerwiegende Auswirkungen auf die Anwendungsleistung haben können.

Zusammenfassend lässt sich sagen, dass die Verwendung von modularisiertem Code und kontinuierlichem Testen essenziell für eine erfolgreiche Anwendung von IaC ist. Diese Konzepte ermöglichen eine effiziente Bereitstellung und Wartung von Infrastruktur, die konsistent und zuverlässig ist.

6.2.2.3 Pipelines

Pipelines sind ein wichtiger Ansatz bei der Anwendung von Infrastructure-as-Code (IaC), da sie eine standardisierte Ende-zu-Ende-Methode zur automatisierten Bereitstellung und Verwaltung von Infrastruktur ermöglichen. Pipelines bestehen aus mehreren Stufen (Pipeline Stages), die sequenziell ausgeführt werden, um die Bereitstellung von Infrastruktur zu automatisieren. Jede Stage führt spezifische Aufgaben aus, wie z. B. die Überprüfung von Code-Qualität, die Integration von Code-Änderungen und die Bereitstellung von Infrastruktur. Durch die Verwendung von Pipelines können Unternehmen sicherstellen, dass ihre Infrastruktur schnell, effizient und konsistent bereitgestellt wird, während gleichzeitig eine hohe Qualität und Sicherheit gewährleistet wird (Abb. 6.16).

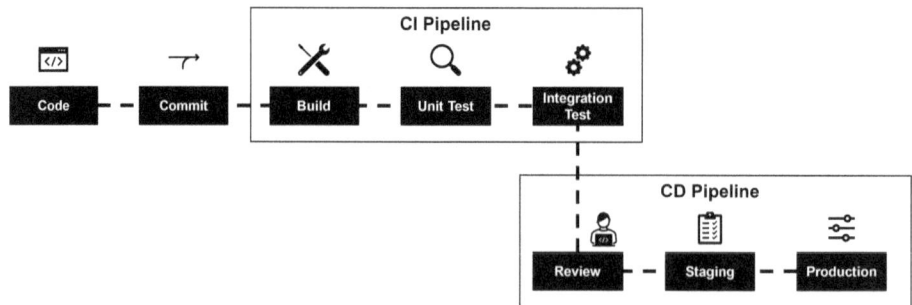

Abb. 6.16 Vorgehensweise mit CI/CD-Pipelines

6.2.2.4 Stacks

In der Welt von Infrastructure-as-Code (IaC) bezieht sich der Begriff „Stack" auf eine Sammlung von Ressourcen, die gemeinsam innerhalb einer bestimmten Infrastrukturkonfiguration ausgeführt werden. Ein Stack ist im Wesentlichen eine **logische Gruppierung von Cloud-Ressourcen, die es ermöglicht, die Infrastruktur effektiv zu organisieren und zu verwalten**. Ein Stack kann aus verschiedenen Elementen wie Compute-Instanzen, Netzwerkkomponenten, Datenbanken und anderen Ressourcen bestehen. In der Public Cloud spielen Stacks eine wichtige Rolle bei der Verwaltung von Infrastruktur, da sie eine standardisierte Methode zur Organisation von Ressourcen und zur Wartung von Infrastruktur bieten. Stacks ermöglichen es, Infrastruktur in logischen Gruppen zu organisieren, wodurch es einfacher wird, sie zu verwalten, zu aktualisieren und zu betreiben. Dies ermöglicht es Unternehmen, schnell und effektiv auf sich ändernde Anforderungen und Bedürfnisse zu reagieren, was letztendlich zu einer höheren Agilität und Flexibilität führt.11

Beispiel

Ein Beispiel für einen Stack bei Infrastructure-as-Code (IaC) in Azure könnte eine Anwendung sein, die in einer Azure App Service-Umgebung bereitgestellt wird. Der Stack könnte aus verschiedenen Komponenten bestehen, wie z. B. einem Azure App Service-Plan, der als Container für die Webanwendung dient, einem Azure Application Gateway, der den eingehenden Traffic auf die Anwendung verteilt, einem Azure SQL-Datenbank-Server und einem Azure Blob Storage-Account. Werden diese nativen Azure-Ressourcen kombiniert und gebündelt, wird von einem Stack gesprochen.

In diesem Beispiel würde jeder Teil des Stacks in der IaC-Konfiguration mit Azure Resource Manager definiert werden. Zum Beispiel könnte der App Service-Plan mit einer bestimmten Größe und SKU als Vorgabe konfiguriert werden. Das Application Gateway könnte so konfiguriert werden, dass es den Traffic an den richtigen Endpunkt weiterleitet. Die Azure SQL-Datenbank könnte mit bestimmten Größen- und Konfigurationsoptionen wie Firewallregeln und Sicherheitszonen definiert werden. Der Blob Storage-Account könnte mit der gewünschten Replikationsstrategie und Zugriffsberechtigungen definiert werden.◄

6.2.2.5 Pattern

Pattern bei Infrastructure-as-Code (IaC) sind **bewährte Lösungsansätze für wiederkehrende Problemstellungen**, die in der Infrastruktur von Anwendungen in der Public Cloud auftreten können. Sie bieten Entwicklern und IT-Teams eine standardisierte Methode, um bestimmte Probleme in der Infrastruktur zu lösen und die Effizienz zu steigern.

Die Rolle von Pattern in der Public Cloud besteht darin, Best Practices und bewährte Lösungsansätze für die Konfiguration von Cloud-Infrastrukturen zur Verfügung zu stellen.

Sie können dazu beitragen, eine konsistente und zuverlässige Infrastruktur bereitzustellen, die sich schnell anpassen und skalieren lässt.11

Beispiel

Ein Beispiel für ein Pattern bei IaC ist das „Auto-Scaling Pattern". Dieses Pattern ermöglicht es, automatisch zusätzliche Ressourcen bereitzustellen, um die Last auf eine Anwendung in der Cloud-Umgebung zu verteilen. „Auto-Scaling" wird häufig in Kombination mit anderen Patterns wie Load Balancing eingesetzt, um eine hochverfügbare und skalierbare Infrastruktur bereitzustellen, die sich je nach Nutzungslast automatisch anpasst.

Ein weiteres Beispiel für ein Pattern bei IaC ist das „Immutable Infrastructure Pattern". Dieses Pattern sorgt dafür, dass Änderungen an der Infrastruktur durch die Bereitstellung neuer Versionen der Infrastruktur vorgenommen werden, anstatt die vorhandene Infrastruktur zu ändern. Dies erhöht die Stabilität und Sicherheit der Infrastruktur und ermöglicht es IT-Teams, schnell auf Änderungen zu reagieren, ohne jedoch die bestehenden Infrastruktur-Ressourcen anpassen zu müssen.◀

Insgesamt bieten Pattern bei IaC Entwicklern und IT-Teams eine strukturierte Methode, um häufige Probleme bei der Konfiguration von Cloud-Infrastrukturen in der Public Cloud zu lösen und eine effiziente und zuverlässige Infrastruktur bereitzustellen.

6.2.2.6   Ansatz nach DevOps

DevOps ist eine Arbeitsweise, die darauf abzielt, die Zusammenarbeit und Integration zwischen Entwicklungs- und Betriebsteams zu verbessern, um die Geschwindigkeit und Qualität der Bereitstellung von IT-Ressourcen zu erhöhen. Insbesondere die Befähigung der Teams und die Integration der Teams ist ein zentraler Bestandteil von DevOps. Dazu setzt DevOps auf agile Methoden und automatisierte Prozesse, um eine **kontinuierliche Zusammenarbeit des Entwicklungs- und des Betriebsteams während des gesamten Produktlebenszyklus** zu ermöglichen. Der agile Ansatz nach DevOps setzt sich aus den nachfolgend abgebildeten Phasen zusammen (Abb. 6.17).

Ein wichtiger Bestandteil von DevOps ist **Testdriven development**. Dabei werden Tests frühzeitig und automatisiert in den Entwicklungsprozess integriert werden, um sicherzustellen, dass die Software funktioniert und fehlerfrei ist. Testdriven Development (TDD) ist eine agile Entwicklungspraktik, bei der Tests geschrieben werden, bevor der eigentliche Code geschrieben wird. Diese Tests dienen als Spezifikation für die Funktionalität des Codes und werden verwendet, um sicherzustellen, dass der Code fehlerfrei funktioniert. Die definierten Tests stellen folglich die Abnahmekriterien des entwickelten Codes dar. Bei Infrastructure-as-Code (IaC) wird TDD auf ähnliche Weise angewendet. Der Entwickler schreibt zuerst Tests, die die Funktionalität der Infrastruktur spezifizieren. Diese Tests können z. B. automatisierte Unit-Tests sein, die prüfen, ob eine bestimmte

Abb. 6.17 Methodologie nach
DevOps

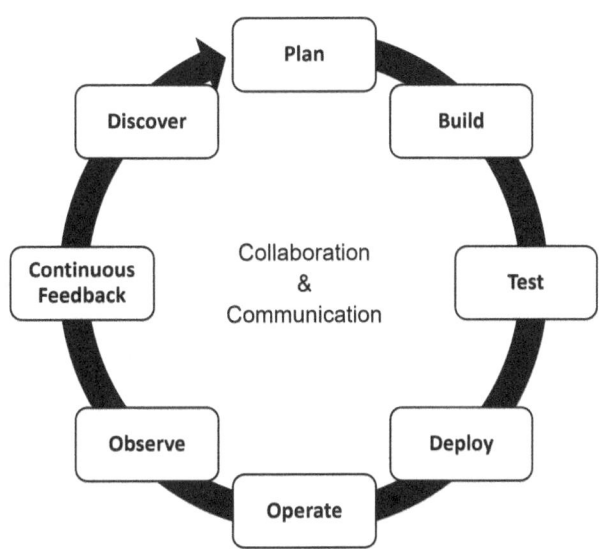

Ressource ordnungsgemäß erstellt wurde, oder Integrationstests, die validieren, ob die
Ressourcen wie erwartet miteinander interagieren. Erst nachdem die Tests geschrieben
wurden, schreibt der Entwickler den eigentlichen Code, der die Infrastruktur erstellt. Der
Code wird dann kontinuierlich mithilfe der im Voraus definierten Testfälle getestet, um
sicherzustellen, dass er den Anforderungen der Tests entspricht.

Continuous integration bezieht sich auf die **Integration von Code-Änderungen in
eine gemeinsame Codebasis und die automatische Ausführung von Tests,** um sicherzustellen, dass neue Funktionen und Änderungen keine unerwünschten Auswirkungen
haben. Continuous Integration (CI) ist ein wichtiger Bestandteil des DevOps-Prozesses
und ein Kernprinzip von Infrastructure-as-Code (IaC). Es bezieht sich auf den Prozess
der ständigen Integration von Änderungen in den Code-Repositories und der automatisierten Überprüfung der Funktionalität des Codes. In der Praxis bedeutet dies, dass jeder
Commit in das Code-Repository automatisch getestet und validiert wird. Der CI-Prozess
prüft den Code auf Konformität mit den Standards, auf korrekte Integration in das bestehende System und auf die Einhaltung von Leistungsanforderungen. Dieser Prozess findet
automatisch und kontinuierlich statt, um mögliche Fehler frühzeitig zu erkennen und zu
beheben. In der IaC-Umgebung beinhaltet CI auch den Prozess der ständigen Integration
von Änderungen in die Infrastruktur-Definitionen und -Konfigurationen. Der CI-Prozess
validiert die Infrastruktur-Definitionen auf Konformität mit der Richtlinien-Compliance,
die Integration von Diensten und die Einhaltung von Leistungsanforderungen.

Continuous delivery bezieht sich darauf, dass **Änderungen an der Software automatisch und in kurzen Intervallen an die Produktionsumgebung geliefert** werden können.
Continuous Delivery (CD) ist ein weiterer wichtiger Bestandteil des DevOps-Prozesses
und ein Kernprinzip von Infrastructure-as-Code (IaC). Es bezieht sich auf den Prozess der

kontinuierlichen Bereitstellung von Änderungen in einer automatisierten und sicheren Art und Weise. In der Praxis bedeutet dies, dass der Code nach erfolgreicher Validierung und Test automatisch in eine Produktionsumgebung bereitgestellt wird. In der IaC-Umgebung beinhaltet CD auch den Prozess der kontinuierlichen Bereitstellung von Änderungen in der Infrastruktur, indem die Änderungen automatisch auf die Produktionsumgebung übertragen werden, nachdem sie validiert und getestet wurden.

Das beschriebene Modell nach DevOps bietet zudem die Erweiterungsmöglichkeit zu DevSecOps, indem Sicherheitsaspekte von Anfang an in den Entwicklungsprozess integriert werden. Dies beinhaltet die Integration von Sicherheitstests und die Berücksichtigung von Sicherheitsanforderungen in allen Phasen des Entwicklungsprozesses. Neben der technischen Erweiterung werden aus organisatorischer Sicht die Teams aus den sicherheitsrelevanten Abteilungen ebenfalls in den Prozess nach DevOps eingebunden.

> Bei Infrastructure-as-Code spielt DevOps eine wichtige Rolle, da es eine agile Arbeitsweise erfordert, um schnell und effektiv Infrastrukturänderungen umzusetzen. Automatisierte Prozesse und kontinuierliche Integration und Bereitstellung sind notwendig, um eine effiziente und zuverlässige Infrastruktur bereitzustellen. Durch die Integration von DevOps-Praktiken in den IaC-Prozess können Teams die Geschwindigkeit und Qualität der Infrastrukturänderungen erhöhen und Fehler minimieren.

6.2.2.7 Qualitätsprüfungen

Quality Gates sind Schwellenwerte, die festlegen, ob eine bestimmte Änderung an der Infrastruktur in der Produktion freigegeben werden kann oder nicht. Sie sind ein wichtiger **Bestandteil von Continuous Delivery** und helfen, sicherzustellen, dass nur fehlerfreie Änderungen in der Produktion landen.

Bei Infrastructure-as-Code (IaC) können Quality Gates durch automatisierte Tests in verschiedenen Phasen des IaC-Lebenszyklus mithilfe von entsprechenden Pipeline-Stages integriert werden. Beispielsweise können in der Entwicklungsphase Unit-Tests durchgeführt werden, um sicherzustellen, dass die IaC-Skripte keine Syntaxfehler oder andere Fehler enthalten. In der Testphase können Integrationstests durchgeführt werden, um sicherzustellen, dass die Infrastrukturkomponenten wie erwartet miteinander interagieren. In der Staging-Phase können Akzeptanztests durchgeführt werden, um sicherzustellen, dass die Änderungen den Anforderungen des Kunden entsprechen.

Die Integration von Quality Gates in den IaC-Prozess hilft dabei, Fehler zu minimieren und die Qualität der Infrastrukturänderungen zu erhöhen. Wenn ein Quality Gate nicht bestanden wird, wird die Änderung blockiert und kann erst freigegeben werden, wenn der Fehler behoben wurde. Dies trägt dazu bei, dass nur fehlerfreie Änderungen in der Produktion freigegeben werden, und minimiert das Risiko von Ausfällen und Sicherheitslücken.

6.2.3 Serviceorientiertes Betriebsangebot

Die Public Cloud wird insbesondere mit der engeren Vernetzung zwischen IT und Geschäftsbereichen in einem Unternehmen in Verbindung gebracht. Eines der Ziele der Public Cloud ist es, die fachlichen Unternehmensbereiche vertrauter mit den Technologien zu machen, um den geschäftlichen Mehrwert in den Vordergrund zu stellen. Durch die verstärkte Integration der Fachbereiche wird der Mehrwert der Public Cloud für das Unternehmen erhöht. Die Public Cloud bietet dazu viele verschiedene Ressourcentypen, mit denen beispielsweise eine Applikation umgesetzt werden kann. Durch die Verwendung von Infrastructure-as-Code können technische Komponenten gebündelt werden, um diese wiederzuverwenden und den Fachbereichen als Service zur Verfügung zu stellen. Mithilfe des FinOps-Ansatzes werden die Services gegenüber den jeweiligen Geschäftsbereichen verrechnet.

6.2.3.1 Einführung in die Service-Orientierung

Das Anbieten von Services aus dem IT-Bereich einer Organisation ist unabhängig von der Verwendung der Public Cloud möglich. Viele Unternehmen definieren die Angebote der IT als Services, um diese zugänglicher und transparenter gegenüber den Fachbereichen zu machen. Der Aufbau von Services ist daher sowohl für Public Cloud Umgebungen als auch für Private Cloud Umgebungen in einem On-Premise-Datenzentrum möglich.

6.2.3.1.1 Was ist ein Service?

Bevor die Strukturierung von Cloud Services in einem Unternehmen vertieft wird, betrachten wir zunächst, was allgemein unter einem Service verstanden wird.

▶ **Definition**

Nach dem Standard der Information Technology Infrastructure Library, kurz ITIL, ist ein Service eine Möglichkeit, um einem Kunden das Erreichen von angestrebten Zielen zu erleichtern und den dafür erforderlichen Mehrwert zu erbringen12. Da ein Service in einem gewissen Standardisierungsgrad angeboten wird, reduziert sich das Risiko für die Kunden bei der Nutzung des Services.

Ein Cloud Service umfasst dabei einen Dienst oder eine Ressource, die mithilfe der Verbindung über das Internet in der Cloud-Umgebung bereitgestellt werden. Um die Zugänglichkeit der Unternehmensbereiche sicherzustellen, kann ein Cloud Service als Dienstleistung des IT-Bereichs betrachtet werden. Verallgemeinerte Beispiele für Services sind Rechenleistung, Speicherplatz oder Netzwerkfunktionen.

Ein Service wird in der Regel aus mehreren Komponenten zusammengesetzt, um dem Unternehmen möglichst ganzheitliche Angebote aus der IT zu ermöglichen. Zum einen besteht ein Cloud Service aus den technischen Ressourcen. Diese sind für die Bereitstellung in der Infrastruktur erforderlich und bilden die technische Grundlage des Services. Bei den technischen Komponenten eines Services handelt es sich in der Regel um die Cloud-Ressourcen, die für einen Service benötigt werden. Das kann beispielsweise eine virtuelle Maschine eines bestimmten Typs sein, in Kombination mit einer Backup-Technologie.

Neben den technischen Aspekten wird ein Service durch die organisatorischen und prozessualen Tätigkeiten ergänzt. Diese umfassen während der Servicedefinition die Entwicklungstätigkeiten und während des Betriebs die Bearbeitung und Umsetzung von Serviceanfragen.

Häufig durchläuft ein Service mehrere Phasen, um den erforderlichen Reifegrad zu erreichen. Bis der Service in das Portfolio des IT-Bereichs aufgenommen wird, wird in der Regel ein iterativer Prozess durchlaufen, um den Service initial zu definieren, zu stabilisieren und zu testen. Anschließend wird der Service in den Betrieb übergeben.

6.2.3.1.2 Mehrwert der Service-Orientierung

Der Aufbau und die Definition von Services bringt insbesondere in der Public Cloud viele Vorteile für Unternehmen mit. Insbesondere die **Verknüpfung zwischen den Fachbereichen und der IT** steht dabei im Vordergrund. Durch die Definition von Services wird das Angebot des IT-Bereichs zugänglicher gestaltet. Mithilfe einer klaren Servicebeschreibung können die Geschäftsbereiche einschätzen und nachvollziehen, welche Erwartungshaltung an den jeweiligen Service gestellt werden kann. Auf Grundlage der Anforderungen kann zudem anhand einer eindeutigen Beschreibung evaluiert werden, welche Services zielführend für das geplante Vorhaben sind.

Mit der Etablierung von Cloud Services im Portfolio des IT-Bereichs erhöht sich zudem der Grad der **Standardisierung** innerhalb der IT-Architektur eines Unternehmens. Bevor ein Service in das Angebot der IT aufgenommen wird, wird dieser gemäß den festgelegten Richtlinien standardisiert. Diese Richtlinien können beispielsweise bestimmte Sicherheitsaspekte festlegen. Die Standardisierung eines Services erfolgt auf technischer Ebene häufig in Form von Infrastructure-as-Code. Die Komponenten werden dann im Rahmen der Serviceleistung standardisiert geliefert und in der Cloud-Umgebung bereitgestellt. Eine standardisierte IT-Architektur reduziert die Komplexität und den Betriebsaufwand.

Durch die technische Standardisierung besteht zudem die Möglichkeit, für jeden Service die unternehmensintern festgelegten **Sicherheitsrichtlinien** durch Policies zu etablieren. Auf diese Weise wird die Sicherheit der gesamten IT-Architektur erhöht, indem individuelle Bereitstellungen von Ressourcen vermieden werden, da diese gegebenenfalls ein Sicherheitsrisiko mit sich bringen können. Da jeder neue Service im Rahmen der Servicedefinition einen Genehmigungsprozess im Unternehmen durchlaufen muss, wird sichergestellt, dass die internen Compliance- und Datenschutzvorschriften eingehalten werden.

Das gesamte Serviceangebot eines Unternehmens wird als Servicekatalog bezeichnet. In dem Servicekatalog können die Geschäftsbereiche bei der IT-Services bestellen, um beispielsweise eine neue Komponente in der Infrastruktur bereitzustellen, die für eine Geschäftsanwendung benötigt wird. Für jeden Service werden Anfragen definiert, die während dem Betrieb anfallen können. Der Servicekatalog ist für alle Geschäftsbereiche zugänglich, um Informationen zu den Services zu erhalten. Durch verschiedene Sichtweisen können die für das Business verfügbaren Daten eingeschränkt werden, um lediglich auf die relevanten Informationen zugreifen zu können.

Durch die Kombination der Serviceorientierung mit dem Ansatz nach FinOps wird zudem eine Zuordnung und Abrechnung der genutzten Services gegenüber den Fachbereichen ermöglicht. Jeder Service wird durch einen Geschäftsbereich bei der IT bestellt. Die anfallenden Kosten für den jeweiligen Service können genau beziffert und entsprechend zugeordnet werden. Da die Servicedefinition technische und organisatorische Mittel umfasst, besteht das Potenzial, den IT-Bereich eines Unternehmens mithilfe von FinOps kostenneutral zu gestalten.

Zusammengefasst wird durch die Etablierung eines serviceorientierten Betriebsangebots die Transparenz des IT-Bereich und der IT-Architektur erhöht. Der Mehrwert für das Unternehmen steht im Fokus und wird durch die Services hervorgehoben.

6.2.3.2 Betriebsverantwortlichkeiten in der Public Cloud

Wie in Abschn. 5.2.1 beschrieben, reduziert sich der Betriebsaufwand für die jeweiligen Ressourcen je nach verwendetem Servicemodell. Für die Organisation des operativen Betriebs der dem Unternehmen zugeordneten Verantwortlichkeitsbereiche gibt es verschiedene Ansätze.

Self-Managed Cloud

In dem Modell der selbst verwalteten Cloud übernimmt das Unternehmen den Betrieb vollständig selbst. Dazu werden interne Ressourcen eingesetzt, die die erforderliche Expertise mitbringen oder sich diese beispielsweise durch Weiterbildungen aneignen. Ein wichtiger Faktor für einen erfolgreichen, selbst verwalteten Betrieb der Cloud ist die **Verfügbarkeit von Erfahrung und einem tiefen Verständnis zu den Public Cloud Technologien** bei den Betriebsverantwortlichen. Eine weitere Voraussetzung ist die Verfügbarkeit einer dedizierten IT-Abteilung, die die erforderlichen Ressourcen und gegebenenfalls Expertise zu dem Cloud-Betriebsteam beisteuern kann. Insbesondere die technische und fachliche Fähigkeit zur Überwachung, Verwaltung und Anpassung einer Cloud-Umgebung sollte gegeben sein.

Um ein internes Betriebsteam aufzubauen, das die Wartung der Umgebung übernimmt, sind Schulungen und Zertifizierungen erforderlich, um die benötigten Kenntnisse zu erlangen. Darüber hinaus sind kontinuierliche Weiterbildungen empfehlenswert, da sich die Public Cloud dynamisch und stetig verändert und weiterentwickelt. Die Bereitstellung der fachlichen Expertise in einem unternehmensinternen Betriebsteam darf dabei nicht unterschätzt werden, da dies viele Ressourcen bindet, insbesondere in finanzieller und zeitlicher Hinsicht.

Die Allokation von bereits verfügbaren, personellen Ressourcen im Unternehmen in das Cloud-Betriebsteam ist häufig nur bedingt möglich, da bestehende Ressourcen bereits einem bestehenden Aufgabenbereich zugeordnet sind. Daher müssen auch **Rekrutierungen**

von zusätzlichem Personal in Betracht gezogen werden. Dieser Prozess benötigt häufig eine entsprechende Vorlaufzeit, um qualifizierte Fachkräfte für das Cloud-Betriebsteam zu gewinnen.

Ein zentraler Vorteil eines durch das Unternehmen verwalteten Cloud-Betriebs ist die Unabhängigkeit zu externen Dienstleistern. Die Verwaltung, der Betrieb und die Serviceangebote liegen vollständig in der Verantwortlichkeit des Unternehmens. Dadurch verbleiben alle Daten und Informationen innerhalb der Organisation.

Mit dem Aufbau eines selbst verwalteten Betriebs der Cloud ist hingegen ein hoher Aufwand verbunden. Insbesondere für die Schaffung der erforderlichen Fähigkeiten und Expertise sollten ausreichend finanzielle Mittel eingeplant werden. Berücksichtigen Sie zudem, dass für die erfolgreiche Etablierung eines Cloud-Betriebsmodells ein umfangreicher Zeitrahmen vorgesehen wird.

Cloud Managed Services

Das Modell der Cloud Managed Services basiert auf dem Serviceangebot eines externen Dienstleisters, um die Cloud-Umgebungen eines Unternehmens zu betreiben, anzupassen und zu optimieren. Die Dienstleistungen werden gegenüber der Organisation als vollständig verwaltete Services durch eine externe Partei angeboten. Diese Services umfassen die Überwachung, Verwaltung, Sicherung, Skalierung und Optimierung von Cloud-Ressourcen.

Der externe Dienstleister wird in diesem Modell als **Cloud Managed Service Provider**, kurz MSP, bezeichnet und trägt die vollständige Verantwortung für den Betrieb und die Wartung der Cloud-Infrastruktur. Durch die Auslagerung des Cloud-Betriebs an einen Managed Service Provider konzentriert sich das Unternehmen weiterhin auf die Kernkompetenzen und das Kerngeschäft. Das Unternehmen übergibt die Verantwortung des Cloud-Betriebs bewusst an einen externen Dienstleister, da beispielsweise die interne Expertise und die erforderlichen Ressourcen fehlen.

Vor dem Aufbau eines Cloud Managed Services Modells sollten jedoch die benötigten zeitlichen und finanziellen Mittel evaluiert und geplant werden. Bei der Ermittlung der voraussichtlich anfallenden Kosten können auf Grundlage der vorhandenen Cloud-Umgebung verschiedene Kennzahlen hinzugezogen werden, wie beispielsweise:

- Anzahl der verfügbaren Instanzen von virtuellen Maschinen
- Durchschnittliche Anzahl der monatlich anfallenden Sicherheitsbenachrichtigungen (Alerts) einer Instanz
- Anzahl der Benutzeridentitäten im Active Directory
- Anzahl der produktiven, geschäftskritischen Instanzen, die eine maximale Verfügbarkeit in Form eines Service Level Agreements (SLA) benötigen
- Höhe der aktuellen und prognostizierten Kosten für Cloud-Ressourcen

Hinzu kommt der zeitliche Vorlauf, den ein externer Dienstleister benötigt, um sich mit der Cloud-Umgebung des Unternehmens vertraut zu machen. Zu diesem Zweck werden über mehrere Wochen hinweg verschiedene Besprechungen als **Wissenstransfers** geplant, um die Informationen über die Infrastruktur zwischen dem Implementierungsteam und dem zukünftigen MSP auszutauschen. Neben der Bereitstellung des Wissens eignet sich im nächsten Schritt eine sogenannte **Workshadowing-Phase**. In dieser Phase wird eine externe Ressource in der täglichen Betriebsarbeit durch eine unternehmensinterne Ressource unterstützt, um das externe Cloud-Betriebsteam mit den internen Prozessen vertraut zu machen.

Ein wichtiger Vorteil ist die Entlastung des Unternehmens von operativen Aufgaben bei dem Betrieb der Cloud-Umgebung. Der Managed Service Provider bringt mit seiner Expertise umfangreiche Kenntnisse mit, um die Cloud-Infrastruktur zu verbessern, zu skalieren und zu optimieren. Das wirkt sich insbesondere auf die Sicherheit, die Compliance und die Performance aus. Darüber hinaus bringt ein externer Dienstleister die Expertise in Bezug auf die Verwendung von Best Practices mit, um die Cloud-Umgebung der Organisation standardisiert aufzubauen. Dadurch kann sich das Unternehmen auf die eigenen Kernkompetenzen konzentrieren und den Mehrwert der Public Cloud erhöhen.

Bei der Entscheidung für einen Managed Service Provider sollte ein Unternehmen jedoch auch die entstehende Abhängigkeit zu dem externen Dienstleister berücksichtigen. Der MSP verfügt in der Regel über umfangreiche und unternehmensinterne Daten, weshalb der MSP als vertrauensvoller Partner sorgfältig ausgewählt werden sollte.

Co-Managed Services

Das Modell der Co-Managed Services stellt eine **Mischform der selbst verwalteten Cloud und des Managed Services Ansatzes** dar. Dabei setzt sich das Cloud-Betriebsteam eines Unternehmens aus einem internen und einem externen Team zusammen. Bestimmte Aufgaben werden dabei an das externe Betriebsteam des Managed-Service-Anbieters ausgelagert, während andere Tätigkeiten in dem internen Team verbleiben. Dieser Co-Managed-Ansatz ermöglicht es dem Unternehmen, die Kontrolle über geschäftskritische und sensible Aufgaben und Prozesse zu behalten. Gleichzeitig profitiert das Unternehmen von der Expertise und der Unterstützung des externen Dienstleisters.

In der Praxis bietet sich häufig diese Mischform für den Cloud-Betrieb an, um die Abhängigkeit gegenüber dem externen Anbieter kontrollierbar zu halten. Insbesondere wenn der Dienstleister zu einem späteren Zeitpunkt gewechselt werden soll, bringt dieses Modell eine hohe Flexibilität und ein geringes Risiko mit sich.

Beratungsservice

Eine abgewandelte Form der Co-Managed Services sieht vor, dass der externe Dienstleister das Unternehmen ausschließlich durch die Erbringung von Beratungsservices unterstützt. Das Beratungsunternehmen wird für die Unterstützung bei der Planung, Implementierung und Optimierung der Cloud-Strategie, sowie zur Beratung des Cloud-Betriebs beauftragt. Die Tätigkeit des externen Dienstleisters fokussiert sich dabei auf die Analyse der Anforderungen, der Aufbereitung von entsprechenden Empfehlungen in Form von Lösungsvorschlägen und die Begleitung der Umsetzung und Integration.

Dieser Ansatz eignet sich für Unternehmen, die die erforderlichen, personellen Ressourcen für ein internes Cloud-Betriebsteam stellen können. Durch das externe Beratungsunternehmen werden die Best Practices berücksichtigt und mit eingebracht.

6.2.3.3   Service-Kategorisierung nach TBM

Im Rahmen des Betriebs einer Cloud-Umgebung in einem Unternehmen werden aus dem IT-Bereich eine große Anzahl verschiedener Services zur Verwendung durch die Geschäftsbereiche bereitgestellt. Die Services decken dabei eine hohe Bandbreite unterschiedlicher Fähigkeiten ab, wie beispielsweise aus den Bereichen Compute, Speicher oder Netzwerk. Die Services dienen dem Aufbau und der Verwaltung einer Cloud-basierten Umgebung. Um diese Services transparent und verständlich in Bezug auf den geschäftlichen Mehrwert in einem standardisierten Format abzubilden, werden die Services mithilfe der Taxonomie nach Technology Business Management, kurz TBM, kategorisiert und eingeordnet.

Einführung zu TBM und der Taxonomie

Der Zusammenschluss des Technology Business Management verfolgt das Ziel, den fachlichen Mehrwert von Technologien in einem Unternehmen hervorzuheben, um den Geschäftswert zu erhöhen. Dabei stehen insbesondere die enge Verknüpfung und **Transparenz zwischen Business und IT** im Vordergrund, um beiden Seiten zu verdeutlichen, welcher Wert jeweils für das Unternehmen erbracht wird. Dadurch sollen Synergieeffekte gebildet werden, um IT-Services effizienter, nachhaltiger und zielführender einzusetzen. Technology Business Management beschreibt Maßnahmen und Methoden, um einen ganzheitlichen Blick auf den Mehrwert der IT in einem Unternehmen zu haben.

Der TBM-Rat wurde von mehreren Partnern aus der IT-Beratungsbranche gegründet. In dem TBM-Komitee haben sich zudem renommierte Repräsentanten aus der Wirtschaft und der Industrie zusammengeschlossen, um mit TBM einen ganzheitlichen Ansatz zur Verbindung des Business mit der IT zu entwickeln und die Unternehmensleistung kontinuierlich zu verbessern. Der Ansatz besteht aus vier Prozessen: IT-Transparenz, IT-Billing, IT-Planning und IT-Vendor-Management. Die Prozesse führen die Unternehmensbereiche aus Finanzen, Personalwesen, Vertrieb und Marketing mit der IT zusammen. Das Fundament bildet eine standardisierte Taxonomie, um Services zu strukturieren.

Die Taxonomie nach Technology Business Management ermöglicht die hierarchische Kategorisierung von IT-Services. Die Taxonomie ist in natürlicher Sprache formuliert, um sowohl das Verständnis der IT als auch des Business zu normalisieren. Das zentrale Ziel der Taxonomie ist das Schaffen einer allgemein verständlichen Sprache, um IT-Services zu beschreiben und einzuordnen. Mithilfe der Taxonomie werden die IT-Kosten kategorisiert, um diese dem Kostenverursacher im Unternehmen zuzuordnen.

Die Taxonomie nach TBM basiert auf der Business-Sicht, der IT-Sicht und der Finanzsicht. Je nach Unternehmensbereich kann eine entsprechende Perspektive eingenommen werden, um die Services zu betrachten und die jeweils relevanten Informationen zu erhalten. Für jeden Service wird daher eine entsprechende Sicht angelegt und mit den dafür erforderlichen Informationen versehen.

- **Business-Sicht:** Die Business-Sicht fokussiert sich auf eine wertorientierte Perspektive, um die Lösungen aus ihrem geschäftlichen Mehrwert zu betrachten.
- **IT-Sicht:** Die IT-Sicht umfasst den technischen Blick auf die Services und bildet diese in kategorischen Towern ab.
- **Finanzsicht:** Die Finanzsicht bezieht sich auf die anfallenden Betriebs- (Operational Expenditure, kurz OpEx) und Investitionskosten (Capital Expenditure, kurz CapEx) der Services.

Die nachfolgende Abbildung zeigt eine verallgemeinerte Übersicht über die unterschiedlichen Sichten der TBM-Taxonomie (Abb. 6.18).13

Mithilfe der Sichten der TBM-Taxonomie werden die Beziehungen und Abhängigkeiten der Services hervorgehoben, um eine ganzheitliche Sicht auf die im Unternehmen erbrachten Leistungen zu ermöglichen. Die Services selbst werden innerhalb der jeweiligen Sicht einer Organisationseinheit zugewiesen und strukturiert.

Business-Sicht

Die Business-Sicht basiert auf bis zu vier hierarchischen Ebenen. In der ersten Ebene wird der Typ des jeweiligen Services identifiziert. Die zweite Hierarchieebene ordnet den Service einer Kategorie zu. Um den Detailgrad der Einordnung zu erhöhen, wird der Service in der dritten Ebene einem Namen zugeordnet. Optional besteht die Möglichkeit, den Service

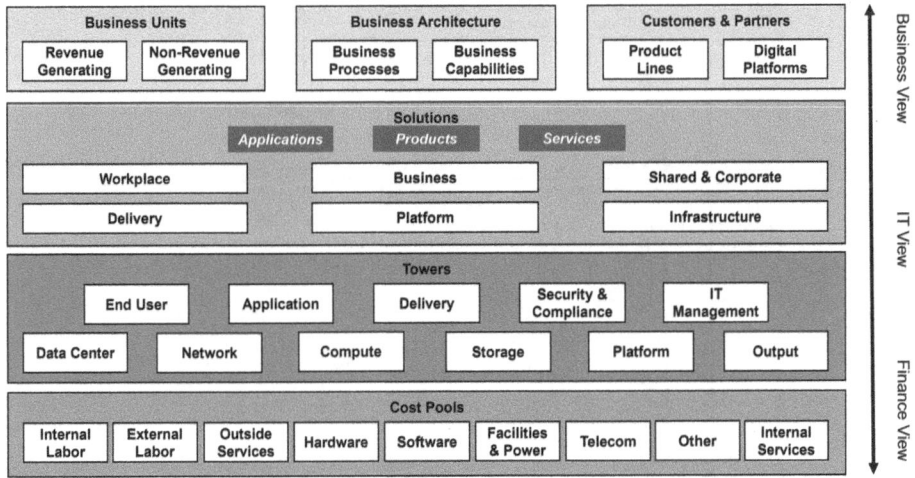

Abb. 6.18 Übersicht über die TBM-Taxonomie

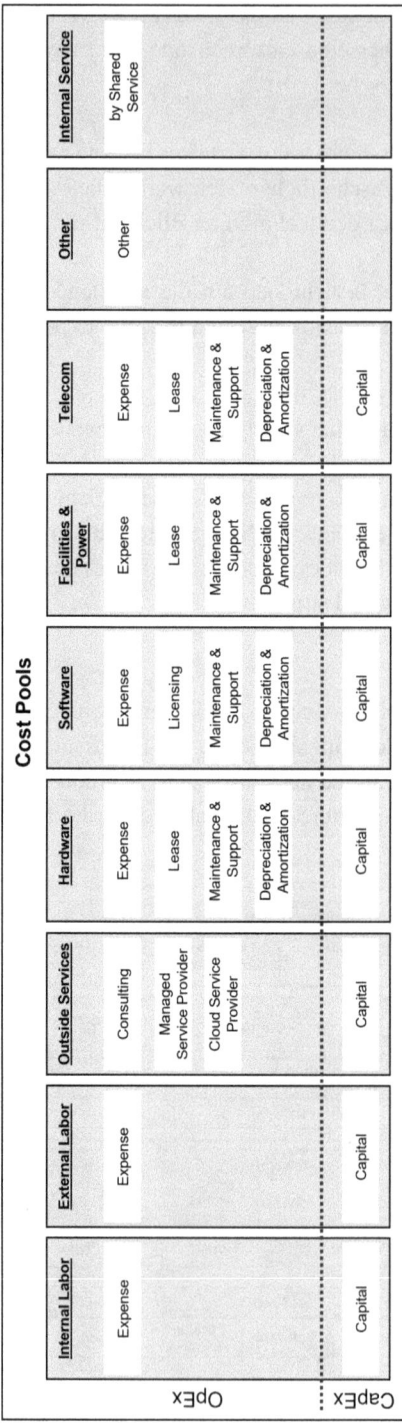

Abb. 6.19 Business-Sicht auf die TBM-Taxonomie

in der vierten Hierarchieebene einem Offering zuzuordnen. Die vierte Ebene ist jedoch unternehmensspezifisch und kann individuell definiert werden. Die nachfolgende Übersicht zeigt die Elemente der Business-Sicht in der TBM-Taxonomie.14

Beispiel

In dem nachfolgenden Beispiel wird die Einordnung einer virtuellen Maschine in der Microsoft Azure Cloud in die Businesssicht gezeigt. Anhand der vorherigen Abbildung kann die Kategorisierung nachvollzogen werden.

1. Typ: Infrastructure
2. Kategorie: Compute
3. Name: Virtuelle Maschinen und Container
4. Offering: M-Series (Typ der virtuellen Maschine)◄

IT-Sicht

In der IT-Sicht sind für sogenannte TBM-Tower definiert, die die hierarchische Kategorisierung von Services ermöglichen. In der ersten Hierarchieebene werden Tower als übergeordnete Organisationseinheit verwendet. Jedem Tower sind in der zweiten Ebene mehrere Sub-Tower zugeordnet, um die Granularität der Kategorisierung zu erhöhen. Optional kann eine dritte Ebene mit Sub-Tower-Elementen angewendet werden, um den Detailgrad der Service-Einordnung zu vergrößern. Die dritte Hierarchieebene kann unternehmensspezifisch definiert werden und ist nicht durch TBM vorgegeben. Die folgende Abbildung stellt eine Übersicht aller Tower und Sub-Tower der TBM-Taxonomie dar (Abb. 6.20).15

Beispiel

In dem nachfolgenden Beispiel wird die Einordnung eines Linux-Servers in die IT-Sicht gezeigt. Anhand der vorherigen Abbildung kann die Kategorisierung nachvollzogen werden.

1. Tower: Compute
2. Sub-Tower: Server
3. Sub-Tower-Element: Linux◄

Finanzsicht

Die Struktur der Finanzsicht umfasst eine zweistufige Hierarchie zur Einordnung der Services. In den Hierarchieebenen wird zwischen den Betriebs- und den Investitionskosten unterschieden. Die erste Organisationseinheit der Finanzsicht beschreibt den funktionalen oder technischen Zweck des Services. In der zweiten Ebene wird der finanzielle Bereich des Services festgelegt, wie beispielsweise Lizenzen oder Beratungsleistungen. Auf dieser

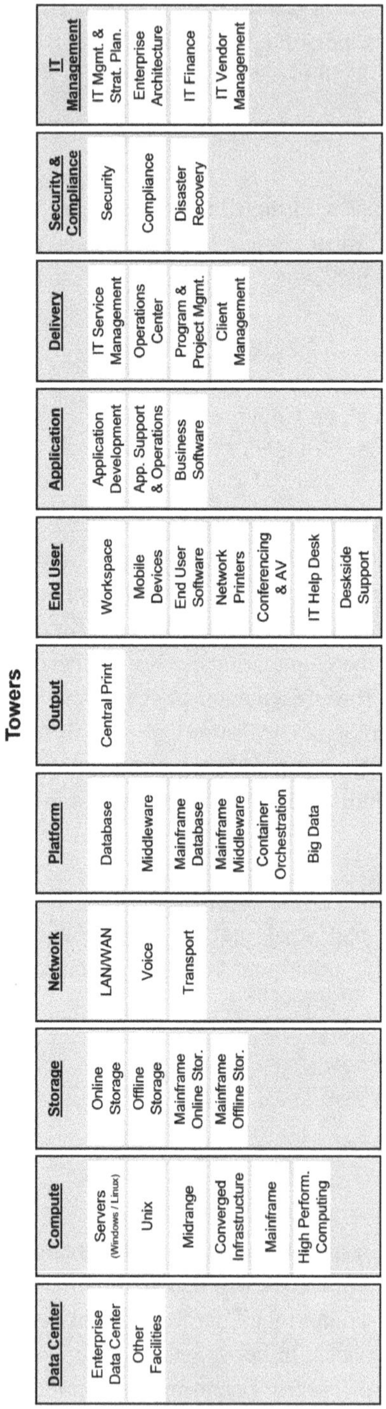

Towers

Data Center	Compute	Storage	Network	Platform	Output	End User	Application	Delivery	Security & Compliance	IT Management
Enterprise Data Center	Servers (Windows / Linux)	Online Storage	LAN/WAN	Database	Central Print	Workspace	Application Development	IT Service Management	Security	IT Mgmt. & Strat. Plan.
Other Facilities	Unix	Offline Storage	Voice	Middleware		Mobile Devices	App. Support & Operations	Operations Center	Compliance	Enterprise Architecture
	Midrange	Mainframe Online Stor.	Transport	Mainframe Database		End User Software	Business Software	Program & Project Mgmt.	Disaster Recovery	IT Finance
	Converged Infrastructure	Mainframe Offline Stor.		Mainframe Middleware		Network Printers		Client Management		IT Vendor Management
	Mainframe			Container Orchestration		Conferencing & AV				
	High Perform. Computing			Big Data		IT Help Desk				
						Deskside Support				

Abb. 6.20 IT-Sicht auf die TBM-Taxonomie

Ebene findet zudem die Unterscheidung zwischen OpEx und CapEx statt. Die nachfolgende Übersicht stellt einen gesamtheitlichen Blick auf die Struktur der Finanzsicht dar
(Abb. 6.21).16

> **Beispiel**
>
> In dem nachfolgenden Beispiel wird die Einordnung der monatlich anfallenden Nut-
> zungsgebühren einer Software-as-a-Service Lösung gezeigt. Anhand der vorherigen
> Abbildung kann die Kategorisierung nachvollzogen werden.
>
> 1. Funktionale/technische Ebene: Software
> 2. Finanzebene: Lizenzen◄

Dokumentation

Ein wichtiger Bestandteil von TBM ist die konsistente und sorgfältige Dokumentation der
Services. Insbesondere die kontinuierliche Aktualisierung ist essenziell, um TBM erfolgreich zu etablieren und operativ zu nutzen. Die Verantwortlichkeit für die Dokumentation
liegt in erster Linie bei den jeweiligen Service-Managern. Um die Dokumentation der divers
verteilten Services übersichtlich zu halten, empfiehlt es sich einen allgemeinen Ansprechpartner für die gesamte Dokumentation zu benennen. Diese Rolle ist verantwortlich für die
Bereitstellung einer zentralen Plattform, die für Dokumentationen verwendet wird.

Steht ein Unternehmen noch am Anfang der Serviceorientierung, ist es nicht zwingend erforderlich eine professionelle Tool-Lösung für Dokumentationen zu verwenden. Zu
Beginn steht das Erstellen der Dokumente und das Sammeln der erforderlichen Informationen im Vordergrund. Diese können auch zu einem späteren Zeitpunkt in ein Tool übertragen
werden.

Für die Dokumentation von Services ist beispielsweise eine **Configuration Management
Datenbank**, kurz CMDB, zu empfehlen. Die CMDB umfasst in der Regel alle im Unternehmen angesiedelten Objekte und deren Informationen. Zudem ist eine CMDB unmittelbar
an die Service Management Prozesse in einem Unternehmensumfeld angebunden und bildet dadurch die zentrale Datenquelle für IT Service Management in einem Unternehmen.
Das erleichtert die Operationalisierung der enthaltenen Objekte in der CMDB. In der Praxis
wird beispielsweise im ServiceDesk auf die CMDB zugegriffen, um die Anfragen den entsprechenden Objekten und Services zuzuordnen. Die Lösung von ServiceNow ist eine der
bekanntesten Softwares zur Umsetzung einer CMDB. Die TBM-Taxonomie wird jedoch
nicht von allen CMDB-Lösungen unterstützt.

Neben dem Ansatz der CMDB enthalten viele **Enterprise-Architektur-Tools**, kurz EA-
Tools, die Möglichkeit, Informationen von IT-Services zu erfassen und zu dokumentieren. Da
in einem EA-Tool neben den Technologien ebenfalls Prozesse und Geschäftsanwendungen
beschrieben werden, werden in einem EA-Tool entsprechende Abhängigkeiten hervorgehoben. Die meisten EA-Tools unterstützen die Verwendung der TBM-Taxonomie, um

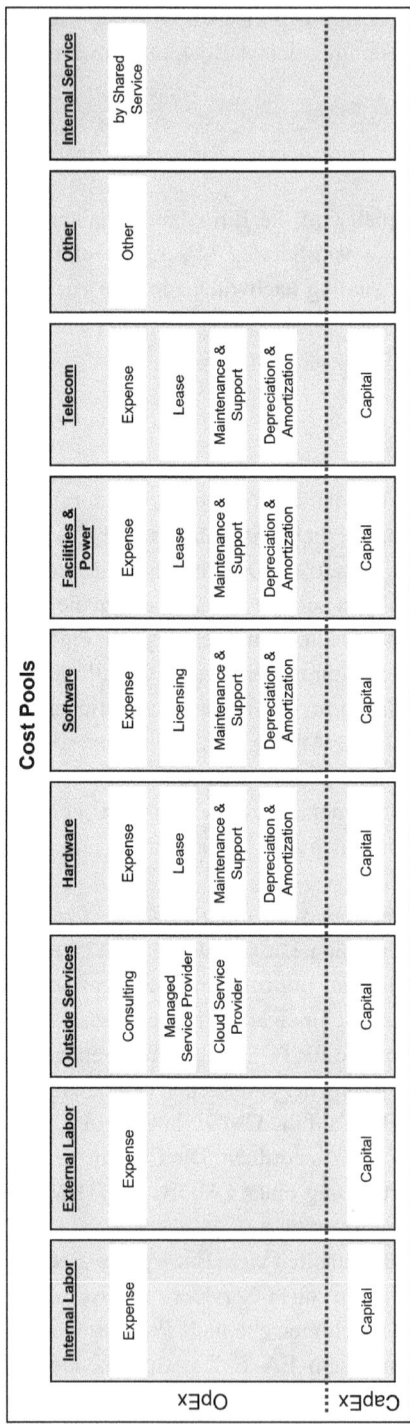

Abb. 6.21 Finanzsicht auf die TBM-Taxonomie

IT-Services zu kategorisieren und zu dokumentieren. Der Markt bietet eine große Auswahl an EA-Tools an. Ein bekanntes Beispiel ist die Lösung von LeanIX.

Unabhängig von der Tool-Lösung zur Kategorisierung und Dokumentation von IT-Services sollte sichergestellt werden, dass eine zentrale Plattform existiert und gepflegt wird, um redundante oder unvollständige Datenpflege zu vermeiden. In vielen Unternehmen wird sowohl mit einer CMDB als auch mit einem EA-Tool gearbeitet. In diesem Fall eignet sich eine technische Integration beider Lösungen, um eine Synchronisierung der Informationen zu ermöglichen. Viele Tools bieten entsprechende Schnittstellen an.

Vorteile
Die Verwendung von TBM bringt viele Vorteile mit sich. Insbesondere die Standardisierung der Service-Einordnung mithilfe der Taxonomie ermöglicht das Schaffen eines einheitlichen Verständnisses über den Mehrwert der Services. Durch die standardisierte Struktur des Serviceangebots wird zudem die Abrechnung der anfallenden Kosten erleichtert. Die vereinfachte Sprache und die Sichten der TBM-Taxonomie erhöhen darüber hinaus die Transparenz und die Sichtbarkeit der IT-Services gegenüber den Geschäftsbereichen. Insgesamt bietet Technology Business Management daher ein hohes Potenzial für Unternehmen im Rahmen einer Transformation in die Public Cloud.

6.2.3.4 Unterscheidung von TBM und FinOps

Das serviceorientierte Betriebsangebot auf Grundlage von Technology Business Management kann mit dem in Abschn. 6.2.1 beschriebenen Ansatz nach FinOps kombiniert werden, um die Kosten der Services zu verwalten und zu optimieren. Beide Ansätze sind kein Ersatz füreinander und daher als komplementär zu betrachten. Während der Fokus von TBM insbesondere auf der fachlichen Betrachtung des unternehmerischen Mehrwerts liegt, ist der Schwerpunkt von FinOps überwiegend in den technischeren Ingenieurteams angesiedelt. In einer gemeinschaftlichen Zusammenarbeit des FinOps-Teams und des IT-Finanzmanagements aus dem TBM-Umfeld werden Informationen aus beiden Bereichen ausgetauscht und genutzt 17.

In der Praxis spielt dabei beispielsweise die erläuterte TBM-Taxonomie eine Rolle, die einen Einfluss auf den in Abschn. 6.2.1.5.2 beschriebenen Chargeback-Prozess haben kann. Im Rahmen des Showback- und Chargeback-Prozesses werden die anfallenden Kosten der IT-Services den Kostenverursachern in Form von Kostenträgern zugeordnet und verrechnet. Mithilfe der Taxonomie können die konsumierten Services standardisiert und in verständlicher Form reportiert und abgerechnet werden. Dadurch kann der jeweilige Kostenträger nachvollziehen, für welche Services und in welchen Bereichen die Kosten angefallen sind.

6.2.3.5   Sicherheitsrichtlinien und IT-Audits

Ein wichtiger Aspekt bei Infrastrukturen in der Public Cloud ist neben der technischen Standardisierung und Automatisierung zudem die **Berücksichtigung und Einhaltung von Sicherheitslinien** mithilfe von IT-Audits. Die Implementierung von IT-Audits in einer Cloud-Umgebung umfasst die Durchführung von Audits zur Bewertung der Effektivität und Effizienz von automatisierten und standardisiert bereitgestellten Cloud-Ressourcen. IT-Audits können Unternehmen dabei helfen, Bereiche zu identifizieren, in denen beispielsweise Cloud-Kosten optimiert werden können, das Risiko der Nichteinhaltung von Vorschriften zu verringern und die Finanzmanagementpraktiken insgesamt zu verbessern. Die Durchführung von IT-Audits ermöglicht es, Optimierungspotenziale sowohl technisch als auch prozessual zu erkennen und entsprechende Maßnahmen ergreifen zu können. Darüber hinaus wird der Fokus auf sicherheitsrelevante Bereiche wie Datensicherheit und Zugriff gelegt. Eine solche Prüfung schafft auch Transparenz in der immer komplexeren IT-Landschaft von Unternehmen.

Zur Prüfung werden folgende drei Standards am häufigsten eingesetzt:

ISO/IEC 27001

Das Dokument der ISO 27001 spezifiziert Anforderung und deren Umsetzung sowie kontinuierliche Verbesserung der IT-Systeme. Zudem werden Bewertungen, Maßnahmen und Anforderungen von IT-Risiken behandelt. Die dargelegten Anforderungen sind allgemeiner Art und sollen für alle Unternehmen, unabhängig der Größe und Branche gelten. Unternehmen können sich nach der Norm zertifizieren lassen. Eine Basis für die Zertifizierung kann der BSI-Grundschutz liefern. Herausgeber ist die unabhängige internationale Organisation ISO (International Organization for Standardization).

BSI-Grundschutz

Der BSI-Grundschutz stellt Methoden, Anleitungen und Hilfestellung für Unternehmen bereit die ihre Daten und Systeme absichern möchten. Um ein systematisches Vorgehen zu gewährleisten, werden neben den technischen Spezifikationen auch organisatorische und infrastrukturelle Bereiche abgedeckt. Zum Aufbau eines Informationssicherheit Managementsystems (ISMS) wird dieses Dokument in vielen Organisationen als Richtlinie herangezogen. Mit einer ISO 27001 Zertifizierung auf Basis des IT-Grundschutzes kann nachgewiesen werden, dass das Unternehmen internationale Standards umgesetzt hat. Herausgeber ist das deutsche Bundesamt für Sicherheit in der Informationstechnik. Der BSI-Standard ist aufgeteilt in:

- BSI-Standard 200-1 „Managementsysteme für Informationssicherheit": Erläutert den Aufbau eines Informationssicherheitsmanagementsystems (ISMS)
- BSI-Standard 200-2 „IT-Grundschutz-Methodik": Beschreibt die grundlegenden Vorgehensweisen nach IT-Grundschutz

- BSI-Standard 200-3 „Risikomanagement": Erstellung einer Risikoanalyse für hohen und sehr hohen Schutzbedarf aufbauend auf einer durchgeführten IT-Grundschutzerhebung
- BSI-Standard 100-4 „Notfallmanagement": Wesentliche Aspekte für ein angemessenes Business Continuity Management (BCM)
- BSI-Standard 200-4 „Business Continuity Management": Aktuell noch im Entwurf. Eine vorläufige Version steht der Community zur Verfügung.

IDW PH 9.860.2

Dies ist eine konkrete Anwendungsempfehlung zur freiwilligen Prüfung außerhalb der Jahresabschlussprüfung. Es wird Rücksicht auf geltende Gesetzte wie dem Datenschutz-Grundverordnung (DSGVO) sowie dem Bundesdatenschutzgesetz (BDSG) genommen und darauf aufgebaut. In diesem Kapitel der IDW wird der Schwerpunkt auf die kritische Infrastruktur gelegt. Herausgeber ist das Institut der Wirtschaftsprüfer (IDW).

Gründe für IT-Audits

Sicherheitsrichtlinien geben Unternehmen Hilfestellung in der Umsetzung von Maßnahmen und Standards die praktisch erprobt und zertifiziert sind. Die Richtlinien sind für Unternehmen in allen Bereichen wichtig. Ein einfaches Beispiel stellt die Anforderungen an Passwörter dar. In der Regel verfügt jeder Mitarbeiter in einem Unternehmen über ein eigenes Passwort, dass den Unternehmensrichtlinien entsprechen muss. In einem IT-Audit werden diese Vorgaben und deren Einhaltung geprüft, um die Sicherheit der IT-Infrastruktur sicherzustellen. Ein technisches Beispiel ist die Verwaltung von SSL-Zertifikaten. Diese sind in der Regel befristet und müssen erneuert werden. Im Rahmen des IT-Audits wird unter anderem die Gültigkeit der SSL-Zertifikate validiert.

6.3   Enablement

Wenn Sie die Voraussetzung für die Bereitstellung von Cloud Optimization Services in Ihrem Unternehmen geschaffen haben, stellt sich die Frage, wie diese erfolgreich umgesetzt werden können. Grundsätzlich sollten Sie bei den Bereichen rund um FinOps, Infrastructure-as-Code und Serviceorientierung berücksichtigen, dass es sich dabei um kontinuierliche Methoden handelt. Die Ansätze müssen zunächst etabliert werden, allerdings müssen die Prozesse und Technologien langfristig aufrechterhalten werden. Die Public Cloud wird durch stetige Veränderung und Innovationen getrieben, die bei den Cloud Optimierungsservices berücksichtigt und integriert werden müssen.

6.3.1   Etablierung von FinOps

FinOps ist ein Modell, von dem nahezu alle Bereiche eines Unternehmens betroffen sind. Die Integration von FinOps ist daher insbesondere eine organisatorische Veränderung, die sich durch das gesamte Unternehmen zieht. Dabei steht vor allem der sogenannte „Mindset-Change" im Vordergrund. Der Mindset-Change umfasst das Schaffen und Verstärken des Bewusstseins zur Funktionsweise der Public Cloud. Während in einem herkömmlichen On-Premise-Rechenzentrum die Flexibilität der Infrastruktur eingeschränkt war, können in der Public Cloud in kürzester Zeit Veränderungen vorgenommen werden. Dadurch können zeitnah Anpassungen umgesetzt werden, die zu Kostenersparnissen führen.

Hinzu kommt die Einbindung der fachlichen und der technischen Ebene bei der Integration des FinOps-Modells in einem Unternehmen. Mithilfe der Technologien der Public Cloud wird die IT-Infrastruktur transparent und die Nutzung der Ressourcen kann auf die Kostenverursacher zugeordnet werden. Durch diese erhöhte Transparenz in der Cloud-Nutzung werden verstärkt die fachlichen Abteilungen in die Verantwortung der Kosten gestellt. Ein Erfolgsfaktor für die erfolgreiche Integration von FinOps ist daher eine **klare und offene Kommunikation**.

6.3.1.1   Organisatorische Bereitschaft & Kommunikation

Da das FinOps-Modell alle Unternehmensbereiche miteinbezieht, wird die organisatorische Bereitschaft sichergestellt. Im ersten Schritt wird dafür ein **Sponsor auf Management-Ebene** benötigt, um die Strategie und das erforderliche Budget vorzugeben. Finops sollte dabei nicht als zeitlich begrenztes Projekt angesehen werden, da das Modell nach FinOps von einer kontinuierlichen Beachtung und stetigen Nutzung lebt. Das hängt mit den dynamischen Veränderungen und Weiterentwicklungen der Public Cloud zusammen, die einen Einfluss auf die Verwaltung der Kosten haben.

> ▶   Als Vorbereitung für die Etablierung von FinOps wird zudem eine **Stakeholder-Liste** erstellt und kontinuierlich gepflegt. Darin werden alle Personen in dem Unternehmen erfasst, die von der FinOps-Integration betroffen sind. Zusätzlich wird deren jeweiliges Interesse und Einfluss auf FinOps notiert. Das erleichtert die spätere Implementierung der Prozesse und des Operating Modells, indem effiziente und zielgerichtete Meetings und Abstimmungen erzielt werden.

Bei dem Aufbau des initialen FinOps-Teams werden Ressourcen aus fachlicher als auch aus technischer Ebene kombiniert, um eine Schnittstelle zwischen den beiden Bereichen zu bilden. So können beispielsweise ein Vertragsmanager aus der Lizenzabteilung und ein Cloud Ingenieur in das FinOps-Team berufen werden. Die Etablierung des FinOps-Modells wird maßgeblich durch dieses Team im Unternehmen vorangetrieben.

Dabei spielt insbesondere eine frühzeitige und transparente Kommunikation innerhalb der gesamten Organisation eine essenzielle Rolle. Für die Nutzung der zentralen Kanäle kann für diese Aufgabe Unterstützung aus der unternehmensinternen Kommunikationsabteilung angefragt werden. Bei der Kommunikation liegt der Schwerpunkt vor allem auf der Sensibilisierung für die Public Cloud, da die meisten Anwender in der Regel keine Informationen zu der unter der Anwendung liegenden Infrastruktur besitzen und diese auch nicht benötigen.

Um das Bewusstsein für die Public Cloud im Unternehmen zu schärfen, werden in der Kommunikation die grundlegenden Konzepte der Public Cloud erläutert. Dabei wird weniger auf die technischen Details eingegangen. Der **Fokus der Kommunikation liegt auf den Besonderheiten bei der Nutzung von Public Cloud,** wie der hohen Flexibilität, der kurzen Time-to-Market und den verteilten Verantwortlichkeiten zwischen Cloud-Anbieter und Unternehmen. Insbesondere die Kostentransparenz und die Möglichkeit der exakten Kostenzuordnung, sowie das Potenzial der schnellen Kostenoptimierung sind wichtige Punkte auf der Agenda in der Kommunikationsstrategie.

Für die Kommunikation werden verschiedene Kanäle verwendet, um das gesamte Unternehmen zu erreichen. Die Erstellung einer internen Intranetseite als zentraler Einstiegspunkt bietet beispielsweise jedem Mitarbeiter die Möglichkeit, sich kontinuierlich über die Public Cloud und FinOps zu informieren. Zudem stellt die Intranet-Seite eine Kontaktmöglichkeit zu dem FinOps-Team dar. Neben der Bereitstellung von Informationen kann zudem ein abteilungsübergreifendes Meeting im Unternehmen genutzt werden, um die Kommunikation über Public Cloud und FinOps zu streuen. Vor allem der Aspekt der Kostenoptimierung dürfte in derartigen Besprechungen für ein hohes Interesse der Teilnehmer sorgen.

6.3.1.2 Verantwortlichkeiten im FinOps Operating Modell

Eine der häufigsten Herausforderungen ist die Festlegung und Etablierung der Verantwortlichkeiten im FinOps Operating Modell. Das spiegelt sich bei der Ausführung der Prozesse oder der Vergabe von Freigaben wider. Potenzielle Unklarheiten in den Verantwortlichkeiten führen zu Verzögerungen in der operativen Umsetzung, die wiederum einen finanziellen Einfluss haben. Um dieser Herausforderung bereits im Rahmen der Planung der FinOps-Integration entgegenzuwirken, bestehen mehrere Möglichkeiten.

Rollenbeschreibungen

Bei der Beschreibung der FinOps-Rollen Abschn.6.2.1.4 werden die Aktivitäten konkret und genau definiert und dokumentiert. Die Beschreibung der Rollen sollte möglichst klar erläutert werden, indem beispielsweise die Aktivitäten und Verantwortlichkeiten genau beschrieben werden. Neben der Dokumentation der Erwartungshaltung an die jeweilige Rolle kann die Erarbeitung einer Zuordnungsmatrix die Verantwortlichkeiten festlegen.

RACI-Matrix

Eine Zuordnungsmatrix (Responsible-Accountable-Consulted-Informed-Matrix, kurz RACI-Matrix) dient zur übersichtlichen Beschreibung von Verantwortlichkeiten für Prozessschritte und Aktivitäten. Häufig wird eine RACI-Matrix in Form einer Tabelle dargestellt, um innerhalb eines Teams die Verantwortung für einzelne Tätigkeiten pro Rolle zu definieren. In einer RACI-Matrix werden die Verantwortlichkeiten nach den folgenden Werten festgehalten.

- **Responsible**: Dabei trägt die jeweilige Rolle die Verantwortung für die Durchführung einer Aktivität. Die zugeordnete Rolle muss nicht zwangsläufig die Tätigkeit selbst ausführen, ist aber für deren Durchführung verantwortlich.
- **Accountable**: Die zugeordnete Rolle ist in diesem Fall rechenschaftspflichtig, indem beispielsweise Freigaben oder Genehmigungen erteilt werden. Die Rolle trägt die juristische Verantwortung für die Tätigkeit.
- **Consulted**: Die jeweilige Rolle verfügt über Kenntnisse und Informationen, die zur Ausführung der Tätigkeit hilfreich oder erforderlich sein können. Daher wirkt die Rolle beratend bei der zugeordneten Aktivität.
- **Informed**: Die Rolle wird über die Tätigkeit und den aktuellen Stand informiert, da die jeweilige Rolle entweder ein hohes Interesse daran hat oder beispielsweise eine Abhängigkeit zu einem anderen Geschäftsbereich besteht.

Zur klaren Definition und Festlegung der Verantwortlichkeiten empfiehlt sich daher der Aufbau einer RACI-Matrix. Die Dokumentation der RACI-Matrix wird maßgeblich durch den Cloud FinOps Lead vorangetrieben. Die Führungskräfte wirken dabei unterstützend, um die RACI-Matrix mit allen betroffenen Geschäftsbereichen abzustimmen und zu verabschieden. Die RACI-Matrix im FinOps-Umfeld kann dabei **individuell je nach Unternehmen** gestaltet werden. Neben der Ausrichtung auf einzelne FinOps-Rollen kann die Zuordnungsmatrix auf den Anwendungsfällen von FinOps basieren. Innerhalb des FinOps-Teams wird häufig pro Anwendungsfall ein organisatorischer Teilbereich aufgebaut, der sich auf einen konkreten Fall fokussiert.

▶   Die Erfassung und Festlegung der Verantwortlichkeiten in Form einer RACI-Matrix ist einer der wichtigsten Schritte beim Aufbau eines FinOps-Modells. Die Zuordnungsmatrix bildet die Grundlage für alle Prozesse, Entscheidungswege und täglich anfallende Aufgaben. Die Dokumentation und Abstimmung der Verantwortlichkeiten ist jedoch lediglich der erste Schritt, um diese erfolgreich in Ihrem FinOps-Umfeld zu etablieren und zu operationalisieren.

Workflow Management

Bei der Operationalisierung der FinOps-Prozesse und der damit festgelegten Verantwortlichkeiten tritt in der Praxis häufig die Herausforderung auf, dass es in der Umsetzung zu Missverständnissen kommt. Insbesondere zu Beginn der FinOps-Etablierung kommt es häufig zu Unklarheiten in der Prozess-Durchführung. Das bringt das Risiko der verzögerten Entscheidungen, sowie der verlängerten Prozessdurchführung mit sich. Um dieser Herausforderung entgegenzuwirken, kann ein Workflow Management etabliert werden. Ein Tool zum Workflow Management ermöglicht die **Abbildung von Prozessen und eine klare Definition**, welche Rolle zum jeweiligen Zeitpunkt aktiv an der Aktivität beteiligt ist. In einem Workflow Management werden Prozesse integriert und jede Aktivität innerhalb des Prozesses wird einer bestimmten Person zugewiesen. Sobald eine Aktivität abgeschlossen ist, wird der Prozessfluss in den Posteingang der nächsten zugeordneten Person weitergeleitet. Wenn diese Person dann beispielsweise eine Freigabe erteilt hat, erfolgt die nächste Weiterleitung, bis der Prozess erfolgreich abgeschlossen ist. Mithilfe eines Workflow Management wird daher die Transparenz im Prozessfluss erhöht und jeder involvierten Person ist zu jedem Zeitpunkt bewusst, an welcher Stelle der Prozess steht und welche nächsten Aktivitäten von wem abgeschlossen werden müssen.

▶ Um das FinOps-Team und die gesamte Organisation auf fachlicher Ebene auf die Etablierung von FinOps vorzubereiten, empfehlen sich verschiedene Schulungen, Workshops, Trainings und Zertifizierungen. Die bekanntesten Zertifizierungen bietet die FinOps Foundation an. Zum Beginn eignet sich die Prüfung des FinOps Practitioner, die als Einführung in das FinOps-Modell dient und für alle Unternehmensbereiche relevant ist. Neben allgemeinen Einsteiger-Schulungen stehen bei der Foundation rollenspezifische Zertifizierungen zur Verfügung, wie beispielsweise für Führungskräfte, für Ingenieure, für die Finanzabteilung und für den Einkauf.

6.3.1.3 Tool-Entscheidung

Neben der organisatorischen Bereitschaft müssen zu einer erfolgreichen Etablierung und Operationalisierung von FinOps zudem die technologischen Voraussetzungen gegeben sein. Darunter fallen zwei Aspekte. Um die Kosten verursachergerecht zuzuordnen, ist eine konsistente Tagging-Strategie erforderlich. Zur Operationalisierung und Automatisierung der Prozesse kann ein FinOps-Tool eingesetzt werden.

Tagging

Wie in Abschn. 6.2.1.6.1 beschrieben, werden die Cloud-Ressourcen und deren Nutzung mithilfe von nativen Tags den Kostenverursachern zugeordnet. Daher ist eine einheitliche und standardisierte Tagging-Konvention eine Grundvoraussetzung für die Etablierung von FinOps. Im ersten Schritt empfiehlt sich eine Analyse, um zu überprüfen, welche Tags pro Ressource zum aktuellen Stand gesetzt werden. Aus Sicht von FinOps wird hier geprüft, ob bereits Informationen zu der Kostenstelle beziehungsweise dem Kostenverursacher gesetzt werden. Im Rahmen der Analyse wird zudem geprüft, welchem Standard das derzeitige Tagging folgt.

Im nächsten Schritt wird eine **Tagging-Struktur definiert**, die den Anforderungen an FinOps gerecht wird. In der Praxis empfiehlt sich häufig die Verwendung von möglichst wenigen Tags, da bei vielen Ressource-Typen die Anzahl der Tags begrenzt ist. Für die Verwendung im FinOps-Kontext kann daher ein Tag zur Identifikation des Kostenverursachers gesetzt werden. Der Identifikationsschlüssel kann wiederum auf eine durch das FinOps-Team verwaltete Mapping-Tabelle verweisen, um die detaillierten Informationen der Kostenstelle zu ermitteln. Der Vorschlag der neuen Tagging-Konvention wird dann zunächst mit dem IT-Bereich abgestimmt und anschließend als Change beantragt.

▶ Nach der Umsetzung der neuen Tagging-Strategie durch den Cloud-Bereich in Ihrem Unternehmen kann das Tag verwendet werden, um die Cloud-Ressourcen den jeweiligen Kostenverursachern zuzuordnen. An dieser Stelle ist es wichtig zu berücksichtigen, dass das entsprechende Tag zukünftig stets automatisch für jede neu bereitgestellte Cloud-Ressource gesetzt wird, um das Tagging konsistent zu halten. Ansonsten besteht das Risiko, dass das FinOps-Team nicht alle Cloud-Ressourcen zuordnen kann. Für die Zuordnung der Cloud-Kosten kann darüber hinaus ein FinOps-Tool genutzt werden, dass die Tag-Informationen verarbeitet.

▶ **Tip**
Achten Sie darauf, eine standardisierte Tagging-Konvention zu definieren und diese einzuhalten, um die Tags der Cloud-Ressourcen konsistent zu halten. Vermeiden Sie häufige Änderungen der Tagging-Konvention und entwickeln Sie eine langfristige Tagging-Strategie, die zu den Vorgaben der bestehenden Tags passt.
    Gleiches gilt für die Namenskonvention der Cloud-Ressourcen. Häufig werden die Bezeichnungen der Instanzen im Rahmen von Reportings benötigt, weshalb diese Konvention ebenfalls eingehalten werden sollte. Häufige Änderungen führen zu Inkonsistenzen in den FinOps-Reports.

Auswahl eines FinOps-Tools
Der Markt bietet eine Vielzahl verschiedener FinOps-Tools an. Wie in Abschn. 6.2.1.6 beschrieben, wird grundsätzlich zwischen Cloud nativen Tool-Lösungen und Drittanbieter-Tools unterschieden. Um ein Tool für Ihr Unternehmen auszuwählen, sollten daher einige Faktoren bei der Entscheidung berücksichtigt werden. Die Cloud nativen Tools zur Kostenverwaltung legen den Fokus in der Regel vor allem auf Berichte, Analysen und Kostenübersichten. Die Filtereinstellungen für Berichte können zwar selbst festgelegt werden, jedoch ist die Individualisierbarkeit bei den nativen Tools eingeschränkt, da diese standardisiert vom Public Cloud Anbieter zur Verfügung gestellt werden. Drittanbieter-Tools bringen hingegen eine hohe Brandbreite an Funktionalitäten mit sich und ermöglichen eine individuelle Konfiguration, abgestimmt auf die Anforderungen Ihres Unternehmens.

Grundsätzlich sollten Sie die Entscheidung des FinOps-Tools nicht überstürzen und die Auswahl sorgfältig evaluieren. Treffen Sie diese Entscheidung außerdem in Abstimmung mit dem FinOps-Team und den involvierten Geschäftsbereichen.

▶ **Tip**
   Im Auswahlprozess können Sie nach dem folgenden Schema vorgehen.

1. **Abstimmung des verfügbaren Budgets**: Im ersten Schritt stimmen Sie mit den Führungskräften in Ihrem Unternehmen ab, ob und welches Budget für den Einsatz eines FinOps-Tools zur Verfügung steht. Machen Sie sich im Vorfeld mit den potenziell anfallenden Kosten für ein FinOps-Tool vertraut, um gegenüber Ihren Führungskräften eine realistische Aussage treffen zu können. Die Kosten für die meisten Drittanbieter-Tools basieren auf einem prozentualen Anteil der gesamten Cloud-Kosten. Daher sollten Sie die gesamten, jährlich im Unternehmen anfallenden Kosten für Cloud-Ressourcen und deren Prognosen für die kommenden Jahre kennen.

2. **Prüfung der Cloud-Strategie**: Im nächsten Schritt prüfen Sie die Cloud-Strategie Ihres Unternehmens *(siehe Kap. 6)*. Bei der Auswahl eines FinOps-Tools sollten Sie dabei auf zwei zentrale Aspekte achten. Zum einen spielt das geplante Wachstum der Cloud-Umgebung eine wichtige Rolle, da dieses insbesondere einen Einfluss auf die Cloud-Kosten hat. Zum anderen ist in der Cloud-Strategie festgelegt, welche Cloud-Anbieter geplant sind. Da einige Tools lediglich mit bestimmten Anbietern oder Services kompatibel sind, sollten Sie diese Information im Rahmen der Tool-Auswahl prüfen.

3. **Priorisierung der FinOps-Anwendungsfälle**: Der umfangreichste Schritt ist die Strukturierung der Anwendungsfälle von FinOps. Dabei machen Sie sich zunächst mit allen in Abschn. 6.2.1.3 beschriebenen Use Cases von FinOps vertraut. Gemeinsam mit Ihrem FinOps-Team und den involvierten Geschäftsbereichen erarbeiten Sie eine Priorisierung der einzelnen Anwendungsfälle, beispielsweise in niedrig, mittel und hoch. Führen Sie dazu Interviews und Workshops mit den einzelnen Unternehmensbereichen durch, um deren Anforderungen und aktuelle Herausforderungen zu identifizieren. Auf Grundlage der Priorisierung ordnen Sie die Anwendungsfälle auf eine ungefähre Zeitleiste ein. So können Sie erkennen, in welchen Bereichen Ihr Unternehmen derzeit den höchsten Bedarf hat und welche potenziellen Anwendungsfälle gegebenenfalls zu einem späteren Zeitpunkt relevant werden. Für die Tool-Auswahl ist dieser Schritt wichtig, da jedes Tool einen unterschiedlichen Fokus hat und andere Funktionalitäten mitbringt.

4. **Validierung mit internen Compliance-Vorgaben**: Während der Tool-Auswahl sollten Sie zudem parallel zu der funktionalen Analyse (Schritt 3) die unternehmensinternen Compliance-Richtlinien prüfen und berücksichtigen. Das betrifft beispielsweise die Vorschriften in Bezug auf Datenschutz, die Verarbeitung von personenbezogenen Daten und den Hosting-Anbieter, bei dem das Tool betrieben wird. Da Drittanbieter-Tools in der Regel als Software-as-a-Service

(kurz SaaS) angeboten werden, sollten Sie prüfen, in welcher Region und bei welchem Cloud-Anbieter der Service betrieben wird.

6.3.1.4 Kostenoptimierung

In der Praxis steht im Kontext von FinOps häufig der Anwendungsfall der Kostenoptimierung im Vordergrund. Das hängt damit zusammen, dass bei diesem Use Case der **finanzielle Mehrwert für das Unternehmen eindeutig quantifizierbar** gemessen werden kann. Zudem ermöglicht die Kostenoptimierung durch Rightsizing das Erzielen schneller Ergebnisse in kurzer Zeit. Allerdings sollten Sie wie auch bei der Tool-Auswahl das Vorgehen strukturiert definieren und angehen, um den größtmöglichen Mehrwert zu erzielen. 18

Im ersten Schritt sollten Sie die **Erwartungshaltung an die Kostenoptimierung definieren.** Prüfen Sie mithilfe der Cloud nativen Kostenverwaltungstools das vorgeschlagene Einsparpotenzial, um sich einen ersten Eindruck zu verschaffen. Im Rahmen der Erwartungshaltung an die Kostenoptimierung können Sie dann erste Schlüsselkennzahlen (Key Performance Indicator, kurz KPI) erarbeiten. Diese Kennzahlen dienen als Richtlinie und stellen das Ziel der Kostenoptimierungsmaßnahme dar. Mithilfe der Kennzahlen können Sie in regelmäßigen Abständen prüfen und berichten, wie hoch das tatsächliche Einsparpotenzial ist.

Ergänzend zu der Erwartungshaltung sollten Sie zudem die **Voraussetzungen prüfen,** die in Ihrem Unternehmen für die Umsetzung von Kostenoptimierungsvorschlägen gegeben sind. Insbesondere die Verantwortlichkeiten über die Cloud-Ressourcen spielen dabei eine wichtige Rolle, da Sie prüfen sollten, wer für den technischen Aufbau der jeweiligen Ressource verantwortlich ist. Die technische Anpassung der jeweiligen Ressource liegt in der Regel nicht in der Verantwortung des FinOps-Teams. Das FinOps-Team fokussiert sich bei der Kostenoptimierung auf die technischen Analysen und erarbeitet Vorschläge für entsprechende Maßnahmen. Die Umsetzung erfolgt jedoch üblicherweise über die Betriebsverantwortlichen.

Wenn Sie die Erwartungshaltung definiert und die prozessualen und organisatorischen Voraussetzungen geprüft haben, können Sie einen Plan für die Umsetzung der Kostenoptimierung erstellen. Planen Sie dabei mehrere Iterationen für die Kostenoptimierung ein und legen Sie verschiedene Schwerpunkte, wie beispielsweise Rightsizing je nach Ressource-Typ, Reservierungen und Saving Plans. Pro Schwerpunkt sollten Sie einen Verantwortlichen definieren. Die nominierten Verantwortlichen erstellen dann zunächst eine Auflistung aller Cloud-Ressourcen. Die Auflistung dient als Grundlage für die Einordnung in mehrere Iterationen.

Starten Sie in der ersten Iteration konservativ und planen Sie lediglich eine geringe Anzahl an nicht-produktiven Instanzen für die erste Iteration ein. Die erste Iteration dient als Testlauf, um sich mit dem Prozess vertraut zu machen und diesen im Unternehmensumfeld zu etablieren.

▶ Um möglichst zeitnah erste Ergebnisse in Form von Kostenersparnissen zu erzielen, können Sie in der nächsten Iteration die Cloud-Ressourcen mit den höchsten anfallenden Kosten einplanen. Berücksichtigen Sie dabei auch das in der Public Cloud geschätzte Einsparungspotenzial, das Sie mithilfe der nativen Kostenverwaltungstools ermitteln können. Im Rahmen der Analyse wird dann pro Instanz der tatsächliche Nutzungsgrad im Vergleich zur maximal verfügbaren Kapazität analysiert. Bei der Analyse sollte ein Zeitraum über mehrere Monate betrachtet werden, um eventuelle Hochzeiten der Instanz zu ermitteln.

Zusammengefasst eignet sich der Anwendungsfall der Kostenoptimierung, um zeitnah quantitative Ergebnisse in Form von Kostenreduzierung für Ihr Unternehmen zu erzielen. Die vollumfängliche Etablierung von FinOps in Ihrer Organisation ist jedoch ein kontinuierlicher Prozess.

▶ Verwenden Sie beim Rightsizing und bei Reservierungen nicht nur die nativen Auswertungen und Empfehlungen der Public Cloud Anbieter, sondern erstellen Sie zudem eigene Analysen mithilfe der verfügbaren Nutzungszahlen der Instanzen. Die nativen Berichte in der Cloud haben keinen Zugriff auf Ihre Strategie und kennen die Hintergründe von Peak-Zeiten nicht. Vertrauen Sie daher nicht blind auf die nativen Rightsizing- und Reservierungsempfehlungen, sondern investieren Sie Zeit in eigene Analysen, um Ihre strategische Ausrichtung bei den technischen Anpassungen der Ressourcen zu berücksichtigen.

6.3.1.5 Roadmap

Der Aufbau und die Etablierung eines FinOps-Modells in einem Unternehmensumfeld setzen eine strukturierte und organisierte Planung voraus. Die vorangegangenen Abschnitte haben einige der wichtigsten Aspekte aufgegriffen, die Sie bei der Integration von FinOps berücksichtigen sollten. Die nachfolgende Übersicht beschreibt eine verallgemeinerte Schritt-für-Schritt-Anleitung, die je nach Unternehmen variieren kann. Die beispielhafte Roadmap basiert auf dem Ansatz der FinOps Foundation 20.

Planung und Analyse

Der erste Schritt fokussiert sich auf die Erarbeitung eines Plans, sowie auf der Identifikation der erforderlichen und betroffenen Stakeholder innerhalb des Unternehmens.

1. **Ermittlung der Stakeholder:** Zunächst werden die involvierten und benötigten Stakeholder innerhalb Ihrer Organisation ermittelt. Bei der Dokumentation der Stakeholder-Liste wird zudem das Interesse und der Einfluss auf das FinOps-Vorhaben erfasst. Mithilfe dieser Information wird die Kommunikation und die Besprechungsstruktur effizienter gestaltet.

2. **Anforderungsaufnahme:** Während den Gesprächen mit den Stakeholdern werden die Anforderungen an FinOps aufgenommen und dokumentiert. Erfassen Sie dabei auch die unterschiedlichen Perspektiven und Ansichten der Stakeholder, um deren Erwartungshaltung an FinOps zu ermitteln.

3. **FinOps-Plan und Ressourcen-Zuordnung:** Erarbeiten Sie auf Grundlage der aufgenommenen Anforderungen einen Plan zur Etablierung von FinOps. Dabei können Sie die Priorisierung der Anwendungsfälle berücksichtigen, um auf die Bedürfnisse und die aktuellen Herausforderungen der Stakeholder einzugehen. Beginnen Sie zudem mit der Ressourcenplanung und allokieren Sie erste Ressourcen zu dem FinOps-Team, das Sie bei der Planung und den nächsten Schritten unterstützt. Zudem sollten Sie Schulungen für die Ressourcen einplanen.

4. **Kennzahlen, Ressourcen, Tool-Anforderungen und Kommunikationsplan:** Erarbeiten Sie im nächsten Schritt erste Schlüsselkennzahlen, die Sie den verantwortlichen Führungskräften als initialen Vorschlag präsentieren. Die Kennzahlen werden die Grundlage für alle zukünftigen Berichte bilden. In den Abstimmungen mit den Führungskräften legen Sie zudem einen Ressourcenplan vor, den Sie für den Aufbau eines FinOps-Teams benötigen. Stellen Sie darüber hinaus sicher, dass die Führungskräfte den vorgelegten Plan unterstützen und im Kommunikationsplan berücksichtigt werden.

Organisatorische Bekanntmachung. Im nächsten Schritt wird der erarbeitete Kommunikationsplan umgesetzt und das FinOps-Betriebsmodell wird innerhalb des Unternehmens abgestimmt, um die Verantwortlichkeiten festzulegen.

5 **Vorstellung des FinOps-Plans:** Nach der Abstimmung mit den Führungskräften und der Zustimmung präsentieren Sie den erarbeiteten FinOps-Plan und die Vorgehensweise vor den identifizierten Stakeholdern. Achten Sie auf eine transparente und klare Kommunikation.

6. **Besprechungsplanung:** Im nächsten Schritt etablieren Sie regelmäßige Besprechungsrunden, um einerseits das FinOps-Team auf der Arbeitsebene voranzubringen. Zum anderen sollten Sie einen regelmäßigen Austausch mit den Führungskräften einplanen, um Entscheidungen voranzutreiben oder Risiken zu besprechen.

7. **FinOps-Betriebsmodell:** Erarbeiten Sie das Betriebsmodell (Operating Model) für FinOps und stimmen Sie dieses mit allen betroffenen Stakeholdern final ab. Das Betriebsmodell umfasst Rollenbezeichnungen, Verantwortlichkeiten und Prozessdefinitionen.

Vorbereitung. Im Rahmen der Vorbereitung werden Kennzahlen definiert, regelmäßige Berichte etabliert und die technischen Voraussetzungen für FinOps umgesetzt.

8. **Tool-Integration:** Um die technischen Grundlagen für FinOps aufzubauen, befassen Sie sich zunächst mit dem Tagging der Cloud-Ressourcen, um eine konsistente und standardisierte Tag-Struktur zu implementieren. Die Tags sind eine Grundvoraussetzung

für die Verwendung eines FinOps-Tools. Anschließend beginnen Sie mit dem Prozess der Tool-Auswahl und prüfen die in Abschn. 7.2.1.3. beschriebenen Aspekte und Kriterien Ihres Unternehmens.

9. **Reporting**: Mithilfe der definierten Kennzahlen können Sie ein regelmäßiges und automatisiertes Reporting aufbauen, um kontinuierlich den Fortschritt und den Mehrwert von FinOps in der Organisation zu messen. Am besten eignet sich dafür der Aufbau eines Dashboards, dass die Kennzahlen auf Management-Ebene aggregiert.

Umsetzung. Um zeitnah messbare Ergebnisse zu erzielen, werden bei der Umsetzung erste Maßnahmen umgesetzt, die bei der Kommunikation als Erfolgsbeispiele verwendet werden.

10. **Erste Ergebnisse erzielen:** Um erste, messbare Ergebnisse zu erzielen, eignet sich der Anwendungsfall der Kostenoptimierung *(siehe Abschn. 7.2.1.4)*. Erarbeiten Sie mit dem FinOps-Team einen iterativen Plan und nominieren Sie pro Optimierungsbereich eine verantwortliche Person, die die Optimierung und die Kostenreduzierung vorantreibt. Diese Ergebnisse können in kurzer Zeit erzielt werden und bieten dem Unternehmen einen quantitativen Mehrwert in Form von Kostensenkung.

11. **Kommunikation:** Verwenden Sie die erzielten Ergebnisse im Rahmen Ihrer Kommunikationsstrategie. Insbesondere eine Kostensenkung ist häufig für alle Stakeholder in einem Unternehmen von hohem Interesse. Teilen Sie die erreichten Ergebnisse der Kostenoptimierung als Erfolgsbeispiele, um das Interesse für FinOps in Ihrer Organisation zu erhöhen.

Betrieb. Nach der Stabilisierung der Prozesse geht das FinOps-Modell in den Betrieb über, mit dem kontinuierliche Verbesserung einhergeht, indem beispielsweise die Kennzahlen regelmäßig geprüft werden.

12. **Aufrechterhalten des Engagements:** Die Etablierung von FinOps ist kein kurzfristiges Projekt, sondern ein langfristiges und kontinuierliches Vorgehen. Das hängt insbesondere mit der stetigen Veränderung der Public Cloud zusammen. Sorgen Sie daher dafür, dass das Engagement und die Motivation des FinOps-Teams und der Stakeholder aufrechterhalten bleibt. Bleiben Sie stets in regelmäßigem Kontakt, indem Sie beispielsweise die erzielten Erfolge in Form von Kostensenkungen kommunizieren. Diesen Kontakt sollten Sie auch zu den Führungskräften aufrechterhalten, um bei Bedarf weiterhin zeitnahe Entscheidungen treffen zu können.

13. **Kontinuierliche Verbesserung und Evaluierung:** Die Public Cloud lebt durch die stetigen Veränderungen und Innovationen. Prüfen Sie daher kontinuierlich und kritisch den Anpassungsbedarf in Ihrem FinOps-Modell, um auf dem aktuellen Stand der Public Cloud Umgebung zu bleiben und weiterhin den Vorteil einer schnellen Time-to-Market nutzen zu können. Seien Sie offen für Veränderungen, denn FinOps basiert wie auch die Public Cloud auf Agilität und Dynamik.

▶ FinOps ist ein stetiger Prozess, der stark von dem kulturellen Umdenken im Unternehmen abhängt. Setzen Sie FinOps daher nicht als einmaliges Projekt um, sondern etablieren Sie FinOps als integralen Bestandteil in Ihrem Unternehmen, um kontinuierlich Kostenersparnisse aus der Public Cloud zu schöpfen.

6.3.2 Technologische Automatisierung und Standardisierung

Die Umsetzung von Infrastructure-as-Code (IaC) erfolgt üblicherweise durch den Einsatz von spezialisierten Tools und Technologien. Die Auswahl der Tools und Frameworks hängt dabei von den Anforderungen und der individuellen Präferenzen der Entwickler ab. Mit der Verwendung von technologischen Möglichkeiten in Form von Tools geht zudem der Aufbau der erforderlichen Fähigkeiten und Erfahrungen in den Teams einher. Nachfolgend werden einige Maßnahmen vorgestellt, sowie Kriterien für dessen Auswahl genannt. Abschließend werden die erläuterten Maßnahmen in einer beispielhaften Roadmap zusammengefasst.

6.3.2.1 Technisches Enablement durch Tools
6.3.2.1.1 Infrastructure-as-Code Entwicklungstools
Eines der bekanntesten und verbreitetsten Tools für die Entwicklung von Infrastructure-as-Code ist Terraform. Terraform ist eine Open-Source-Technologie für die automatisierte Bereitstellung von Infrastruktur-Komponenten, die von HashiCorp entwickelt wurde. Das Tool ermöglicht das **Erstellen, Ändern und Versionieren von Infrastrukturressourcen**, wie beispielsweise virtuellen Maschinen, Netzwerk- und Datenspeicherressourcen, sowie von anderen Cloud-Services in den Public Cloud Umgebungen der Hyperscaler wie Amazon Web Services, Microsoft Azure und Google Cloud Platform. Mit Terraform können Entwickler und Systemadministratoren Infrastruktur als Code beschreiben und entwickeln, um diese in einer Versionskontrolle zu speichern, zu teilen und gemeinsam daran zu arbeiten. Dadurch wird die Verwaltung von Infrastruktur einfacher und sicherer, da Änderungen über eine Codebasis verfolgt werden können. Terraform ist ein sehr leistungsfähiges und vielseitiges Tool, das verschiedene komplexe Konzepte wie Modularität, flexible Auswahl des Hyperscaler-Providers und State-Management unterstützt (Abb. 6.22).[20]

Vorteile

- **Plattformunabhängigkeit:** Terraform ermöglicht die Entwicklung, Bereitstellung und Verwaltung von Infrastructure-as-Code für verschiedene Public Cloud Provider. Teilweise werden auch On-Premise-Umgebungen unterstützt.
- **Schlüssige Syntax:** Durch die Verwendung einer einfachen und erklärenden Syntax wird der Code lesbarer und zugänglicher.

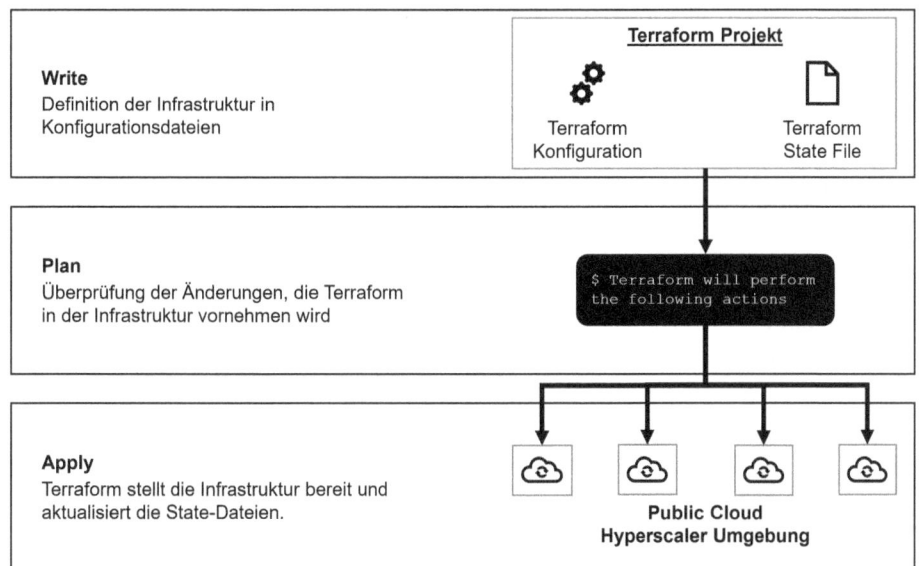

Abb. 6.22 Vorgehensweise bei der codebasierten Infrastruktur-Entwicklung mithilfe von Terraform

- **Überwachung:** Terraform kann die aktuellen Zustände der Cloud-Infrastruktur überwachen und potenzielle Unterschiede zwischen dem erwarteten Zustand und dem aktuellen Zustand erkennen. Diese Fähigkeit erhöht die Identifikation möglicher Fehler und beschleunigt die Zeit zur Fehlerbehebung.
- **Modularität:** Die Verwendung von Modulen in Codes ist ein gängiges Prinzip der Softwareentwicklung. Durch die Modularität von Terraform werden standardisierte Infrastruktur-Elemente erstellt und ermöglichen eine Wiederverwendung des Codes. Dadurch wird die Erstellung von Infrastructure-as-Code beschleunigt.
- **Skalierbarkeit:** Terraform unterstützt die Erstellung von umfangreichen Infrastrukturen in der Public Cloud und kann leicht an sich ändernde Anforderungen angepasst werden, wenn die Infrastruktur beispielsweise erweitert werden muss.

Nachteile

- **Lernkurve**: Terraform hat eine steile Lernkurve und erfordert einen hohen Grad an Verständnis von Cloud-Computing-Konzepten sowie der Syntax und Architektur von Terraform selbst.
- **Abhängigkeit von APIs**: Terraform ist von den APIs der verwendeten Cloud-Provider abhängig, was zu Einschränkungen bei der Integration mit einigen Cloud-Services führen kann.

6.3.2.1.2 Configuration Management Tools

Neben den Tools zur Entwicklung von Infrastructure-as-Code werden häufig Configuration Management Tools wie beispielsweise Ansible, Chef oder Puppet verwendet. Diese Tools dienen zur **Definition und Entwicklung von Cloud-Infrastruktur als Code, sowie zur Automatisierung der Verwaltung der Infrastruktur-Bestandteile.** Mithilfe eines Configuration Management Tools werden Cloud-Ressourcen standardisiert und automatisiert in der Public Cloud bereitgestellt, wie zum Beispiel virtuelle Maschinen und Netzwerke. Dazu wird die Infrastruktur als Code in Skripten und Konfigurationsdateien definiert. Je nach Tool basiert die Konfiguration auf YAML, JSON oder HCL (Hashi-Corp Configuration Language). Der Code wird anschließend in den Entwicklungs- und Bereitstellungsprozess integriert.

Während sich ein Infrastructure-as-Code-Tool, wie Terraform, auf die Bereitstellung und Verwaltung von Infrastruktur in der Public Cloud fokussiert, liegt der Schwerpunkt von Configuration Management Tools, wie Ansible, auf der Automatisierung von Software-Deployments und Konfigurationen innerhalb der Infrastruktur. Ein Configuration Management Tool eignet sich daher in erster Linie für die Konfiguration von Betriebssystemen und Softwarepaketen, während Terraform für die Einrichtung der Cloud-Infrastruktur verantwortlich ist. In der Praxis werden daher beide Tools komplementär eingesetzt, um diese beiden Aufgabenbereiche abzudecken.

Falls in der Cloud-Infrastruktur eine Container-Technologie genutzt werden soll, kann ein spezielles Configuration Management Tool, wie Docker Compose oder Kubernetes, ausgewählt werden. Diese Tools sind auf die Automatisierung von Containern fokussiert und ermöglichen eine schnelle Skalierbarkeit der Cloud-Infrastruktur.

Die nachfolgende Tabelle zeigt eine Übersicht über die verbreitetsten Configuration Management Tools. Alle Tools ermöglichen die Automatisierung von Konfigurationen, Anwendungsbereitstellung und Orchestrierung der Infrastruktur (Tab. 6.1).

6.3.2.1.3 Native Tools der Public Cloud Hyperscaler

Ein weiterer Ansatz für Infrastructure-as-Code ist die Nutzung von Cloud-Provider-spezifischen Tools wie **AWS CloudFormation, Google Cloud Deployment Manager oder Azure Resource Manager.** Diese Tools bieten eine breite Palette von Funktionalitäten, die auf die jeweiligen Cloud-Plattformen der Hyperscaler zugeschnitten sind. Mit diesen Tools können auch komplexe Infrastrukturkomponenten wie Load Balancer, Autoscaling-Gruppen oder virtuelle private Clouds (VPCs) bereitgestellt werden. Im Unterschied zu den im vorangegangenen Abschnitt beschriebenen Tools sind die nativen Infrastructure-as-Code Tools ausschließlich auf die Public Cloud Infrastrukturen der Hyperscaler ausgerichtet.

Die nachfolgende Tabelle zeigt einen Überblick über die nativen IaC-Tools der Hyperscaler (Tab. 6.2).

Tab. 6.1 Vergleich von Configuration Management Tools für IaC

Vergleich	Ansible	Chef	Puppet
Entwicklung	RedHat (Open Source)	Chef Software (Open Source)	Puppet Labs (Open Source)
Beschreibung	Ansible verwendet eine einfache Sprache namens YAML, um Playbooks zu erstellen, die Aufgaben beschreiben, die ausgeführt werden müssen	Chef verwendet eine Ruby-basierte Sprache, um Cookbooks zu erstellen, die Aufgaben beschreiben, die ausgeführt werden müssen	Puppet verwendet eine eigene Sprache, die Puppet DSL genannt wird, um Manifeste zu erstellen, die Aufgaben beschreiben, die ausgeführt werden müssen
Vorteile	Leicht verständliche Syntax (Einfachheit) Schnelle Bereitstellung und leistungsstarke Orchestrierung Verwendet SSH zur Kommunikation mit Zielsystemen Verwendung auf vielen Plattformen möglich (hohe Flexibilität)	Umfangreiche Funktionalität zur Konfiguration von Servern und Anwendungen Große Community mit vielen verfügbaren Guidelines und bereits fertigen Modulen Verwendung auf vielen Plattformen möglich (hohe Flexibilität)	Puppet Agent zur Übersetzung von DSL in OS-Kommandos Umfangreiche Tools für Compliance, Automatisierung und Reporting Flexibilität durch Skriptsprache (Ruby oder Puppet) und Unterstützung verschiedener Betriebssysteme
Nachteile	Keine integrierte Möglichkeit zur Verwaltung von Secrets Skalierbarkeit kann bei sehr großen Umgebungen problematisch hinsichtlich Performance und Netzwerklatenz sein durch SSH-Kommunikation Keine Automatisierung von Konflikten, zur Ausführung oder für Reporting	Hohe Lernkurve durch Verwendung von Ruby-Domain Specific Language Größere Infrastrukturen können aufgrund der Komplexität schwieriger zu managen sein	Hohe Lernkurve durch Verwendung von Domain Specific Languages (Ruby oder Puppet) Code-Komplexität durch Verwendung von DSL Komplexität durch Verwendung mehrerer Master-Server
	Vergleich von Configuration Management Tools für IaC		

▶ Befassen Sie sich zu Beginn der IaC-Tätigkeiten mit der Tool-Entscheidung, da die ausgewählten Tools die Grundlage für alle entwickelten Code-Elemente bilden wird. Vermeiden Sie eine hohe Anzahl an Tools, um die Komplexität gering zu halten und klar festzulegen, welches Tool welchen Zweck hat. Beschränken Sie sich auf die zwingend benötigten Tools und evaluieren Sie jedes Tool kritisch, um eine umfangreiche Tool-Landschaft zu vermeiden.

Tab. 6.2 Vergleich von nativen IaC-Tools

Vergleich	AWS CloudFormation	Azure Resource Manager (ARM)	Google Cloud Deployment Manager
Hyperscaler	Amazon Web Services	Microsoft Azure	Google Cloud Platform
Beschreibung	AWS CloudFormation ermöglicht die automatisierte Bereitstellung von AWS-Ressourcen auf Grundlage von JSON- oder YAML-Vorlagen	Mithilfe von Azure Resource Manager werden JSON-basierten ARM-Template definiert, um automatisiert Azure-Ressourcen bereitzustellen	Mit dem IaC-Tool der Google Cloud Platform werden Vorlagen für die Beschreibung von Ressourcen basierend auf YAML erstellt und verwaltet
Vorteile	Einfache Integration in die Umgebung der Hyperscaler-Cloud und nahtlose Kompatibilität mit den nativen Cloud Services Skalierbarkeit und Flexibilität durch Verwendung von JSON- oder YAML-Vorlagen Verfügbarkeit von vordefinierten Templates		
Nachteile	Funktionsweise ausschließlich in der Cloud-Umgebung des jeweiligen Hyperscaler und folglich weniger geeignet für Multi- oder Hybrid-Cloud-Ansätze Kenntnisse in YAML und/oder JSON erforderlich Eingeschränkte Flexibilität und Skalierbarkeit durch hohe Abhängigkeit zum Hyperscaler-Anbieter		
	Vergleich von nativen IaC-Tools		

6.3.2.2 Repository-Struktur

Grundsätzlich wird im Kontext von Infrastructure-as-Code von Projekten gesprochen. Unter einem Projekt wird die Zusammenstellung von Code verstanden, der benötigt wird, um eigenständige Komponenten eines Systems zu erstellen. Die zentrale Herausforderung ist die Kombination verschiedener Code-Arten, wie beispielsweise Stacks, Server-Konfigurationen, Images und Tests. Aus diesem Grund wird der Code, der dem jeweiligen Projekt zugeordnet ist, über Repositories hinaus erstellt und verwaltet. Da in der Regel mehrere Projekte bearbeitet werden, ist es empfehlenswert eine transparente und übersichtliche Struktur der Repositories aufzubauen, um die Komplexität möglichst gering zu halten. Eine komplexe Repository-Struktur erschwert insbesondere den laufenden Betrieb der Cloud-Umgebung. Insgesamt wird zwischen zwei Ansätzen mit unterschiedlichen Variationen unterschieden.

Mono-Repository

In einem sogenannten Mono-Repository wird der gesamte Code der verwendeten Bibliotheken in einem einzigen, zentralen Repository abgelegt. Alle Projekte innerhalb des Unternehmens greifen auf das zentrale Repository zu und nutzen die dort hinterlegten

Code-Bestandteile. Da in diesem Szenario alle Projekte ein Repository nutzen, besteht die Möglichkeit, dass der abgelegte Code sehr divers und beispielsweise in unterschiedlichen Sprachen kodiert ist. Innerhalb eines Mono-Repository wird zwischen folgenden Variationen unterschieden.

- **Ein Build-Prozess**: Alle Projekte werden in einem zentralen Repository verwaltet. Um die einzelnen Komponenten zu erzeugen, wird ein Build-Prozess verwendet. Dieser Build-Prozess generiert wiederum mehrere Pakete und Komponenten für den Aufbau der Cloud-Infrastruktur.
- **Mehrere Build-Prozesse**: Trotz der Zentralisierung aller Projekte in einem Repository werden mehrere Build-Prozesse verwendet, um unterschiedliche Teilmengen einer Cloud-Infrastruktur zu bauen. Dabei muss nicht zwangsläufig jedes Projekt über einen eigenen Build-Prozess verfügen.
- **Mehrere Build-Prozesse und geteilte Projekte**: Teilweise kann es vorkommen, dass ein oder mehrere Projekte geteilt sind und über mehrere Build-Prozesse hinweg eingesetzt werden. Das ist beispielsweise der Fall, wenn die generierten Komponenten des Projekts in mehreren Teilmengen der Infrastruktur verwendet werden. In dieser Variation würde ein Projekt daher an mehrere Build-Prozesse angebunden sein.

Vorteile eines Mono-Repository:

- Vereinfachung des Einstiegs
- Zentralisierung des Code Managements
- Vereinfachte Änderung des zentralen Codes für alle Repos
- Geringe Abhängigkeiten zu anderen Bibliotheken
- Standardisierte Programmier- und Verwaltungsmethoden aufgrund fehlender Abgrenzung

Nachteile eines Mono-Repository:

- Langsame Entwicklungszyklen durch hohen Anpassungsbedarf bei Änderungen
- Download der gesamten Codebasis
- Tagging für gesamten Code möglich
- Keine Spezifizierung der Repos erschwert die Zusammenarbeit

Multi-Repository
Im Gegensatz zu einem Mono-Repository werden bei dem Ansatz nach Multi-Repository mehrere Repositories verwendet, um die Bibliotheken und Projekte eines Unternehmens abzulegen. Wie auch bei einem Mono-Repository gibt es hier verschiedene Variationen. Wird der Multi-Repository-Ansatz gewählt, kann dies sogar dazu führen, dass pro Projekt ein eigenständiges Repository eingerichtet wird.

- **Microrepository**: In dieser Struktur wird pro Projekt ein dediziertes Repository mit eigenem Build-Prozess angelegt. Alle Projekte sind dadurch klar voneinander getrennt. Durch die Isolation der Projekte bestehen während der Entwicklungsphase keine Abhängigkeiten beim Erstellen der Komponenten oder beim Testen.
- **Ein Build-Prozess über mehrere Repositories**: Nach diesem Ansatz wird ebenfalls pro Projekt ein eigenständiges Repository angelegt. Im Gegensatz zu einer Microrepository-Struktur werden hier alle Repositories in einem gemeinsamen Build-Prozess miteinander konsolidiert, um ein Paket oder eine Komponente zu generieren.
- **Mehrere Repositories mit mehreren Projekten**: In der Praxis existieren häufig mehrere Repositories, in denen mehrere Projekte abgelegt sind. Es ist üblich, dass ein Repository meistens von mehr als einem Projekt genutzt wird. Die Build-Prozesse zum Bau der Komponenten können hier für mehrere Projekte verwendet werden. Jedoch kann auch pro Projekt ein dedizierter Build-Prozess definiert werden.

Vorteile eines Multi-Repository

- Unabhängige Versionierung der Bibliotheken
- Unabhängige Releases
- Kontrollierte Zugriffskontrolle der Organisation
- Autonomes Arbeiten der Teams

Nachteile eines Multi-Repository

- Kontinuierliche Synchronisierung der Bibliotheken

▶   Dokumentieren Sie die Repository-Struktur zentral zugänglich und transparent für alle DevOps-Teams. Die Struktur der Repositories sollte zu einem frühen Zeitpunkt klar festgelegt und kommuniziert werden, um Missverständnisse und inkonsistente Strukturen vorzubeugen. Die Repository-Struktur bildet ein fundamentales Element des Infrastructure-as-Codes und sollte daher einem festgelegten Standard folgen.

6.3.2.3 Strukturierung eines Projekts in einem Repository

Um den Code in einem Repository für ein bestimmtes Projekt zu organisieren, empfiehlt es sich auch hier eine einheitliche Struktur in Form von Ordnern für die unterschiedlichen Code-Fragmente anzulegen. Diese Ordner-Struktur kann für alle Projekte genutzt werden, um eine standardisierte und transparente Organisation der Code-Dateien zu ermöglichen. Eine hohe Konsistenz der Ordner-Struktur ermöglicht es den Entwicklungs- und Betriebsteams sich schnell mit dem Aufbau eines neuen Projekts vertraut zu machen. Nachfolgend wird ein Beispiel für eine Projekt-Struktur beschrieben.

- **environment-Ordner**: In dem Environment-Ordner werden die Konfigurationsdateien für die einzelnen Infrastruktur-Stacks erstellt. Jede Instanz erhält hier eine eigene Datei.
- **pipeline-Ordner**: Der Pipeline-Ordner enthält die Konfigurationswerte für die Bereitstellung und Generierung der Infrastruktur-Elemente. Hier werden beispielsweise die Stages in der Pipeline definiert.
- **src-Ordner**: Im Source-Ordner werden die Code-Bestandteile für die Stacks in der Cloud-Infrastruktur abgelegt. In diesem Ordner befinden sich die Kerndateien des Projekts, um die Infrastruktur bereitzustellen.
- **test-Ordner**: Insbesondere bei dem Ansatz nach Test-Driven-Development spielt der Test-Ordner eine wichtige Rolle, da an dieser Stelle die Testskripte gespeichert werden. Innerhalb des Ordners werden die einzelnen Testfälle beispielsweise in Integrationstests oder funktionale Tests unterteilt.
- **build.sh**: Die Bash-Datei enthält ein Skript zur Ausführung des Build-Prozesses für das jeweilige Projekt und wird daher zentral direkt im Projektordner abgelegt.

Neben der technischen Strukturierung und der Integration von Tools ist jedoch auch die Bereitstellung der erforderlichen Kenntnisse zur erfolgreichen Nutzung von Infrastructure-as-Code zu berücksichtigen. Der nachfolgende Abschnitt befasst sich mit der organisatorischen Bereitstellung zur Verwendung von Infrastructure-as-Code in einem Unternehmensumfeld.

6.3.2.4 Organisatorische Bereitstellung von Fähigkeiten

Um Infrastructure-as-Code gemeinsam mit dem Ansatz nach DevOps erfolgreich im Unternehmen zu integrieren und zu etablieren, wird im ersten Schritt ein eigenständiges DevOps-Team aufgebaut. Das Team wird zukünftig die Verantwortung für die Entwicklung, die Bereitstellung und den Betrieb der Cloud-Infrastruktur nach dem IaC-Ansatz übernehmen. Im Gegensatz zu einer herkömmlichen On-Premise-Umgebung handelt es sich bei dem DevOps-Team jedoch nicht um ein „Datenzentren"-Team. Ein DevOps-Team kann mit einem agilen Entwicklungsteam verglichen werden. Das Team kann sich beispielsweise aus den folgenden Rollen zusammensetzen.

- **IT-Manager**: Der IT-Manager trägt die Verantwortung über das gesamte DevOps-Team und agiert als Teamleiter.
- **Product Owner**: Der Product Owner ist für das erstellte und entwickelte IT-Produkt verantwortlich. Daher gibt der Product Owner die Prioritäten für das DevOps-Team vor und stellt die Qualität des Backlogs sicher.
- **Scrum Master**: Der Scrum Master stellt sicher, dass die agilen Prinzipien eingehalten werden und steuert das DevOps-Team in seiner Arbeitsweise. Diese Rolle unterstützt zudem beim Reporting innerhalb der agilen Arbeitsweise.

- **Cloud Architekt**: Die Rolle des Cloud-Architekten fokussiert sich auf die Erarbeitung von Solution Designs, die später die Grundlage für die Entwicklung des Infrastructure-as-Code bilden. Für diese Rolle werden Kenntnisse aus der jeweiligen Hyperscaler-Cloud-Umgebung vorausgesetzt.
- **Cloud Developer**: Die Rolle des Cloud Developers ist essenziell innerhalb des DevOps-Teams, da diese Rolle den Code für die Infrastruktur-Stacks aufbaut. Um diese Tätigkeit zu erfüllen, ist es erforderlich, dass diese Rolle die entsprechenden Programmier- und IaC-Tool-Kenntnisse mitbringt.
- **Cloud Test Engineer**: Der Cloud Test Engineer definiert und erarbeitet die Testfälle nach dem Test-Driven-Development-Ansatz.
- **Cloud Security Engineer**: Die Rolle des Cloud Security Engineer beschäftigt sich mit der Berücksichtigung der im Unternehmen geltenden Sicherheits- und Compliance-Richtlinien. Diese Rolle bildet eine Schnittstelle zu den sicherheitsrelevanten Abteilungen innerhalb des Unternehmens.
- **Cloud Quality Engineer**: Der Cloud Quality Engineer ist für die Prüfung der Qualitätsmerkmale der Infrastructure-as-Code-Elemente verantwortlich. Diese Rolle stellt sicher, dass beispielsweise Entwicklungsprinzipien und standardisierte Richtlinien beim Aufbau von Code-Elementen eingehalten werden.
- **Cloud Operations Manager**: Der Cloud Operations Manager stellt die Integration des IT-Betriebsteams sicher, um die entwickelten Infrastruktur-Stacks in der Public Cloud zu betreiben.

Die beschriebenen Rollen müssen nicht zwangsläufig durch neue, personelle Ressourcen besetzt werden. So besteht in einem Unternehmen auch die Möglichkeit, bereits verfügbare Ressourcen zu verwenden und zu der jeweiligen Rolle innerhalb des DevOps-Teams zu allokieren. Das bringt den Vorteil mit sich, dass diese Ressourcen bereits mit dem Unternehmen, den internen Prozesse und den vorhandenen IT-Richtlinien vertraut sind.

▶   Um bestehende Ressourcen für die genannten Rollen bereitzustellen, bieten die Hyperscaler-Anbieter von Amazon Web Services, Microsoft Azure und Google Cloud Platform vordefinierte Lernpfade an. Je nach Rolle kann so der jeweilige Lernpfad ausgewählt werden, um die Mitarbeiter mit den Trainings weiterzubilden und für die Rolle im DevOps-Team vorzubereiten. Abschließend zu jedem Training im Lernpfad wird zudem eine Zertifizierungsprüfung abgelegt. Neben den Lernpfaden der Hyperscaler stellen die IaC-Tool-Anbieter ebenfalls entsprechende Trainings bereit.

▶   Legen Sie im Rahmen der organisatorischen Bereitstellung von IaC fest, wer die Verantwortung für die Qualitätsprüfung trägt. Stellen Sie sicher, dass kein Code deployt wird, bei dem keine Qualitätsprüfung absolviert wurde. Ansonsten bestehen Sicherheitsrisiken in Ihrer IT-Infrastruktur in der Public Cloud.

Ein Prozess zur Qualitätsprüfung ist daher ein essenzieller Bestandteil bei der Etablierung von IaC.

6.3.2.5 Roadmap

Die Implementierung von Infrastructure-as-Code in einem Unternehmensumfeld erfordert eine sorgfältige Planung und Durchführung. Wie in den vorangegangenen Abschnitten beschrieben, gibt es bei der Bereitstellung von IaC verschiedene Aspekte, die berücksichtigt und sorgfältig entschieden werden müssen. Die nachfolgende Übersicht dient als allgemeine Schritt-für-Schritt-Anleitung.

1. **Assessment**: Überprüfen Sie Ihre aktuelle IT-Infrastruktur. Bevor Sie mit der Implementierung von IaC beginnen, sollten Sie Ihre aktuelle IT-Infrastruktur und die verwendeten Tools und Technologien analysieren. Stellen Sie sicher, dass Ihre vorhandene Infrastruktur mit IaC-Tools und -Prozessen kompatibel ist. Zudem kann anhand der IT-Strategie geprüft werden, welche Weiterentwicklungen bei der Public Cloud angestrebt werden.
1. **Ressourcen**: Identifizieren Sie die Ressourcen, die für die Umsetzung von IaC erforderlich sind, sowohl auf technischer als auch auf organisatorischer Ebene. Beispiele dafür sind IaC-Tools, Weiterbildungen für Mitarbeiter, Unterstützung durch die Geschäftsführung und erforderliche Rollen.
2. **IaC-Toolauswahl**: Es gibt eine Vielzahl von IaC-Tools auf dem Markt, z. B. Terraform, Ansible, Chef und Puppet. Wählen Sie das Tool aus, das am besten zu Ihrer Infrastruktur und Ihren Anforderungen passt.
3. **Skill-Enablement**: Schulen Sie Ihre Mitarbeiter. Stellen Sie sicher, dass Ihre Mitarbeiter mit IaC-Tools und -Prozessen vertraut sind und über die erforderlichen Fähigkeiten verfügen, um die Infrastruktur zu verwalten und um ein DevOps-Team aufzubauen.
4. **Code-basierte Infrastruktur-Definition**: Erstellen Sie eine Infrastrukturdefinition in der Sprache des ausgewählten IaC-Tools. Die Definition sollte die Ressourcen, die Sie benötigen, und deren Konfiguration beschreiben.
5. **Repository-Struktur**: Legen Sie eine Code-Repository-Struktur an, um die Code-Beschreibungen Ihrer Infrastruktur zu verwalten, zu versionieren und zu kontrollieren.
6. **Testen**: Führen Sie Tests durch, um sicherzustellen, dass Ihre IaC-Definition korrekt ist und die erwarteten Ergebnisse liefert.
7. **Implementierung**: Verwenden Sie das ausgewählte IaC-Tool, um Ihre Infrastruktur zu erstellen und zu konfigurieren.
8. **Automatisierung**: Nutzen Sie IaC-Tools, um die Infrastruktur automatisch zu bereitstellen und zu konfigurieren. Durch die Verwendung von Code anstelle von manuellen Konfigurationsschritten wird die Bereitstellung konsistenter und wiederholbarer.
9. **Überwachung und Wartung**: Überwachen Sie Ihre Infrastruktur kontinuierlich, um sicherzustellen, dass sie immer verfügbar und sicher ist. Implementieren Sie

Continuous Integration/Continuous Deployment (CI/CD): Implementieren Sie CI/CD, um den Code automatisch in die Produktionsumgebung zu deployen und eine kontinuierliche Überwachung der Infrastruktur zu gewährleisten.

10. **Optimierung**: Nutzen Sie Feedback von Benutzern und Ergebnissen von Tests, um Ihre IaC-Definition und -Prozesse kontinuierlich zu verbessern.

6.3.3   Aufbau eines serviceorientierten Betriebsangebots

Der Aufbau eines serviceorientierten Betriebsangebots ist ein umfangreicher Prozess, der insbesondere ein organisatorisches Umdenken erfordert. Dieses Umdenken findet sowohl in der IT als auch in den Fachbereichen statt. Mit der Public Cloud verändern sich massiv die Verantwortlichkeiten in Bezug auf den Betrieb der IT-Infrastruktur. Das hat nicht nur einen Einfluss auf die IT, sondern auch auf die Fachbereiche, die die Technologien der Public Cloud nutzen. Durch die Vielfalt der Cloud Services empfiehlt sich ein strukturiertes Vorgehen zur Identifikation und Definition der IT-Services, um die Übersicht über den Servicekatalog Ihres Unternehmens zu bewahren.

6.3.3.1   Informationssammlung der Services

Im ersten Schritt der Servicedefinition werden zunächst alle Informationen der aktuell verfügbaren Services gesammelt. Beginnen Sie dazu mit einer Auflistung, welche Services Ihre IT nach dem aktuellen Stand erbringt. Dies können beispielsweise Serviceanfragen sein, die über einen ServiceDesk gestellt werden oder regelmäßige Tätigkeiten, die im Rahmen des Betriebs anfallen. Diese Informationen erhalten Sie durch entsprechende Workshops und Interviews mit den Betriebsverantwortlichen der Cloud-Infrastruktur. Mithilfe des ServiceDesks können Sie zudem Berichte erstellen, um sich einen Überblick über die anfallenden Serviceanfragen zu verschaffen. Stellen Sie sich bei Ihren Analysen folgende Fragen:

- Welcher Cloud-Service ist von der Serviceanfrage betroffen?
- Welchen Funktionsumfang deckt der jeweilige Service ab?
- Wie viele Instanzen des jeweiligen Services sind in der Cloud-Infrastruktur aktuell verfügbar?
- In welchen Zuständigkeitsbereich fällt die Anfrage beziehungsweise der jeweilige Cloud-Service?
- Welchen Geschäftswert bringt der Service mit?
- Welche Businesskritikalität hat der jeweilige Service?
- Welche Betriebszeiten und Service Level Agreements gibt es in Ihrem Unternehmen für den jeweiligen Service?
- Von welchen Projekten oder Applikationen wird der Service genutzt?
- Bestehen Abhängigkeiten oder Beziehungen zu anderen Services?

Notieren Sie die gesammelten Informationen pro Cloud-Service und bündeln Sie diese nach Service. Ein Service umfasst stets mehrere Serviceanfragen. Da Sie zunächst mit der Auswertung der Serviceanfragen begonnen haben, können Sie diese anhand der oben genannten Fragestellungen nach Services gruppieren. Mithilfe der Auflistung haben Sie sich einen ersten Überblick über die aktuell in Ihrem Unternehmen angebotenen Services verschafft.

Beispiel

Das nachfolgende Szenario beschreibt eine beispielhafte Gruppierung zweier Serviceanfragen zu einem Service
Identifizierte Serviceanfragen aus einem ServiceDesk-Bericht

- «Das Betriebssystem der SUSE Linux Enterprise Server in der Azure-Test-Umgebung der Vertriebssoftware muss von Kernel-Version 12 auf Version 15 aktualisiert werden.»
- «Ich benötige einen neuen Linux Server des Typs D16s v5 in der Azure-Sandbox-Umgebung der Lohnbuchhaltungssoftware.»

Die beiden Serviceanfragen umfassen einerseits ein Update des Betriebssystems und zum anderen die Bereitstellung einer neuen Server-Instanz. Beide Anfragen beziehen sich aus technischer Sicht auf eine virtuelle Maschine in der Microsoft Azure Cloud mit einem Linux-Betriebssystem. Daher lassen sich beide Anfragen in der ersten Iteration der Servicegruppierung dem Service «Virtuelle Maschine (Linux)» zuordnen.◄

Die erstellte Liste mit den Informationen zu den bereits verfügbaren Services stellt die Grundlage für den späteren Servicekatalog dar. Arbeiten Sie daher aktiv mit der Liste und erweitern Sie diese kontinuierlich, um die Daten aktuell zu halten. In den nächsten Schritten werden Sie die Liste weiterhin verwenden, um die Serviceverantwortlichen zu definieren, die Services zu kategorisieren und die erforderlichen Service-Dokumente zu erstellen.

6.3.3.2 Festlegung der Verantwortlichkeiten

Im nächsten Schritt prüfen Sie die Serviceverantwortlichkeiten. Dazu erarbeiten Sie zunächst eine Verantwortlichkeitsmatrix (RACI) für die Rolle des Serviceeigentümers. Die RACI-Matrix beschreibt die Tätigkeiten dieser Rolle. Insgesamt trägt der Service Owner die vollständige Verantwortung für die Ende-zu-Ende-Bereitstellung des zugeordneten Services. Ein wichtiger Aspekt ist insbesondere die Qualitätssicherstellung der Servicedokumentationen, um den Service stets aktuell zu halten. Der Serviceeigentümer ist verantwortlich für die Koordination der kontinuierlichen Aktualisierung und Anpassung der Servicedokumentation sowie der Durchsicht, bevor der Service den Geschäftsbereichen zur Verfügung gestellt wird.

Hinzu kommen die erforderlichen Prozesse, die für den erfolgreichen Servicebetrieb benötigt werden. Die Rolle des Service Owners definiert und etabliert die Prozesse, die für die Servicebereitstellung und den Betrieb benötigt werden. Dadurch fungiert der Serviceeigentümer als zentraler Ansprechpartner für servicebezogene Fragen innerhalb des Unternehmens. Die technische Umsetzung hingegen liegt in dem Ingenieur- und Entwicklungsteam.

▶ Das Festlegen der Verantwortlichkeiten ist bei dem serviceorientierten Betriebsmodell ein entscheidendes Erfolgskriterium. Sind die Tätigkeiten des Serviceeigentümers nicht klar festgelegt, besteht das Risiko, dass bestimmte Services nicht aktuell gehalten werden und gar veraltet sind. Um das zu vermeiden, sollten Sie die Serviceeigentümer kontinuierlich an ihre Verantwortlichkeiten erinnern und sensibilisieren.

6.3.3.3 Anwendung der TBM-Taxonomie

Nachdem Sie, wie in Abschn. 6.3.3.1 beschrieben, die Informationen zu den in Ihrem Unternehmen eingesetzten Cloud Services gesammelt haben, werden diese im nächsten Schritt in die Taxonomie nach TBM eingeordnet. Die Kategorisierung erhöht die Transparenz der Services und ermöglicht einen strukturierten Blick auf den Servicekatalog. Zudem lassen sich die Verantwortlichkeiten klarer abgrenzen und die entstehenden Kosten nachvollziehbar den Kostenträgern zuordnen.

Für die Anwendung der TBM-Taxonomie erweitern Sie zunächst Ihre initial erstellte Auflistung um entsprechende Spalten für die Business-Sicht, die IT-Sicht und die Finanzsicht. Bei der Einordnung der Services in die Taxonomie empfiehlt sich eine Top-Down-Betrachtung. Sie beginnen daher stets bei der ersten Hierarchieebene der Taxonomie, bevor Sie den Detailgrad der Zuordnung erhöhen und tiefere Ebenen zu dem Service zuordnen. Die Ebenen der TBM-Taxonomie sind in Abschn. 6.2.3.3 beschrieben.

▶ Im Rahmen der Einordnung der Services in die TBM-Taxonomie empfiehlt es sich, die Aufteilung und den Schnitt der Services zu betrachten. Viele Cloud-Services können nicht explizit durch die Geschäftsbereiche bestellt werden, da diese elementar für eine funktionale Cloud-Infrastruktur sind. Zudem wird nicht für jede neue Applikation eine neue Instanz dieser elementaren Services deployt, da diese zentral für alle Applikationen verwaltet werden. Darunter fallen beispielsweise eine Firewall und ein Active Directory. Schneiden Sie die Services daher so, wie diese in Ihrem Unternehmen benötigt werden und vermeiden Sie einen zu hohen Detailgrad beim Serviceschnitt.

Bei der **Business-Sicht** beginnen Sie im ersten Schritt mit der Zuordnung des Typs zu dem jeweiligen Service. Nehmen Sie die Perspektive der Geschäftsbereiche ein, um dem Service einem Typ zuzuordnen. Die Taxonomie gibt folgende Typen vor: Workplace, Business, Shared & Corporate, Delivery, Platform und Infrastructure. Anschließend betrachten Sie die in dem Typ verfügbaren Kategorien und evaluieren, welche Kategorie zu dem Service passt. Im letzten Schritt ordnen Sie dem Service in der dritten Hierarchieebene der Business-Sicht einen Namen zu. Die Vorgaben der Taxonomie können dem TBM-Handbuch des TBM-Rats 21 entnommen werden. Notieren Sie die zugeordneten Organisationselemente der Taxonomie in Ihrer Auflistung.

Anschließend widmen Sie sich der Kategorisierung der **IT-Sicht**. Dazu gehen Sie analog zur Business-Sicht vor und beginnen mit der Zuordnung eines Towers in der ersten Hierarchieebene der Taxonomie, indem Sie die technische Perspektive einnehmen. Die Taxonomie stellt dazu folgende Tower zur Verfügung: Data Center, Compute, Storage, Network, Platform, Output, End User, Application, Delivery, Security & Compliance und IT-Management. Im nächsten Schritt ordnen Sie jedem Cloud-Service einen Sub-Tower zu. Diese können Sie ebenfalls dem TBM-Handbuch 21 entnehmen.

Zuletzt befassen Sie sich mit der Einordnung der IT-Services in die **Finanzsicht**. Beginnen Sie erneut mit der ersten Hierarchieebene der Taxonomie und weisen Sie jedem Service eine der folgenden Bereiche zu: Internal Labor, External Labor, Outside Services, Hardware, Software, Facilities & Power, Telecom, Other und Internal Services. Die Kategorien der Finanzsicht sind im TBM-Handbuch zu finden 21. Nachdem Sie die Services auch in der zweiten Hierarchieebene eingeordnet haben, ergänzen Sie in Ihrer Übersicht zudem, ob für den Service OpEx oder CapEx anfallen. Wenn Sie die genauen Kosten kennen, können Sie diese ebenfalls notieren.

► Prüfen Sie kontinuierlich die Aktualität der Servicekategorisierung in der TBM-Taxonomie. Evaluieren Sie in regelmäßigen Abständen kritisch, ob die zugeordneten TBM-Tower noch zur Unternehmensstrategie und den jeweiligen Services passen. Da sich die Public Cloud stetig verändert und um neue Services erweitert wird, sollten Sie sicherstellen, dass die Struktur Ihres Servicekatalogs dem aktuellen Standard entspricht. Ein Servicekatalog ist ein sich kontinuierlich veränderndes Dokument und kein kurzfristiges Vorgehen.

6.3.3.4 Dokumentation und Tooling

In Ihrer Serviceliste haben Sie nun alle bekannten Informationen zu den aktuellen IT-Services erfasst und die Services in die TBM-Taxonomie eingeordnet. Im letzten Schritt befassen Sie sich nun mit den Dokumentationsartefakten pro Service, bevor alle Daten in ein Tool übertragen werden. Für jeden Service werden verschiedene Arten von Dokumenten erstellt. Das Ziel der Dokumente ist es, die Services für unterschiedliche Zielgruppen, wie beispielsweise Fachbereiche oder das Betriebsteam, zugänglich zu machen. Häufig werden in der Praxis daher pro Service die folgenden Dokumente erarbeitet.

Servicebeschreibung

Die Servicebeschreibung enthält eine allgemeine Erklärung zu dem jeweiligen Cloud-Service. In dem Dokument werden in verständlicher Sprache die allgemeinen Funktionalitäten und die wichtigsten Kernaspekte des Services erläutert. Das Dokument richtet sich insbesondere an die Geschäftsbereiche, die sich mithilfe der Servicebeschreibung über den Service informieren können, um den unternehmerischen Mehrwert des Services für das geplante Vorhaben zu prüfen. In dem Dokument können Sie beispielsweise auch einen Bereich mit häufig gestellten Fragen aufführen.

High-Level-Architektur

Das Dokument der High-Level-Architektur fokussiert sich auf eine allgemeine technische Erklärung des Services. In dem Dokument wird aus technischer Perspektive die allgemeine Funktionsweise beschrieben. Daher richtet sich das Dokument überwiegend an Führungskräfte aus dem IT-Bereich eines Unternehmens, die Entscheidungen über einen Service treffen müssen.

Low-Level-Architektur

Der Schwerpunkt des Low-Level-Architektur-Dokuments liegt auf detaillierten, technischen Beschreibungen zu dem jeweiligen Service. In dem Dokument werden Konfigurationseinstellungen, Programmcodes und Programmierstrukturen erläutert. Daher richtet sich das Dokument insbesondere an Ingenieure und Entwickler, die aktiv mit einem Service arbeiten und deren Funktionsweise im Detail verstehen müssen.

IT-Audit-Guideline

Das Dokument mit der IT-Audit-Guideline beschreibt Besonderheiten und wichtige Merkmale, die bei einem IT-Audit berücksichtigt werden müssen. Die Zielgruppe des Dokuments ist daher die Partei, die den IT-Audit durchführt.

Standard Operating Procedure (SOP)

Das Standard Operating Procedure erklärt schrittweise einzelne, wiederkehrende Prozesse, die im Rahmen des Servicebetriebs anfallen. Mithilfe von Bildausschnitten und Beschreibungen werden die Betriebsprozesse beschrieben, sodass das Betriebsteam diese anhand des Dokuments durchlaufen kann. Dadurch können Betriebsanfragen schneller abgewickelt werden und das Betriebsteam kann eine Schritt-für-Schritt-Anleitung befolgen.

Häufig werden Sie einige dieser Dokumente in Ihrem Unternehmen bereits vorfinden. Bevor Sie mit der Erstellung der Dokumente beginnen, können Sie daher prüfen, welche bereits existieren und wie der Reifegrad beziehungsweise die Aktualität der Dokumente ist. Nutzen Sie Ihre Service-Liste, um zu prüfen, welche Dokumente noch erstellt werden müssen und welche bereits verfügbar sind.

Wenn Sie alle genannten Informationen in Ihrer Liste hinterlegt haben, stellt diese bereits eine vereinfachte Form Ihres späteren Servicekatalogs dar. Im nächsten Schritt übertragen

Sie alle Informationen in Abstimmung mit den Serviceeigentümern in ein Tool. Wie in Abschn. 6.2.3.3 beschrieben, gibt es mehrere Möglichkeiten, ein Tool für den Servicekatalog einzusetzen. Ziehen Sie für die Datenpflege der Services insbesondere auch die Service Owner in die Verantwortung. Mithilfe des Tools können Sie in Ihrem Unternehmen die Grundlage für einen zentralen Servicekatalog schaffen.

▶   **Tipp**
    Start small, think big. Das Umfeld der Serviceorientierung kann mitunter komplex erscheinen. Gerade die hohe Anzahl an Informationen der Services ist nicht zu unterschätzen. Beginnen Sie daher zunächst klein mit der Definition einiger weniger Services, die eine geringe Komplexität aufweisen. Definieren Sie diese sauber und klar verständlich, bevor Sie sich an umfangreichere Services wagen.

    In der Praxis kann es durchaus vorkommen, dass Sie Ihr Vorgehen bei der Servicedefinition ändern oder beispielsweise andere Kategorien zuordnen. Lassen Sie sich dadurch nicht frustrieren, sondern nutzen Sie diese Erkenntnisse, um die Qualität Ihres Serviceskatalogs kontinuierlich zu verbessern. Bei der Etablierung eines serviceorientierten Modells handelt es sich um einen stetigen Prozess, nicht um ein einmaliges Projekt.

6.3.3.5   Durchführung eines IT-Audits

Mithilfe der nachfolgenden Schritte kann ein IT-Audit in einem Unternehmensumfeld umgesetzt werden.

Bestandsaufnahme

Dieser Abschnitt bezieht sich auf den Prozess der Zuweisung von Kosten zu verschiedenen Kategorien, um die IT-Ausgaben besser zu verstehen und zu verwalten. Dieses Verfahren wird häufig im Technology Business Management (TBM) eingesetzt, einem Framework für die Verwaltung der IT. Bei TBM können die IT-Kosten in verschiedene Kategorien oder Kostenpools unterteilt werden, z. B. Hardware, Software, Services, Infrastruktur und weitere. Auf diese Weise können Unternehmen besser verstehen, wie sich die IT-Ausgaben auf die verschiedenen Bereiche verteilen, und Bereiche identifizieren, in denen die Kosten gesenkt oder optimiert werden können. Da die TBM-Struktur international verbreitet ist, können die Kosten mit anderen Unternehmen oder Branchen verglichen werden, um eigene Potenziale aufzudecken. Um IT-Kosten effektiv zu kategorisieren, sollten Unternehmen Folgendes berücksichtigen.

- Kategorien standardisieren: Schaffung eines einheitlichen Kategorisierungsrahmens (TBM) im gesamten Unternehmen, um die Konsistenz und Vergleichbarkeit der IT-Ausgaben zu gewährleisten.
- Abstimmung der Kategorisierung mit Geschäftszielen: Stellt sicher, dass der Kategorisierungsrahmen mit den Geschäftszielen und -prioritäten der Organisation übereinstimmt.

- Einbeziehen der Geschäftsstrategie: Berücksichtigt bei der Kategorisierung der Kosten den Geschäftskontext, z. B. den Zweck der IT-Investition und die erwarteten Ergebnisse.
- Mapping zu IT-Diensten oder Services: Ordnet die IT-Kosten bestimmten IT-Diensten zu, z. B. Applikation, Mail, Netzwerk oder Datenspeicherung. Dies kann Unternehmen dabei helfen, die mit den einzelnen Diensten verbundenen Kosten zu verstehen und Möglichkeiten zur Optimierung zu erkennen.
- Regelmäßige Überprüfung der Kategorisierung: Regelmäßige Überprüfen und Aktualisieren der Kategorisierungsrahmen wird sichergestellt, dass dieser relevant bleibt und mit den sich ständig entwickelnden Geschäftsanforderungen der Organisation übereinstimmt.

Folgende Dimensionen des TBM-Frameworks sind an dieser Stelle besonders wichtig:

- Business Einheit: Die Ausgaben werden nach der Geschäftseinheit kategorisiert, die die Cloud-Ressourcen nutzt. Dies kann Unternehmen helfen, die Kosten für die Bereitstellung von IT-Diensten für jede Geschäftseinheit zu verstehen und Möglichkeiten zur Kostenoptimierung oder Serviceverbesserung zu erkennen.
- Applikationen: Die Ausgaben werden nach den Anwendungen kategorisiert, die die Cloud-Ressourcen nutzen. Dies kann Unternehmen helfen, die Kosten jeder Anwendung zu verstehen und Möglichkeiten zur Optimierung der Anwendungsleistung oder zur Kostensenkung zu erkennen.
- Service: Die Ausgaben werden nach den IT-Diensten kategorisiert, die dem Unternehmen zur Verfügung gestellt werden, wie z. B. E-Mail, Datenbankdienste oder Infrastrukturdienste. Dies kann Unternehmen dabei helfen, die Kosten für die Bereitstellung der einzelnen Services zu verstehen und Möglichkeiten zur Optimierung der Servicebereitstellung oder zur Kostensenkung zu erkennen.
- Infrastruktur: Die Ausgaben werden nach den Infrastrukturressourcen kategorisiert, die zur Unterstützung des Geschäftsbetriebs verwendet werden, z. B. Server, Speicher und Netzwerkausrüstung. Dies kann Unternehmen helfen, die Kosten für die Wartung und Verwaltung ihrer Infrastruktur zu verstehen und Möglichkeiten zur Optimierung der Infrastrukturleistung oder zur Kostensenkung zu erkennen.

Durch die Verwendung des TBM-Frameworks zur Kategorisierung von Cloud-Ausgaben können Unternehmen ein besseres Verständnis ihrer Cloud-Investitionen gewinnen und Bereiche identifizieren, in denen die Ausgaben optimiert oder reduziert werden können. Auf diese Weise können Unternehmen fundiertere Entscheidungen über ihre Cloud-Investitionen treffen und sicherstellen, dass Cloud-Ressourcen effizient und effektiv zur Unterstützung des Geschäftsbetriebs eingesetzt werden. Das TBM-Framework wird im Abschn. 7.1.3 Cloud Betrieb weiter vertieft.

Umfang des Audits/Anforderungskatalog

In der Regel wird unterschieden zwischen zwei Arten des Umfangs:

- **Assessment**: Ein breit aufgestelltes Assessment prüft welche IT-Komponenten tiefer angesehen werden sollen. Üblicherweise können dabei auch schon IT-Prozesse oder Policies genauer angesehen werden. Basierend auf dem Assessment können Bedarfe einer Tiefenprüfung abgeleitet werden.
- **Tiefenprüfung**: Ein spezieller Teil, kann hier detailliert betrachtet und geprüft werden. Dies kann zum Beispiel ein gesamter Prozess oder ein Prozessabschnitt sein mit den dazugehörigen Datenbanken, Prozessbeschreibungen und Schnittstellen zu anderen Prozessen sowie IT-Komponenten.

Bei beiden Arten wird der genaue Umfang definiert. Dazu werden die betroffenen IT-Systeme, Prozesse, involvierten Personen und Applikationen aufgelistet. Zudem werden Zeitaufwände, Budget sowie das Audit-Team definiert. Daraus ergibt sich ein Anforderungskatalog, der den Umfang des Audits beschreibt und basierend auf dem geplant werden kann.

In der Praxis wird oft eine zweite Meinung zum Umfang eingeholt. Dabei wird sichergestellt, dass die richtigen IT-Prozesse oder Systeme betrachtet sowie verdeckte Kosten aufgedeckt werden. Zudem können Fehler früher identifiziert und korrigiert werden welche dem gesamten Projektablauf zugutekommen und die Kosten- und Zeitdimension positiv beeinflussen.

Prüfungsstandard

- ISO 27001
- IDW PH 9.860.2
- BSI Grundschutz

Audit durchführen

Die Durchführung eines IT-Audits kann entweder direkt im Unternehmen stattfinden, also vor Ort, oder remote. Prüfungen von IT-Prozessen und IT-Audits können remote durchgeführt werden. Bei Prüfungen an den Systemen, Netzwerken oder der physischen Sicherheit ist der Einsatz vor Ort notwendig. Basierend auf dem Anforderungskatalog und dem erstellten Plan werden die Prüfungen durchgeführt. Dies bildet dann die Grundlage für den Abschlussbericht.

Maßnahmenkatalog

Die während dem Audit detailliert festgestellten Erkenntnisse werden zusammengefasst in einem vorläufigen Report. Üblicherweise wird dieser mit dem Management besprochen, bevor der detaillierte Maßnahmenkatalog finalisiert wird.

Der Maßnahmenkatalog beinhaltet neben den ermittelten Schwachstellen und Risiken auch konkrete Handlungsempfehlungen oder Verbesserungspotenzialen basierend auf den zugrunde liegenden Prüfungsstandards oder best practice.

Managen des Maßnahmenkatalogs

Um die vorgeschlagenen Maßnahmen umzusetzen zu können, müssen diese mit dem alltäglichen IT-Betrieb abgestimmt und eingeplant werden. Dabei werden die Prioritäten und Dringlichkeiten berücksichtigt. Üblicherweise werden Verantwortlichkeiten hinter die einzelnen Maßnahmen geschrieben sowie ein Fertigstellungstermin. Nur so lassen sich kritische Anpassungen effizient managen.

Anschließend kann in einem Vorher/nachher Bericht die Umsetzung der Maßnahmen nachweislich dokumentiert und dem Management zur Verfügung gestellt werden. Danach gilt ein Audit in der Regel als abgeschlossen.

Wiederholungsprüfung nach 2 Jahren

Idealerweise sollte eine Prüfung alle zwei Jahre wiederholt werden. Gerade im Cloud-Umfeld schreiten die Entwicklungen der Systeme sowie die Maturität der Prozesse sehr schnell voran und geht mit einem stetigen Wandel einher.

6.3.3.6 Roadmap

Nachfolgend finden Sie eine beispielhafte Roadmap, die das Vorgehen zur Etablierung eines Servicekatalogs und eines serviceorientierten Betriebsmodells erläutert.

1. **Unternehmensstrategie und Cloud-Strategie**: Identifizieren Sie die strategischen Ziele Ihres Unternehmens und setzen Sie diese in Verbindung mit der Cloud-Strategie. Dies hilft Ihnen, den Fokus und den Mehrwert der Cloud-Services zu bestimmen.
2. **Überprüfung der vorhandenen Cloud-Services**: Analysieren Sie die vorhandenen Cloud-Services in Ihrem Unternehmen und bewerten Sie deren Nutzen, Kosten, Leistung und Auswirkungen. Erfassen Sie alle vorhandenen und bekannten Informationen der Services in einer Liste, um potenzielle Lücken aufzuzeigen.
3. **Definition von Servicekategorien:** Gruppieren Sie Ihre Cloud-Services in Kategorien, basierend auf ihren Funktionen, Eigenschaften oder geschäftlichen Auswirkungen. Verwenden Sie die TBM-Taxonomie als Grundlage für eine standardisierte Kategorisierung und Strukturierung der Services. Das erleichtert den Aufbau des Servicekatalogs und hilft Ihnen, einen Überblick über die Service zu bewahren.
4. **Festlegung von Serviceeigenschaften**: Definieren Sie die relevanten Serviceattribute für jeden Cloud-Service. Dazu gehören Informationen wie Servicebeschreibung, Funktionen, Nutzen, Kosten, Service-Level, Support-Level und Sicherheitsmerkmale. Diese Eigenschaften erhöhen die Transparenz der Services und unterstützen die Geschäftsbereiche bei der Auswahl der benötigen Service hinsichtlich deren unternehmerischen Mehrwert.
5. **Erstellung von Servicebeschreibungen**: Schreiben Sie detaillierte Servicebeschreibungen für jeden Cloud-Service, die seine Funktionen, Anwendungsfälle, Integrationen, technischen Anforderungen und Nutzen für das Unternehmen umfassen. Stellen Sie

sicher, dass die Dokumentationsartefakte klar, verständlich und benutzerfreundlich sind.

6. **Implementierung eines Katalogtools**: Wählen Sie ein geeignetes Tool oder eine geeignete Plattform aus, um Ihren Servicekatalog zu erstellen und zu verwalten. Das Tool sollte die erforderlichen Funktionen bieten, um Servicebeschreibungen, Attribute, Kosteninformationen und andere relevante Details zu erfassen und den Benutzern einen einfachen Zugriff und eine einfache Navigation zu ermöglichen.

7. **Kommunikation und Schulung**: Informieren Sie Ihre Mitarbeiter über den Servicekatalog und seine Bedeutung. Schulen Sie sie darin, wie sie den Katalog nutzen können, um die richtigen Cloud-Services auszuwählen und zu bestellen.

8. **Kontinuierliche Aktualisierung und Verbesserung**: Ein Servicekatalog ist ein dynamisches Instrument, das regelmäßig aktualisiert und verbessert werden muss. Überwachen Sie die Nutzung der Cloud-Services, sammeln Sie Feedback von den Benutzern und aktualisieren Sie den Katalog entsprechend. Fügen Sie neue Services hinzu, entfernen Sie veraltete Services und passen Sie die Beschreibungen und Attribute bei Bedarf an.

6.4   Client Cases/Examples
6.4.1   Global agierender Konsumgüterkonzern

Übersicht

Fokus: FinOps (Kostenoptimierung)

Der Schwerpunkt dieses Kundenbeispiels liegt auf der Optimierung der Kosten, die für die Ressourcen der Cloud-Infrastruktur anfallen.

Ausgangssituation

Das Unternehmen hat im Rahmen der laufenden Cloud-Transformation die strategische Entscheidung getroffen, die SAP-Systemlandschaft aus dem bisherigen On-Premise-Datenzentrum in die Public Cloud von Microsoft Azure zu migrieren. Einer der zentralen Gründe für diesen Schritt war die Reduzierung der Infrastrukturkosten. Vor der technischen Migration der Systeme wurde daher eine Analyse- und Designphase vorgesehen. Im Rahmen dieser Phasen fand das Architekturdesign der zukünftigen SAP-Landschaft in der Azure-Cloud statt. Ein wichtiger Aspekt sollten dabei die Kosten für die Infrastruktur-Ressourcen sein.

Das Ziel der Designphase war die Konzeption einer möglichst sicheren, stabilen und effizienten Systemarchitektur. Diese sollte jedoch zudem möglichst kostengünstig aufgebaut werden, um die Vorteile und die Flexibilität der Public Cloud zu nutzen.

Maßnahmen

Im ersten Schritt erfolgte die Analyse des Ist-Zustands der SAP-Systemlandschaft in der On-Premise-Umgebung. Dabei wurden die für das Architekturdesign benötigten Informationen, wie beispielsweise aktuelle Systemgrößen, Rechenkapazitäten und Speichermengen, gesammelt und pro System in einer Liste dokumentiert. Auf Grundlage der vorliegenden Daten wurde zunächst analysiert, ob mithilfe von Rightsizing bereits erste Einsparungspotenziale identifiziert werden können. Die Auswertung erfolgte auf Basis einiger bekannter Nutzungszahlen der Systeme, sowie auf Best Practice Ansätzen von Microsoft und SAP. Dadurch konnten bereits erste **Kostenoptimierungspotenziale durch Rightsizing** erkannt werden.

Anschließend wurde für jedes SAP-System geprüft, welche Cloud-Ressourcen und Ressource-Typen einschließlich deren Speichergröße benötigt werden. Diese Informationen wurden ebenfalls in einer Liste erfasst. Es wurden sämtliche Details, wie beispielsweise Typ der virtuellen Maschine, Anzahl der Instanzen, Betriebssystem und Speichermenge, erfasst. Anschließend wurden die nachfolgenden drei Szenarien definiert, um einen Kostenvergleich zu erstellen. Dabei wurden ausschließlich nicht-produktive SAP-Systeme betrachtet, da produktive Systeme dauerhaft verfügbar sein müssen. Zudem werden die SAP-Systeme langfristig genutzt, weshalb für produktive Instanzen eine Reservierung von drei Jahren eingeplant wurde. Durch die mehrjährige Reservierung der produktiven Systeme erzielte das Unternehmen für diese Cloud-Ressourcen einen **Preisnachlass von etwa 70 %**.

Um weitere Potenziale für Kostenoptimierungen zu identifizieren, wurde für nicht-produktive SAP-Systeme auf Basis der folgenden Szenarien ein Kostenvergleich durchgeführt. Unter die nicht-produktiven Systeme fallen beispielsweise Sandbox-, Test- und Entwicklungssysteme.

1. **Pay-as-you-Go**: Das nutzungsbasierte Abrechnungsmodell sieht vor, dass lediglich Kosten anfallen, wenn die Ressource aktiv genutzt wird. Die Nutzung wird in Stunden gemessen. Bei einer virtuellen Maschine fallen daher beispielsweise lediglich Kosten an, wenn diese hochgefahren und in Betrieb ist.
2. **Reservierung für ein Jahr**: Durch die Reservierung einer Ressource für ein Jahr legt sich das Unternehmen darauf fest, dass die Cloud-Ressource über ein Jahr dauerhaft (24*7) genutzt werden kann.
3. **Reservierung für drei Jahre**: Analog zur einjährigen Reservierung, allerdings ist der von Microsoft gewährte Rabatt höher.

Mithilfe des Kostenkalkulators von Microsoft 22 wurden die Kosten für jedes nicht-produktive SAP-System für jedes der drei oben genannten Szenarien in der Azure-Umgebung berechnet. Die Kosten wurden pro Cloud-Ressource und pro SAP-System in einer Listenübersicht notiert. Anschließend wurde die in Abschn. 6.2.1.7 beschriebene Break-Even-Methode angewendet. Für die drei Szenarien wurde pro System der Break-Even anhand der mit dem Microsoft-Kostenkalkulator ermittelten Daten berechnet.

Der Break-Even gab pro SAP-System an, ab welcher Nutzungsdauer in Stunden pro Monat eine Reservierung der Cloud-Ressourcen wirtschaftlich effizienter ist. Anhand dieser Angabe konnte das Unternehmen eine Entscheidungsvorlage vorbereiten und auf Basis der tatsächlichen Nutzungsdauer des Systems eine Entscheidung für eines der Szenarien treffen. Dabei wurde stets die strategische Planung des jeweiligen Systems berücksichtigt, um eine langfristige Reservierung zu vermeiden, falls das System nur kurzfristig benötigt wird.

Ergebnis
Die Aktivitäten des initialen Rightsizings und der Ermittlung des Break-Even ermöglichten dem Unternehmen eine Kostenersparnis von einem **mittleren, einstelligen Millionenbetrag** im Vergleich zu einem Aufbau der Cloud-Infrastruktur ohne Optimierungsmaßnahmen. Darüber hinaus haben die Aktivitäten zur Kostenoptimierung den Startpunkt und die Grundlage für die Etablierung eines FinOps-Ansatzes in der Organisation gelegt. Durch die Tätigkeiten und die erzielte Kostenersparnis konnte das Unternehmen wertvolle, erste Erfahrungen aus dem FinOps-Umfeld sammeln.

6.4.2   Europaweit agierendes Einzelhandelsunternehmen

Übersicht
Fokus: FinOps (Chargeback), Infrastructure-as-Code (DevOps, Terraform), Servicekatalog.
   In diesem Beispiel liegt der Fokus des Unternehmens auf einer ganzheitlichen Betrachtung der zweiten Phase der Cloud-Transformation. Der Schwerpunkt lag dabei auf dem Chargeback-Prozess aus dem FinOps-Ansatz, der Etablierung von Infrastructure-as-Code mithilfe von DevOps und Terraform, sowie dem Aufbau eines Servicekatalogs in Form eines Self-Service-Angebots.

Ausgangssituation
Das Unternehmen hatte bereits eine Cloud-Strategie definiert und erste Ressourcen in der Public Cloud von Microsoft Azure bereitgestellt. Die Planung einiger Migrationen von umfangreicheren Systemlandschaften war erfolgt. Aus diesem Grund sollten die Grundlagen für die kontinuierliche Überwachung und Optimierung der Cloud-Infrastruktur aufgebaut werden, um den Mehrwert der Cloud für das Unternehmen zu nutzen. Um die verschiedenen Themen wie FinOps, Infrastructure-as-Code und Servicekatalog mit allen Cloud relevanten Aspekte zu kanalisieren, verfolgte das Unternehmen das Ziel, eine zentrale Institution in Form eines Cloud Center of Excellence, kurz CCoE, innerhalb der Organisation zu etablieren.

Ein Cloud-Kompetenzzentrum, auch als **Cloud Center of Excellence** bezeichnet, ist ein Best Practice Ansatz, um die Transformation der Public Cloud in einem Unternehmensumfeld durchzuführen. Ein CCoE dient als zentrale Governance-Instanz in einer Organisation, um in einer beratenden Rolle alle Geschäftsbereiche des Unternehmens einschließlich der zentralen IT-Abteilung für die Public Cloud vorzubereiten. 23 Mithilfe des CCoE sollen die Fachbereiche einen erleichterten Zugang zu den Cloud-Services erhalten. Dazu stellt das CCoE die erforderlichen Maßnahmen in Form von Prozessen und Technologien zur Verfügung, um die Public Cloud im Unternehmen zu integrieren.

Im Rahmen des CCoE sollten verschiedene Themenfelder der Cloud-Transformation aufgegriffen und etabliert werden. Dabei spielten insbesondere die Definition und Integration eines Chargeback-Prozesses eine wichtige Rolle, um die nutzungsbasierte Abrechnung der Cloud-Services zu ermöglichen. Darüber hinaus sollte die technische Bereitstellung der Cloud-Services standardisiert und automatisiert werden, um den Geschäftsbereichen innerhalb des Unternehmens einheitliche Services zur Verfügung zu stellen. Mithilfe von Infrastructure-as-Code sollte jeder Service zudem die im Unternehmen geltenden Sicherheitsrichtlinien berücksichtigen. Ergänzend zum Abrechnungsmodell und der technischen Bereitstellung der Services verfolgte das Unternehmen das Ziel, einen zentralen Servicekatalog aufzubauen, der den Geschäftsbereichen zur Verfügung gestellt werden kann.

Maßnahmen

Im Rahmen der Prozessdefinition sollte ein Ende-zu-Ende-Prozess definiert und implementiert werden, der die nutzungsbasierte Verrechnung der Cloud-Services gegenüber den jeweiligen Geschäftsbereichen abdeckt. Da der **Chargeback-Prozess für Cloud-Services** zu diesem Zeitpunkt noch nicht existiert hat, lag der Fokus zunächst auf der Anforderungsaufnahme. Die erforderlichen Abstimmungen erfolgten mit mehreren Stakeholdern aus dem Finanzfachbereich als auch aus der IT, die in den Prozess und das darin enthaltene Betriebsmodell involviert werden sollten. Der allgemeine Abrechnungsprozess für IT-Services in dem Unternehmen sah folgende Prozessschritte vor: Bereitstellung der Abrechnungsinformationen, Zuordnung zu den Kostenträgern, Erstellung eines Angebots durch den externen Rechnungssteller, Erstellung einer internen Bestellung, Erstellung der Rechnung durch den externen Rechnungssteller. Allerdings war dieser Prozess noch nicht auf die Cloud-Services abgestimmt. Nach der Aufnahme der Anforderungen wurde eine Prozess-Taxonomie definiert, mit der der Prozess beschrieben werden sollte (Abschn. 6.2.1.5.1). Der bereits verfügbare Chargeback-Prozess wurde in die Prozess-Taxonomie übernommen, um anschließend die jeweiligen Aktivitäten des Prozesses an die Cloud-Services anzupassen (Abschn. 6.2.1.5.2). Insbesondere die ersten beiden Prozessschritte waren davon betroffen. Für die Bereitstellung der Abrechnungsinformationen wurde eine Tagging-Strategie integriert, um jede Cloud-Ressource dem jeweiligen Kostenträger zuzuweisen. Diese Maßnahme war eine essenzielle Voraussetzung für den zweiten Prozessschritt, der Zuordnung der Kosten zu den Kostenträgern. Die **Tagging-Strategie** sah vor, dass jede Cloud-Ressource mit einem für die Abrechnung relevanten Tag versehen wird. Dieses Tag diente als Primär-schlüssel zur Identifikation des jeweiligen Kostenträgers. Alle Ressourcen, die dem gleichen Kostenträger zugeordnet waren, erhielten den gleichen Wert in dem Tag (Abschn. 6.2.1.6.1). Für den zweiten Prozessschritt wurde eine Liste mit allen Kostenträgern und den dazugehöri-gen Informationen, wie beispielsweise Adresse, Ansprechpartner und Kontaktinformationen erstellt. In der Liste wurden die Primärschlüssel den Kostenträgern zugeordnet. Darüber hinaus wurde in der Liste die jeweilige Abrechnungsmethode pro Kostenträger erfasst. Diese erfolgte beispielsweise auf Basis der zugeordneten Subscription oder mithilfe eines Kostenverteilungsschlüssels. Nach der technischen Umsetzung lag der Schwerpunkt auf der Abstimmung und Entscheidung der Verantwortlichkeiten in dem Chargeback-Prozess. Dazu wurde eine RACI-Matrix definiert, um den Prozess der Abrechnung der Cloud-Kosten zu operationalisieren. Um sicherzustellen, dass jede Ressource mit dem erforderlichen Tag versehen wird, wurde eine entsprechende Policy mithilfe von Infrastructure-as-Code etabliert.

Um die Cloud-Infrastruktur zu standardisieren und die Bereitstellung der Ressourcen zu automatisieren, hat das Unternehmen die strategische Entscheidung getroffen, den Ansatz nach **Infrastructure-as-Code** zu nutzen. Während die zentralen Plattform-Services in der Azure-Cloud mithilfe von Bicep entwickelt und deployt wurden, wurde für Infrastructure-as-Code die Technologie von Terraform verwendet. Die Repositories und die Pipelines (Abschn. 6.2.2.3) wurden in Azure DevOps angelegt und eingerichtet. Neben der Bereit-stellung der technischen Möglichkeiten zur Entwicklung von codebasierter Infrastruktur unterstützt **Azure DevOps** zudem die Integration der agilen DevOps-Methodologie. Das Unternehmen hat innerhalb des CCoE eine agile Arbeitsweise auf Basis von Scrum etabliert, um eine möglichst hohe Flexibilität gegenüber den Anforderungen der Geschäftsberei-che mitzubringen. Die einzelnen Teams bekamen die Möglichkeit, ihre Arbeit individuell innerhalb der Sprints zu planen. Die Arbeit in Sprints ermöglichte zudem einen agilen Ent-wicklungsansatz bei dem Aufbau der in Terraform geskripteten Infrastruktur-Module. Die nach IaC entwickelten Komponenten wurden so gestaltet, dass diese den Fachbereichen für ihre Bedürfnisse zur Verfügung gestellt werden konnten. Die Komponenten deckten dabei die erforderlichen Sicherheitsrichtlinien und Standards, wie beispielsweise Policies oder Namenskonventionen, ab. Wenn ein Geschäftsbereich innerhalb der Organisation die Anfor-derungen an eine neue Subscription-Umgebung in der Azure-Cloud hatte, wurde gemeinsam mit dem CCoE evaluiert, welche Services für das geplante Vorhaben benötigt werden und welchen unternehmerischen Mehrwert diese mitbringen. Die erforderlichen Komponenten wurden durch das CCoE bereitgestellt und durch Unterstützung des CCoE gemeinsam mit dem jeweiligen Fachbereich in der Umgebung deployt. Der Ansatz nach IaC hat insbeson-dere bei der Umsetzung der erforderlichen Standards einen hohen Mehrwert gebracht, um den Zugriff der Anwender auf kritische Einstellungen einzuschränken und sichere Vorga-ben festzulegen. Dadurch wurde die Sicherheit der gesamten Cloud-Infrastruktur und die Transparenz der deployten Services innerhalb der Cloud-Umgebung erhöht.

Da die mit IaC entwickelten Komponenten einen starken Fokus auf die technische Ebene haben, hat das Unternehmen zudem einen **Servicekatalog** aufgebaut. Mithilfe der Beschreibung und der Strukturierung der Services sollte die Zugänglichkeit der Cloud-Services gegenüber den Fachbereichen erhöht werden. Um den Servicekatalog initial aufzubauen, wurde zunächst eine Liste mit den bereits deployten Services in der Azure-Cloud erstellt (Abschn. 6.3.3). Die Auflistung der Services wurde auf eine höhere Abstraktionsebene aggregiert, um eine für die Fachbereiche nachvollziehbare Betrachtungsweise zu ermöglichen. Zum Beispiel wurden verschiedene Typen von virtuellen Maschinen zu dem Service «virtuelle Maschine» zusammengefasst. Im nächsten Schritt wurden die geplanten und bevorstehenden Projekte in der Azure Cloud betrachtet, um zu prüfen, welche Services in naher Zukunft voraussichtlich benötigt werden. Diese wurden ebenfalls in die Service-Liste mitaufgenommen. Anschließend wurde die Liste mit den bekannten Informationen zu den Service erweitert, wie beispielsweise Beschreibung, für welche Applikation der Service genutzt wird, der Service-Verantwortliche, sowie Informationen zum Betrieb. Nach der Ergänzung der bekannten Daten zu den Services wurden diese nach der TBM-Taxonomie in der Liste kategorisiert (Abschn. 6.2.3.3). Bei der Strukturierung der Services nach TBM wurden zudem die Sichtweisen der Geschäftsbereiche und der IT berücksichtigt und in die Liste eingearbeitet. Die Liste wurde darüber hinaus um die Dokumentationsartefakte erweitert, die pro Service bereits verfügbar waren. Zuletzt wurde geprüft und dokumentiert, welcher Service auf welche IaC-Module zugreift, um die Zuordnung zwischen dem Servicekatalog und den technischen Komponenten zu definieren. Die Liste wurde abschließend dem Service Management Team des Unternehmens übergeben, um die Informationen in die Configuration Management Datenbank aufzunehmen. In Zusammenarbeit mit der Enterprise Architektur, kurz EA, wurde die TBM-Struktur der Services zudem in das unternehmensinterne EA-Tool übertragen, um Abhängigkeiten und Beziehungen zu anderen, non-Cloud Services abzubilden.

Durch die Kombination der Tagging-Strategie aus dem Chargeback-Prozess mit den IaC-Komponenten wurde sichergestellt, dass jede in der Cloud deployte Ressource einem Kostenträger zugeordnet und abgerechnet werden kann. Der Servicekatalog ermöglichte dem CCoE, die Transparenz und das Bewusstsein für die Cloud-Services zu erhöhen und den Fokus auf den unternehmerischen Mehrwert zu legen. In Verbindung mit Azure DevOps und dem codebasierten Deployment nach IaC wurde eine Möglichkeit zur **Etablierung eines Self-Service-Angebots mit einem hohen Automatisierungsgrad** aufgebaut.

Ergebnis

Durch die Integration des Chargeback-Prozesses aus dem FinOps-Umfeld erreichte das Unternehmen eine nahezu **automatisierte Abrechnung** und reduzierte die Cloud-Kosten durch Identifizierung von ungenutzten Ressourcen. Mithilfe von DevOps und Infrastructure-as-Code wurden **mehr als 20 Terraform-Komponenten** entwickelt, die automatisiert durch Pipelines deployt werden können. Die Geschwindigkeit zur Bereitstellung von Infrastruktur-Ressourcen hat sich erhöht und verbesserte die Time-to-Market. In dem

Servicekatalog wurden **mehr als 15 Services** definiert und dokumentiert, die den Geschäftsbereichen des Unternehmens den Zugang zur Public Cloud erleichtern und Transparenz über den Mehrwert schaffen. Durch die zentrale Integration des Cloud Center of Excellence hat das Unternehmen einen langfristigen Ansatz etabliert, um die drei Bereiche um FinOps, Infrastructure-as-Code und Servicekatalog kontinuierlich weiterzuentwickeln und zu optimieren.

6.4.3 International tätiger Logistikkonzern

Übersicht

Fokus: FinOps (Kostenoptimierung, Tooling)

Der Schwerpunkt dieses Beispiels liegt auf der Kostenoptimierung der Cloud-Infrastruktur und der Evaluation eines FinOps-Tools.

Ausgangssituation

Das Unternehmen hat bereits eine hohe Anzahl an Applikationen in der Public Cloud von Microsoft Azure und von Amazon Web Services bereitgestellt. Die Migrationen erfolgten überwiegend in einem Lift-and-Shift-Ansatz, nach dem die Instanzen auf Grundlage der On-Premise-Architektur in die Public Cloud übertragen werden. Bei diesem Migrationsszenario werden Auswertungen des Nutzungsgrades zunächst hintenangestellt und im zweiten Schritt nach der Migration aufgegriffen. Im Rahmen der Maßnahmen zur Kostenoptimierung sollten zum einen die migrierten Applikationen auf deren tatsächliche Verwendung analysiert werden, um beispielsweise durch Rightsizing und Reservierungen eine Kostenreduzierung zu erzielen. Zum anderen sollte dieses Vorgehen die Grundlage für die Etablierung einer FinOps-Basis darstellen. Daher wurde parallel zur Kostenoptimierung eine Evaluation für ein FinOps-Tool durchgeführt.

Maßnahmen

Für die Kostenoptimierung wurde im ersten Schritt eine Liste mit allen Instanzen erstellt, die in der Public Cloud Umgebung bereitgestellt sind. Die Liste wurde mithilfe der nativen Analysetools der Cloud-Anbieter erstellt, sodass in dem Bericht die Empfehlungen der Hyperscaler zu potenziellen Kosteneinsparungen pro Ressource enthalten sind. Anschließend wurde die Liste absteigend nach der Größe des Kostenoptimierungspotenzials sortiert, sodass die Instanzen mit dem höchsten Potenzial zur Kostenreduzierung zuerst betrachtet wurden. Die Liste diente als Grundlage für das **Rightsizing**, das in Abschn. 6.2.1.7 näher beschrieben ist. Jede Instanz wurde einzeln betrachtet und auf deren Nutzungsgrad analysiert. Auf Basis der Auswertung wurde auch unter Berücksichtigung der Peak-Zeiten geprüft, ob ein kostengünstigerer Ressourcentyp für die jeweilige Instanz verwendet werden kann. Diese Empfehlung wurde in der Liste notiert und anschließend mit dem Verantwortlichen der dahinter liegenden Applikation abgestimmt. Nach der Freigabe wurde das technische Rightsizing vorgenommen, in dem die Instanz auf den jeweils kleineren Ressourcentyp geändert wurde.

Neben den Aktivitäten des Rightsizings wurde zudem das Kostenersparnispotenzial von **Reservierungen und Sparplänen** (Abschn. 6.2.1.7) geprüft. Mithilfe der nativen Analysemöglichkeiten der Public Cloud wurden zunächst Berichte erstellt, die die Empfehlungen der Hyperscaler für Reservierungen enthielten. Im Rahmen der Auswertungen wurden die Instanzen aus den Berichten den jeweiligen Geschäftsbereichen zugeordnet und nach Ressourcentyp konsolidiert. Nach der Freigabe durch die Verantwortlichen aus den Fachbereichen wurden die Reservierungen für die Instanzen getätigt.

Ergänzend zu den manuellen Aktivitäten zur Kostenoptimierung sollte ein Prozess etabliert werden, um diese Maßnahmen kontinuierlich umzusetzen. Darüber hinaus bestanden zudem Anforderungen in Bezug auf Erhöhung der Kostentransparenz und die Automatisierung des Showback- und Chargeback-Prozesses. Diese Prozesse waren bereits im Unternehmen etabliert, wurden allerdings überwiegend manuell ausgeführt. Daher wurde eine Evaluation zur Nutzung eines **FinOps-Tools** durchgeführt (Abschn. 6.2.1.6.3). Dabei stand insbesondere die Priorisierung der unterschiedlichen Anwendungsfälle nach dem FinOps-Ansatz im Vordergrund. Auf Grundlage der Priorisierung wurde eine Entscheidungsvorlage erarbeitet, um einen Proof-of-Concept mit einem der beiden vorgeschlagenen Tools zu planen.

Ergebnis

Durch die Maßnahmen der Kostenoptimierung im Bereich des Rightsizings und der Reservierungen erzielte das Unternehmen eine Kostenersparnis von einem **sechsstelligen Betrag** im Vergleich zu dem vorherigen Aufbau der Cloud-Infrastruktur ohne Optimierungsmaßnahmen. Darüber hinaus bildeten die Kostenoptimierung und die Evaluation eines FinOps-Tools die Basis für die langfristige Integration des FinOps-Ansatzes in der Organisation.

6.5 What's next?

> **Mithilfe von Cloud Optimization Services bilden Sie eine Grundlage, um die Cloud-Kosten und die Ressourcennutzung zu optimieren**

Wenn Sie erfolgreich FinOps, Infrastructure-as-Code und ein serviceorientiertes Betriebsangebot in Ihrer Organisation etabliert haben, haben Sie in Ihrem Unternehmen eine solide Grundlage für die zweite Stufe in der Transformation in die Public Cloud aufgebaut. Sie haben nun vollständige Transparenz über Ihre anfallenden Cloud-Kosten und können das Optimierungspotenzial ausschöpfen. Mithilfe von Infrastructure-as-Code stellen Sie Ihrer Organisation standardisierten Code für die Bereitstellung von Cloud-Infrastruktur zur Verfügung und automatisieren die Deployment-Prozesse. Durch den Einsatz eines serviceorientierten Betriebsangebots und die Verwendung der

TBM-Taxonomie haben Sie einen verständlichen und übersichtlichen Servicekatalog etabliert, der von den Geschäftsbereichen für den Betrieb der Cloud-Umgebung genutzt werden kann.

Betrachten Sie alle drei Bereiche des zweiten Reifegrads stets in Kombination miteinander und bilden Sie Schnittstellen, um den maximalen Wert der Public Cloud für Ihr Unternehmen zu nutzen. So steht beispielsweise das serviceorientierte Betriebsangebot in enger Verbindung mit dem Ansatz nach FinOps zur verursachergerechten Verrechnung der Kosten. Ein strukturierter Servicekatalog kann dadurch einen hohen Mehrwert für FinOps mit sich bringen. Ebenso kann Infrastructure-as-Code ein wichtiger Bestandteil in der Umsetzung eines Serviceangebots sein, indem hinter jedem Service ein entsprechender Code entwickelt wird. Setzen Sie die drei Bereiche in Verbindung miteinander und bilden Sie wichtige Synergieeffekte.

Im nächsten Schritt Ihrer Cloud-Transformation befassen Sie sich mit innovativen Cloud-Technologien und wie Sie Ihre Public Cloud Umgebung ausbauen, um den maximalen Mehrwert der Cloud zu erzielen. Der dritte Reifegrad fokussiert sich auf den wertgetriebenen Ausbau der Public Cloud und die damit in Verbindung stehenden, organisatorischen Anpassungen. Insbesondere die Verwendung nativer und agiler Lösungen und Methodiken spielt dabei eine große Rolle. Die dritte Stufe der Transformation setzt sich aus den folgenden Bereichen zusammen: Cloud-Organisationsmodell, Einsatz und Entwicklung nativer Cloud-Lösungen, sowie die Etablierung eines nativen Sicherheitskonzepts.

Literatur

1. Storment, Fuller. «Cloud FinOps: Collaborative, Real-Time Cloud Financial Management», O'Reilly Media, 2019
2. https://www.finops.org/introduction/what-is-finops (abgerufen am 01.07.2023)
3. https://www.finops.org/ (abgerufen am 23.05.2023)
4. https://www.finops.org/framework/phases/ (abgerufen am 01.07.2023)
5. Bhttps://www.finops.org/framework/capabilities/ (abgerufen am 01.07.2023)
6. https://www.finops.org/framework/personas/. (abgerufen am 26.06.2023)
7. https://www.finops.org/introduction/what-is-finops/, (abgerufen am 01.07.2023)
8. https://www.cloudcomputing-insider.de/was-ist-infrastructure-as-code-iac-a-cff32d877a8adf4 04b167d73ad027e08/(abgerufen am 25.05.2023)
9. Morris. «Handbuch Infrastructure as Code», O'Reilly Media, 2021
10. Bhttps://www.clickittech.com/devops/infrastructure-as-code-tools/ (abgerufen am 01.07.2023)
11. Morris. «Handbuch Infrastructure as Code», O'Reilly Media, 2021
12. Bhttps://wiki.de.it-processmaps.com/index.php/ITIL-Glossar/_ITIL-Begriffe_S#Service (abgerufen am 25.05.2023)
13. Bhttps://higherlogicdownload.s3.amazonaws.com/TBMCOUNCIL/c15d372f-9951-46c8-9c3f-213c696401b6/UploadedImages/TBM_Taxonomy_V4_0.pdf (abgerufen am 01.07.2023)
14. Bhttps://higherlogicdownload.s3.amazonaws.com/TBMCOUNCIL/c15d372f-9951-46c8-9c3f-213c696401b6/UploadedImages/TBM_Taxonomy_V4_0.pdf (abgerufen am 01.07.2023)

15. Bhttps://higherlogicdownload.s3.amazonaws.com/TBMCOUNCIL/c15d372f-9951-46c8-9c3f-213c696401b6/UploadedImages/TBM_Taxonomy_V4_0.pdf abgerufen am 01.07.2023)

16. Bhttps://higherlogicdownload.s3.amazonaws.com/TBMCOUNCIL/c15d372f-9951-46c8-9c3f-213c696401b6/UploadedImages/TBM_Taxonomy_V4_0.pdf (abgerufen am 09.06.2023)

17. Bhttps://www.finops.org/wg/finops-tbm-navigating-coexisting-disciplines/#in-conclusion (abgerufen am 09.06.2023)

18. Storment, Fuller. «Cloud FinOps: Collaborative, Real-Time Cloud Financial Management», O'Reilly Media, 2019

19. Bhttps://www.finops.org/wg/adopting-finops/ (abgerufen am 20.05.2023)

20 Bhttps://developer.hashicorp.com/terraform/tutorials/aws-get-started/infrastructure-as-code (abgerufen am 01.07.2023)

21. Bhttps://www.tbmcouncil.org/learn-tbm/tbm-taxonomy/ (abgerufen am 10.06.2023)

22. Bhttps://azure.microsoft.com/en-us/pricing/calculator/ (abgerufen am 15.06.2023)

23. Bhttps://www.gartner.com/en/conferences/hub/cloud-conferences/insights/how-to-build-a-cloud-center-of-excellence (abgerufen am 17.06.2023)

Stufe 3 – Verwendung innovativer Technologien und Ausbau der Cloud-Nutzung

7.1 Einleitung

Mit dem erfolgreichen Erreichen des zweiten Reifegrads ist die Migration in die Public Cloud gemeistert, Transparenz über Cloud-Services und Kosten wurde geschaffen und Automatisierungsvorhaben zur Sicherung strategischer Kapazität sind gestartet.

Damit sind die Grundlagen für die anstehende interdisziplinäre Maximierung des Cloud Values hergestellt. Die nächste Phase dient der ganzheitlichen Betrachtung der Organisation im Kontext der Cloud Nutzung, weg von der prozessualen beziehungsweise technologischen Sicht hin zu einer ganzheitlichen Betrachtungsweise über die Unternehmensbereiche hinweg.

Der dritte Reifegrad beinhaltet Anpassungen von einer hybriden Organisation hin zur Cloud-zentrischen Organisation inklusive nativer und agiler Entwicklung von IT und Business-Lösungen. Diese setzen sich aus den folgenden drei Bereichen zusammen: Cloud-Organisationsmodell, native Nutzung oder Entwicklung von Cloud-Lösungen sowie Einführung eines Cloud-Nativen Sicherheitskonzeptes. In den nachfolgenden Abschnitten werden die Herausforderungen für jeden Bereich zunächst näher beschrieben. Anschließend folgt eine Erläuterung von Maßnahmen zur Umsetzung und Einbindung der Bereiche in einem komplexen Unternehmensumfeld.

7.2 What's in the box?

7.2.1 Vom Standard IT-Operating Model zum Cloud Operating Model

Die erfolgreiche Nutzung der Cloud-Technologie bringt unausweichlich eine Änderung der Organisation in ihren Grundfesten mit sich. Geschieht das nicht, wird der Faktor „Cloud" für das Unternehmen einfach eine weitere Technologie neben vielen anderen

© Der/die Autor(en), exklusiv lizenziert an Springer Fachmedien Wiesbaden GmbH, ein Teil von Springer Nature 2023
N. Feil et al., *Public Cloud Potenzial in einem Unternehmensumfeld*, https://doi.org/10.1007/978-3-658-42665-1_7

und eher nebensächlich behandelt. Welche Bestandteile der Organisation eine Änderung bedürfen, wie diese aussehen kann und welche Faktoren die Anpassung beeinflussen, wird im nächsten Kapitel ausführlicher betrachtet.

7.2.1.1 Grundlagen & Herausforderungen des IT-Operating Models

Vergleicht man traditionelle IT-Betriebsmodelle mit Cloud Operating Modellen, gibt es grundlegende Funktionen und Fähigkeiten, die beide Modelle erfüllen müssen. So sind zum Beispiel Security, Governance, stabile Prozesse sowie Skalierbarkeit und Messbarkeit als Themenblöcke beiden immanent, jedoch in der Ausprägung verschieden und mit unterschiedlicher Auswirkung auf den Business Value versehen.

Die IT-Organisationsstruktur stellt die Basis des IT-Bereichs dar und beinhaltet den Split der IT sowohl in verschiedene Teams als auch in Rollen und Verantwortlichkeiten. Die Struktur, welche interne als auch endkundennahe Services erbringt, kann vollständig zentralisiert, dezentralisiert oder eine Kombination aus beiden sein, abhängig der Anforderungen der Gesamtorganisation.

Betrachtet man traditionelle IT-Organisationen, so sind, neben den Mitarbeitern, als wichtige Komponenten folgende zu nennen:

1. **IT-Service-Management (ITSM):** das ITSM richtet sich häufig nach dem aktuellen ITIL-Standard und umfasst damit die Definition, Einführung und Weiterentwicklung von Prozessen zum Deployment, Monitoring und Support von IT-Services. Diese werden nach gemeinsam definierten Service-Level-Vereinbarungen (SLAs) erbracht. Als weitere Prozesse beinhaltet das ITSM das Incident-, Problem-, Change- und Configuration Management sowie den Servicekatalog. Viele Unternehmen setzen für das ITSM auf eine ganzheitliche proprietäre Software.

2. **IT-Infrastruktur:** Zur traditionellen IT-Infrastruktur gehören alle physischen und virtuellen Komponenten, die für die Bereitstellung und Ausführung der IT-Services benötigt werden. Dazu gehören, je nach Betriebsmodell, Server, Netzwerke, Storage Systeme, Datenbanken, Betriebssysteme und Middleware. Über das IT-Operating Model werden Monitoring, Bereitstellung, Konfiguration, Wartung der benötigten Komponenten gesteuert. Über IaaS wird dieser Teil häufig als erstes in eine Cloud gebracht (Virtual Infrastructure), welches kaum Unterschiede zu On-Premise-Lösungen darstellt.

3. **IT-Asset-Management:** IT-Assets bezeichnen alle Elemente, die für einen reibungslosen Ablauf in der IT-Organisation notwendig sind, dazu gehören insbesondere Hardware, Software, Lizenzen und Verträge, diese können in einer Configuration Datenbank, inkl. der zugehörigen Verknüpfung untereinander, enthalten sein. Die Inventarisierung, Aktualisierung und Nachverfolgung dieser Elemente ist notwendig, um eine effiziente und transparente Nutzung sicherstellen.

4. **IT-Entwicklungsbereich:** Falls die Organisation über eine In-House-(Applikations-)Entwicklung verfügt, ist diese ebenfalls Teil des IT-Bereichs. Dazu gehören Richtlinien

und Methoden zum Software Development, Tool Auswahl und Software-Architekturen. Betrieb und Support der Applikationen können über einen DevOps-Ansatz aus der Entwicklung oder aber als separater IT-Operationsbereich bereitgestellt werden (Abschn. 6.2.2.6).

5. **IT-Change-Management:** Änderungen jeglicher Form an der IT-Landschaft (Infrastruktur und IT-Services) finden optimalerweise über einen geregelten Change-Management Prozess statt. Dieser beinhaltet Planung, Koordination und Kontrolle eben dieser Änderungen, um Risiken zu minimieren und Auswirkungen auf den laufenden Betrieb transparent zu machen und optimal zu steuern. Durch das Change-Management werden somit die Überprüfung, Freigabe und Durchführung von Änderungen nach etablierten Abläufen sichergestellt.

6. **IT-Sicherheit und Datenschutz:** Um die IT-Landschaft im Sinne der Vertraulichkeit, Integrität und Verfügbarkeit sowohl für die vorgehaltenen Daten als auch IT-Ressourcen abzusichern, werden über das IT Operation Model Richtlinien, Maßnahmen und Verfahren festgelegt. Diese dienen dem Schutz vor unbefugtem Zugriff, Sicherheitsbedrohungen und Datenverlust. Zu diesen Maßnahmen und Verfahren gehören unter anderem ein angemessenes Security Monitoring, Zugriffskontrollen, Verschlüsselung, Firewalls und Sicherheitsaudits.

7. **IT-Service-Desk und Benutzersupport:** Als Single Point of Contact wird der IT-Service-Desk bzw. der Benutzersupport in der IT-Organisation verankert. ITIL bietet auch hier gängige Empfehlungen für eine Umsetzung an. In erster Linie dient der Service Desk für die Nutzer der IT-Services und unterstützt bei Problemen und Anfragen. Zusätzlich umfasst er das Management von Benutzeranfragen, die Behebung von Störungen als First Level-Kontakt, die Bereitstellung von Schulungen sowie die Kommunikation mit den Benutzern.

►Die Abkürzung ITIL steht für „Information Technology Infrastructure Library" und wurde in den 1980er Jahren durch die britischen Regierungsbehörden in England entwickelt. Als ein Best-Practice-Framework für Prozesse im IT-Service-Management sind dort Empfehlungen für effektive Prozesse, Aufgaben, Rollen und Verantwortungen enthalten, die individuell auf eine IT-Organisation ausgerichtet werden sollten (Abb. 7.1).

Dem IT Operating Model steht das Business Operating Model gegenüber. Kernkomponenten dieses Modells sind ebenfalls die notwendigen Prozesse, Fähigkeiten und Mitarbeiter, um gemeinsam gewinnbringende Produkte und Services für Endkunden zu entwickeln und anzubieten. Je nach Operating Modell kann die Verschmelzung zwischen Business und IT von dezentralisiert und wenig integriert (traditionell), bin hin zu vollintegrierten, produktzentrischen Einheiten (innovativ) ausgeprägt sein.

Betrachten wir unser aktuelles Marktumfeld, das schnell auf Änderungen reagieren muss, wandelt sich das weiter oben beschriebene traditionelle IT-Betriebsmodell grundlegend. Von einer Organisation, die einen effizienten und verlässlichen IT-Betrieb anbietet, hin zu

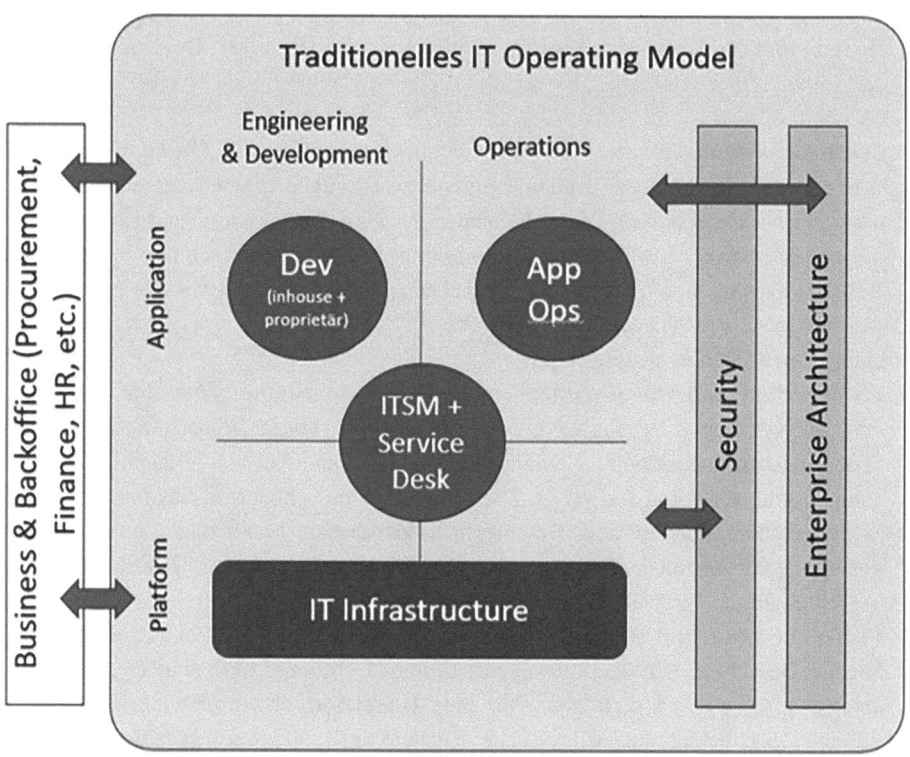

Abb. 7.1 Traditionelles IT Operating Model

einem Organisationsmodell, dass kundenzentrisch agiert, über Inkremente den Kunden-wert schneller liefert und in der Lage ist, zügig eigene Innovation zu schaffen, mit dem Ziel einer kürzeren Time-to-Market der strategischen Produkte sowie einer durchgehenden Kostentransparenz und -effizienz. Im Optimalfall überschreitet das zukünftige Opera-ting Model dazu Organisationsgrenzen und ist über Ende-zu-Ende-Wertströme schlank gesteuert.

Das neue Target Operating Model setzt also voraus, dass die IT die eigene Arbeitsweise mehrdimensional wandelt:

1. **Organisation:** beinhaltet Governance- und Team-Strukturen, benötigte und gewollte Fähigkeiten und Kompetenzen sowie den grundsätzlichen Aufbau der Einheit
2. **Betrieb/Execution:** umfasst die Leistungs- und Lieferfähigkeit, angebotene Services, IT-Architektur, eingesetzte Tools und Methoden sowie die Planungs- und Budgetie-rungsprozesse

3. **Verhalten:** schließt alle weichen Faktoren ein, unter anderem Talent und Leadership, Change-Management, Trainingsstrategien und das Performance- beziehungsweise Incentive Management

Berücksichtigt man die oben genannten Punkte, ist die größte Herausforderung in dieser Phase der Cloud-Transition nicht die Technologie, sondern die Anpassung von Prozessen und Menschen an die neuen Umgebungsparameter, hin zu einer Cloud nativeren Organisation.

Zu Beginn der Transition kämpfen viele IT-Organisationen also mit den Folgen der Anpassung an die gestiegenen Erwartungen und daraus resultierend mit den folgenden Herausforderungen, die sie durch die volle Ausrichtung auf Cloud-Services lösen wollen:

- vorhandene Silostrukturen und Teambarrieren, die durch verteilte Organisationen entstehen. Diese führen zu Ineffizienzen, einer reaktiven IT Service Lieferung mit fragmentiertem Betrieb sowie fehlender Übersichtlichkeit und Management der Technologieinvestitionen.
- mehrdeutige Verantwortlichkeiten durch fehlende dedizierte (auch Business-) Ownership und nicht übergreifend abgestimmten Rollendefinitionen, gerade auch in einem stark durch Outsourcing geprägtem Modell
- eine geringe Liefergeschwindigkeit und geringere Produktivität, verursacht durch alte, wenig agile Softwareentwicklungsprozesse, wenige Automatisierungen und fehlende Self-Services verbunden mit einer Dezentralisierung von Fähigkeiten
- Fehlende Aus- und Weiterbildung der Mitarbeiter, die in der Folge sowohl kostenintensive als auch langwierige Trainings bedürfen. Dies resultiert nachläufig in minderwertigerer Lieferung (keine aktuellen Hardskills) und ausbleibender cross-funktionaler Zusammenarbeit (keine ausgebildeten Softskills)
- Mangelnde Innovationskraft aufgrund einer ungenügenden Etablierung von Shared Services und Communities beziehungsweise Cloud Centers of Excellence und damit ausbleibende Bündelung von Wissen und Fähigkeiten

▶   Die Transformation des Operating Modells in den drei Ebenen Organisation, Betrieb und Verhalten ist ein essenzieller Teil der Enterprise Cloud-Strategie und sollte bereits zu Beginn der Transition, spätestens aber während des Ausbaus zum dritten Reifegrad berücksichtigt werden. Findet dies nicht statt, verzögert sich die Einführung, Anforderungen und Erwartungshaltungen werden nicht erfüllt und das mögliche Potenzial des Enterprise Cloud Programms wird nicht vollständig genutzt. Die Organisation bleibt meist in einem silo-orientierten Operating Modell verhaftet und kann somit die ganzheitliche Wirkungskraft der Public Cloud nicht nutzen.

Das zeigt sich vor allem in einer sich schnell ändernden VUCA-Welt, in welcher eine organisatorische Selbstzufriedenheit (Complacency) keine Option mehr ist. Um den gestiegenen Anforderungen an die IT und das Business gerecht zu werden, wird ein Operating Modell benötigt, das sich evolutionär und iterativ anpasst, um so die massive Innovationskraft der Cloud adaptieren zu können. Das Operating Model besitzt somit im besten Fall „fluide" Eigenschaften. Damit sind Fähigkeiten gemeint, die einen Rückfall in die oben genannten Herausforderungen vermeiden, indem sie regelmäßige Selbstreflektion, schnelle Adaption an Änderungen und ein flexibles Mindset zu einem integralen Bestandteil der Unternehmenskultur machen. Die Organisation wandelt sich also von einem starren Konstrukt in ein flexibles, flüssiges Modell, das sich reibungslos an neue Gegebenheiten anpassen kann. Dazu eignen sich besonders skalierende, agile Methoden.

▶ Das Wort VUCA steht als Akronym für Volatility (Unbeständigkeit), Uncertainty (Ungewissheit), Complexity (Komplexität) and Ambiguity (Mehrdeutigkeit) und beschreibt die aktuelle Welt beziehungsweise Realität, welche von radikalen Änderungen und disruptiven Innovationen geprägt ist. Das VUCA-Modell erläutert, was dieser Wandel bedeutet und wie sich Organisationen und Menschen auf diesen einstellen können. Eine Aktualisierung ist das BANI-Modell (brittle, anxious, non-linear, incomprehensible), welches allerdings für den Kontext nicht durchgängig unterstützend ist.

Grundsätzlich beschreibt das Cloud Operating Model die organisatorischen Strukturen, Prozesse und Praktiken, die ein Unternehmen implementiert, um die effektive Nutzung und Verwaltung von Cloud-Ressourcen und in der Stufe 3 vermehrt Cloud-Native Services zu ermöglichen. Es ist ein Rahmen, das die Art und Weise definiert, wie ein Unternehmen seine Cloud-Native-Services plant, implementiert, betreibt und optimiert und ist zusätzlich an die spezifischen Bedürfnisse, den Kontext und die Ziele einer Organisation angepasst. Das Cloud Operating Model der dritten Maturitätsstufe ist darauf ausgerichtet, die reibungslose Nutzung der Cloud-Native-Services sicherzustellen, die Skalierbarkeit zu verbessern, die Kosten weiter zu optimieren und die Agilität des Unternehmens zu steigern. Das finale Ziel ist es hierbei deutlich in Richtung Cloud-Mehrwert zu gehen und das Unternehmen mit Prozessen, Strukturen, Mitarbeitern und Technologie auf die ganzheitliche Nutzung von Cloud Services auszurichten.
Folgende Aspekte sind in der Regel abgedeckt:

1. **Organisatorische Struktur:** Das Cloud Operating Model legt fest, wie die Verantwortlichkeiten und Rollen im Zusammenhang mit der Cloud-Nutzung in einer Organisation verteilt sind. Es kann die Einrichtung eines Cloud Center of Excellence, kurz CCoE, oder ähnlicher Teams beinhalten, welches bereits in Stufe 1 erfolgen sollten, da es die für die Entwicklung von Cloud-Strategien, Richtlinien und Schulungen verantwortlich ist. Wie ein CCoE aufgebaut werden kann, wird in Abschn. 5.4.7 erwähnt. Es kann auch die Zusammenarbeit zwischen den IT-Teams, Entwicklungsteams und anderen beteiligten Abteilungen und Bereichen fördern, welches gerade in Stufe 3 der Fokus ist.

2. **Governance und Richtlinien:** Das Cloud Operating Model definiert Governance-Prinzipien und -Richtlinien, um sicherzustellen, dass die Cloud-Nutzung den Unternehmenszielen entspricht und Compliance-Anforderungen erfüllt. Es kann Regeln für die Sicherheit, Datenschutz, Kostenoptimierung und andere Aspekte der Cloud-Nutzung festlegen.

3. **Prozesse und Automatisierung:** Das Cloud Operating Model legt fest, wie Prozesse gestaltet werden, um die Bereitstellung, Skalierung, Überwachung und Verwaltung von Cloud-Ressourcen zu unterstützen. Es kann den Einsatz von Automatisierungstools und -technologien empfehlen, um die Effizienz und Geschwindigkeit der Cloud-Operationen zu verbessern. Die Automatisierung kann beispielsweise durch Infrastructure-as-Code etabliert werden (Abschn. 6.2.2).

4. **Skalierung und Elastizität:** Das Cloud Operating Model beschreibt, wie Skalierbarkeit und Elastizität der Cloud-Native-Services erreicht werden, um sich an veränderte Anforderungen anzupassen. Es kann Mechanismen und bewährte Verfahren vorschlagen, um die Leistung und Kapazität der Anwendungen in der Cloud zu optimieren.

5. **Messung und Optimierung:** Das Cloud Operating Model definiert Metriken, KPIs und Überwachungsprozesse, um die Leistung der Cloud-Infrastruktur zu messen und kontinuierliche Optimierungen vorzunehmen. Es kann den Einsatz von Cloud-Analytics-Tools empfehlen, um Einblicke in die Nutzung, Kosten und Performance zu gewinnen.

6. **Add-On – Business Agility:** Getragen durch die oben genannten Punkte sowie die neuen technologischen Möglichkeiten, unterstützt das Cloud Operating Modell skalierte, agile Methoden zur Etablierung von Business-Agilität. Die Cloud-Nutzung funktioniert zwar ohne diese, erreicht ihr volles Potenzial aber erst mit der integrierten Anwendung von Cloud-Native-Services und Business Agility.

Abhängig von der gewählten Cloud Integrationstiefe ergeben sich zusätzliche Anforderungen, aber auch größere Möglichkeiten durch das Cloud Operating Model. Startend mit der Cloud Nutzung auf der Infrastrukturebene (Infrastructure-as-a-Service/IaaS) bis hin zu einer reinen, cloudbasierten Servicelandschaft (Software-as-a-Service/SaaS, Function-as-a-Service/FaaS), können unterschiedliche Stufen gewählt werden. Diese Wahl ist zum einen aufgrund der Ausprägung der Cloud – Private oder Public – zum anderen aber auch mit Blick auf den jeweils Wert des (Service/Applikation/Funktion) zu treffen. Eine wichtige strategische Core-Komponente, die den Kern des Unternehmens und den USP ausmacht, verbleibt besser in der Eigenentwicklung und baut auf einer PaaS auf, während eine Commodity-Komponente durchaus als SaaS/FaaS in einer Public Cloud genutzt werden kann.

Durch diese heterogene Wahl der Integrationstiefe ergibt sich über die Organisation ein hybrides Anwendungsmodell, auf das das zukünftige Cloud Operating Model reagieren muss (Abb. 7.2) [1].

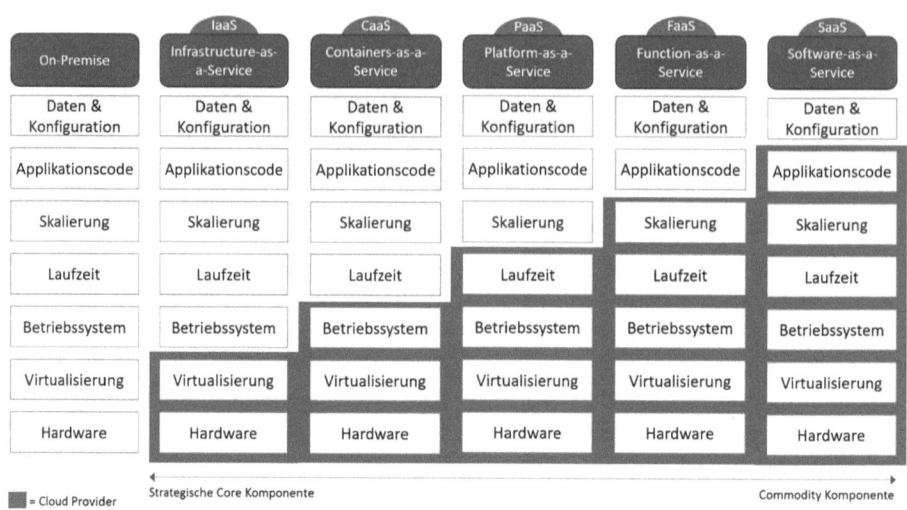

Abb. 7.2 Übersicht Sourcing Modelle

7.2.1.2 Varianten des Cloud Operating Models

Basierend auf der Integrationstiefe beziehungsweise der Ausprägung eines hybriden Ansatzes stehen verschiedene Varianten des Cloud Operating Models zur Auswahl, beziehungsweise werden heute schon eingesetzt. Häufig dienen die verschiedenen Ansätze auch zur Transition von traditioneller hin zu einem innovativen Operating Model, wobei nicht jedes Unternehmen aufgrund von gegebenenfalls gesetzlichen Anforderungen das volle Potenzial von Reifegrad 3 – eine vollständig produktzentrische Organisation – erreichen kann. Selbst in Unternehmen, die in produktzentrischer Organisation denken, kann es für Commodity Systeme sinnvoll sein, diese nicht durch DevSecOps-Team zu bedienen, da die Nutzung diese Ausprägung nicht hergibt. Dies gilt zum Beispiel für das proprietäre Kassensystem der Kantine, das zwar durch die IT gemanagt wird, aber keinen strategischen Vorteil für das Unternehmen bietet.

In der Folge werden fünf ausgewählte Betriebsmodelle vorgestellt, welche auch in komplexeren Ausprägungen vorhanden sein können. [2, 3]

1. **Traditionelles IT-Betriebsmodell:** das klassische Modell basiert auf einer On-Premise-Nutzung und hat keine Cloud-Anteile im IT Operating Model
2. **Multi-Hybrid Cloud Operating Model:** beinhaltet sowohl Private und Public Cloud-Ansätze als auch ein On-Premise-Rechenzentrum
3. **Multi-Hybrid Cloud Operating Model w/DevOps:** bringt Entwicklungs- und Betriebsteams im DevOps-Ansatz näher zueinander und stellt den Nutzen der Cloud in den Vordergrund

4. **Hybrides Cloud IT Operating Model w/DevOps:** stellt eine komplette Nutzung der Cloud (sowohl Public als auch Private) in Kombination mit DevOps beziehungsweise DevSecOps dar.
5. **Product-centric IT Operating Model:** eigenständige Produktteams inklusive Entwicklung und Betrieb bis hin zu einer Kombination von BizDevOps, DevSecOps beziehungsweise BizDevSecOps) (Abb. 7.3)

Die verschiedenen Cloud Operating Modelle erzeugen unterschiedliche Effekte in Kostenersparnis und Geschwindigkeitssteigerung aufgrund möglicher redundanter Prozesse, vorhandener Altlasten. Die Ausprägung von projektzentrischen hin zu einer produktzentrischen Organisation folgt häufig der Entwicklung von klassisch/traditionell hin zu agil/innovativ. Der Weg der Transition führt meist über das mittlere Modell oder stockt

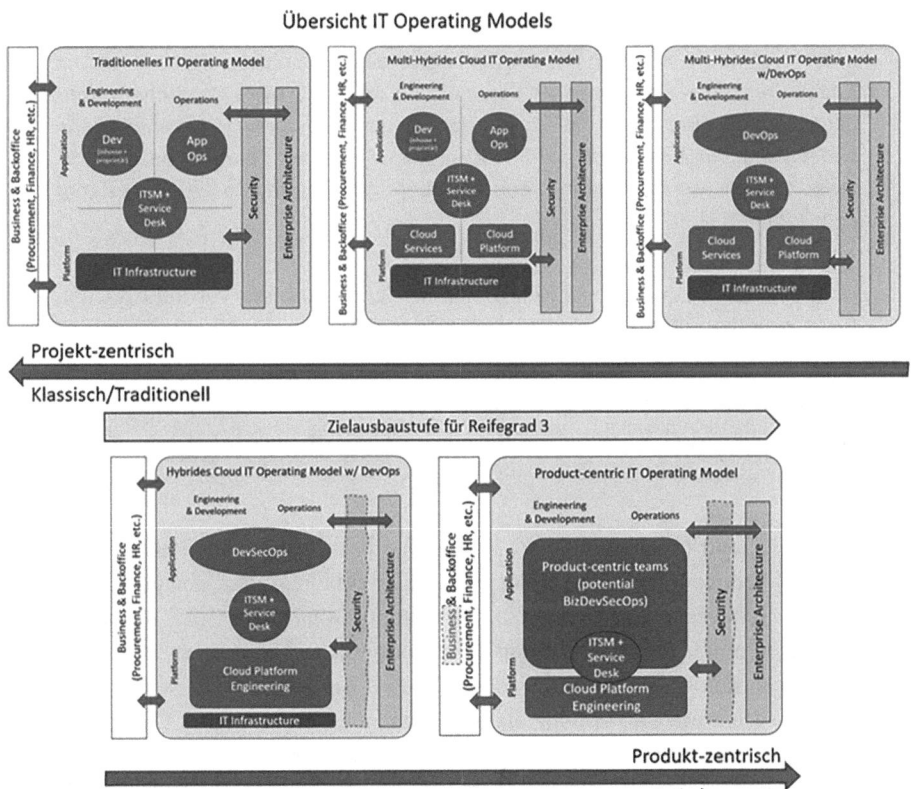

Abb. 7.3 Übersicht IT Operating Models

sogar dort aufgrund von fehlenden ernsthaften Transformationsprogrammen von einer Alt-organisation hin zum neuen Operating Model, weshalb viel Potenzial auf der Strecke bleibt.

Jedem Modell sind die Dimensionen Platform/Application beziehungsweise Develop-ment/Operations inne, über welche die Fähigkeiten abgebildet werden beziehungsweise sich im Laufe der Transformation ändern. Innerhalb des Operating Models sind sowohl Security als auch Enterprise Architecture feststehende Kompetenzen, die entweder dezen-tral in einer Matrix-Organisation mit zentralisierter Richtlinienkompetenz oder als zentrale Einheit aufgestellt werden. Auch die Interaktion mit den Business oder den Backoffice-Einheiten, wie zum Beispiel Einkauf und Personalabteilung, sind notwendige Bestandteile und müssen als Kontaktstelle in Prozessdesign, Richtlinien und Requirements Engineering berücksichtigt werden.

► Betrachten Sie Verbindungen zu anderen Organisationen oder im Rahmen von Verantwortlichkeiten nicht als Schnittstelle mit Ende/Abschluss an Ihrem Bereich/ Ihrem System. Dies kann in der Umsetzung zu einem Verantwortlichkeitsvakuum führen. Denken Sie sie lieber als Kontaktstelle, im Sinne eines haptischen Über-gangs, der im direkten Austausch mit dem Gegenüber steht. Die Verantwortung endet nicht vor dem oder an der Schnittkante anderer Bereiche beziehungs-weise Systeme, sondern dann, wenn die benötigten Informationen als bestätigt angekommen sind.

In der Folge werden die Details der einzelnen Modelle sowie die Vor- und Nachteile, als auch die notwendigen Führungskonsequenzen betrachtet.

Multi-Hybrides Cloud Operating Model

Bevor die einzelnen Modelle vertieft werden, betrachten wir zunächst allgemein, was unter Hybrid-Cloud verstanden wird.

►Eine Hybrid-Cloud bezeichnet grundsätzlich eine Kombination aus Public Cloud- und Private Cloud-Services, die so passend miteinander arbeiten, dass einheitliche Abläufe und eine als konsistent empfundene Infrastruktur gewährleistet sind. Hybrid Cloud-Bereitstellungen umfassen per Definition immer öffentliche und private Komponenten. Setzt eine Organisation sowohl verschiedene Cloud-Lösungen als auch weiterhin ein On-Premise-Rechenzentrum ein, spricht man von einem Multi-Hybriden Cloud Operating Model. Dieses Modell ist häufig in Unternehmen etabliert, welche sich in der Stufe 1 oder 2 befinden oder die noch keine explizite Entscheidung für eine Cloud-Native Strategie getroffen haben. Weiterhin kann es Innerhalb von spezifischen Industrien, wie beispielsweise Finanzunternehmen, medizinischer Bereich oder Energieversorger, durch regulatorische Verpflichtungen wie Kritische Infrastrukturen (KRITIS) zu strengen Vorgaben bei Datenschutz und Datenzugriff kommen, welche eine direkte Auswirkung auf die Nutzung von Cloud-Services haben.

Die IT behält durch diesen Ansatz häufig den vollumfänglichen Betrieb bei, vermeidet eine Aufspaltung der Organisation und kann Standards, vor allem im Cloud-Umfeld, zentral entwickeln. Zusätzlich wird eine bessere Übersicht über die anfallenden Cloud-Kosten gewährleistet.

Auch die Möglichkeit einer sukzessiven Steigerung der Cloud-Nutzung und Transition der Software-Artefakte über einen angemessenen Zeitraum in die Cloud ist über diesen Ansatz möglich.

Parallel zur IT-Infrastruktur werden Einheiten zur Entwicklung und zum Engineering von Cloud Services sowie zum Betrieb der Cloud Plattform etabliert. Je nachdem, ob ein private Cloud-Ansatz oder ein Public-Cloud Ansatz gewählt wird, sind die Möglichkeiten dieser Einheiten begrenzt (Abschn. 5.2.1).

Da in diesem Szenario sowohl traditionelle als auch innovative Ansätze gemischt werden, sind die erreichten Effizienzen geringer als in einem reinen Cloud-Modell. Das Unternehmen überwindet die Herausforderungen ihrer IT-Organisation nicht und wird durch Altlasten eingeschränkt:

- IT-Design wird weiterhin auf Basis der Legacy-Systeme durchgeführt – ein Paradigmenwechsel zu innovativem Design bleibt aus
- Das verbleibende Rechenzentrum, welches meist für physikalische Infrastruktur und längere Entwicklungszyklen vorgesehen ist, bremst schnellere Release-Zyklen – eine Optimierung der Time-to-Market findet nur in Ansätzen statt
- Die Mitarbeiter arbeiten mit verschiedenen Prozessen, abhängig davon, ob die Entwicklung in der Cloud stattfindet oder Legacy-Systeme nutzt – die effektive Einführung des Operating Models ist herausfordernd und mit viel Disziplin behaftet

Damit dieses Modell dennoch erfolgreich genutzt werden kann und zumindest Teilpotenziale freisetzt, sind folgende Punkte wichtig:

- starke Führung durch das Top Management
- klare und festgelegte Abgrenzung für welche Anwendungsfälle, welches Vorgehen gewählt wird (On-Premise, Public oder Private Cloud)
- Bewusstsein und Wille verschiedene Ansätze im Unternehmen zu fahren, die auf verschiedene Prozesse, Tools und auch organisatorische Abweichungen innerhalb der IT basieren.
- Aktives Inkaufnehmen einer nicht kosten- und ablaufeffizienten Organisation (Abb. 7.4)

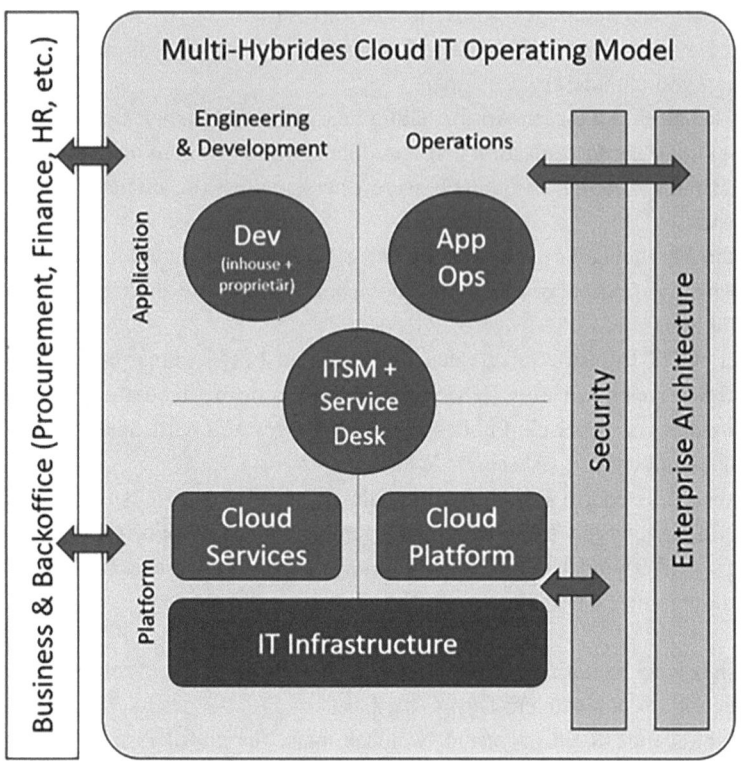

Abb. 7.4 Multi-Hybrides Cloud IT Operating Model

Multi-Hybrid Cloud Operating Model w/DevOps

Aufbauend auf dem vorherigen Operating Model wird mit der nächsten Stufe der DevOps-Ansatz in die Organisation eingeführt. Wie in Abschn. 6.2.2.6 beschrieben, ist dieser Ansatz bereits ab der Nutzung von Infrastructure-as-Code sinnvoll, um effektiv und automatisiert Infrastrukturänderung umzusetzen. Je höher die Integrationstiefe der Cloud-Nutzung ist, desto stärker wirken sich die Vorteile von DevOps in Zusammenspiel mit den nutzbaren Technologien aus.

Auch in diesem Szenario bleiben sowohl traditionelle als auch innovative Ansätze gemischt, gewünschte Effizienzen und mögliche Kostenreduktionen bleiben in dieser Phase noch weitestgehend aus. Durch den DevOps-Ansatz können zumindest erste agile Methoden teilweise in die Organisation gebracht werden und einen Nutzen entfalten. Gegebenenfalls sind je nach vorhandener Disziplin und Ernsthaftigkeit bei der Transformation neben DevOps-Teams noch klassische Teams zu finden.

Das Management der Cloud-Services und Cloud Plattform findet hier in ähnlich gleichgewichtetem Maße statt, weshalb die Legacy-Systeme einen meist noch erheblichen Einfluss auf Architektur, Prozesse, Methoden und Tools haben. Diese Gewichtung kann je nach

Unternehmen in verschiedene Richtungen ausschlagen und wirkt sich dann entsprechend auf den Fokus des IT Operating Models aus (klassisch/traditionell versus agil/innovativ).

Die zuvor genannten Herausforderungen können in Teilen durch den DevOps-Ansatz und der Teilausrichtung auf Cloud-Nutzung bedient werden, aufgrund der jedoch noch immer stark vorhandenen Legacy-Systeme und projekt-zentrischen Organisation werden diese nicht völlig überwunden.

Zusätzlich werden aufgrund der vermutlich eher lokal stattfindenden Etablierung der Agilität keine Skaleneffekte erzeugt. Um mit diesem Modell dennoch Teilpotenziale zu nutzen, sind diese zusätzlichen Punkte relevant:

- Klares Bekenntnis zur Nutzung von agilen Methoden in den dedizierten DevOps-Teams im Applikationsumfeld, einschließlich dem Stattfinden eines lokalen Kulturwandels weg von traditioneller Führung hinzu einem agilen Mindset
- Sehr klare, organisationweit gleichartige Kommunikation, warum verschiedene Modelle, sowohl in Führung, Infrastruktur, Prozessen als auch Methoden verwendet werden
- Damit einhergehend noch stärkeres Bewusstsein und Wille verschiedene Ansätze im Unternehmen zu fahren, die nun nicht nur auf verschiedene Prozesse, Tools und auch organisatorische Abweichungen innerhalb der IT basieren, sondern zusätzlich eine parallele Kultur einführen (Abb. 7.5).

Hybrides Cloud IT Operating Model w/DevSecOps:
Als ein mögliches Zielbild für den Reifegrad 3 in der Cloudnutzung dient das Hybride Cloud IT Model, oft auch Cloud First Operating Model genannt, da hier die Nutzung der Public Cloud im Vordergrund steht. Die On-Premise IT-Infrastruktur dient nur noch der Abbildung von Systemen, bei denen eine Cloud-Native Nutzung (Abschn. 7.2.2) nicht vorteilhaft ist, siehe vorheriges Beispiel des Kassensystems der Kantine.

In diesem Beispiel wird der DevOps-Ansatz um den Security-Anteil zu DevSecOps ergänzt. Das bedeutet, die Einheiten berücksichtigen bereits bei der Entwicklung und/oder dem Engineering von Services die notwendigen Sicherheitsaspekte, um spätere Sicherheitslücken zu vermindern oder sogar zu verhindern. Ziel ist es, spätere Sicherheitsrisiken zu reduzieren und Integrationskosten zu senken, auch können Reputationsschäden durch Verletzung des Datenschutzes vermieden werden. In Summe sinkt das Sicherheitsrisiko für Unternehmen, die sich frühzeitig mit relevanten Sicherheitsmaßnahmen beschäftigen. Gerade im öffentlichen Bereich, in dem vornehmlich mit personenbezogenen Daten gearbeitet wird, ist dieser Aspekt wichtig. [4, 5]

Zusätzlich wird das Management der Cloud Services und der Cloud Plattform in die nächste Evolutionsstufe, das Cloud Plattform Engineering, überführt. Durch die professionalisierte Bereitstellung von Self-Services und automatisiertem Infrastrukturbetrieb verbessert sich die Arbeitswelt der Dev(Sec)Ops-Teams erheblich, da komplexe Arbeitsschritte oder -abläufe durch eine Zwischenschicht vereinfacht werden. Diese dient der Autonomie der Teams, entkoppelt Abhängigkeiten und reduziert Wartezeiten [6].

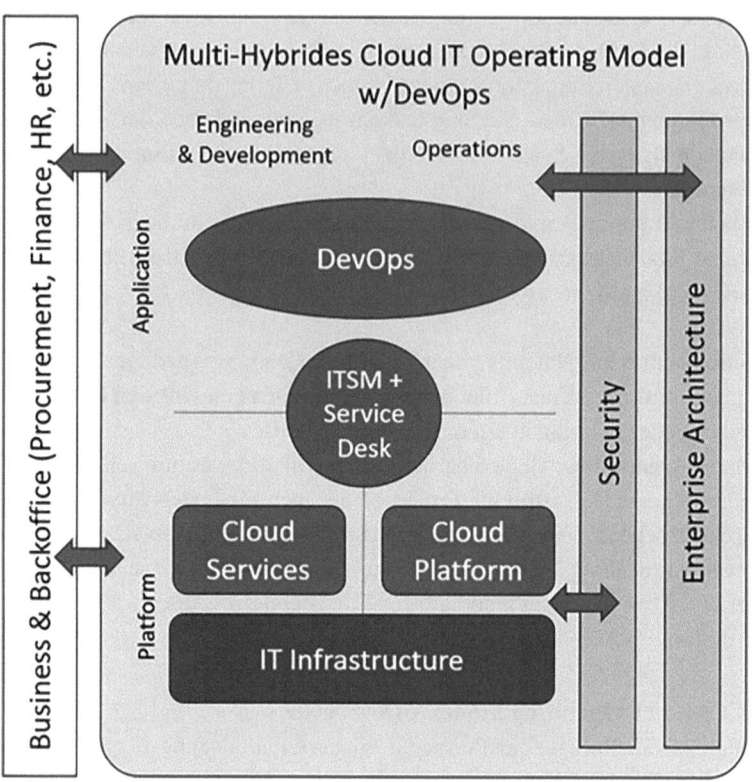

Abb. 7.5 Multi-Hybrides Cloud IT Operating Model w/DevOps

Der Vorteil dieses Modells ist die produkt-zentrische Ausrichtung der Organisation. In Kombination mit agilen Methoden verbessert sich die Zusammenarbeit zwischen Business und IT erheblich, so dass über den Produktlebenszyklus ein sowohl höherer, als auch früherer Mehrwert gewonnen werden kann.

▶Produktzentrierte Organisationen beziehungsweise Arbeitsweisen stellen das Ziel agiler Organisationen dar. Das Produkt in Kombination mit auf den Kunden ausgeprägten Weiterentwicklungen steht im Zentrum dieser Art von Operating Models und verspricht eine effektivere cross-funktionale Zusammenarbeit. Anstatt, wie bei einer projektzentrischen Organisation, Projekte mit statischen Anforderungen durch die Organisation zu bringen, wird in diesem Modell eine enge Verbindung zwischen Produkt Manager und agilen, selbstbestimmten Teams hergestellt. Über diese Ende-zu-Ende-Verantwortung begleitet dieses Team das Produkt über den kompletten Lebenszyklus hinweg, baut eine Bindung dazu auf, die zu mehr Identifikation, Engagement und Motivation für das Produkt führt.

Mit diesem Modell beginnt die IT den neuen Herausforderungen zu begegnen:

- vorhandene Silostrukturen und Teambarrieren werden durch eine konsequente Anwendung des DevSecOps-Ansatzes und des zentralisierten Cloud Platform Engineering aufgelöst. Kosten können eindeutig zugewiesen und transparent nachverfolgt werden.
- Durch die Etablierung des Cloud Platform Engineerings sowie der durchgängig genutzten agilen Methoden, wird die Liefergeschwindigkeit erheblich gesteigert. Neue Managementmethoden und schlanke Prozesse wirken sich positiv auf die Motivation der Mitarbeiter aus, sodass die Produktivität steigt.
- Mitarbeiter können gezielt auf notwendige Fähigkeiten ausgebildet werden. Mit dem Wegfall von komplexen Prozessen, Abläufen, Tools und Anwendungen reduziert sich die Menge an notwendigem, diversen, jedoch nur oberflächigem Wissen und der Aufwand kann in die spezifischere Ausbildung (Pi-Shaped, comb-shaped Model) investiert werden
- Der Aufbau des Cloud Platform Engineerings sowie der Dev(Sec)Ops-Teams bündelt Wissen und Fähigkeiten. Automatisierung und Self-Services schaffen Freiraum und Kapazität für Innovation und Lernmöglichkeiten. In Kombination mit motivierender Führung steigt die Innovationskraft des Unternehmens (Abb. 7.6).

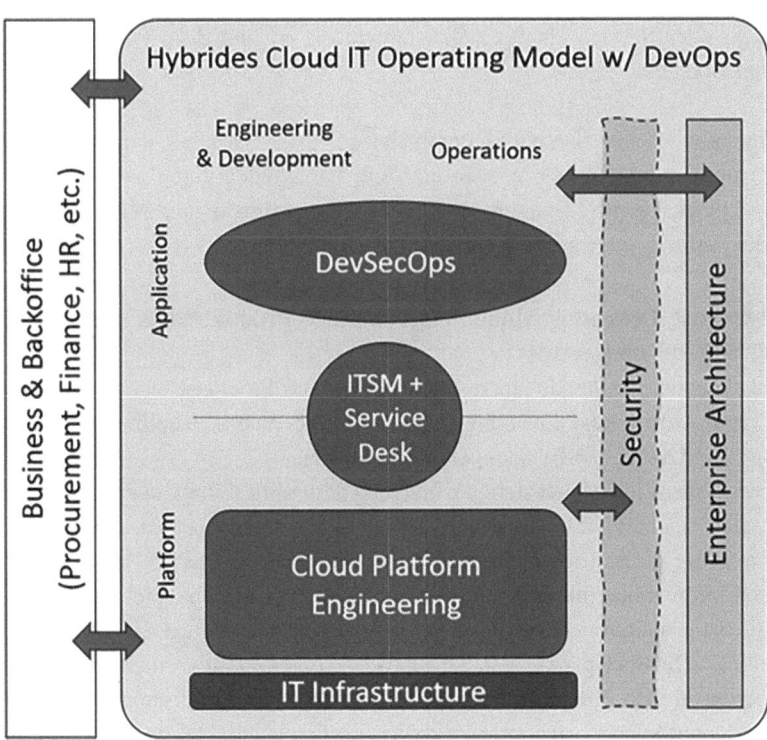

Abb. 7.6 Hybrides Cloud IT Operating Model w DevOps

▶ **Definition**

Das Bild eines Wissensarbeiters hat sich über die letzten Jahre von der Unterteilung „Generalist" und „Spezialist" weg entwickelt, hinzu einem Modell, dass den Bedarf von Unternehmen besser beschreibt. So unterteilt man mittlerweile in...

- I-Shaped – Experte für ein einzelnes Fach- oder Spezialgebiet mit nur begrenztem Allgemeinwissen. Der Fokus dieser Wissensarbeiter liegt in einer einzelnen Disziplin und/oder einer Job-Art. Die Durchdringung eines singulären Themas wird mit dem Buchstaben I gekennzeichnet.
- T-Shaped – diese Bezeichnung beschreibt einen Experten auf einem Sach- oder Spezialgebiet, der in weiteren Disziplinen Basiswissen aufweist. Beispiel sind ein Entwickler, der sich im Vertrieb oder der Materialwirtschaft auskennt.
- Π-Shaped – Wissensarbeiter, die diesem Modell zugehörig sind, haben neben generellem Grundwissen ebenfalls Expertise in zwei weiteren Bereichen. Zum Beispiel Konzeptionsfähigkeiten gepaart mit sehr guten Test- und Infrastrukturkenntnissen.
- Comb-Shaped – weist man in mehreren Gebieten Spezialwissen auf gepaart mit Basiswissen in anderen Bereichen, nutzt man das Bild eines Kamms oder Sägezahns. Das beschreibt jemanden der zum Beispiel über den kompletten Entwicklungsprozess einer Software oder Service als Spezialist entwickelt ist und dazu noch Grundwissen in anderen Bereichen besitzt.

Unternehmen wünschen sich häufig comb-shaped Wissensarbeiter, jedoch sind sie schwer zu finden und fordern für ihr Wissen und ihre Fähigkeiten einen entsprechenden Preis. Durch ein gutes Talent Management können Unternehmen ihre Mitarbeiter zu diesen entwickeln und mit einer guten Arbeitskultur auch halten [7].

Product-Centric Operating Model: eigenständige Produktteams inklusive Entwicklung und Betrieb (BizDevOps)

Das wohl als agilstes geltende Operating Model ist das Product-Centric Operating Model, welches verspricht die Reaktionsfähigkeit eines Unternehmens zu optimieren, Kundenfokus zu erzeugen und damit den Business Outcome zu steigern.

In diesem Operating Model steht die Nutzung der Public Cloud im Zentrum der Systemnutzung, eine eigene IT-Infrastruktur ist so gut wie nicht vorhanden. Als Basis dient das Cloud Platform Engineering, unterstützt durch ein Cloud Center of Excellence [8] in der zentralen Koordinationsrolle (Abschn. 5.4.7). Business und IT sind nicht mehr getrennt und agieren siloartig, sondern sind in Produktteams organisiert (mindestens als DevOps-, optimalerweise BizDevSecOps-Ansatz), die autark und eigenverantwortlich arbeiten. In diesem Team arbeiten alle Mitarbeiter entlang der Wertschöpfungskette zusammen und sind auf ein Ziel ausgerichtet: kundenorientierte Produkte mit Fokus auf Mehrwert zu liefern und das flexibel, effektiv und effizient.

Um dieses Operating Model erfolgreich zu etablieren, müssen essenzielle kulturelle und organisatorische Komponenten berücksichtigt beziehungsweise diese adaptiert werden. Ein bestehendes Unternehmen in diese zu überführen, braucht manchmal Jahre und damit einhergehend Ausdauer und Wille zur Änderung. Zu bestätigende Basisfaktoren sind sicherlich die Finanzierung der Transformation, die Einführung eines auf die Zukunft gerichteten Talent Managements sowie ein ernsthaftes organisatorisches Change-Management.

Jedoch sind weitere Erfolgsfaktoren entscheidend für ein produktzentrisches Operating Model: [9]

- **Customer-centricity:** Für das gesamte Unternehmen gilt eine produktorientierte Denkweise, beginnend beim CEO bis über das Führungsteam hin zu den Mitarbeitern der Produktteams. Eine transparente Kommunikation über die Produktstrategie sowie ein aktiv verwaltetes Produktportfolio ist unerlässlich. Die Aufgaben der Organisation richten sich vor allem an Tätigkeiten entlang des Produktlebenszyklus aus.
- **Focus on flow:** Die Weiterentwicklung des Produkts orientiert sich an einem schlanken Ende-zu-Ende-Wertstrom, der optimalerweise visuell aufbereitet ist und die agilen Interaktionen eines Unternehmens unterstützt. Als Grundlage können hier Kanban-Board-ähnliche Strukturen helfen. Ziel ist es, einen ungehinderten Flow sicherzustellen, die Arbeit effektiv zu steuern und Transparenz über den Arbeitsfluss und Arbeitspakete zu erhalten. Skalierende agile Praktiken eignen sich hierfür, dürfen aber die Individualität der Organisation nicht außer Acht lassen.
- **Consistent, self-organised, cross-functional Team:** Auch wenn anders vermutet, sind stabile, konsistente Teams in diesem Modell entscheidend, da sie das Produkt über den Lebenszyklus hinweg begleiten. Zu hohe Fluktuation beziehungsweise häufige Wechsel führen zu Wissensabwanderung, hohe Aufwände für Einarbeitung, fehlende Teambildung und ausbleibende Identifikation mit dem Produkt. Das gilt es zu verhindern. Optimalerweise bildet das Team zudem einen Schnitt über den Ende-zu-Ende Wertstrom ab, den das Produkt in der Entwicklung iterativ durchläuft. Das unterstützt sowohl verschiedene Perspektiven auf das Produkt, eine optimale Kommunikation über den Entwicklungszyklus hinweg, als auch eine geringere Lernkurve des gesamten Teams.
- **Closed feedback loop:** Die Herausforderung an ein gutes Produktmanagement besteht darin, es über einen evidenzbasierten, iterativen Ansatz stetig weiterzuentwickeln. Dazu gilt es die bereitgestellten Funktionen zu messen und auf ihre Wirksamkeit hin zu überprüfen. Die Erkenntnisse fließen dann wieder in den Produktplanungszyklus beziehungsweise in ein aktualisiertes Produktbacklog ein. Die Produktentwicklung orientiert sich damit an einem entsprechenden PDCA-Zyklus, welcher in der Check-Phase durch möglichst gute Kennzahlen unterstützt wird. Dieser Kreislauf findet sich in natürlicher Ausprägung als essenzieller Bestandteil der DevOps-Teams wieder.

▶Der PDCA-Zyklus, oder auch Deming-Circle, beschreibt einen iterativen, sich ständig wiederholenden Ablauf, der Bestandteil des kontinuierlichen Verbesserungsprozesses ist („Plan – Do – Check – Act"). Über diesen Prozess wird ein durchgehender Optimierungsprozess gewährleistet, der strukturiert durch jede Iteration führt [10].

Die Einführung dieser Prinzipien und Methoden muss durch die Erweiterung von Leadership Skills stattfinden, und das sowohl bei disziplinarischen Führungskräften als auch bei fachlichen (gegebenenfalls Product Owner, Scrum Master, etc.). Als notwendige Führungsfähigkeiten gelten:

1. Kommunikation & Zusammenarbeit, gepaart mit aktivem Zuhören und Empathie
2. Kunden- und produktzentrisches Denken, ergänzt durch strategische Methoden und Fähigkeiten
3. Ausreichend technischer Hintergrund – reine Managementfähigkeiten sind nicht ausreichend
4. Auf Diversität ausgerichtete Denkweise
5. Erfahrung mit Projekt Management und agilem Arbeiten

Mit Blick auf die zuvor erläuterten Modelle der Wissensarbeiter zeigt sich damit, dass auch für Führungskräfte das comb-shaped Modell die präferierte Option ist. Aufgrund der hohen Anforderungen an Führung, Disziplin und Verantwortungsübernahme ist dieses Model nicht nur das agilste und erfolgreichste, sondern auch das am schwersten einzuführende.

Grundsätzlich gelten das produktzentrische Modell und auch der DevOps-Ansatz als erstrebenswert. Kulturelle Eigenheiten der zu transformierenden Organisation hemmen die Einführung jedoch häufig. Hemmnisse, die bei der Transition zu einer Verlangsamung führen, sind:

1. fehlender Support des Top-Managements: bisweilen dient die Transition als Beschäftigungsmaßnahme der Mitarbeiter ohne klaren Willen der Geschäftsleitung (Cargo-Kult)
2. keine ganzheitliche gedachte Einführung von DevOps: dadurch weiterhin auftretende Kommunikationsbarrieren
3. mangelnde Führungsfähigkeiten aufgrund ausbleibender Aus- und Weiterbildung, vor allem im cross-funktionalen Kontext
4. als Resultat finden nur eine minimale übergreifende Zusammenarbeit und Kommunikation statt
5. ein Sammelsurium an verschiedenen IT-Systemen bleibt bestehen, inklusive redundanter IT-Prozesse und -Supportfunktionen
6. und als Haupthindernis: fehlende Anpassungsfähigkeit der Organisation, welche auch nicht gezielt geübt wird. (Abb. 7.7)

▶   Vermeiden Sie den Verfall in einen Cargo-Kult. Den Wandel lediglich basierend auf einer Framework-Kopie durchzuführen und die dort enthaltenen Rituale ohne individuelle Anpassungen auf Ihr Unternehmen und den Besonderheiten Ihrer

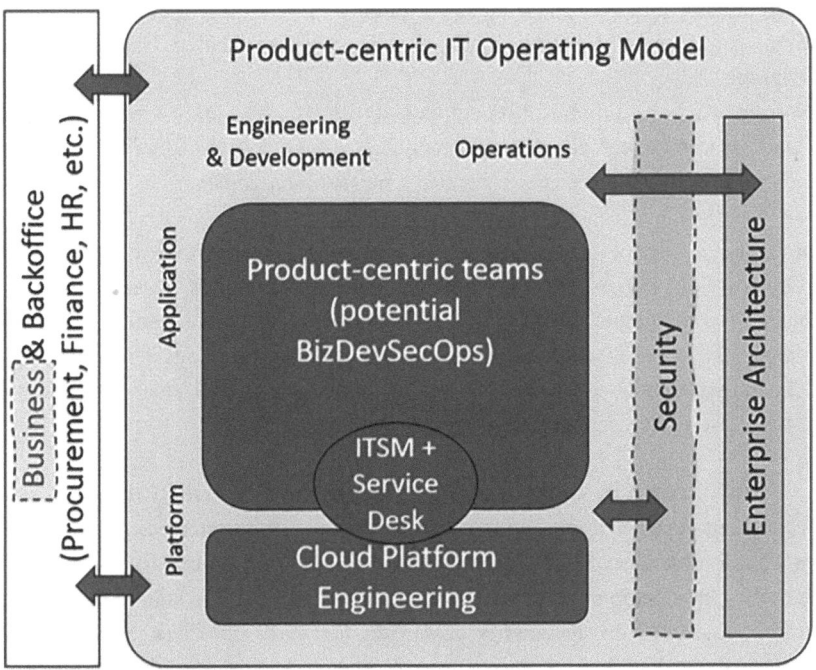

Abb. 7.7 Product-centric IT Operating Model

Kultur durchzuführen, wird nicht erfolgreich sein. Natürlich gilt es, essenzielle Prinzipien anzuwenden, allerdings nicht um der Methode Willen, sondern weil es dem gesetzten Ziel der Transformation, ihrer Arbeitsabläufe und Kultur dient.

Besteht eine Organisation jedoch die Transformation hin zu einem produktzentrischen Operating Model und adaptiert eine Kultur, die Änderungen als Bestandteil ihrer selbst akzeptiert sowie erkennt, dass eine Transformation ein fortlaufender Prozess ist, kann es den Herausforderungen der heutigen Zeit entgegentreten.

- Silostrukturen und Teambarrieren sind aufgelöst, Effizienzen können gehoben werden und die IT Service Lieferung richtet sich auf aktives Handeln aus.
- Eindeutige Verantwortlichkeiten sind etabliert, die Produkt-Ownership ist geklärt
- Durch Automatisierung, Self-Services und agile Methoden gewinnt das Unternehmen an Geschwindigkeit und reduziert die Time-to-Market auf ein optimales Maß, zusätzlich werden Kapazitäten für Aus- und Weiterbildung frei
- Der konsequente Blick und Fokus auf strategische Core Komponenten reduziert den internen Aufwand für Commodity Systeme, die bestenfalls das Mindestmaß an Aufwand erzeugen.

- Die Bündelung des Wissens und Fähigkeiten in produktorientierten Teams und den Aufbau von Centers Of Excellence beziehungsweise Shared Services erhöht die Innovationskraft
- In Summe wird eine Organisation entwickelt, die Business und IT aneinander ausrichtet und zusammen auf ein gemeinsames Ziel hinarbeitet: Mehrwert sowohl für den Kunden, die Mitarbeiter als auch für das Unternehmen zu schaffen.

Zusammenfassend bleibt zu erwähnen, dass der Weg zum passenden Operating Model einer Organisation immer ein Individueller über verschiedene Ausbaustufen hinweg ist. Abhängig von Integrationstiefe, agilen Methoden sowie branchen- beziehungsweise industriespezifischen Anforderungen ist die Ausprägung für jedes Unternehmen durch die Mehrdimensionalität komplett individuell. Dies gilt es bei jeder Implementierung beziehungsweise jeder Transition zu berücksichtigen.

7.2.1.3 Einführung in Cloud-native Services und Entwicklung

Die Umstellung des Operating Models auf die produktorientierten Varianten hängt stark mit der Einführung einer Cloud nativen Entwicklung zusammen. In Stufe 3 soll eine ganzheitliche Organisation entwickelt werden, die schnell auf Marktänderungen reagieren kann und Herausforderungen einer VUCA-Welt meistert. Um diese Schnelligkeit ohne Kontrollverlust herzustellen, benötigt man unterliegende Systeme, die darauf angepasst sind und durch ihre technologischen Fähigkeiten eine optimale Unterstützung liefern.

Stellt man sich die in Abschn. 7.2.1 vorgestellten produktorientierten Operating Modelle in einer IT-Infrastruktur vor, die projektorientiert arbeitet, erkennt man auf Anhieb, dass die Geschwindigkeiten auseinanderlaufen. Traditionelle Systemlandschaften sind durch ihre Architektur auf langlaufende Projekte ausgerichtet, können nicht kurzfristig skaliert werden und unterstützen Microservices nur suboptimal. Alles in allem stellen beide Ansätze gegenüberliegende Pole dar.

Eine Cloud-native Umgebung bietet hingegen die optimale Basis für ein produktorientiertes Operating Model. Das gipfelt in der „Fail-Fast"-Fähigkeit. Diese Fähigkeit erlaubt Neuerungen in den Systemen aufgrund von automatisierten Tests und Rollback-Mechanismen mit geringen Risiken für das laufende Geschäft. Änderungen in Systemen benötigen aufgrund dessen keine langwierigen Freigaben durch das Top-Management, sondern können kurzfristig und selbstverantwortlich durch die Produktteams durchgeführt werden.

In dieser Kombination zeigt sich, warum die Kombination aus Cloud nativer Entwicklung und Nutzung von nativen Services mit all ihren Vorteilen das produktzentrische Operating Model und die Entwicklung in der Stufe 3 benötigt. Die Organisation muss essenzielle Eigenschaften gelernt und verinnerlicht haben, um das volle Potenzial nutzen zu können und erfolgreich damit arbeiten zu können. Die Bestandteile und Fähigkeiten der Cloud Native-Entwicklung betrachten wir nun in der Folge.

7.2.1.4 Was steckt hinter Cloud-native Services und Entwicklung?

Übersicht

Wie in Abschn. 5.6 beschrieben, ist „Cloud Native" ein Begriff, der verwendet wird, um Anwendungen und Systeme zu beschreiben, die speziell für die Bereitstellung und Ausführung in Cloud-Umgebungen entwickelt wurden. Dadurch können die Skalierbarkeit, Flexibilität und Widerstandsfähigkeit der Cloud optimal ausgenutzt werden. Ziel ist es hier mit dem Zero-Touch CloudOps einen Betriebsansatz für diese Art der Anwendungen zu erreichen, welcher auf Automatisierung und Selbstbedienung basiert. Das Ziel ist es, den Betrieb und die Verwaltung der Cloud-Ressourcen weitgehend zu automatisieren und menschliches Eingreifen auf ein Minimum zu reduzieren oder gar ganz zu eliminieren.

Mithilfe von Infrastructure-as-Code wird eine technische Grundlage für die Automatisierung und die codebasierte Entwicklung bereitgestellt. In Abschn. 6.2.2 wird beschrieben, wie IaC mithilfe von Tools genutzt werden kann. Die Struktur der Repositories und der CI/CD-Pipelines können auch für die Cloud-native Entwicklung adaptiert werden.

Zusammenfassend bezeichnet „Cloud-native" eine Anwendung (oder Service), welche die einzigartigen Potenziale der Cloud voll ausschöpfen kann.

Die Cloud Native Computing Foundation (CNCF) bietet eine detailliertere Definition: [11]

▶ **Definition**

„Cloud native Technologien ermöglichen es Unternehmen, skalierbare Anwendungen in modernen, dynamischen Umgebungen zu implementieren und zu betreiben. Dies können Public, Private und Hybride-Clouds sein. Best Practices, wie Container, Service-Meshs, Microservices, unveränderliche Infrastruktur und deklarative APIs, unterstützen diesen Ansatz.

Die zugrunde liegenden Techniken ermöglichen die Umsetzung von entkoppelten Systemen, die belastbar, handhabbar und beobachtbar sind. Kombiniert mit einer robusten Automatisierung können Softwareentwickler mit geringem Aufwand flexibel und schnell auf Änderungen reagieren."

Im Sinne dieser Definition benötigen Cloud-native Services ein Set an Attributen, das die Ausführung in der Cloud optimal in der Cloud unterstützt. In der Endausbaustufe besitzt die Anwendung zwölf Faktoren, die eine optimale Nutzung der Cloud-Umgebung sicherstellen: [12]

1. **Singuläre Codebasis:** Einrichtung einer „Single-Point-of-Truth" für den Anwendungscode, gesteuert über ein Versionsverwaltungssystem wie zum Beispiel github. Über die Release-Strecke hinweg ist der Code nicht veränderbar. Dadurch wird

gewährleistet, dass die Codebasis für alle nachgelagerten Stages gleich ist und Anpassungen sowie Konfliktlösungen nur über das Repository im Code stattfinden.

2. **Management von Abhängigkeiten:** Externe Abhängigkeiten der Anwendung müssen explizit deklariert werden. Häufig übernehmen eigene Applikationen, so genannte Package Manager, die Abhängigkeitsverwaltung.

3. **Logging:** Das Logging von Anwendung wird externalisiert und zentral in die Cloud Plattform an einen Backing Service übergeben. Werden weiterhin anwendungsspezifische und dezentrale Logdateien geschrieben, widerspricht das den Punkten 7 und 11. Durch die Auslagerung können die Logs zusätzlich dezentral von der Anwendung gespeichert, prozessiert und analysiert werden.

4. **Backing Services:** Ein Backing Service stellt einen Dienst dar, der von der Anwendung genutzt/erwartet wird, aber kein Bestandteil von ihr ist. Eine 12-Faktor-Anwendung erwartet, dass diese Services über die Laufzeitanwendung zur Verfügung gestellt werden. Beispiele für Backing Services sind unter anderem Datenbanken, Log-Aggregatoren oder Dateisysteme.

5. **Zustandslose Prozesse (stateless):** Alle gestarteten Prozesse müssen zustandslos sein. Das bedeutet, dass keine lokalen Daten gespeichert werden dürfen, um dem Prinzip 11 der „Wegwerffähigkeit" und Prinzip 7, einer möglichen parallelen Ausführung, zu entsprechen. Sollten dennoch Daten benötigt werden, werden diese über einen Backing Service gespeichert.

6. **Port Binding:** Über die Konfiguration (Teil des achten Prinzips) werden Ports als Umgebungsvariable genutzt. Über das Port Binding ist dann festgelegt, wie die Kommunikation der Anwendung mit der Außenwelt stattfindet. Ein Hard-Coden der Portnummern sollte vermieden werden, da ansonsten die Portierungsfähigkeit der Anwendung verloren geht.

7. **Concurrency/Parallelität:** Die Architektur der Anwendung sollte sowohl eine horizontale (mehrfache Ausführung) als auch vertikale (bessere CPU-/ Speicherausstattung) Skalierung erlauben. Um das zu erreichen, sollte die Anwendung über Prozesstypen in verschiedene Prozesse aufgeteilt werden (zum Beispiel Hintergrund, Web und Worker Prozesse)

8. **Separierung von Konfiguration, Code und Credentials:** Über die Auslagerung von Konfiguration und Credentials aus dem Code kann dieser nach dem ersten Prinzip an einem Ort entwickelt, aber in verschiedenen Umgebungen ausgeführt werden.

9. **Trennung der Zustände Design, Build, Release und Betrieb:** Die Unterscheidung der einzelnen Phasen, die eine Anwendung durchlaufen kann, führt zu einer eindeutigen Identifikation eines Artefaktes. So werden in der Design-Phase die Abhängigkeiten deklariert, welche in der Build-Phase mit dem Code zusammengeführt werden. In der Release-Phase wird das Build-Artefakt mit der jeweiligen Konfiguration für die Umgebung kombiniert. Schlussendlich wird in der Run-Phase die Anwendung gestartet und ausgeführt.

10. **Umgebungsparität:** Verschiedene Ausprägungen von Entwicklungs-, Test-, Staging- und Produktivsystemen führen zu einer erhöhten Komplexität, wenn es um die Analyse von Systemreaktionen geht. Um den Entwicklungsprozess zu vereinfachen und die Behebung von Defects und Bugs zu beschleunigen, sollten die Systemunterschiede so klein wie möglich sein.

11. **Wegwerfprozess:** Mit der Einführung der vierten und fünften Prinzipien können Prozesse einer Anwendung aufgrund der Auslagerung von Daten beziehungsweise Nutzung von Backing Services sowie der Zustandslosigkeit ohne Auswirkung abgebrochen und neugestartet werden. Die Prozesse können somit als Wegwerfprozesse betrachtet werden, die schnell und sauber gestoppt und gestartet werden können.

12. **Handling von administrativen Prozessen:** In Sinne der Entkopplung werden administrative Prozesse ebenfalls als eigenständiger Prozesstyp behandelt. Dadurch werden notwendige Information, Daten, etc. ebenfalls ausgelagert und die Unabhängigkeit der Anwendung steigt. Administrative Prozesse sind beispielsweise der Export von Daten, die Erstellung von Berichten sowie Datenbanksicherungen.

Betrachtet man diese zwölf Faktoren, die für die Entwicklung einer Cloud-native Anwendung erforderlich sind, in Kombination mit den Anforderungen an eine Cloud-native Umgebung, wird ersichtlich, dass noch weitere Komponenten hinzugefügt werden müssen. Mit Erfüllung der zwölf Faktoren erhält man einen Service, der zunächst als Cloud-Friendly zu kategorisieren ist.

Für die Anhebung auf die Stufe „Cloud-resilient" sind zusätzliche sowohl architekturelle als auch prozessuale Eigenschaften nötig:

- Die Anwendungen besitzen in ihrem Zusammenspiel mit anderen Entitäten eine **Fehlertoleranz** und können somit Fehler oder Ausfälle kompensieren. Dies geschieht vor allem durch die lose Kopplung der Systeme untereinander.
- Die Verwendung eines **Cloud-agnostischen Ansatzes** bietet die Möglichkeit unabhängig von Cloud-Providern zu sein, da man sich nicht auf einen spezifischen Lieferanten festlegt. Damit vermeidet einen Vendor Lock-in, der einen späteren Umzug zu einem neuen Provider erschwert.
- Eine gut implementierte **Telemetrie** erlaubt es den Cloud-Experten mithilfe von Metriken insbesondere die Performance, Auslastung und den Energieverbrauch der Cloud-Umgebung zu überwachen und so über geringste Abweichungen Fehler oder Schwachstellen zu erkennen.
- Durch **proaktives beziehungsweise frühzeitiges Testing** werden Fehler schon früh gefunden. Dabei werden eigenständig verursachte Störungen in das System gegeben, um die Reaktion zu testen und nachfolgende die Fehleranfälligkeit zu reduzieren. Das Verfahren nennt sich auch „Chaos Engineering".

Um die letzte Stufe der Anwendungsevolution zu erreichen sind vier weitere Schritte notwendig, welche wiederum in architektonischer und prozessualer Hinsicht relevant sind:

- Ausprägung der Anwendung als **Microservice**, um eine unabhängige Weiterentwicklung und Skalierungsfähigkeit zu gewährleisten (Vermeidung von monolithischen Strukturen)
- Nutzung eines (REST-)**API-First Ansatzes**, um Redundanzen in der Entwicklung zu vermeiden und einen schnellen und effizienten Austausch von Daten und Informationen über die Anwendungslandschaft hinweg zu erreichen
- Die Sicherheitsanforderungen werden über den **Security-by-Design-Ansatz** als integraler Bestandteil des Services betrachtet
- Die Anwendung nutzt die **CI/CD-Pipeline** für eine automatisierte Auslieferung und wird regelmäßig aktualisiert

Über die Implementierung der zwölf Faktoren sowie der weiteren Eigenschaften entwickelt sich die Anwendung über vier Stufen: von cloud-ready über cloud-friendly hinzu cloud-resilient und zum Schluss zu einer Anwendung, die in einer ganzheitlichen Cloud-nativen Umgebung eingebettet ist (Abb. 7.8). [14]

Von einer Cloud-native Anwendung beziehungsweise einem Cloud-native Service verspricht man sich von der vollen Nutzung der Cloud profitieren zu können: [15]

- Unabhängigkeit
- Resilienz

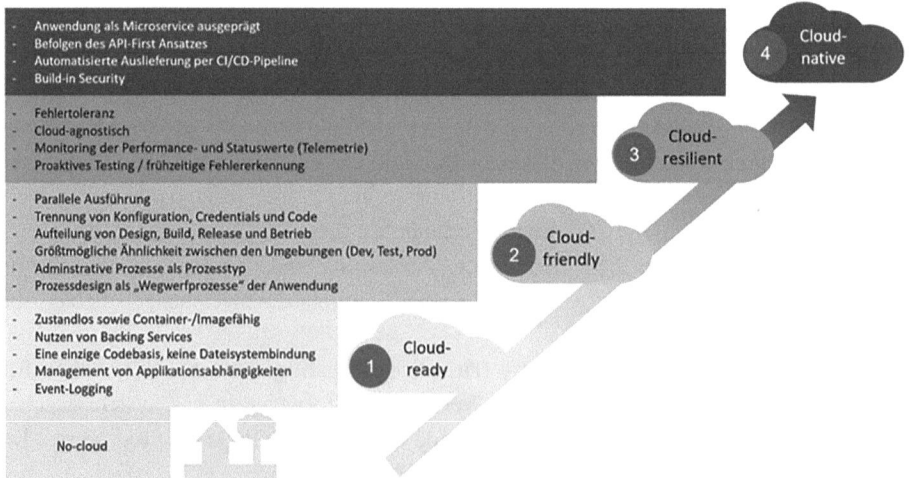

Abb. 7.8 Phasen der Applikationsevolution hin zu Cloud-Native

- Standardisierung
- Business Agilität
- Automatisierung
- Ausfallsicherheit

Diese Vorteile sind in ihrer Gänze allerdings nur durch das Zusammenspiel von Technologie, Entwicklungsprinzipien, Prozessen und einem produktorientierten Operating Model erreichbar. Über die harmonische Symphonie dieser Elemente erreicht man Cloud-native in Reinform.

Eine in der letzten Zeit stark in Mode gekommene Komponente im Cloud-Umfeld ist die Nutzung von Containertechnologie. Da diese einen weiteren Vorteil in der Cloud-Nutzung bringen kann, beschreibt das nächste Kapitel diesen Ansatz im Detail.

7.2.1.5 Container – braucht ein Unternehmen diese?

▶ **Definition**
Cloud-Container sind eine Methode zur Bereitstellung und Ausführung von Anwendungen in einer Cloud-Umgebung. Ein Container ist eine abgeschlossene Einheit, die alle erforderlichen Softwarekomponenten (Code, Laufzeit, Systemtools, Bibliotheken etc.) enthält, um eine Anwendung auszuführen. Sie bieten eine standardisierte und isolierte Umgebung für Anwendungen, unabhängig von der zugrunde liegenden Infrastruktur.

Container ermöglichen es Entwicklern, Anwendungen in einer konsistenten und portablen Weise zu verpacken und zu verteilen. Sie basieren in der Regel auf Technologien der Containerisierung, wie Docker oder Kubernetes. Diese Technologien bieten eine Infrastruktur für die Verwaltung von Containern und ermöglichen deren Skalierung, Überwachung und Orchestrierung.

Cloud-Container erweitern die Containerisierung auf die Cloud-Umgebung. Sie ermöglichen die Ausführung von Containern in einer virtuellen Umgebung, die von einem Cloud-Service-Anbieter bereitgestellt wird. Dies bietet Vorteile wie Skalierbarkeit, Flexibilität und einfache Bereitstellung. Cloud-Container können auf verschiedenen Cloud-Plattformen wie Amazon Web Services (AWS), Microsoft Azure, Google Cloud Platform (GCP) und anderen bereitgestellt werden.

Durch die Verwendung von Cloud-Containern können Entwickler Anwendungen entwickeln, testen, bereitstellen und skalieren. Sie ermöglichen zudem die effiziente Nutzung von Ressourcen, da mehrere Container auf derselben physischen Infrastruktur ausgeführt werden können. Darüber hinaus bieten sie eine hohe Portabilität, da Container in verschiedenen Umgebungen problemlos ausgeführt werden können, solange die Technologie der Containerisierung unterstützt wird.

Der Nachteil der Nutzung von Containern besteht darin, dass sie immer beliebter werden und damit auch ein Hype um Container entsteht. Wie jede andere Technologie sind

Container nicht für alle Anwendungen geeignet. Bestehende Systeme müssen sorgfältig analysiert werden, bevor sie „containerisiert" werden. Denken Sie an das alte Sprichwort: Nur weil Sie es können, heißt das nicht, dass Sie es auch sollten.

Heutzutage besteht der Hauptnachteil von Containern darin, dass die Containerentwicklung zu stark beansprucht wird und vorhandene Anwendungen zu stark auf Container übertragen werden. Die Realität ist, dass Behälter für viele Anwendungen und Anwendungsarten kontraindiziert sind. Bislang entschieden sich einige Unternehmen jedoch für den Weg, doppelt so viel Geld für die Verlagerung einer Anwendung in Container auszugeben, wie sie ursprünglich für die Entwicklung der Anwendung aufgewendet hatten. Obwohl das Verschieben einer Anwendung von der aktuellen Hostplattform als unwahrscheinlich eingestuft wurde, wurde der Vorteil der Portabilität hoch priorisiert. Achten Sie daher auf eine kritische und nachhaltige Priorisierung der Werthebel im Rahmen Ihrer Cloud-Strategie (Abschn. 5.3). Darüber hinaus haben einige Unternehmen nicht verstanden, dass eine vollständige Neuarchitektur der Anwendung erforderlich ist, um die Vorteile von Containern wirklich nutzen zu können, was häufig nicht getan wurde.

Natürlich erstrecken sich die Fehler auch auf neue Anwendungen oder neue Anwendungen, die Container als bevorzugten Entwicklungsansatz nutzen. Auch hier gibt es für viele Anwendungen keine Vorteile bei der Container-basierten Entwicklung. Wie wir im nächsten Abschnitt besprechen, könnten Unternehmen bis zu vier Mal so viel Geld für die Entwicklung derselben Anwendung ausgeben, wenn sie eine Container-basierte Entwicklung und Bereitstellung anstelle traditionellerer Methoden verwenden. Darüber hinaus könnten die Betriebskosten des Produkts deutlich höher ausfallen, wenn mehr Cloud-basierte Ressourcen wie Speicher und Rechenleistung genutzt würden. In vielen dieser Situationen wurden Container zwangsweise eingesetzt, weil die Entscheidungsträger durch den Hype um Container motiviert waren oder die geschäftlichen Risiken dahinter nicht verstanden.

► **Tip**
Folgendes ist also zu berücksichtigen und zu vermeiden, wenn man Container einsetzen will:

1. Überbetonung oder zu hohe Priorisierung der Vorteile, wie zum Beispiel der Portabilität.
2. Keine oder geringe Berücksichtigung der Betriebskosten.
3. Unterschätzung des Zeit- und Kostenaufwands, der für die Verlagerung einer vorhandenen Anwendung in einen Container erforderlich ist.
4. Entwerfen einer vorhandenen Anwendung oder einer völlig neuen Anwendung nicht als speziell entwickelte Containeranwendung.
5. In der Lage sein, zukünftige Kosten basierend auf dem kurzen Lebenszyklus eines Containers vorherzusagen.

6. Der aufgrund seiner Beliebtheit gestiegene Preis für Talente in den Bereichen Entwicklung, Bereitstellung und Betrieb von Containern wird nicht berücksichtigt.

7.2.2 Cloud native Sicherheitskonzepte

Übersicht

Cyber Security ist heute eine existenzielle Disziplin für jedes Unternehmen. Beinahe täglich werden uns in den Medien Beispiele vor Augen geführt, bei denen ein gezielter Angriff durch DDoS Attacken oder Ransomware nicht nur exorbitante Kosten verursacht hat, sondern viele Unternehmen, sowohl KMU als auch Großkonzerne, an den Rand ihrer Existenz getrieben hat. Wer sich hier in Sicherheit wiegt, hat die schnelle Entwicklung der Techniken und Werkzeuge bei Angreifern und Verteidigern vermutlich noch nicht erkannt. Man stelle sich einfach einmal die Konsequenz eines totalen Ausfalls des ERP-Systems für eine Woche vor. Kaum ein Geschäftsprozess wird ohne dieses essenziell wichtige Standbein in der Applikations-Landschaft funktionieren, der Cash-Flow wird mangels Zahlungseingängen schnell zum Problem und die externe Reputation leidet extrem, gerade auch in einer regulierten Industrie.

Was hat das alles nun mit der Cloud zu tun?

7.2.2.1 Cyber Security On-Premise und in der Cloud

Grundsätzlich kann man sagen, dass klassischen Disziplinen der Cyber Security unabhängig vom Typ der Applikation und der Art des Hostings funktionieren. Security-by-Design, Ende-zu-Ende Betrachtung, Zero Trust, minimale Berechtigungen, das alles wird auch bei der Nutzung von Clouds eine große Rolle spielen.

Betrachtet man die Lage aber auf der technischen Ebene, zeigen sich doch erhebliche Unterschiede: Viele der Lösungen für die Erkennung und Reaktion auf Angriffe, sind auf der Ebene der Server und Betriebssysteme ausgelegt. Moderne Anti-Virus Agenten und EDR-Werkzeuge sichern ein Windows- und Linux Server System auf den unteren OSI-Ebenen.

Was aber, wenn der Server und das Betriebssystem gar nicht mehr sichtbar, geschweige denn änderbar sind? Auf einer PaaS-Datenbank in Microsoft Azure oder auf einer Serverless-Applikation in AWS lassen sich schlicht keine Agenten installieren.

Übernimmt diese Verteidigungslinie dann nicht der Cloud-Anbieter von Haus aus? In manchen Bereichen: Ja. Das sofortige Patchen und Aktualisieren von PaaS und SaaS wird ohne Zutun des Kunden jederzeit und kontinuierlich im Hintergrund erledigt. Ein grundlegender Schutz gegen DDoS-Angriffe ist bei allen großen Cloud-Anbietern bereits eingebaut und kann gegen Bezahlung jederzeit in erweiterter Form hinzugebucht werden.

Aber es gibt auch Risiken, die voll in der Verantwortung des nutzenden Unternehmens liegen: Enthält der Code einer selbstentwickelten Anwendung Schwachstellen oder nutzt er verwundbare Bibliotheken? Ist ein Service versehentlich so konfiguriert worden, dass er frei aus dem Internet erreichbar ist? Hat sich ein Administrator des nutzenden Unternehmens aus Bequemlichkeit zu viele Rechte zugewiesen – und sogar noch ein zu einfaches Passwort gewählt, das an mehreren Stellen verwendet wird?

Bei diesen Risiken wird der Anbieter einer Cloud idealerweise Erkennungstechniken bereitstellen, aber den Code des Kunden kann, darf und wird nicht durch den Cloud-Anbieter selbst geändert. Diese Aufgabe unterliegt dem nutzenden Unternehmen, wie in Abschn. 5.2.1 aufgezeigt wurde.

▶ **Tipp**
Welche Ratschläge gibt es nun also für die Cyber Security Abteilung, wenn die Transformation in Richtung Public Cloud ansteht?

1. Nutzung der vollständigen Transparenz in der Cloud
2. Cloud nativer Applikationsschutz
3. Mikrosegmentierung
4. Cloud Governance
5. Anbieterkonsolidierung mit Fokus auf Cloud-nativen Schutz

7.2.2.2 Von der prophylaktischen zur reaktiven Sicherheit

Die klassische Vorgehensweise der Cyber Security bemüht sich, das Entstehen von Verwundbarkeiten und Sicherheitslücken zu unterbinden, bevor das Risiko entsteht. Klassische Beispiele sind Genehmigungsprozesse für Firewall-Öffnungen, die Prüfung und Freigabe vor Nutzung neuer Cloud- und Applikations-Services oder die verbindliche Security-Checkliste vor dem Go-Live von Applikationen.

Dieses Vorgehen mag in einer Welt, in der die Bereitstellung von Services ohnehin mehrere Wochen dauerte, kein großes Problem darstellen. In der Cloud, in der Services jedoch auf Knopfdruck bereitgestellt, Server nach Bedarf im Minuten- oder gar Sekundentakt (Serverless) gestartet und wieder heruntergefahren werden, funktioniert eine manuelle Abarbeitung von Genehmigungsanfragen schlicht nicht mehr effizient.

▶ **Wichtig**
Es bleiben zwei grundlegende Ansätze, um diese Herausforderung anzugehen

Automatisierung:

Die Entscheidungen, die bisher ein Mensch getroffen hat („Ist das angefragte Protokoll auf dieser Firewall kritisch?", „Ist die angefragte Software potenziell schädlich?") müssen digital überprüfbar sein, oder notfalls in einfachen Workflow-Fragebögen in Eigenverantwortung des Anfragenden abgehandelt werden. Die Entscheidung ist dann unmittelbar verfügbar und die Cloud kann nativ verwendet werden.

Abkehr von der Freigabe und Fokus auf das Erkennen und Beheben von Missständen:

Der sog. „shift left" Ansatz gibt dem Entwickler oder Cloud-Administrator die vollen Berechtigungen seine Aufgaben kreativ umzusetzen, auch wenn dabei gelegentlich Fehler passieren. Er erhält dafür Unterstützung in Form von Trainings („Awareness") und Werkzeugen, wie zum Beispiel Code-Analysen oder Warnungen bei potenziellen Risiken. Sollte ihm dennoch ein Fehler unterlaufen, werden konfigurierte Tools, wie beispielsweise Cloud native Application Protection, kurz CNAPP, diesen Fehler erkennen und automatisch nach kurzer Zeit Sicherheitsmaßnahmen ergreifen. Dies könnte zum Beispiel eine Warnung an den Entwickler beziehungsweise Applikations-Owner sein. In kritischen Fällen kann auch die automatische Trennung der Internetverbindung eines Services oder sogar die umfassende Isolierung der Applikation vom Netzwerk, zum Beispiel beim Erkennen von Malware oder Login-Attacken implementiert werden.

In der Regel wird es auf eine Kombination beider Optionen hinauslaufen. Mit steigendem Reifegrad von künstlicher Intelligenz wird aber vermutlich die reaktive Sicherheit an Geschwindigkeit und damit an Bedeutung gewinnen.

7.2.2.3 Security Tools in der Cloud

> Während klassische Security-Tools auch in der Cloud häufig noch Anwendung finden (insbesondere für migrierte Infrastructure-as-a-Service Anwendungen), erfordern Cloud-native Anwendungen ganz neue Werkzeuge, um die Sicherheit in der Cloud gewährleisten zu können.

Viele der Branchengrößen bei Cyber Security Tools sind längst auf den Zug Richtung Cloud aufgesprungen und bieten moderne Erweiterungen ihrer Suiten an. Dennoch merkt man diesen Lösungen auf an, dass sie nicht in der Cloud geboren wurden, sondern nur schrittweise adaptiert wurden und einen Rucksack an Abwärtskompatibilität mitbringen.

Dem gegenüber steht eine ganze Riege von neuen Firmen und Werkzeugen, die Cloud-nativ entstanden sind und mit vielen bekannten Konventionen brechen. Sie sind oft noch nicht so breit aufgestellt, wie die bekannten Marken, aber helfen mit radikal vereinfachten Ansätzen, die native Nutzung der Cloud in nie gekannter Effizienz abzusichern.

7.2.2.4 Cloud Native Application Protection Platform (CNAPP)

▶Cloud Native Application Protection Platform (CNAPP) bezieht sich auf eine Kombination von Sicherheitsmaßnahmen, die speziell entwickelt wurden, um Anwendungen zu schützen, die in Cloud-nativen Umgebungen bereitgestellt und ausgeführt werden. Hierzu gehören Sicherheitsmaßnahmen für Container, Microservices und die gesamte Cloud-Infrastruktur. CNAPP umfasst allerdings auch die klassische Workload Protection (CWP) um IaaS basierte Workloads auf Verwundbarkeiten und falsche Konfiguration hin zu untersuchen.

Insgesamt ist CNAPP eine essenzielle Disziplin für jede Organisation, die Cloud-native Anwendungen entwickeln, bereitstellen und ausführen möchte. Durch die Implementierung robuster CNAPP-Sicherheitsmaßnahmen können Organisationen das Risiko von Sicherheitsverletzungen minimieren und sicherstellen, dass ihre Anwendungen gegen eine Vielzahl von Bedrohungen geschützt sind.

Einige gemeinsame Sicherheitsherausforderungen, die CNAP zu bewältigen versucht, sind:

- **Container-Sicherheit:** Container sind eine wesentliche Komponente von Cloud-nativen Anwendungen. Sie sind leichtgewichtig, portabel und skalierbar. Sie bringen jedoch auch neue Sicherheitsrisiken mit sich, wie beispielsweise Schwachstellen in Container-Images, unsichere Container-Konfigurationen und Container-Breakouts.
- **Microservices-Sicherheit:** Die Microservices-Architektur ist ein weiterer wichtiger Aspekt von Cloud-nativen Anwendungen. Dieser Ansatz beinhaltet das Aufteilen von Anwendungen in kleinere, modulare Dienste, was es schwieriger machen kann, die Sicherheit über das gesamte System hinweg zu verwalten.
- **Cloud-Infrastruktursicherheit:** Die Cloud-Infrastruktursicherheit bezieht sich auf die Sicherheitsmaßnahmen, die die zugrunde liegende Infrastruktur schützen, die Cloud-native Anwendungen unterstützt. Hierzu gehören die Absicherung von virtuellen Maschinen, die Netzwerksicherheit und die Zugriffskontrolle.

Gängige CNAPP-Sicherheitsmaßnahmen

- Container-Sicherheitsscans: Container-Sicherheitsscans umfassen die Analyse von Container-Images auf Schwachstellen und andere Sicherheitsprobleme, bevor sie bereitgestellt werden.
- Laufzeit-Sicherheit: Laufzeit-Sicherheitsmaßnahmen sind darauf ausgelegt, Anwendungen während ihrer Ausführung zu schützen. Hierzu gehören Techniken wie Container-Isolation, Netzwerksegmentierung und Überwachung.

- Zugriffskontrolle: Zugriffskontrollmaßnahmen werden verwendet, um sicherzustellen, dass nur autorisierte Benutzer und Prozesse Zugriff auf sensible Daten und Ressourcen haben.
- Vorfallreaktion: Vorfallreaktionsmaßnahmen werden eingesetzt, um Sicherheitsvorfälle in Echtzeit zu erkennen und darauf zu reagieren. Hierzu gehören Techniken wie Protokollüberwachung, Bedrohungsinformationen und automatisierte Reaktionsabläufe.

Auf dem Markt der CNAPP Anbieter tummeln sich mittlerweile hunderte Anbieter, vom Start-Up bis zum Branchenriesen – niemand möchte den Trend verpassen. Die Ausprägung der CNAPP-Fähigkeiten ist jedoch höchst unterschiedlich. Vergleiche zeigen, dass die Innovationsführer oft kleine und junge Unternehmen wie Wiz, Orca oder Wazuh sind.

Auf der anderen Seite bieten auch die Cloud-Anbieter selbst entsprechende Tools an (teilweise kostenlos), wie zum Beispiel den Microsoft Defender for Cloud. Wenn man lediglich einen Cloud-Anbieter nutzt, sind diese Tools eine naheliegende Option. Bei Multi-Cloud-Nutzung können herstellerübergreifende Tools Mehrwert bieten. Einige Tools der Cloud-Anbieter bringen jedoch auch entsprechende Schnittstellen mit.

7.3 Enablement

Wenn Sie die Voraussetzung für die Bereitstellung von Cloud nativen Services in Ihrem Unternehmen geschaffen haben, stellt sich die Frage, wie diese erfolgreich umgesetzt werden können. Grundsätzlich sollten Sie bei der Einführung des Cloud Betriebsmodells berücksichtigen, dass es sich dabei um eine massive Veränderung für die gesamte Organisation handelt, da es alle Bereiche des Unternehmens betrifft – von der Technik bis zu den Mitarbeitern. Mit der Umstellung des Betriebsmodells und die neue Art und Weise Software zu entwickeln und Cloud-Services zu konsumieren, wird die Umsetzung von Innovationen beschleunigt und dadurch stetige Veränderung ins Unternehmen getrieben. Dies stellt für alle Unternehmen einen mehrjährigen Umstellungsprozess dar, welcher kontinuierlich weiterentwickelt wird.

7.3.1 Etablierung des Cloud Betriebsmodells

Mit dem Wissen über die Bestandteile der dritten Phase der Cloud-Implementierung, Cloud Operating Model, Cloud-native Entwicklung und Cloud Security, stellt sich nun die Frage, wie diese in eine Organisation eingeführt werden können.

In dem folgenden Abschnitt gehen wird daher exemplarisch näher auf die einzelnen Elemente der Operationalisierung eingegangen, welche jedoch in der einzelnen Ausprägung stark von der Gegebenheit und der Strategie des einzelnen Unternehmens abhängen (Abb. 7.9).

Die Komponenten einer Transformation in ein neues Operating Model lassen sich in drei Bereiche gruppieren:

1. **Transformation:** beinhaltet alle Tätigkeiten, um die Organisation in einen Cloud-fähigen Zustand zu bringen
2. **Governance:** bildet alle notwendigen Schritte ab, die Cloud-Umgebung sowohl aus finanziellen, sicherheitsrelevanten und leistungsorientierten Gesichtspunkten abzusichern
3. **Engineering:** widmet sich allen Aktivitäten rund um Weiterentwicklung, Ausbau und Innovation der Cloud-Umgebung

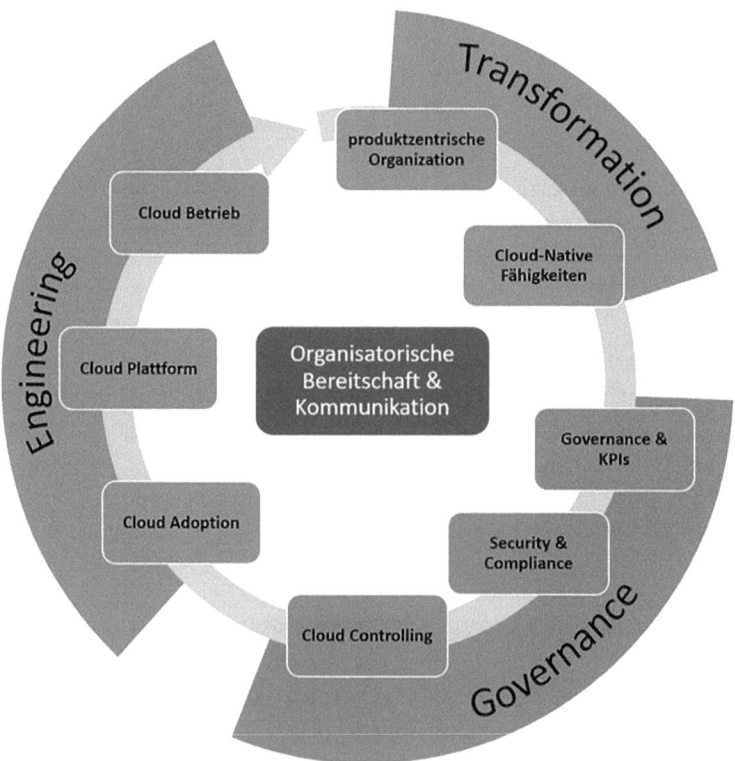

Abb. 7.9 Elemente der Transformation

Im Zentrum dieser Bereiche steht die **organisatorische Bereitschaft und Kommunikationsfähigkeit**, die für das Zusammenspiel aller Elemente die Basis bildet und dieses erst in einer performanten Weite ermöglicht.

Diese Blöcke kaskadieren wiederum in ein Set an Tätigkeitsbereichen, in denen dann einzelne Aktivitäten durchgeführt werden. Die Ausprägung der durchzuführenden Tätigkeiten richtet sich stark nach dem Unternehmen, dem Ausgangspunkt und der Zielsetzung der Transformation. Im Optimalfall werden diese mit einschlägigen Cloud-Transformationsexperten erarbeitet.

Betrachten wir die Komponenten detaillierter:

Im Cluster **Transformation** werden die beiden folgenden Kategorien beleuchtet:

- Aufbau einer möglichst **produktzentrischen Organisation** über
  - das Re-Design des Operating Models (Abschn. 7.2.1)
  - die dazu passende Definition und Integration der benötigen Rollen und Verantwortungen
  - die Erarbeitung der Wertströme und Einführung der notwendigen Interaktionen zur Steuerung des Arbeitsflusses
- Bildung von **Cloud-native Fähigkeiten** auf Mitarbeiterebene basierend auf
  - der Analyse des aktuellen Standes der vorhandenen Fähigkeiten
  - einer darauf aufbauenden Strategie zur Transition von traditionellem Silowissen hin zu den zukünftig notwendigen Fähigkeiten sowie der Umsetzungsplan der Aus- und Weiterbildung
  - der Durchführung des definierten Umsetzungsplan, um Mitarbeiter in notwendigen Cloud Fachgebieten auszubilden. Zusätzlich dazu der Start eines möglicherweise notwendigen Recruitings

Dieser Cluster beschäftigt sich somit dem Change-Anteil der Transformation und sorgt dafür, dass die Ebenen Mensch, Prozesse und Organisation umfänglich berücksichtigt werden.

Für einen sicheren und effizienten Einsatz der Cloud-Umgebung sind Aktivitäten des Clusters **Governance** notwendig. Diese umfassen:

- den Aufbau einer angemessenen **Governance** und die Steuerung über ein Set an ausgewählten **Key Performance Indicators (KPI)** über
  - eine aktuelle und kommunizierte Governance-Strategie zur Nutzung der Cloud-Umgebung
  - ein gut etabliertes Lieferantenmanagement in Zusammenarbeit zwischen Einkauf und den entsprechenden Cloud-Teams
  - den Aufbau von Standards, Richtlinien und einer übergreifenden, mit Entscheidungsbefugnis versehenen Enterprise Architecture sowie

- fundierten Performance Management und Steuerungskennzahlen (KPI), die über Dashboards einen Überblick über Einsatz, Nutzen, Auslastung und Abrechnung der Cloud Landschaft geben.
- die Einrichtung beziehungsweise den Ausbau der **Security & Compliance** Tätigkeiten und Organisation. Dies geschieht in der Hauptsache über
  - den Einsatz von Security-Richtlinien und internen Kontrollsystemen über alle Lieferanten und Geschäftseinheiten hinweg, inkl. regelmäßig stattfindender Sicherheitsaudits
  - die Sensibilisierung der Organisation auf Gefahren in der Cloud (Cloud Vigilance) und entsprechender präventive, aufdeckende und korrigierende Kontrollen mit entsprechend zugehörigen Maßnahmen
  - die Nutzung einer stabilen, hochverfügbaren Cloud-Infrastruktur, die angemessen auf die Business-Anforderungen zugeschnitten ist und verteilte beziehungsweise elastische Funktionen besitzt (Cloud Resilienz)
- der Implementierung eines transparenten **Cloud Controlling** basierend auf dem FinOps-Ansatz (Abschn. 6.2.1) mit
  - der Anwendung eines kosteneffektiven Cloud-Design zur Vermeidung beziehungsweise Reduktion unnötiger Kostenfaktoren auch mit Blick auf eine skalierende Nutzung
  - der Schaffung von finanzieller Transparenz über die Cloud Nutzung mithilfe eines zentralen, unternehmensweiten Berichtswesens, welches detaillierte interne Kostenanalysen zur Verfügung stellt
  - dem Aufsetzen von zentralen Richtlinien und Leitfäden (zum Beispiel zu Nutzungsgrenzen, Budgets), inkl. regelmäßig stattfindender Audits und Prüfungen (Abschn. 6.2.3.5)

Der Governance-Cluster umfasst mit diesen Punkten alle Aktivitäten, die einen eher steuernden Fokus für die Einführung und den Betrieb der Cloud-Umgebung haben.

Die technologischen Aspekte, die zur Umstellung der Organisation gehören, finden über den Cluster **Engineering** statt. Um den Hub auf Cloud-native erfolgreich zu bewältigen, sind folgende Elemente wichtig:

- gezielte Maßnahmen zur **Cloud Adaption** der Gesamtorganisation indem
  - eine „Migration Factory" inkl. effektiver Standards, Tools und Automation aufgebaut wird, um eine hocheffiziente, schnelle und skalierbare Migration in die Ziellandschaft sicherzustellen (Abschn. 5.4.8)
  - die Business Units über einen Ramp-up Plan auf die unternehmensweit einheitliche Nutzung der Cloud onboarden und entsprechend geschult werden (unter Nutzung der Migration Factory)
  - Fokus auf die Entwicklung Cloud-nativer Anwendungen unter Berücksichtigung der Cloud-Prinzipien (zum Beispiel Multi-Tenant-Fähigkeiten) gelegt wird. Natürlich

unter der Berücksichtigung der automatischen Skalierung und der einfachen Integration (Cloud Native Enablement) sowie einer Vorgehensmethodik, um bestehende Anwendungen Cloud-fähig zu machen

- durch technologische Unterstützung der Wandel zu DevOps unterstützt wird. Dies geschieht durch die Nutzung von CI/CD-Pipelines für eine schnellere und zuverlässigere Softwareentwicklung, nahtlose und vorhersehbare Bereitstellung (Abschn. 6.2.2)

- den strukturierten Aufbau der Nutzung der **Cloud Plattform** durch
  - zentral festgelegte Richtlinien, Vorlagen und Kontrollen für eine agile und modulare Cloud-native Architektur, zum Beispiel für Cloud-first-Umgebungen, Microservices und API-basierte Entwicklung
  - eine transparente Cloud-Service-Nutzung und Bereitstellung unterstützt durch die Definition und Nutzung eines Service Katalog, von Service Konfiguration Standards und Deployment Richtlinien sowie grundlegende Vorgaben zur Multi-Cloudnutzung (On-Premise zu Cloud und Cloud-zu-Cloud).
  - die Ausrichtung der Plattform auf die Business-Prioritäten jedoch mit einer Weiterentwicklung über die reinen Anforderungen hinaus (Plattform-Strategie) sowie die Bereitstellung eines Self-Service-Zugriffs auf den Servicekatalog durch angemessene Genehmigungen und Berechtigungen zur Reduktion von Wartezeiten (Abschn. 5.4.5)

- Implementierung eines effizienten und effektiven **Cloud Betriebs** mit den folgenden Elementen:
  - Etablierung eines Infrastruktur-/Plattform-Managements, für die Bereitstellung und Verwaltung der Konfiguration (Einrichtung), des Zustands und der Leistung von Cloud-Infrastruktur beziehungsweise Plattform über das gesamte (auch hybride) Cloud-Umfeld hinweg
  - Aufbau einer zentralen Logging and Monitoring Einheit, welche die Überwachung der Infrastruktur/Plattform und die Einhaltung von Service Levels sicherstellt.
  - Sicherstellung der stabilen und verlässlichen Cloud-Verfügbarkeit durch Maßnahmen zur Absicherung der Redundanz, Ausfallsicherheit und Replikation von Cloud-Diensten. Die Nutzung der integrierten Funktionen des Cloud-Anbieters beziehungsweise von Drittanbieter-Tools bieten Features für Hochverfügbarkeit und Disaster Recovery ergänzt durch Automatisierung der Fehlererkennung und Selbstheilung von Cloud-Diensten und -Konfigurationen, welche mögliche interne Mechanismen unterstützen.
  - Ausführung der betrieblichen Sicherheitsmaßnahmen, welche durch die Security Policies vorgegeben werden. Diese beinhalten unter anderem die Absicherung von Daten, Netzwerken und Anwendungen durch Protokollierung und Monitoring von Netzwerkaktivitäten in Echtzeit. Zu den weiteren Tätigkeiten gehören insbesondere automatisierte 24×7-Sicherheitsüberwachung sowie die Erkennung von Bedrohungen durch Scans, die aus spezifischen Security-Frameworks stammen

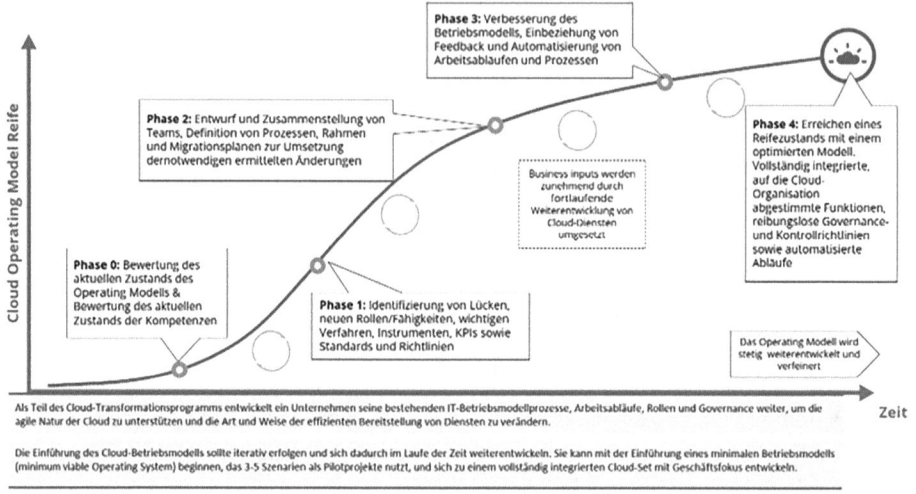

Abb. 7.10 Phasen der Implementierung

Die Engineering-Komponente erzeugt über diese Aktivitäten die technologische Grundlage für die Einführung der Cloud-Technologie, stellt die Weiterentwicklung und Nutzung der Services sicher und sorgt für eine stabile Systemumgebung.

Der Prozess zur Einführung des Cloud Betriebsmodells im dritten Reifegrad läuft über mehre Phasen, die in der folgenden Grafik exemplarisch dargestellt sind. Die Dauer der Einführung ist unternehmensabhängig und sollte individuell kalkuliert werden.

Über die vier Phasen hinweg erkennt man den Weg von der Ist-Aufnahme über die Definition eines ersten Zielzustandes und der dann iterativ erfolgenden Weiterentwicklung des Operating Modells (Abb. 7.10).

Der Weg zur Erreichung der Phase 4 des dritten Reifegrades erfordert konkrete Änderungen der Organisationskultur und der Kompetenzen, der Arbeitsweisen sowie der Dienstleistungserbringung und der Abläufe, um langfristig erfolgreich zu sein. Der Ablauf ist als Richtschnur zu verstehen und kann über die drei Komponenten der Transition leicht versetzt ablaufen.

In der Folge wird als Exkurs an einem realen Beispiel erläutert, wie eine Implementierung eines neuen Operating Models durchgeführt werden kann.

Ein Betriebsmodell für die Cloud und in der Cloud – was ist damit eigentlich gemeint? Natürlich müssen Software und Applikationen jeglicher Art irgendwie „betrieben" werden, angefangen von Design und Entwicklung über die Implementierung und Inbetriebnahme bis hin zur regelmäßigen Wartung und Aktualisierung sowie schließlich der Abschaltung.

Doch wie sieht diese Aufgabe in der Cloud aus und warum sollte sie sich von herkömmlichen Betriebsmodellen unterscheiden? Um das zu verdeutlichen, betrachten wir zunächst ein typisches Szenario für größere europäische Unternehmen.

Praktisches Beispiel

Bis etwa zum Jahr 2010 übernahm unser Beispiel-Unternehmen den Großteil seines „IT-Betriebs" intern. Das bedeutete, dass wir selbst Hardware bereitstellten (Server, PCs, Laptops), Software von Drittanbietern einkauften oder selbst entwickelten und Automatisierungsprozesse mithilfe von Skripten oder Tools von Drittanbietern implementierten.

Mit dem Mega-Trend hin zur „Fokussierung auf die Kernkompetenzen" bewerteten auch wir die IT als eine Art „Commodity", als eine notwendige Pflichtaufgabe ohne direkten Mehrwert. Um diese Kosten zu senken, haben wir den gesamten IT-Betrieb ausgelagert und an einen externen Dienstleister übertragen, der auch das gesamte Betriebspersonal übernahm. Durch Skaleneffekte und standardisierte Prozesse konnte dieser externe Dienstleister tatsächlich **signifikante Kosteneinsparungen** erzielen.

Um den externen Dienstleister dennoch effektiv steuern zu können, wurde eine kleine interne Kernmannschaft etabliert. Der Schwerpunkt dieser Teams lag jedoch nicht auf der Konstruktion und dem Betrieb von IT-Systemen, sondern vor allem im Vertragsmanagement und der Definition von High-Level-Anforderungen, die die externe IT-Abteilung dann gegen Bezahlung umsetzte.

Mit dem Durchbruch der Digitalisierung, unter anderem aufgrund von Ereignissen wie der Corona-Pandemie im Jahr 2020, entstand jedoch ein weiterer Mega-Trend: die Erkenntnis, dass die IT nicht nur ein Kostenfaktor ist, sondern ein treibender Faktor für den geschäftlichen Erfolg sein kann. Der Satz „die IT ist das Business" wurde vielerorts zum Mantra, und selbst traditionelle Branchen wie Banken, Versicherungen, Energieversorger und Einzelhändler erkannten, dass erstklassige Software über den geschäftlichen Erfolg von morgen entscheiden würde.

In den Führungsetagen war nun die Forderung nach mehr Entwicklern und Cloud-Experten zu hören, und schnell war der Markt für diese speziellen Fähigkeiten leergefegt, was wiederum zu explodierenden Gehältern führte. So richtete sich das Augenmerk unseres Unternehmens auf die vorhandene Belegschaft. **„Insourcing" und „Upskilling"** lauteten die Zauberworte.

Allerdings müssen wir uns daran erinnern, dass die Mitarbeiter, die wir im Laufe eines Jahrzehnts eingestellt hatten, vor allem Vertrags- und Anforderungsexperten waren, weit entfernt von der eigentlichen technischen Umsetzung. Ein einfaches Umschulen würde also nicht zum gewünschten Erfolg führen.

So griff unser Unternehmen auf die Unterstützung zurück, die es in den vergangenen Jahren bereits erfolgreich genutzt hatte: den externen Dienstleister. Statt Server-Blades in Rack-Gehäuse einzubauen und Betriebssysteme zu installieren, sollte dieser nun einfach den „Betrieb" in der Public Cloud übernehmen. Am besten analog zum bisherigen Betriebsmodell, um einen reibungslosen Parallelbetrieb der alten und neuen Welt ohne

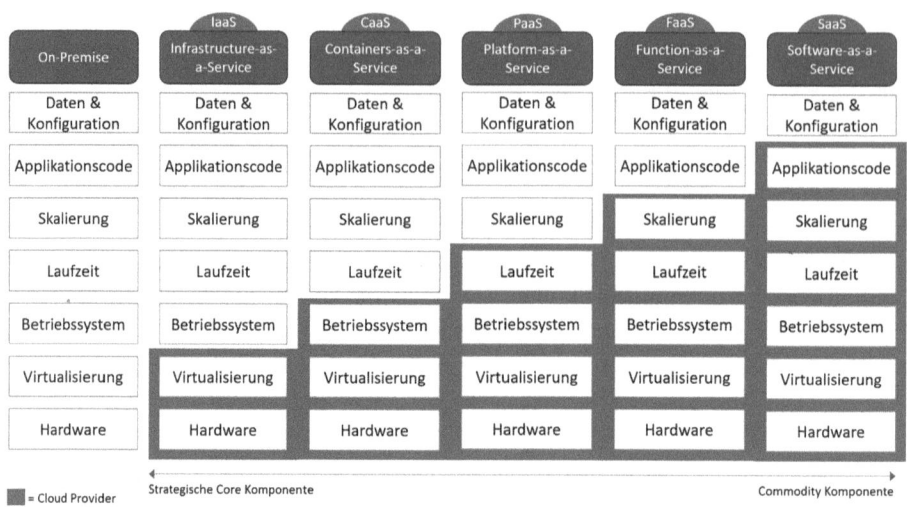

Abb. 7.11 Übersicht Sourcing Modelle

große Änderungen zu ermöglichen. Um die erheblichen Einnahmen aus dem Outsourcing nicht zu gefährden, lieferte unser externer Dienstleister unserem Unternehmen weiterhin ein „Rundum-Sorglos-Paket".

Doch lassen Sie uns kurz betrachten, wie sich das unternehmenseigene Hosting und die Cloud unterscheiden und nochmal einen Blick auf die verschiedenen Service Modelle werfen (Abb. 7.11):

Aus dieser Grafik wird schnell ersichtlich, dass in der Cloud der gesamte untere Bereich des OSI-Modells bereits von den großen Cloud-Anbietern (Hyperscalern) übernommen wird. Auch die Automatisierungsebene ist bereits vorhanden. Der Kunde muss lediglich die umfangreichen Services intelligent kombinieren (Architektur) und konfigurieren (Betrieb). Hierfür sind neben Cloud-Kenntnissen und IT-Affinität insbesondere ein ausgeprägtes Verständnis der Geschäftsprozesse unseres Unternehmens und deren Umsetzung in der Cloud erforderlich.

Wo steht also der bisherige externe IT-Dienstleister in der nativen Cloud-Welt, wenn es keine Server mehr zu konfigurieren, keine Betriebssysteme mehr zu installieren und keine Infrastruktur-SLAs mehr zu erfüllen gibt? Radikal gedacht, könnte man sagen, dass er in diesem Modell einfach nicht mehr benötigt wird. Mit dem Cloud-Anbieter auf der einen Seite und erfahrenen Mitarbeitern auf der anderen Seite kann unser Unternehmen nun seine IT effizient selbst betreiben. Der Cloud-Anbieter übernimmt viele Aufgaben des bisherigen Dienstleisters, jedoch nicht in Form von personellen Ressourcen, sondern durch die **Bereitstellung hochautomatisierter Cloud-Services**. Vertragsmanagement und Anforderungsmanagement werden durch die leistungsstarken Portale der Hyperscaler auf ein Minimum reduziert.

Bedeutet dies, dass externe IT-Dienstleister völlig überflüssig werden? Das darf bezweifelt werden. Denn auch zukünftig wird es Situationen geben, in denen spezifisches Fachwissen temporär benötigt wird, zum Beispiel für die Dauer eines Projekts oder falls die internen Kapazitäten für Spitzenlasten nicht ausreichen. In solchen Fällen wird ein externer Dienstleister weiterhin gebraucht, auch wenn sich Art und Umfang der Dienstleistungen verändern und möglicherweise hochwertiger werden.

An dieser Stelle kehren wir noch einmal zum Skill-Problem unseres Unternehmens zurück: Es gibt am Markt kaum noch (bezahlbare) Cloud-Experten und Entwickler. Die Cloud-Kenntnisse der bestehenden Belegschaft können nicht von heute auf morgen erweitert werden. Und die externen Dienstleister sind immer häufiger ausgelastet und haben selbst ein Ressourcenproblem.

Die Lösung lautet daher „**Schulung und Kompetenzaufbau**". Dies ist keine kurzfristige Maßnahme, sondern ein mittel- bis langfristiger Prozess. Unser Unternehmen muss verstärkt in die Aus- und Weiterbildung seiner Mitarbeiter investieren, um die notwendigen Fähigkeiten aufzubauen. Dabei sollte die interne Kernmannschaft eine wichtige Rolle spielen und als Multiplikator für das erlernte Wissen fungieren. Zusätzlich können Partnerschaften mit Bildungseinrichtungen und Cloud-Experten eingegangen werden, um den Kompetenzaufbau zu beschleunigen.

Ein weiterer wichtiger Aspekt ist die Schaffung einer Cloud-Kultur im Unternehmen. Es gilt, ein Bewusstsein für die Vorteile und Möglichkeiten der Cloud zu schaffen und den Mitarbeitern die Ängste vor Veränderungen zu nehmen. Schulungen, Workshops und regelmäßiger Austausch können dazu beitragen, dass die Cloud als Chance und nicht als Bedrohung wahrgenommen wird.

Zusammenfassend lässt sich sagen, dass ein Betriebsmodell für die Cloud und in der Cloud eine grundlegende Veränderung des bisherigen IT-Betriebsmodells darstellt. Es erfordert eine Neuausrichtung der Kompetenzen, den Aufbau von Cloud-Know-how und die Schaffung einer Cloud-Kultur im Unternehmen. Externe IT-Dienstleister werden möglicherweise nicht mehr in der gleichen Form benötigt, aber weiterhin in bestimmten Situationen eine Rolle spielen. Der Übergang zu einem Cloud-Betriebsmodell ist ein Prozess, der Zeit, Engagement und Investitionen erfordert, aber letztendlich zu einer agileren und effizienteren IT führen kann, die den geschäftlichen Erfolg unterstützt und beschleunigt.

7.3.2 Etablierung eines Resilienz-Teams

Ein weiterer wichtiger Aspekt in Stufe 3 ist die Resilienz, die im Bereich der IT-Sicherheit angesiedelt ist. Darunter wird die **Widerstandsfähigkeit gegen Angriffe und Fehler** verstanden. Die heutige Zeit ist von einer Vielzahl von Herausforderungen und Risiken geprägt, die Organisationen und Gemeinschaften auf die Probe stellen. Um diesen Herausforderungen proaktiv entgegenzutreten und ihre Widerstandsfähigkeit zu stärken, gewinnt die Etablierung von Resilienz-Teams zunehmend an Bedeutung. Diese Teams spielen eine entscheidende Rolle bei der Entwicklung und Umsetzung von Strategien, um die Organisation oder Gemeinschaft sowohl in Bezug auf allgemeine Resilienz als auch spezifisch in Bezug auf die Cyber-Sicherheit zu schützen.

Während sich die klassische Cyber Security auf die Erkennung und Abwehr von Risiken fokussiert, gehört zur Resilienz auch die schnellstmögliche Stabilisierung und Wiederherstellung im Katastrophenfall.

Sollte also eine Applikation mitsamt ihren Daten und deren regulären Sicherungskopien durch eine Malware verschlüsselt oder gar vernichtet worden sein, muss das Business einen Notfallplan vorliegen haben. Mithilfe des Plans kann die Zeit bis zur Wiederherstellung der nötigen IT-Services überbrückt werden. Dies kann je nach Art der Applikation auch sprichwörtlich mit Papier und Stift geschehen und anschließend in der Applikation nachgetragen werden. In kritischeren Fällen wird gegebenenfalls ein separates Zweitsystem an einem anderen Ort bereitgehalten.

Das Vorliegen und Aktualisieren solcher Notfallpläne zu überwachen, sowie auf die Einhaltung technischer Standards für alle geschäftskritischen Applikationen zu achten, ist die Aufgabe eines zentralen Resilienz-Teams. Zu jenen Standards gehört unter anderem das Sicherstellen regelmäßiger Daten-Backups, auch so genannte „Cold Backups", die vom Netzwerk getrennt vorgehalten werden und so von reinen Cyber Angriffen verschont bleiben.

Insbesondere wenn wir von längeren Zeiträumen eines solchen Ausfalls sprechen, oder sogar einem großflächigen Angriff, wie zum Beispiel die Vernichtung der Daten eines ganzen Rechenzentrums, kann ein Resilienz-Team die Rolle eines dedizierten Krisenmanagers übernehmen. Sollten hunderte Applikations-Betreiber zeitgleich eine unkoordinierte Wiederherstellung anfordern, wird dies im Zweifel nicht reibungslos ablaufen. Ein stets aktuell gehaltener Krisenplan mit vordefinierten Ablaufplänen und Sequenzen zur Wiederherstellung kann wertvolle Stunden oder Tage sparen und Daten-Inkonsistenzen vermeiden.

Diese Aufgabe bestand grundsätzlich auch schon im klassischen IT-Betrieb – in der Cloud ändert sich die Anforderung aber entscheidend:

1. Die Frequenz beim Bau und der Veränderung von Applikationen ist in der Cloud potenziell deutlich höher – und damit auch die Anpassungsnotwendigkeit für Notfallpläne.
2. Die Fähigkeiten der Cloud zu verbesserter Resilienz sind enorm. Moderne Applikations- und Software-Architekturen können sich nach Angriffen oder Ausfällen selbst heilen, zum Beispiel durch das sofortige Beenden von Applikationsservern mit verdächtigen Zugriffsmustern und automatische Neu-Provisionierung. Die konsequente Nutzung dieser Möglichkeiten sollte aber zentral kommuniziert, gesteuert und überwacht werden.

3. Daten müssen nicht länger manuell redundant gespeichert werden: die Storage Services der Cloud Hyperscaler beinhalten mindestens zwei, oft auch noch mehr parallele Kopien an unterschiedlichen Geräten und Orten. Dies kann bei konsequenter Cloud-Nutzung enorme Kosten sparen (Abschn. 6.2.1).

4. Das klassische und in der Regel sehr teure Cold Backup, welches vom Netzwerk abgekoppelte Speicher erfordert, kann in der Cloud durch das Setzen eines simplen Parameters („immutable storage") abgelöst werden. Dadurch ist ein Backup für einen vordefinierten Zeitraum auf Lesezugriffe beschränkt. Selbst das betreffende Unternehmen kann diese Daten nicht ändern oder löschen, bis der Zeitraum abgelaufen ist. Doch die Nutzung dieses Parameters sollte unbedingt zentral überwacht werden.

Example

In dem nachfolgenden Beispiel werden die wichtigsten Schritte zur Einführung des Teams aufgezeigt, welche sich je nach Unternehmen, Branche und weiteren Faktoren unterscheiden kann

Zieldefinition

Der erste Schritt bei der Etablierung eines Resilienz-Teams besteht darin, klare Ziele und den Zweck des Teams zu definieren. Die Ziele können je nach den Bedürfnissen und Herausforderungen der Organisation oder Gemeinschaft variieren. Wenn es um Cyber-Sicherheit geht, könnten die Ziele den Schutz vor Cyber-Angriffen, die Aufrechterhaltung der IT-Infrastruktur, die Gewährleistung der Datenintegrität und den Schutz vertraulicher Informationen umfassen. Indem klare Ziele gesetzt werden, erhält das Team eine klare Richtung und kann gezielt auf die Erfüllung dieser Ziele hinarbeiten. Gerade mit der Einführung der Cloud werden bestehende Konzepte überarbeitet und die Integration der OT.

Integration ins Unternehmen

Ein erfolgreiches Resilienz-Team zeichnet sich durch seine interdisziplinäre Zusammensetzung aus, um vielfältige Perspektiven und Expertisen, zum Beispiel in Cyber-Sicherheit, zu bündeln. Dabei ist die Zusammenarbeit mit externen Akteuren, der Austausch bewährter Verfahren und die jährliche Teilnahme an Übungen essenziell. Kommunikation, Sensibilisierung und Schulung aller Mitarbeiter in Bezug auf Cyber-Sicherheit und Resilienz sind ebenfalls ein wichtiger Bestandteil bei der Etablierung solcher Teams.

Überarbeitung der Risikobewertung und der Strategie

Eine detaillierte Risikobewertung, einschließlich der Analyse von IT-Schwachstellen und potenziellen Angriffspunkten, ist entscheidend zur Identifizierung von Risiken und zur Entwicklung gezielter Gegenmaßnahmen. Das Resilienz-Team erstellt auf der Grundlage dieser Risiken eine umfassende Cyber-Sicherheitsstrategie. Sie umfasst präventive und reaktive Maßnahmen wie Sicherheitsrichtlinien, Zugangskontrollen, Verschlüsselung, regelmäßige Software-Updates, Mitarbeiterschulungen und ein Incident-Response-Team. Die Strategie sollte spezifisch auf die Organisation zugeschnitten und regelmäßig aktualisiert werden, um aktuellen Bedrohungen gerecht zu werden.

Kontinuierliche Überprüfung und Verbesserung
Von entscheidender Bedeutung ist die kontinuierliche Überprüfung der Effektivität der umgesetzten Maßnahmen. Dies kann durch regelmäßige Sicherheitsaudits und Penetrationstests erreicht werden. Diese Tests ermöglichen die Identifizierung von Schwachstellen und kontinuierliche Verbesserungen. Gleichzeitig sollte das Feedback aller relevanten Beteiligten eingeholt werden, um weitere Verbesserungsmöglichkeiten zu identifizieren. Außerdem ist es wichtig, auf dem Laufenden zu bleiben und immer nach neuen Entwicklungen in der Cyber-Sicherheit Ausschau zu halten. Man sollte sich ständig der sich ändernden Risikolandschaften bewusst sein und bereit sein, die Resilienz-Strategie entsprechend anzupassen und weiterzuentwickeln. Dies gewährleistet, dass die Organisation oder Gemeinschaft stets auf aktuelle und zukünftige Bedrohungen vorbereitet ist. Die kontinuierliche Arbeit des Resilienz-Teams ist daher unerlässlich für den langfristigen Schutz und die Sicherheit der Organisation.◄

7.3.3   Umbau des Applikationsportfolios

7.3.3.1   Um was handelt es sich bei der Applikationsmodernisierung?

Übersicht
In einer sich zunehmend digitalisierenden Welt ist die Modernisierung von Anwendungen von entscheidender Bedeutung, um mit den sich ständig ändernden Geschäftsanforderungen Schritt zu halten. Die Technologie entwickelt sich rasant weiter und Unternehmen müssen ihre Anwendungen regelmäßig aktualisieren, um weiterhin wettbewerbsfähig zu bleiben. In vielen Industrien bedeutet dies, dass Drittanbieter-Software entweder vom Hersteller erneuert, auf SaaS Modelle umgestellt oder von Unternehmen durch neue Software ersetzt wird.

In diesem Kapitel werfen wir einen ausführlichen Blick auf die Elemente und die Umsetzung der Applikationsmodernisierung und warum sie für Unternehmen gerade in Stufe 3 von großer Bedeutung ist.

► Definition
Doch bevor wir starten, betrachten wir, was die Applikationsmodernisierung eigentlich beinhaltet.

Applikationsmodernisierung bezieht sich auf den Prozess der Aktualisierung bestehender Anwendungen auf allen Ebenen, um deren Funktionalität, Benutzererfahrung, Leistung und Skalierbarkeit zu verbessern. Dies kann verschiedene Aspekte umfassen, wie die Umstellung auf eine Cloud-Infrastruktur, die Einführung von Microservices, die Aktualisierung der Benutzeroberfläche oder auch vermehrt die Verbesserung der Sicherheit.

Die Modernisierung von Applikationen ist ein unverzichtbarer Schritt für Unternehmen, die im digitalen Zeitalter erfolgreich sein wollen. Durch die Nutzung von Public Cloud-Technologien können Unternehmen ihre Anwendungen agiler, skalierbarer, sicherer und benutzerfreundlicher gestalten. Die Public Cloud bietet Unternehmen die Möglichkeit, ihre Anwendungen in einer hochflexiblen und skalierbaren Umgebung zu betreiben, ohne die Kosten und die Komplexität einer eigenen Infrastruktur tragen zu müssen. Sie können auf eine Vielzahl von Ressourcen zugreifen, darunter Rechenleistung, Speicherplatz, Datenbanken und weitere Services, die von Cloud-Anbietern bereitgestellt werden.

Um die in Abschn. 5.2.2 genannten Vorteile der Public Cloud nutzbar zu machen, müssen bestehende Applikationen modernisiert werden, unter dem Einsatz moderner Technologien und Methoden wie Microservices, Containern und DevSecOps-Praktiken. Durch die Aufteilung einer Anwendung in kleine, unabhängig voneinander bereitstellbare Microservices (Modularisierung) können Unternehmen die Entwicklung beschleunigen, die Wartung vereinfachen und die Skalierbarkeit verbessern. Daneben setzen immer mehr Unternehmen auch auf die Verwendung von Container-Services.

Die Investitionen in die Modernisierung von Applikationen in der Public Cloud zahlen sich langfristig aus und bieten den Unternehmen eine solide Grundlage für eine zukunftssichere Softwareentwicklung. Unternehmen können schnell auf sich ändernde geschäftliche Anforderungen reagieren und ihre Anwendungen kontinuierlich verbessern. Sie sind in der Lage, ihre Ressourcen effizienter zu nutzen und ihre Wettbewerbsfähigkeit zu steigern.

► **Wichtig**
Die Applikationsmodernisierung ist aus verschiedenen Gründen in der dritten Maturitätsstufe relevant:

1. **Leistung & Skalierbarkeit:** Alte Anwendungen sind in der Regel über Jahre oder gar Jahrzehnte gewachsten und dadurch langsam und ineffizient. Durch die Modernisierung werden Anwendungen optimiert und beschleunigt, native Services werden genutzt, welche beinahe unlimitierte Leistung bereitstellen, und somit die notwendige vertikale Skalierung bietet.

2. **Kosten:** Veraltete Anwendungen erfordern oft hohe Kosten für Lizenzen bei der Implementierung von Projekten oder auch sehr hohe Wartungskosten, da spezielle Ressourcen und Fachkenntnisse erforderlich sind.

3. **Sicherheit:** Alte Anwendungen sind in der Regel anfällig für Sicherheitslücken und Angriffe, da Unternehmen vor regelmäßiger Aktualisierung von der Applikation und Infrastrukturen Komponenten zurückschrecken. In der Cloud werden Unternehmen dazu gezwungen, dies regelmäßig zu tun. Darüber hinaus ermöglichen native Services, einen höheren Security Standard zu erreichen.

4. **Integrationsfähigkeit:** Veraltete Anwendungen können oft nicht ohne großen Aufwand und nahtlos mit anderen oder neuen Systemen und Anwendungen integriert werden. Durch die Modernisierung können Anwendungen nun so modular erstellt werden, dass sie durch Integration PaaS Lösungen standardisierter und schneller mit anderen Systemen integriert werden können.

5. **Benutzerfreundlichkeit:** Durch die Aktualisierung und Modernisierung von Anwendungen wird in den meisten Fällen eine moderne, intuitive Benutzeroberfläche auf neuen Technologien eingeführt, was die Produktivität der Anwender positiv beeinflusst.

6. **Grundlage für Cloud-native:** In den vorgegangenen Abschnitten wurde beschrieben, dass ein neuer Technologie Stack und die Umstellung des Entwicklungsprozesses zwei wesentliche Elemente für ein Cloud-natives Unternehmen sind. Diese beiden Elemente bedingen eine Modernisierung des Applikationsstacks.

7.3.3.2 Cloudifizierung

Ausgangsbasis, um in die Cloud zu gehen und durchaus der meist begangene, ist der Lift & Shift Ansatz, der in Abschn. 5.3.2.3 beschrieben wird. Lift & Shift ist eine Strategie im Zusammenhang mit der Migration von Anwendungen und Workloads in die Cloud und wird überwiegend in der Stufe 1 eingesetzt. Der Migrationsansatz bezieht sich auf den Prozess, bei dem Anwendungen oder Systeme unverändert von der lokalen Infrastruktur in die Cloud verschoben werden, ohne wesentliche Änderungen am Code oder der Architektur vorzunehmen.

▶ Lift & Shift ist nur eine anfängliche Migrationsstrategie, um den Umstieg in die Cloud zu erleichtern, wie in Stufe 1 erläutert wurde, und führt deshalb dazu, dass in den meisten Fälle die Cloud-Vorteile nicht vollständig ausgenutzt werden. Nachdem die Anwendung in die Cloud migriert wurde, können jedoch weitere Optimierungen und Modernisierungen vorgenommen werden, um die Vorteile der Cloud voll auszuschöpfen.

Mit einem reinen Lift & Shift Ansatz, ohne die Applikationen anzufassen, wird es schwierig, die ambitionierten Ziele von Innovation, Effizienz, Skalierbarkeit und Kostenreduzierung zu erreichen. Deshalb sollte man in der Stufe 3 die eigene Cloud-Strategie bei

Bedarf nochmal überarbeiten und den Fokus auf einen Cloudifizierung-Ansatz zu legen und eine wertgetriebene Umstellung der Applikationen, inklusive der Kernapplikationen, in Betracht ziehen.

▶ **Definition**

Die Cloudifizierung, auch als Cloud-nativer Ansatz bezeichnet, beinhaltet die Anpassung und Optimierung der Anwendung an die Cloud-Umgebung. Es geht nicht nur darum, die Anwendung in der Cloud auszuführen, sondern auch die Vorteile der Cloud-Architektur und der Cloud-Services voll auszunutzen.

Bei der Cloudifizierung werden die Anwendungen in kleinere, unabhängige Dienste (Microservices) aufgeteilt, die in Containern betrieben werden. Diese Aufteilung ermöglicht eine bessere Skalierbarkeit, Flexibilität und Widerstandsfähigkeit der Anwendung. Außerdem können Cloud-Services wie Datenbanken, Messaging-Systeme oder Machine-Learning-Frameworks genutzt werden, um die Funktionen der Anwendung zu erweitern. Die Anwendung wird oft auch mit modernen Technologien und Architekturprinzipien wie Containerisierung, Orchestrierung, zum Beispiel Kubernetes, und Automatisierung entwickelt. Die Cloudifizierung hat einen größeren Fokus auf die Anpassung der Anwendung an die spezifischen Vorteile und Möglichkeiten der Cloud-Plattform. In Abschn. 7.2.2 wird die Cloudifizierung vertieft.

Beide Ansätze, Lift & Shift sowie die Cloudifizierung, haben Vor- und Nachteile. Der Lift & Shift-Ansatz ermöglicht eine schnelle und unkomplizierte Migration in die Cloud, führt jedoch zu deutlichen Einschränkungen hinsichtlich der Nutzung der Cloud-Vorteile. Ebenso ist eine Verlangsamung der Weiterentwicklung zu Cloud-native möglich. Die Cloudifizierung hingegen erfordert mehr Aufwand und Anpassungen, bietet jedoch die Möglichkeit, die volle Innovations- und Leistungsfähigkeit der Cloud auszuschöpfen. Die Wahl des geeigneten Ansatzes hängt von den spezifischen Anforderungen, Zielen und Ressourcen des Unternehmens ab.

▶ **Tip**

Man muss bewerten, wie man beide Ansätze für sein eigenen Rahmen einsetzt, denn jede Story ist eine eigene – es kommt darauf an, was wichtiger ist, was das Unternehmensportfolio überhaupt zulässt und womit ein echter Mehrwert für das Business erzeugt wird:

1. Wenn Unternehmen schnell in die Cloud gehen müssen, weil der bestehende Outsourcing Vertrag ausläuft, empfiehlt sich der Lift & Shift Ansatz.
2. Wenn es sich um Eigenentwicklungen handelt oder Konfigurationserweiterungen durchgeführt werden müssen, wäre die Cloudifizierung der empfohlene Weg.
3. Für die anderen Anwendungen, die COTS-Software sind (Custom of the Shelf Software), muss im Einzelfall geprüft werden, welcher Ansatz geeignet ist.

7.3.3.3 Welche Methoden der Applikationsmodernisierung stehen zur Wahl?

Die Modernisierung von Anwendungen umfasst eine Vielzahl von Methoden und Ansätzen, um bestehende Anwendungen zu aktualisieren, zu verbessern oder zu erneuern. Dabei spielt es keine Rolle, ob diese aktuell On-Premise oder in der Cloud laufen. Im Folgenden werden einige gängige Methoden der Applikationsmodernisierung beschrieben:

1. **Migration:** Diese Methode beinhaltet zum einem den Umzug einer Anwendung von einer Umgebung oder Plattform in eine Container-basierte Architektur, ohne die Anwendung komplett neu entwickeln zu müssen. Bei der Containerisierung werden Anwendungen und ihre Abhängigkeiten in isolierten Containern ausgeführt. Dieses Vorgehen kann auch von einer Datenmigration in PaaS begleitet sein oder von einer selektiven Migration von Funktionen in native Services. In manchen Fällen ist es sinnvoll, eine veraltete Anwendung vollständig durch eine neue, moderne Anwendung zu ersetzen. Dies kann erforderlich sein, wenn die bestehende Anwendung nicht mehr den Anforderungen entspricht, es keine Eigenentwicklung ist oder die Aufwände für die Modernisierung viel zu hoch sind. Dann werden in der Regel neue SaaS-Anwendungen eingeführt.

2. **Überarbeitung:** Die Methode wird bei Eigenentwicklungen genutzt, für die sich eine Überarbeitung des Quellcodes rentiert. Dabei kann es sein, dass diese auf andere Programmiersprachen portiert oder nur überarbeitet wird, um die interne Struktur zu verbessern, die Wartbarkeit zu erhöhen und potenzielle Fehler zu beseitigen. Dabei werden moderne Programmierparadigmen, Designmuster und bewährte Praktiken angewendet.

3. **Neubau:** Hierbei wird die Anwendung grundlegend überarbeitet, indem Teile oder sogar die gesamte Anwendung neu entwickelt werden. Das Ziel besteht darin, die Funktionalität beizubehalten, aber mit moderneren Technologien, Architekturen oder Plattformen umzusetzen, was bereits in Abschn. 7.2.2 beschrieben wurde. Diese Form der Modernisierung findet aktuell im größeren Umfang in der Finanz- und Automobilindustrie statt.

4. **Microservices:** Hierbei wird eine Anwendung in kleinere, unabhängige Dienste aufgeteilt, die jeweils eine spezifische Funktion erfüllen. Das ermöglicht eine bessere Skalierbarkeit, Wartbarkeit und Flexibilität. Durch die Aufteilung bestehender Anwendungen in Microservices wird die Modernisierung und Erweiterung erleichtert. Dieses Verfahren kann verwendet werden, um monolithische Strukturen in kleinere modulare Anwendungen herunterzubrechen und in die Cloud zu überführen.

Diese Methoden können je nach Ausgangslage, Reifegrad des Unternehmens und Zielsetzung kombiniert oder separat angewendet werden, um eine effektive und nach Mehrwert ausgerichtete Applikationsmodernisierung zu erreichen. Jede Methode hat ihre eigenen Vor- und Nachteile, und die Auswahl hängt von Faktoren wie dem Umfang der Modernisierung, dem Budget, den Ressourcen und den Zielen des Unternehmens ab.

7.3.3.4 Vorgehensweise zur Applikationsmodernisierung

Die Frage stellt sich: Wie genau lässt sich Cloud-native Entwicklung im eigenen Unternehmen umsetzen und welche Faktoren müssen in die Überlegungen einfließen, um tatsächlich einen Mehrwert für das Business zu generieren?

Das Modernisieren von Applikationen in der Public Cloud versteht sich als komplexer Prozess und erfordert eine fundierte Strategie. Nachfolgend finden Sie eine erprobte Vorgehensweise zur Applikationsmodernisierung auf Basis eines Applikationsportfolios. Diese kann auch auf einzelne Anwendungen angewendet und durch Tools wie zum Beispiel txture unterstützt werden.

1. **Analyse-Phase**: Zunächst sollten Sie die vorhandenen Anwendungen überprüfen, um zu ermitteln, welche modernisiert werden sollen. Untersuchen Sie deren Funktionalität hinsichtlich Leistung, Skalierbarkeit, Lebenszyklus, strategischer Bedeutung und Sicherheitsanforderungen. Priorisieren Sie basierend auf der strategischen Bedeutung der Anwendung und einer Risikobetrachtung. In dieser Phase ist es ratsam, sich intensiv mit der strategischen Unternehmensentwicklung auseinanderzusetzen. Dabei ist es oft möglich, dass 30–60 % der bestehenden Anwendungen zeitnah abgeschaltet werden können oder in absehbarer Zeit das Ende ihres Lebenszyklus erreichen. Bereits migrierte Anwendungen sollten ebenfalls erneut geprüft werden, da diese in der Regel über Lift & Shift migriert wurden oder neuere Service von den Cloud-Anbieter bereitgestellt worden.
2. **Cloud-Bereitstellungsoptionen & Architekturdesign:** Untersuchen Sie anschließend die verschiedenen Public-Cloud-Anbieter (wie Amazon Web Services, Microsoft Azure oder Google Cloud). Bewerten Sie deren Funktionen, Dienste und Preise im Hinblick auf die analysierten Anwendungen. Wählen Sie den Cloud-Anbieter, der am besten zu Ihren Anforderungen passt. Tools wie txture können hierbei unterstützend wirken. Entwerfen Sie eine Cloud-Architektur für Ihre zu modernisierenden Anwendungen. Berücksichtigen Sie die Aspekte wie Skalierbarkeit, Hochverfügbarkeit, Sicherheit und Integration mit anderen Cloud-Services berücksichtigt. Diese Architektur kann sich auch einmal für eine komplexe Anwendung über zwei oder drei Clouds erstrecken. Sie würden dies gegebenenfalls tun, um die optimalen Cloud-nativen Dienste und Ressourcen zu nutzen und somit die Vorteile der Public Cloud voll auszuschöpfen. Falls möglich, sollten Sie jedoch auf eine Cloud-agnostische Entwicklung achten, um einen Vendor Lock-In zu vermeiden. Dies kann sich als komplex erweisen.

3. **Modernisierungsstrategie festlegen:** Bestimmen Sie anschließend die passende Modernisierungsstrategie für Ihre Anwendungen. Dazu können Sie bestehende Bewertungsmatrizen von Beratungsunternehmen verwenden oder eine toolgestützte Bewertung durchführen. Letztere hat den zusätzlichen Vorteil, dass diverse Simulationen und Preiskalkulationen außerhalb von Excel durchgeführt werden können.

4. **Datenmigration:** Planen Sie die Migration Ihrer Daten in die Public Cloud. Identifizieren Sie die erforderlichen Daten und Migrationstools. Überlegen Sie, wie Sie diese sicher und effizient übertragen können. Berücksichtigen Sie dabei auch Datenschutz- und Compliance-Anforderungen oder auch den Projektaudit bei finanzrelevanten Anwendungen.

5. **Entwicklung und Testing:** Modernisieren Sie Ihre Anwendungen entsprechend der gewählten Strategie. Coden Sie, nutzen Sie Cloud-Services und -Funktionen, um die Leistung und Skalierbarkeit zu verbessern, und testen Sie gründlich, um sicherzustellen, dass die Anwendungen ordnungsgemäß funktionieren.

6. **API-basierte Integration:** Durch die Exposition von APIs (Application Programming Interfaces) können bestehende Anwendungen mit anderen Anwendungen oder Diensten interagieren. APIs erleichtern die Integration neuer Funktionen, Anwendungen oder Plattformen in bestehende Systeme, ohne die Kernanwendung umfassend zu ändern. Hierfür stehen native Lösungen oder SaaS Service zur Verfügung.

7. **Bereitstellung und Überwachung:** Deployen Sie die modernisierten Anwendungen in der Public Cloud und überwachen Sie deren Leistung und Verfügbarkeit. Nutzen Sie Monitoring-Tools ihres Service-Anbieters oder von den Cloud-Anbietern selbst. Nutzen Sie auch die Cloud Console, damit sie sie um die Anwendungen überwachen und Probleme proaktiv zu identifizieren/zu beheben. Weiterhin sollten Sie die Kostenentwicklung regelmäßig prüfen und gegebenenfalls gegensteuern.

8. **Optimierung und Iteration:** Kontinuierliche Verbesserung ist ein wichtiger Aspekt der Applikationsmodernisierung. Analysieren Sie regelmäßig die Leistung Ihrer Anwendungen, sammeln Sie Feedback von Benutzern und passen Sie Ihre Anwendungen und Cloud-Konfigurationen entsprechend an. Auch werden über die Zeit neue Generationen von Cloud Services bereitgestellt. In diesem Fall lohnt es sich meistens ein Wechsel einzuplanen. Darüber hinaus gibt es von den Cloud Anbietern zunehmend Cloud-native Lösungen zur Optimierung Ihrer Anwendung (Abb. 7.12).

Es ist wichtig zu beachten, dass das konkrete Vorgehen von den spezifischen Anforderungen und der Komplexität Ihrer Anwendungen abhängt. Eine sorgfältige Planung und Zusammenarbeit mit Cloud-Experten, Applikationsverantwortlichen, Business Entscheidern unter der Berücksichtigung bewährter Praktiken und Tools sind entscheidend.

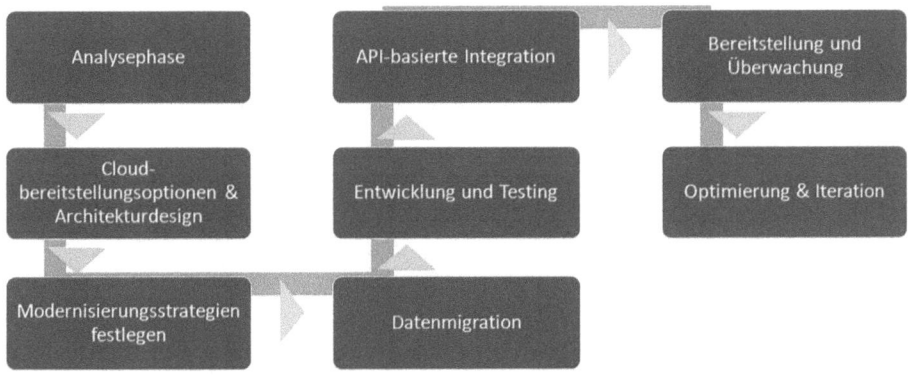

Abb. 7.12 Vorgehensweise zur Applikationsmodernisierung

7.4 Ausblick

7.4.1 Innovation PowerHouse

7.4.1.1 Innovation

Veränderung als Treiber von Innovation – Unternehmen und Organisationen aus allen Branchen stehen mehr denn je vor der Herausforderung, ihre Geschäftsmodelle zu digitalisieren. Die Globalisierung und Digitalisierung verschärfen den Wettbewerb und die Lebenszyklen von Produkten und der Zeitraum bis zur Markteinführung werden zunehmend kürzer. Kunden haben viel höhere Erwartungen und sind es gewohnt, von jedem Ort aus mit wenigen Klicks auf alle für sie relevanten Dienste zuzugreifen. Alle diese Punkte sind wichtige Treiber für Innovationen in Unternehmen.

▶ **Wie definieren wir Innovation**
Der Begriff Innovation hat unzählige Bedeutungen. Unter Innovation verstehen wir, nach der Definition von Doblin, das Schaffen eines neuen, rentablen Angebots/ Geschäftsmodells („a viable new offering"). Dabei geht es darum, neuartige (neu bezieht sich auf neu für den Markt oder eine Industrie) Lösungen für Herausforderungen zu finden, Möglichkeiten für Wachstum und Verbesserung zu erkennen und zusätzliche Einnahmequellen für ein Unternehmen zu schaffen, die langfristig Wert bringen und sich finanziell tragen.

7.4.1.2 Cloud als Kernelement von Innovation

Die Cloud steht im Zentrum dieser Entwicklungen. Unternehmen in allen Branchen nutzen Cloud Computing, um neue Geschäftsmodelle zu entwickeln oder zu unterstützen. Prominente Beispiele sind Uber im Transportwesen, Netflix im Home Entertainment und Amazon im Einzelhandel.

Unternehmen werden jedoch teilweise durch IT-Systeme und -Infrastrukturen gebremst, die eine schnelle Reaktion auf Marktveränderungen und -anforderungen nicht zulassen. Dies wiederum kann zu einem erheblichen Verlust an Chancen und auch Marktanteilen führen, denn sobald die Veränderungs- und Innovationsrate außerhalb des Unternehmens die Veränderungsrate innerhalb des eigenen Unternehmens übersteigt, entsteht ein Wettbewerbsnachteil. Die meisten Unternehmen haben inzwischen für sich erkannt, dass die Cloud sowohl die Grundlage für digitale Transformation als auch das Herzstück und Beschleuniger für Innovation und eine schnelle Markteinführung ist.

▶ Wichtig

Cloud als Treiber von Innovation: Cloud Computing hat sich in den letzten Jahren als ein entscheidender Treiber für Innovationen in verschiedenen Bereichen etabliert. Es ermöglicht Unternehmen und Organisationen

- **schnellen Zugriff auf neue Technologien**
- **innovative** Lösungen zu **entwickeln** und ihre Geschäftsmodelle zu **transformieren**
- **schnellere Produktentwicklung** und Geschäftsmodellvalidierung
- **Zusammenarbeit und Vernetzung** innerhalb des Unternehmens und Öffnung des Innovationsprozess nach außen.

7.4.1.3 Zugriff auf neue Technologien und erhöhte Agilität bei Geschäftsmodellentwicklung

Cloud-Modelle ermöglichen es Unternehmen, bei der Entwicklung neuer Geschäftsmodelle und mobiler Anwendungen viel schneller voranzukommen.

Die Cloud hat den Weg für eine Service Economy geebnet, die Unternehmen gezielt zu ihrem eigenen Vorteil nutzen können. Nahezu alle modernen Technologien können heute als SaaS aus der Cloud bezogen werden, wie zum Beispiel Anwendungen der Künstlichen Intelligenz (KI), maschinellem Lernen, Big Data-Analyse und das Internet der Dinge (IoT). Das breite Spektrum an verfügbaren SaaS-Diensten ermöglicht die direkte Nutzung modernster Technologie, ohne zunächst Investitionen in die Infrastruktur tätigen beziehungsweise eigenen Lösungen entwickeln zu müssen. Dadurch werden Markteintrittsbarrieren reduziert.

7.4.1.4 Hyperskalierbarkeit

Hyperskalierbarkeit in der Cloud bezieht sich auf die Fähigkeit eines Cloud-Computing-Systems, Ressourcen schnell und nahezu unbegrenzt zu skalieren, um den Bedarf an Verarbeitungsleistung, Speicherplatz oder Netzwerkbandbreite zu erfüllen. Hyperskalierbare Cloud-Infrastrukturen bieten die erforderliche Rechenleistung und Speicherkapazität, um große Datenmengen zu verarbeiten und komplexe Analysen durchzuführen. Unternehmen können Daten in großem Maßstab sammeln, speichern und analysieren, um

Erkenntnisse zu gewinnen und innovative Lösungen zu entwickeln. Maschinelles Lernen und künstliche Intelligenz werden ebenfalls von der Hyperskalierbarkeit profitieren, da umfangreiche Berechnungen und Trainingsmodelle durchgeführt werden können.

7.4.1.5 Start-Ups starten mit kosteneffizienten und flexiblen Cloud-Lösungen

Cloud-Dienste ermöglichen es Start-Ups, schnell zu experimentieren und zu innovieren. Cloud-Dienste bieten Start-ups eine skalierbare Infrastruktur und Ressourcen. Start-ups erleben oft ein schnelles Wachstum und unvorhersehbare Anforderungen, daher bieten ihnen Cloud-Plattformen die Flexibilität, je nach Bedarf zu skalieren und sich an veränderte Marktbedingungen anzupassen, ohne in eine eigene physische Infrastruktur investieren und diese verwalten zu müssen, sowie flexible Bezahlmodelle.

7.4.1.6 Schnellere Ideenvalidierung bei geringerem Risiko

Cloud-Dienste können nicht nur schnell eingekauft, sondern auch genauso schnell wieder eingestellt werden. Sie sind ideal geeignet, um Ideen schnell und mit geringem Risiko zu bewerten. Damit schafft Cloud Computing eine neue Grundlage für die Validierung von Lösungen, Chancen und Herausforderungen, die neue Innovationen und Geschäftsmodelle mit sich bringen, zu evaluieren. Auf diese Weise können Unternehmen Ideen schnell wieder verwerfen (fail-fast) oder gezielt weiterzuentwickeln. So können Organisationen zudem leichter auf Kundenfeedback reagieren und ihre Produkte iterativ verbessern. Dies führt zu verkürzten Entwicklungszyklen und beschleunigten Markteinführungszeiten.

7.4.1.7 Zusammenarbeit und Vernetzung von Akteuren im Ökosystem

Wenn es um Innovation geht, ist die Verbindung von Menschen genauso wichtig wie die Verbindung von Daten. Das Herzstück der Fähigkeit der Cloud, Innovationen zu katalysieren, ist die Fähigkeit, ein breiteres Ökosystem von Mitarbeitern, aber auch Partnern und Kunden zu verbinden. Die Cloud fördert die Zusammenarbeit und den Austausch von Ideen, da Teams standortübergreifend zusammenarbeiten können. Durch die Bereitstellung von gemeinsamen Plattformen, Dokumenten und Tools erleichtert die Cloud den kreativen Prozess und fördert Innovation durch den gemeinsamen Zugriff auf Wissen und Ressourcen.

In der Vergangenheit haben diese Akteure möglicherweise Lösungen entwickelt, die nur ihnen selbst zugutekamen. Jetzt, in der Cloud, können diese Innovationen allen zur Verfügung stehen, und die Beteiligten profitieren von neuen Möglichkeiten der Zusammenarbeit.

7.4.1.8 Zugänglichkeit und Open Innovation

Die Cloud kann auch Akteure außerhalb einer einzelnen Organisation verbinden. Open Innovation bezeichnet die Öffnung des Innovationsprozess der Organisation nach außen. Organisationen wie zum Beispiel das FBI haben davon profitiert, dass die Cloud sie mit einer Umgebung von externen Entwicklern verbinden kann. Dies ermöglicht es, bestehende Lösungen für Probleme zu finden, die bereits in der Cloud entwickelt wurden, anstatt ihre eigenen Tools von Grund auf neu entwickeln zu müssen.

7.4.1.9 Fazit und Ausblick

In den nächsten Jahren wird auch die Kombination von Cloud Computing und Edge Computing Innovationen vorantreiben. Edge Computing ermöglicht die Verarbeitung von Daten in der Nähe ihrer Entstehungsorte, was niedrige Latenzzeiten und Echtzeitreaktionen ermöglicht. Die Cloud bietet die Skalierbarkeit und Flexibilität, um Edge-Geräte zu verwalten und die gesammelten Daten zu analysieren. Diese Kombination eröffnet neue Möglichkeiten für innovative Anwendungen wie autonome Drohnenlieferungen, intelligente Überwachungssysteme und Augmented-Reality-Erlebnisse.

Insgesamt hat die Cloud eine transformative Wirkung auf die Innovationslandschaft. Sie ermöglicht Unternehmen aller Größen den Zugang zu leistungsstarken IT-Ressourcen und modernen Technologien, die früher nur großen Organisationen mit hohem Kapitalaufwand vorbehalten waren. Die Cloud fördert die Agilität, Kollaboration und Skalierbarkeit und eröffnet somit neue Möglichkeiten für neue Geschäftsmodelle und Innovationen in verschiedenen Branchen.

7.4.2   Cloud No-Opps – die nächste Generation der Cloud Managed Services

Übersicht

In Abschn. 7.3.1 wurde bereits beschrieben, dass sich mit den Aktivitäten aus Stufe 3 ein Wandel in der Outsourcing- und Managed-Service-Landschaft in Unternehmen erfolgt. In der Vergangenheit lag das Hauptaugenmerk auf Outsourcing, um Kosten in nicht geschäftsentscheidenden Bereichen zu reduzieren. Aktuell hat sich diese Denkweise weiterentwickelt und hat zur Entstehung der nächsten Managed Services Generation oder sogenannten Operate-Services geführt.

Solche Dienstleistungen erlauben es externen Unternehmen, geschäftsentscheidende Funktionen zu übernehmen und sich gleichzeitig an neue Technologien, Fachkräftemangel und regulatorische Anforderungen anzupassen. In erster Linie setzen Firmen Managed Service Provider (MSPs) ein, um Kompetenzlücken zu schließen und dadurch interne Kapazitäten für innovative Vorhaben freizusetzen und Wettbewerbsvorteile zu realisieren. Der Fokus liegt daher nicht mehr ausschließlich auf Kosteneinsparungen, sondern ebenso auf ergebnis- und innovationsorientiertem Arbeiten. Die Nachfrage nach MSPs steigt, bedingt durch Digitalisierung, Fachkräftemangel und die zunehmende Komplexität der digitalen Welt. Unternehmen benötigen MSPs, um Technologieanwendungen und Infrastrukturen auf höchstem Niveau zu betreiben. Dabei stehen digitale Transformation und rechtliche, regulatorische sowie Cybersicherheit-Herausforderungen im Mittelpunkt. Generell wachsen die Erwartungen an MSPs und Unternehmen suchen nach umfassender Wertschöpfung und strategischen Partnerschaften statt ausschließlich nach reinen Kosteneinsparpotenzialen.

Nach der Etablierung von Infrastructure-as-Code (Abschn. 6.3.2) eröffnet sich eine Reihe von Möglichkeiten und Konzepten, die als „Cloud No-Ops" klassifiziert werden könnten. Aufgrund der aktuellen Markttrends und Entwicklungen, die sich bereits bei den MSPs abzeichnen, können folgende Konzepte und Möglichkeiten als „Cloud No-Ops" klassifiziert werden:

- **Serverless Computing**: Dies ist ein Paradigmenwechsel in der Cloud, bei dem Entwickler nicht mehr mit der Verwaltung von Servern belastet werden. Anstelle davon können sie Codes in Form von Funktionen (Functions-as-a-Service, kurz FaaS) zur Verfügung stellen und die Cloud-Plattform kümmert sich automatisch um die Skalierung und Verwaltung der Ressourcen.
- **Container-Orchestrierung**: Nach der Integration von Infrastructure-as-Code können Unternehmen Container-Orchestrierungstechnologien wie Kubernetes nutzen, um die Bereitstellung und das Management von Anwendungen in Containern zu automatisieren. Container ermöglichen eine einfache Bereitstellung von Anwendungen in verschiedenen Umgebungen, wobei Orchestrierungstools wie Kubernetes dabei helfen, die Skalierung, Verteilung und Überwachung der Container zu automatisieren.
- **Event-Driven Architecture**: Mit dieser Architektur können Anwendungen auf Ereignisse reagieren, die in der Cloud auftreten. Anstatt manuell Ressourcen bereitzustellen und zu verwalten, können Cloud-Dienste wie AWS Lambda oder Azure Functions verwendet werden, um auf spezifische Ereignisse zu reagieren und automatisch Aktionen auszuführen.
- **NoOps-Philosophie**: Das Ziel dieser Philosophie ist es, die Rolle des Betriebs- und Infrastrukturteams weiter zu reduzieren, indem Entwickler die volle Verantwortung für den Betrieb und das Management ihrer Anwendungen übernehmen. Durch den Einsatz von automatisierten Tools, die verborgen arbeiten, können Entwickler ihre Anwendungen bereitstellen und verwalten, ohne dass das Betriebsteam direkt einbezogen werden muss.
- **Machine Learning Operations (MLOps)**: Mit MLOps werden die Prinzipien und Techniken von DevOps auf den Lebenszyklus von Machine-Learning-Modellen angewendet. Dies schließt die Automatisierung des Modelltrainings, der Bereitstellung und Überwachung ein, um sicherzustellen, dass Modelle im Produktiveinsatz effizient und fehlerfrei funktionieren.

Diese Konzepte stellen verschiedene Weiterentwicklungen dar, die auf Infrastructure-as-Code aufbauen und die Automatisierung, Skalierung und Effizienz in der Cloud weiter verbessern. Es ist wichtig anzumerken, dass der Begriff „Cloud No-Ops" nicht universell definiert ist und entsprechend verschiedene Konzepte umfassen kann, je nach Interpretation.

Mit Zero-Touch CloudOps werden Prozesse und Workflows automatisiert, um wiederkehrende Aufgaben, wie beispielsweise die Bereitstellung, Skalierung, Überwachung und Verwaltung von Cloud-Ressourcen, zu erledigen. Es werden dabei Automatisierungstools, Orchestrierungsframeworks und Konfigurationsmanagement-Technologien eingesetzt, um diese Aufgaben zu automatisieren und die betriebliche Effizienz zu steigern.

Ein zentraler Aspekt von Zero-Touch CloudOps ist die Möglichkeit zur Selbstbedienung für Entwickler und Betriebsteams. Durch die Bereitstellung von Self-Service-Portalen oder APIs können Teams eigenständig Ressourcen bereitstellen, Anwendungen bereitstellen und Konfigurationen vornehmen, ohne von manuellen Freigabe- oder Eingriffsschritten abhängig zu sein. Dies fördert Agilität und Schnelligkeit bei der Entwicklung und Bereitstellung von Anwendungen.

Zu den **Vorteilen von Zero-Touch CloudOps** gehören:

- **Automatisierung:** Die Automatisierung von Betriebsprozessen verbessert die Effizienz und reduziert menschliche Fehler.
- **Skalierbarkeit:** Durch automatisierte Skalierung können Ressourcen nach Bedarf angepasst werden, um die Performance von Anwendungen zu optimieren.
- **Konsistenz:** Durch den Einsatz von Konfigurationsmanagement-Tools kann eine konsistente Konfiguration über alle Cloud-Ressourcen hinweg sichergestellt werden.
- **Schnellere Bereitstellung:** Die Self-Service-Funktion ermöglicht es Teams, Ressourcen schnell und eigenständig bereitzustellen, wodurch die Time-to-Market verkürzt wird.
- **Fehlererkennung und -behebung:** Durch automatisierte Überwachung und Alarmierung kann die Fehlererkennung und -behebung beschleunigt werden.

Zero-Touch CloudOps strebt danach, die Betriebseffizienz zu erhöhen, die Reaktionsfähigkeit zu verbessern und die Cloud-Ressourcen optimal zu nutzen, indem das menschliche Eingreifen minimiert und stattdessen auf Automatisierung und Selbstbedienung gesetzt wird.

Weiterhin zählen folgende **Vorteile:**

- Höhere Effizienz: Die Automatisierung von Routineaufgaben in CloudOps schafft Zeit und Ressourcen für Cloud-Teams, die sie mehr auf strategische Initiativen konzentrieren können.
- Weniger Fehler: Wenn überhaupt etwas schiefgeht, handelt es sich in den meisten Fällen um menschliche Fehler.

- Schnellere Bereitstellung: Durch die Automatisierung von Bereitstellungen und Skalierungen von Cloud-Diensten, verkürzt sich der Zeitrahmen von der Idee bis zur
Verfügbarkeit.
- Verbesserte Betriebszeiten: Durch den Einsatz von KI-basierten Algorithmen zur Vor-
hersage von Problemen, bevor sie auftreten (wie es bei AI-Ops der Fall ist), können
Cloud-Teams proaktiv Probleme lösen und so die Betriebszeit verbessern.
- Bessere Zusammenarbeit: Die Integration von DevOps Praktiken in CloudOps kann
die Zusammenarbeit zwischen Entwicklungsteams und Betriebsteams verbessern, mit
all ihren offensichtlichen Vorteilen.

Nachteile

- **Mangelnde Kontrolle:** Die Automatisierung von Routineaufgaben im Cloud Management kann den Grad an Kontrolle, den Cloud-Teams über ihre Umgebung haben,
verringern.
- **Verlust von CloudOps-Skills:** Wenn CloudOps nicht die meiste Zeit direkt kontrolliert
wird, wie lernen wir dann Dinge zu reparieren, wenn Menschen benötigt wird? Zero-
Touch-CloudOps könnte zur Selbstzufriedenheit führen.
- **Abgleich von Automatisierung mit menschlicher Aufsicht:** Die meisten Unternehmen
tendieren entweder zum einen oder anderen Extreme: entweder sind Menschen nie beteiligt, oder sie sind vollständig beteiligt. Zero Touch erfordert immer noch menschliche
Aufsicht, jedoch muss das richtige Gleichgewicht gefunden werden.
- **Abhängigkeit von der Technologie:** Dieses zweischneidige Schwert kann die Effizienz
verbessern und Risiken verringern, kann aber auch neue Risiken und Herausforderungen
mit sich bringen, wenn sie versagt.
- **Hohe Anfangsinvestitionen:** Die Implementierung von Zero Touch kommt mit einem
hohen Preis zustande – nicht nur für die Technologie, sondern auch für das Talent und
die Planung, um einen effektiven Einsatz zu gewährleisten. Die Versuche, es möglichst
kostengünstig durchzuführen, verschlimmern oft nur die Situation.

Unternehmen müssen sorgsam abwägen, welchen Fokus und welche Schwerpunkte sie in
den kommenden Jahren setzen wollen. Die persönliche Situation einschließlich der Skills
und der Reife des existierenden Personals muss evaluiert werden und die Transformation
sollte von einem erfahrenen MSP begleitet werden. Der Übergang zu Cloud NoOps ist
auch immer mit hohen Anfangsinvestitionen verbunden. Daher muss berücksichtigt werden,
ob man eine verzögerte Amortisationszeit akzeptieren möchte, um explorativ die nächste
Generation der Cloud Managed Services in seinem Unternehmen zu etablieren.

7.4.3 Plattform-Geschäftsmodelle – Hype oder Sackgasse

Das Konzept der Plattformunternehmen hat in den letzten Jahren erhebliche Aufmerksamkeit und Schwung gewonnen und es bleibt ein relevantes und vielversprechendes Modell für viele Branchen. Obwohl es schwierig ist, die Zukunft mit Sicherheit vorherzusagen, scheint es basierend auf den aktuellen Trends und Beobachtungen, dass der Aufbau und Betrieb von Plattformen mehr als nur Hype ist und noch lange nicht am Ende ist.

Die weitverbreitete Nutzung digitaler Technologien und Cloud Services ermöglicht Unternehmen, einfacher verschiedene Ideen und neue Geschäftsideen umzusetzen und neue Kundengruppen und Märkte zu erschließen.

Die Grundidee einer Plattform ist es den Netzwerk- beziehungsweise Skaleneffekte zu nutzen, bei denen die Kosten pro Benutzer der Plattform sinkt, je mehr Kunden, Lieferanten oder Produzenten hinzukommen. Sobald die Plattforminfrastruktur etabliert ist, erfordert das Hinzufügen weiterer Benutzer oder die Expansion in neue Marktsegmente oft relativ geringe zusätzliche Anpassungen und Ressourcen. Dieses Skalierungspotenzial ermöglicht es Unternehmen, schneller zu wachsen und einen deutlichen Wettbewerbsvorteil zu erhalten. Mit einer weiter steigenden Anzahl an Benutzern erhöht sich zwar die Komplexität, jedoch erhöht sich zeitgleich auch die Total Cost of Owner Ship (TCO), was zu einem erheblichen Wettbewerbsvorteil gegenüber anderen Marktteilnehmern führt.

Aus der heutigen Sicht hat dieses Geschäftsmodell klar das Potenzial, traditionelle Branchen zu stören, indem sie bestehende Geschäftsmodelle herausfordern und mit wenig Investitionen neue Möglichkeiten zur Schaffung neuer Wertversprechen.

Beispiel

Beispiele für den Erfolg sind bekannte Plattformunternehmen wie zum Beispiel Amazon, Airbnb, Spotify, Uber und Alibaba. Diese Unternehmen haben ihre jeweiligen Branchen transformiert und dominieren diese, was die langfristige Lebensfähigkeit des Plattformmodells und der zugrunde liegende Organisations- und IT-Fähigkeiten zeigt.

Amazon: Ursprünglich als Online-Buchhandlung gestartet, hat sich Amazon zu einem globalen E-Commerce-Riesen entwickelt, der eine breite Palette von Produkten und Dienstleistungen anbietet. Amazon hat seine Plattform kontinuierlich erweitert, indem Drittanbietern ermöglicht wird, ihre Waren und Dienstleistungen über die Plattform zu verkaufen. Dies hat zu einem enormen Wachstum geführt und die Position von Amazon als einer der dominierenden Akteure im E-Commerce gestärkt.

Airbnb: Eine Plattform für die Vermietung von Unterkünften. Airbnb hat es Privatpersonen ermöglicht, ihre Wohnungen, Häuser oder Zimmer an Reisende zu vermieten. Durch die Nutzung der Plattform können Vermieter potenziell ein breiteres Publikum erreichen und ihre Auslastung erhöhen. Gleichzeitig bietet Airbnb den Reisenden eine alternative Unterkunftsmöglichkeit, die oft eine persönlichere und kostengünstigere Option als traditionelle Hotels ist.◄

Aus diesem Grund gibt es aktuell in verschieden deutschen Unternehmen entsprechende Initiativen, um Plattformen aufzubauen und damit neuen Lösungen als Standard in der Industrie zu etablieren. Nachfolgend sind zwei Beispiele für den Aufbau von Plattformen aus der Energiewirtschaft aufgeführt:

Die Thüga-Abrechnungsplattform TAP [16]

Die Thüga entwickelt eine gemeinsamen Abrechnungsplattform für die Energiewirtschaft, auf der 38 kommunale Energieversorgungsunternehmen mit in Summe mehr als 120 Gesellschaften Thüga-Abrechnungsplattform TAP angeschlossen sein werden.

Die Thüga-Abrechnungsplattform TAP wird einen neuen Standard in der Energiebranche setzen. Abrechnungslösung bietet den Kunden nach dem Pay-per-Use-Prinzip wettbewerbsfähige Leistungen zu wirtschaftlichen Preisen. Die Plattform als echte Cloud-Architektur setzt technologisch neue Maßstäbe für die drei Marktrollen. Ergänzt wird die modular aufgebaute Plattform durch einen Digital Layer ergänzt, um zum Beispiel Funktionalitäten für die digitale Kundenansprache zu integrieren.

Mithilfe der TAP werden Abrechnungsprozesse im Commodity-Bereich effizient und weitestgehend automatisiert ablaufen. Die innovative Abrechnungsplattform wird außerdem die Time-to-Market neuer Produkte für die Energiewirtschaft deutlich verkürzen und deren Vertriebsstart beschleunigen.

ELIA Group [16]

Die Open Data Plattform der Elia Gruppe bietet ihren Stakeholdern einen einfachen und offenen Zugang zu allen öffentlichen Netzdienstdaten, einschließlich Stromerzeugung, Last, Ausgleich, Übertragung und Überlastung. Die Open Data Plattform ermöglicht es Benutzern, frei auf einen ganzen Katalog von einsatzbereiten Datensätzen zuzugreifen, die sie einfach erforschen, daraus Visualisierungen erstellen, teilen und wiederverwenden können. Diese Datensätze können in verschiedenen Dateiformaten heruntergeladen werden, so dass die Benutzer sie offline analysieren können, und sie können über APIs abgerufen werden, für die Verwendung durch andere Anwendungen.

Durch den offenen Zugriff auf solche Informationen werden die täglichen Abläufe verschiedener Marktakteure vereinfacht, sie werden unterstützt, neue Marktchancen zu identifizieren, wie beispielsweise die Verbesserung oder Entwicklung neuer Dienstleistungen für Verbraucher; und sie erleichtern die Entscheidungsprozesse aller Beteiligten, die die Energiewende ermöglichen.◄

Der aktuelle Trend heißt jedoch nicht, dass das Plattformmodell frei von Herausforderungen und Risiken ist. Eine der Herausforderungen besteht darin, eine ausreichende Anzahl von Nutzern anzuziehen und zu halten, was eine kontinuierliche Weiterentwicklung erfordert. Dies führt unweigerlich zu Interessenkonflikten zwischen den Wünschen und

Anforderungen von unterschiedlichen Benutzern und dem Wunsch nach Standardisierung mittels einer Produkt-Roadmap.

Ein weiteres Risiko für Plattformgeschäfte sind regulatorische und rechtliche Herausforderungen. Da Plattformen oft in grenzüberschreitenden Kontexten operieren, müssen Sie sich mit einer Vielzahl von Rechtsvorschriften und Vorschriften auseinandersetzen. Datenschutz, Verbraucherschutz und Wettbewerbsrecht sind nur einige der Bereiche, die Plattformen im Auge behalten müssen. Der Umgang mit diesen regulatorischen Anforderungen erfordert Ressourcen und Fachwissen, um sicherzustellen, dass die Plattformen den rechtlichen Anforderungen gerecht werden.

Trotz dieser Herausforderungen gibt es Anzeichen dafür, dass Plattformgeschäfte weiterhin eine wichtige Rolle in der Geschäftswelt spielen werden. Neue Plattformen entstehen in verschiedenen Branchen, von der Finanzdienstleistung über die Gesundheitsversorgung bis hin zur Bildung. Diese Plattformen nutzen schon heute Technologien wie Künstliche Intelligenz, Blockchain, IoT etc., um innovative Geschäftsmodelle zu entwickeln und Mehrwert für ihre Benutzer zu schaffen.

Technologische Entwicklungen werden dabei eine noch wichtigere Rolle spielen, da neue Technologien das Potenzial haben, bestehende Plattformen kontinuierlich zu verbessern oder völlig neue Plattformen, in immer kürzerer Zeit zu schaffen.

Insgesamt zeigen die Erfolge von traditionellen und modernen Unternehmen, dass Plattformgeschäfte ein lebendiger und vielversprechender Bereich sind, wodurch eine zunehmend vernetzte Wirtschaft geschaffen wird, von der alle Beteiligten profitieren können.

Literatur

1. https://b-nova.com/home/content/serverless-faas-payg-what-is-that-actually (abgerufen am 26.06.2023)
2. https://devblogs.microsoft.com/devops/devops-dojo-lean-product-part-3/ (abgerufen am 26.06.2023)
3. hhttps://www.slideshare.net/AmazonWebServices/cloud-operating-models-for-accelerated-cloud-transformation-aws-summit-sydney (abgerufen am 26.06.2023)
4. https://www.tuev-nord.de/explore/de/erklaert/security-by-design// (abgerufen am 27.06.2023)
5. https://www.oeffentliche-it.de/-/security-by-design (abgerufen am 27.06.2023)
6. https://www.gartner.de/de/artikel/was-ist-platform-engineering. (abgerufen am 26.06.2023)
7. https://certibanks.com/KnowledgeArea.aspx?articleid=11. (abgerufen am 28.06.2023)
8. https://klardenker.kpmg.de/digital-hub/cloud-mehrwerte-realisieren-mit-dem-passenden-operating-model/(abgerufen am 26.06.2023)
9. https://www2.deloitte.com/lu/en/pages/risk/articles/Transitioning-to-a-product-centric-organization.html (abgerufen am 28.06.2023)
10. https://de.wikipedia.org/wiki/demingkreis16 (abgerufen am 28.06.2023)
11. https://github.com/cncf/toc/blob/main/definition.md (abgerufen am 01.07.2023)
12. https://cloud.google.com/architecture/twelve-factor-app-development-on-gcp (abgerufen am 07.02.2023)

13. https://blog.adacor.com/erfolgreiche-cloud-transition-das-potenzial-von-cloud-native_10924. html (abgerufen am 01.07.2023)
14. https://www.oracle.com/de/cloud/cloud-native/what-is-cloud-native/ (abgerufen am 07.02.2023)
15. https://www.thuega.de/stadtwerke-der-zukunft/thuga-und-accenture-entwickeln-abrechnungsp lattform-fur-die-energiewirtschaft/ (abgerufen am 29.06.2023)
16. https://www.elia.be/en/grid-data/open-data (abgerufen am 07.02.2023)

Zusammenfassung und Ausblick 8

Public Cloud hat viel Potenzial, birgt aber auch noch viele Herausforderungen

Die Public Cloud birgt sehr viel Potenzial, welche die Kunden und Unternehmen jedoch zuerst wirklich heben und nutzen müssen. Das erfordert eine klare Planung, eine saubere Umsetzung und stringente und umfassende Nutzung der Cloud Services. Mit jeder Nutzung der Cloud geht auch eine Transformation einher, welche durch den Kunden und das Unternehmen zu lancieren ist.

Public Cloud zeichnet sich durch eine Senkung der Kosten der IT, eine Erhöhung der Flexibilität, der Forcierung von Innovationen und dem Überwinden von Engpässen in der Kapazität aus. Public Cloud wurde früher eingesetzt, um kurzfristige Kapazitätsengpässe zu überbrücken und wird mittlerweile aber als strategischer Innovationstreiber eingesetzt.

Auf dem Markt haben sich die Abstraktionen von Infrastructure-as-a-Service, Platform-as-a-Service und Software-as-a-Service herausgebildet, wobei die Services in aufsteigender Abstraktion genannt sind. Für Infrastructure-as-a-Service müssen Kunden viel mehr Eigenleistung als für Software-as-a-Service erbringen.

Die Angebote der Cloudanbieter erstrecken sich von Public Cloud (zugänglich für alle) über die Private Clouds (zugänglich nur für einen Kunden/Unternehmen) hin zu den Hybrid-Clouds (Public und Private Cloud kombiniert) bis zu den Community Clouds (nur für eine bestimmte Nutzergruppe). Die Kunden haben hierbei eine hohe Flexibilität, genau die Cloud-Lösungen auszuwählen, welche den Bedürfnissen und Anforderung am besten entspricht.

Eine Nutzung von Public Cloud geht mit einigen Herausforderungen vor, während und nach der Nutzung einher. Diese Herausforderungen sollten die Unternehmen adressieren, um eine erfolgreiche und wertorientierte Nutzung der Cloud Services im Unternehmensumfeld zu ermöglichen.

N. Feil et al., *Public Cloud Potenzial in einem Unternehmensumfeld*, https://doi.org/10.1007/978-3-658-42665-1_8

Viele Möglichkeiten und viele Herausforderungen

Die Public Cloud zeichnet sich durch viele Möglichkeiten aus. Die Abstraktionslevel von Infrastructure-as-a-Service über Platform-as-a-Service hin zu Software-as-a-Service unterschieden sich in der Abstraktion der Services und den notwendigen Aktivitäten der Kunden zum Aufsetzen, dem Betrieb und der Nutzung der Services. Je tiefer ein Service angesiedelt ist, desto mehr Kontrolle, aber auch Verantwortung hat der Kunde über den Service. Je höher der Service angesiedelt ist, desto weniger muss sich ein Kunde über den Betrieb der Services Gedanken machen. Bei Software-as-a-Service benötigt es keine Administratoren mehr, welche die Software betrieben. Bei den Services aus IaaS ist dies jedoch zwingend erforderlich.

Die großen Anbieter der Public Cloud sind Amazon, Microsoft und Google. Daneben gibt es aber weitere Anbieter, wie IBM oder auch Oracle, welche immer weiter in den Markt drängen. All diese großen Hyperscaler und Anbieter bieten eine Fülle von Services an. Das Portfolio reicht von einfachen IaaS bis hin zu hochkomplexen Enterprise Applications. Die Cloud Canvas zeigen die wichtigsten Unterschiede zwischen den Hyperscalern.

Nicht alle Unternehmen oder Industriezweige nutzen die Public Cloud gleichermaßen. Insbesondere im Gesundheitswesen und im öffentlichen Bereich ist die Nutzung noch sehr zurückhaltend. Dies ist auf die strengen Regeln für Datensicherheit zurückzuführen.

Für viele Unternehmen ist die Public Cloud in jedem Fall eine Chance, eine kostengünstige und effiziente IT durch die Nutzung der Public Cloud aufzubauen und den Kunden oder eigenen Mitarbeiterinnen und Mitarbeitern einen großen Mehrwert zu bieten.

Die Cloud-Adaption ist ein mehrstufiger Prozess mit drei Maturitätsgraden

Die Transformation in die Public Cloud ist ein langfristiges Vorgehen mit verschiedenen Herausforderungen und vielen Themenfeldern, die angegangen werden müssen. Der Reifegrad eines Unternehmens in der Cloud-Transformation kann in drei Stufen eingeordnet werden.

In der ersten Stufe der Cloud-Adaption liegt der Fokus auf der Entwicklung einer nachhaltigen und effizienten Cloud-Strategie. Diese ist ein wichtiger Bestandteil der Basics zur erfolgreichen Integration der Public Cloud in ein Unternehmensumfeld. Neben der Cloud-Strategie steht in der ersten Stufe zudem der Aufbau der erforderlichen Grundlagen, wie beispielsweise ein Cloud Center of Excellence oder eine Cloud Foundation im Vordergrund. Diese Bausteine sind ein essenzieller Schlüsselfaktor für die nächsten Schritte der Cloud-Adaption.

Bei der zweiten Maturitätsstufe steht die Cloud-Nutzung und die Optimierung der Cloud-Ressourcen im Vordergrund. Insbesondere die Verwaltung und Reduzierung der anfallenden Kosten für die Cloud-Services spielt dabei eine wichtige Rolle und wird über den FinOps-Ansatz abgedeckt. Für die Etablierung von standardisierten Cloud-Services empfiehlt sich der Ansatz nach Infrastructure-as-Code in Kombination mit dem Aufbau eines serviceorientierten Betriebsangebots basierend auf der Taxonomie nach Technology Business Management.

Um den vollständigen Mehrwert der Public Cloud im Unternehmen zu nutzen, strebt die dritte Stufe der Cloud-Adaption eine nahtlose Integration zwischen Business und IT an. Ein wichtiger Bestandteil ist dabei der Aufbau eines Cloud Operating Modells. Zur Reduzierung des Betriebsaufwands wird zudem die Einführung von Cloud-nativen Services fokussiert. Ergänzt werden diese beiden Themenfelder durch native Cloud-Sicherheitskonzepte, um die neu erschlossene Umgebung der Public Cloud abzusichern und zu stabilisieren.

Der Start in die Cloud-Journey mithilfe einer Cloud-Strategie

Flexibilität, Skalierbarkeit, eine kürzere Time-to-Market für die Bereitstellung von Services und ein transparentes Kostenmanagement sind unter anderem einige der erwarteten Vorteile, die ein Unternehmen aus der Nutzung der Public Cloud schöpfen will.

Sehr wichtig ist es eine gut durchgedachte und abgestimmte Cloud-Strategie zu etablieren, die eine klare Roadmap darstellt und vor allem die Werthebel klar definiert. Die Cloud-Strategie sollte verdeutlichen, warum dieser Weg überhaupt eingegangen wird. Der Weg in die Public Cloud bringt viele Hürden mit sich, denen Sie sich im Voraus bewusst sein sollten. Die Cloud-Strategie dient dazu, den Wert der Cloud für Ihr Unternehmen hervorzuheben. Dadurch wird Sie die Strategie unterstützen, die Hürden auf dem Weg in die Cloud zu meistern.

Zu den ersten Schritten bei der Reise in die Public Cloud gehört ein Cloud Center of Excellence aufzusetzen, welches die Journey zentral steuern wird. Zudem koordiniert das CCoE den Aufbau einer sicheren Cloud Foundation und die Durchführung eines Assessments Ihrer IT-Landschaft. Anschließend folgt häufig eine sogenannten Lift-and-Shift Migration. Im Zuge dieser Migration wird die bestehende IT-Infrastruktur ganz oder teilweise aus dem eigenen On-Premise-Rechenzentrum in die Public Cloud migriert.

Vor allem ist es wichtig zu berücksichtigen, dass es sich nicht nur um eine technische Transformation handelt, sondern mit der Transformation in die Public Cloud vor allem einem Mindset-Wandel in der IT (und auch in der Gesamtorganisation) auf dem Weg zur einer produkt-orientierten Organisation einhergeht.

Alle Stakeholder sollten von Beginn an involviert sein. Es handelt sich nicht nur um eine IT-Story, um die Bottomline zu verbessern, sondern die Cloud-Adaption ist ausschlagend für das gesamte Geschäft in Ihrem Unternehmen, um womöglich in der Top-Line den unternehmerischen Gewinn zu erhöhen.

Die Transparenz und die Nutzung der Cloud-Ressourcen hinsichtlich Kosten und Automatisierung verwalten und optimieren

Mit den bekannten Vorteilen der Flexibilität, der Skalierbarkeit, der kurzen Time-to-Market und den reduzierten Kosten ist die Nutzung der Public Cloud für viele Unternehmen sehr attraktiv. Bei den ersten Schritten in die Public Cloud beginnen die meisten Unternehmen häufig mit einer sogenannten Lift-and-Shift-Migration. Im Zuge dieser Migration wird die bestehende IT-Infrastruktur aus dem On-Premise-Rechenzentrum unverändert in die Public Cloud verschoben. Um die Vorteile der Public Cloud jedoch effizient auszuschöpfen, ist die

Etablierung von Cloud Optimierungsservices geeignet. Der Fokus der Cloud Optimization Services liegt auf Kostenmanagement, Automatisierung und Standardisierung. Der Ansatz nach FinOps deckt dabei die Verantwortlichkeiten, die Prozesse und die Technologien ab, die für eine erfolgreiche Kostenverwaltung und -optimierung erforderlich sind. Mithilfe von Infrastructure-as-Code können zudem Cloud-Ressourcen codebasiert entwickelt werden, um diese in einem vorgegebenen Standard zur Verfügung zu stellen. Diese standardisierten Ressourcen werden in Services gebündelt und kategorisiert, um die Technologien der Public Cloud dem Unternehmen zugänglich zu machen.

Etablierung eines Cloud Operating Models und Aufbau von Cloud-nativen Services zur Modernisierung

Mit dem Fortschreiten zum dritten Reifegrad der Cloud-Nutzung sieht sich die Organisation einer Reihe von neuen Herausforderungen gegenüber, die erfolgreich gemanagt werden müssen. Je nach dem Grad der Integration, also wie tiefgehend die Cloud-Technologien in den verschiedenen Bereichen des Unternehmens genutzt werden, entstehen unterschiedliche Anforderungen und Erwartungen sowohl an das Cloud-Betriebsmodell als auch an die Aspekte der Cloud-Entwicklung und der Sicherheit innerhalb des Cloud-Umfelds.

In dieser entscheidenden Phase wird zudem eine Neuausrichtung der Organisation eingeleitet. Der Fokus liegt auf der Förderung von interdisziplinärer Zusammenarbeit, was ein entscheidender Schritt zur Erreichung der nächsthöheren Stufe der Cloud-Nutzung ist. Angesichts dieser neuen organisatorischen Ausrichtung wird ein ganzheitliches, das heißt ein holistisches Betriebsmodell erforderlich. Dieses sollte so gestaltet sein, dass es über Organisationsgrenzen und Abteilungen hinweg denkt und agiert, und dabei die unterschiedlichen Bedürfnisse und Anforderungen aller Bereiche einbezieht und integriert.

Wenn man die verschiedenen Cloud-Betriebsmodelle und die Treiber ihrer Einführung betrachtet, dann war in der ersten Phase in erster Linie das Business der Initiator. In der darauffolgenden Phase hat sich das Hauptaugenmerk dann mehr in Richtung IT verschoben. Allerdings haben diese Phasen häufig ein Silo Cloud Operating Model gefördert, eine isolierte Herangehensweise, die nicht die gesamte Organisation einbezieht. Um den nächsten Reifegrad zu erreichen und das volle Potenzial der Cloud-Nutzung auszuschöpfen, ist es daher unerlässlich die interdisziplinäre Zusammenarbeit zu fördern. Dafür wird ein ganzheitliches Betriebsmodell benötigt, das nicht nur über Organisationsgrenzen hinweg denkt, sondern auch die individuellen Besonderheiten und Bedürfnisse des Unternehmens in Betracht zieht und berücksichtigt.

Zusätzlich gibt es in dieser Phase zwei wesentliche Elemente, die bereits in den Stufen 1 und 2 aufgebaut und etabliert wurden und sich nun weiterentwickeln müssen. Das erste Element bezieht sich auf die Nutzung von Cloud-nativen Services in der Entwicklung und dem Betrieb von Software und Anwendungen, sowie der damit verbundenen Architekturen. Das zweite Element besteht aus der Umstellung und Anpassung der Sicherheitsaspekte auf neue Modelle und Konzepte innerhalb der hybriden Cloud-Architektur. Durch die kontinuierliche Entwicklung und die Einführung dieser neuen Fähigkeiten und Modelle, entwickelt sich eine klare Fokussierung des Unternehmens auf die Generierung echten Mehrwerts durch die Nutzung der Cloud. Ziel dabei ist es, die Komplexität im bestehenden Applikations- und Infrastrukturservice-Portfolio merklich zu reduzieren, die Abhängigkeiten von externen Managed Service Providern – so weit wie möglich – zu eliminieren und dabei gleichzeitig Raum und Kapazitäten für die Erweiterung des eigenen Ökosystems in der Public Cloud zu schaffen.

GPSR Compliance

The European Union's (EU) General Product Safety Regulation (GPSR) is a set of rules that requires consumer products to be safe and our obligations to ensure this.

If you have any concerns about our products, you can contact us on ProductSafety@springernature.com

In case Publisher is established outside the EU, the EU authorized representative is:

Springer Nature Customer Service Center GmbH
Europaplatz 3
69115 Heidelberg, Germany

Zeitfracht Medien GmbH
Ferdinand-Jühlke-Straße 7
99095 Erfurt, Deutschland
produktsicherheit@kolibri360.de